Hermann Friedrich Wilhelm

**Hinrichs**



# Geschichte

der

Rechts- und Staatsprincipien

seit der Reformation bis auf die Gegenwart

in

historich-philosophischer Entwickelung

Band I

Elibron Classics

www.elibron.com

Elibron Classics series.



ISBN 0-543-83990-7 (paperback)
ISBN 0-543-83989-3 (hardcover)

This Elibron Classics Replica Edition is an unabridged facsimile of the edition published in 1848 by Gustav Mayer, Leipzig.

# Geschichte

des

# Natur- und Völkerrechts.

Von

Dr. H. F. W. Hinrichs,
Professor der Philosophie an der Universität zu Halle.

Leipzig.
Verlag von Gustav Mayer.
1848.

# Geschichte

der

# Rechts- und Staatsprincipien

seit der Reformation bis auf die Gegenwart

in

historisch-philosophischer Entwickelung

von

Dr. H. F. W. Hinrichs,
Professor der Philosophie an der Universität zu Halle.

Erster Band.

Leipzig.
Verlag von Gustav Mayer.
1848.

# Vorrede.

Die Zeit der Controverse über Philosophie als Sache der Nation oder der Schule ist vorüber. Die Frage, ob diese Wissenschaft sich in das bewegte Leben der Zeit zu mischen habe, ist eine müßige geworden, nachdem das politische System gestürzt ist, für welches dieselbe allein Interesse hatte. Die Philosophen, die sich mit solchen Fragen zu thun gemacht haben, statt dem gewaltigen Drängen der Nation mit der Waffe des denkenden Geistes zur Seite zu stehen, sind mit ihrer Weisheit zu Schanden geworden. Sie haben den Druck des alten politischen Systems nicht sonderlich empfunden, haben wenigstens die Philosophie nicht als Sache der Nation dagegen behandelt, und sind in dieser Beziehung philosophische Egoisten gewesen. Sie haben sich dadurch freilich allerlei Unannehmlichkeiten mit Censoren, hohen Verwaltungsbeamten, servilen Scribenten u. s. w. erspart, aber haben die Philosophie nicht davor bewahren können, daß Viele sie zur politischen Wetterfahne gemacht haben.

Ich habe nicht gemeint, daß die Philosophie als Sache blos der Schule behandelt werden müsse, um im Sinne jenes alten Systems wahre Philosophie zu sein. Darum hielt ich politische Vorlesungen. In diesen ist Vieles glücklich divinirt worden, was nun in's Leben getreten ist. Ich bin gewiß weniger, wie viele Andere, überrascht worden, als der politische Sturm in unsern Tagen losbrach und das alte System über den Haufen warf. Ich habe mich über die so plötzlich veränderte Welt, mit der ich innerlich längst vertraut gewesen, nicht sehr gewundert. Darum habe ich mir inmitten all der Umwälzung und Aufregung der Gemüther und der lebhaften Theilnahme an Allem zugleich diejenige Stimmung zu erhalten gewußt, welche erforderlich war, um an diesem Werke, das ich lange vorher angefangen hatte, ununterbrochen fortarbeiten zu können.

Es ist hier nicht der Ort, den Sturz des alten politischen Systems als Sache der Nation weiter zu verfolgen und das vielfache Weh zu beklagen, welches die schmachvollste politische Bevormundung desselben über das Volk gebracht hat. Es hat gemeint, den Spruch im Leben verwirklichen zu können: Ein Volk, das nicht mehr sagen darf, was es denkt, denkt allzubald nur mehr gerade so viel, als es sagen darf. Es hat, anstatt das Volk politisch zu erziehen, die politischen Extreme der Despotie und als Folge derselben Anarchie hervorgerufen. Diejenigen, welche den Mangel des Volkes an politischer Erkenntniß benutzen, um es zu unterdrücken, müssen unter demselben Mangel leiden, sobald es sich erhebt. Da das genannte System alle politische Erziehung des Volkes behinderte, darf man sich nicht darüber verwundern, daß demselben in der Zeit der Prüfung die politische Selbstbeherrschung, diejenige sittliche Eurhythmie abgeht, welche die Leidenschaften der Parteien zügelt, diese, wenn sie zur Macht gelangen, temperirt, die Macht selbst dadurch mäßigt, und drängen sie zu gegenseitiger Vernichtung, sie davor bewahrt. Die politische Tugend ist freilich nicht die moralische Abstraction von der Besonderheit des Interesses, welche man im deutschen Vaterlande durch lange Unterdrückung fast allein für Tugend zu halten sich gewöhnt hat, aber legt sie doch in das allgemeine Staatsinteresse, und ist dann fern von allem Egoismus, wenn sie ächt ist.

Was war die Ansicht von Philosophie als Sache der Schule im Sinne des alten Systems anders, als daß die Wissenschaft das Leben politisch nicht befruchten, der Gedanke nicht zur That werden sollte? Leider haben Philosophen das nicht blos ertragen können, sondern haben dem sogar das Wort geredet — aber Philosophen sind nicht die Philosophie. Sie haben wohl gewußt, daß der Begriff, der Gedanke durch den Willen zum Zweck, zur That wird, aber haben das Wissen dem Handeln vorgezogen: sie haben wohl gewußt, daß der Geist der Wissenschaft die Idealität des Lebens ist, aber haben nicht gemeint, daß er sich als dieselbe auch zeigen, in's Leben greifen, dieses durchdringen und weiter bilden helfen soll.

Ich habe mich seit Jahren gedrungen gefühlt, über unsere Zeit zum Bewußtsein zu kommen, und habe dies mit für eine Aufgabe der Wissenschaft gehalten. Aber nicht allein die Zeit, sondern auch die Wissenschaft selbst hat mich dazu angetrieben. Dies veranlaßt mich, hier kurz auf den Weg zurückzublicken, den der denkende Geist in seiner Selbsterkenntniß in der letzten Zeit genommen hat.

Es ist Charakter der neueren Philosophie überhaupt, schon seit Cartesius, daß sie den selbstbewußten Geist zum Princip der Erkenntniß gemacht hat. Aber der Geist wurde immer noch nicht in der Einheit und Totalität seiner eigenen Bestimmungen als Form des Erkennens gefaßt. Es schien zwar, daß Kant und Fichte den Geist zu sich selbst geführt hätten, als sie die kritische Wendung gegen den Leibnitz-Wolff'schen Dogmatismus genommen und nichts haben gelten lassen wollen, was vorher nicht kritisch untersucht worden. Aber sie gaben demselben eben nur eine andere Wendung, setzten ihn aus der objectiven in die subjective Form über. Die Bestimmungen des Empfindens und Denkens, womit Kant in der Kritik anfängt, wurden von ihm nicht entwickelt, sondern vorausgesetzt, der erkennende Geist wurde zur formalen Einheit jener Bestimmungen degradirt. Er sank damit von der Stufe des wirklichen Geistes auf die des erscheinenden Geistes, des Bewußtseins zurück, auf welcher die Dinge bloße Erscheinung, nichts an sich sind, d. h. blos in der Form der Sinnlichkeit und des Verstandes gewußt werden. Als darauf Schelling die subjective Form, womit bei Kant und Fichte Alles behaftet war, abgestreift zu haben versicherte, da schien es wieder, als wenn Er den Geist zur Vernunft wirklich erhoben habe. Aber wie Kant für den Geist die Form der Erscheinung, so setzte Schelling für denselben die Form der absoluten Vernunft voraus. War die Leibnitz-Wolff'sche Philosophie ein objectiver Dogmatismus, der Kant-Fichtesche Kriticismus ein subjectiver, so war der Schelling'sche ein absoluter. Der erkennende Geist wurde unmittelbar von ihm als intellectuelle Anschauung bestimmt und die ganze Entwickelung der absoluten Vernunft durch blos äußerliche Reflexion bewerkstelligt. Erst Hegel hob sowohl jene als diese auf und befreite die absolute Vernunft von dem Rückfalle in die subjective Form des blos construirenden Denkens. Er zeigte dann in der Phänomenologie, wie der erkennende Geist als erscheinender nicht auf das bloße Bewußtsein beschränkt bleibt, wie in der Kant'schen Kritik, sondern in der Form des Selbstbewußtseins und der Vernunft zur Erkenntniß der Dinge an sich hindurchdringt. Das Resultat der Phänomenologie des Geistes bei Hegel ist der aufgelöste Gegensatz des Gegenstandes und des Bewußtseins als reales Denken in der Logik. Der Vorwurf, welchen Schelling schon früher und jetzt wieder in seiner von ihm sogenannten neuen positiven Philosophie diesem Denken gemacht hat, daß man mit dem rein Rationalen nicht an die Wirklichkeit kommen könne, paßt gar nicht hieher, weil er den Gegensatz beläßt, der in der Hegel'schen Logik überwunden wird, und dann ist das Reale, das nicht zugleich ideal ist, gar nicht Wirklichkeit. Jener Vorwurf ist, weil er von dem aufgelösten Gegensatze abstrahirt, ein ganz ungerechtfertigter und dient nur zum Beweis, daß es ihm unmöglich gewesen ist, sich von seinem alt und neu dogmatischen Standpunkte zu dem Standpunkte absoluter Kritik, zu dem Princip realer Idealität zu erheben. Dagegen paßte seine neue positive Philosophie ganz zu dem alten politischen Systeme. Hegel fehlte nur in Betreff der Form des Erkennens, der aufgelöste Gegensatz des Bewußtseins zuletzt in der Phänomenologie kann keine logische Kategorie, sondern muß erkennendes Subject sein. Das wirkliche Resultat der Phänomenologie ist nicht, wie Hegel meint, reales Denken, sondern ist Erkenntnißform des denkenden Subjects. Es wird sonst nicht wirklich aus dem Geiste an und für sich selbst erkannt. Die Phänomenologie des Geistes bewegt sich, indem sie die Auflösung des Gegensatzes von Gegenstand und Bewußtsein darstellt, in Bestimmungen, welche blos die Erscheinung des Geistes, nicht dessen Wirklichkeit betreffen, sie fängt von jenem Gegensatze deshalb an, sich durch das Bewußtsein, das Selbstbewußtsein und die Vernunft hindurch bewegend, der erscheinende Geist setzt sich als das Alles voraus und hebt seine Erscheinung zuletzt zu dem, was er an sich ist, auf. Er ist also der Geist, der Bestimmungen zur Voraussetzung hat, welche seine Erscheinung, nicht Er selbst sind, der sich eben als Bewußtsein, Selbstbewußtsein und Vernunft, nicht als Geist oder in wirklichen Bestimmungen desselben, d. h. in solchen voraussetzt und setzt, in welchen der Gegensatz von Gegenstand und Bewußtsein nicht sich aufhebt, sondern aufgehoben ist, aufgehört hat. Dies bestimmte mich zur Genesis des Wissens, welche deshalb eine wissenschaftliche Forderung war. Es war wirklich das Erkennen weiter zu erforschen, wie es nicht mehr in der Form des Bewußtseins, Selbstbewußtseins und der Vernunft, des erscheinenden Geistes sich bewegt, sondern in Bestimmungen des wirklichen Geistes selbst, welche an keinem Andern mehr erscheinen, d. h. in welchen es nicht mehr von Anderem, sondern von sich selbst anfängt. Das Erkennen der Wahrheit war nicht mehr nur aus der Erscheinung des Geistes, sondern aus der Wirklichkeit des Geistes selbst, aus dem denkenden Subject desselben, aus dessen eigenen Bestimmungen aufzuzeigen. Solche Bestimmungen, theoretische und praktische, des Gefühls, Vorstellens, Denkens, des Triebes, der Neigung mußten deshalb nicht blos als sogenannte Kräfte und Vermögen, sondern als Erkenntnißformen des Geistes gefaßt werden. Es ist seit Cartesius wohl geschehen, daß einzeln die eine oder andere Bestimmung zur Erkenntnißform genommen wurde, wovon dann gewöhnlich der

Rückfall in das Bewußtsein, und damit die bloße Erscheinung des Geistes die Folge war, aber nicht der Geist in der Stufenentwickelung seiner Bestimmungen an und für sich. Es galt deshalb, nach der Phänomenologie des Geistes eine Metaphysik des wirklichen Geistes, eine Genesis des Wissens zu concipiren.

Da in der Genesis des Wissens die theoretischen und praktischen Bestimmungen oder Vermögen des Geistes als Erkenntnißformen auftreten, so mußte auch der Gedanke in der Form derselben das wesentliche Element der Erkenntniß ausmachen. Er mußte nicht rein als Gedanke, sondern als das durch das Leben und im Leben sich bethätigende und ausführende Princip gefaßt werden. Nachdem ich im ersten Theile der Genesis des Wissens die Metaphysik des Geistes bearbeitet hatte, gedachte ich im zweiten Theile erst die Naturgeschichte des Geistes zum Vorwurf zu nehmen, deshalb las ich über Morphologie der Natur, psychische Physiologie, aber die Zeitbewegungen nahmen meine Aufmerksamkeit noch mehr, als dies, in Anspruch, und ich fing an, dieselben ernstlich in Betracht zu ziehen. Sie konnten mir zugleich den Stoff zum dritten Theile liefern, in welchem ich die politische Geschichte des Geistes bearbeiten wollte. So entstanden die schon erwähnten politischen Vorlesungen. Ich suchte in denselben die Zeitbewegungen in socialer und politischer, kirchlicher und wissenschaftlicher, kurz in aller möglichen Hinsicht als die allgemein geistigen Interessen derselben nach ihrem inneren Zusammenhange in Einer Totalität durch historisch-philosophische Entwickelung zusammenzufassen und diese als das Resultat der geistigen Errungenschaft der letzten Jahrhunderte nachzuweisen. Dies führte mich unter Anderm auch auf das Naturrecht oder vielmehr auf die Geschichte desselben. Ich ahnte nämlich, daß die Rechts- und Staatserkenntniß sich nicht in Formen logischer Kategorien und des erscheinenden Geistes, sondern in Erkenntnißformen des wirklichen Geistes entwickelt und gebildet haben müsse, also in der Form der Genesis des Wissens, und fand meine Ahnung bestätigt. Ich betrachtete die Geschichte des älteren Naturrechts und der neueren Rechtsphilosophie in den politischen Vorlesungen, zunächst zu praktisch-politischen Zwecken, aus allgemein welt- und deutsch-nationalem Gesichtspunkte, um dadurch die geschichtliche Entwickelung des praktisch-politischen Lebens der Neuzeit nachzuweisen, den Einfluß zu zeigen, welchen das ältere Natur- und Völkerrecht und die neuere Rechtsphilosophie auf das praktische Leben gehabt haben. Ich fand bei dieser Gelegenheit, daß die Geschichte des Naturrechts, besonders im Reformationszeitalter und auch später auf ganz unverzeihliche Weise vernachlässigt worden war. Die Philosophen hatten die Betrachtung derselben größtentheils Juristen und Historikern überlassen, die sie denn auf ihre Weise behandelt haben. Auch hierauf mag das alte politische System eingewirkt haben, insofern man sich vielleicht aus politischen Rücksichten mißliebigen Studien entzog und, da die Philosophie sich mit dem Leben nicht befassen sollte, die ganze Geschichte einer philosophischen Disciplin bei Seite liegen ließ, welche auf das Leben unmittelbar einen großen Einfluß gehabt hat. Man trieb pure Metaphysik, und dachte nicht daran, daß es auch eine politische Metaphysik gebe, die eine große Geschichte hat. Man begnügte sich mit dem Urtheile Hegels über die Naturrechtslehrer, daß sie „allgemeine Grundsätze, Gesetze, Principien aufgestellt hätten, die mehr oder weniger annehmbar gemacht worden seien", die „ihren letzten Grund in den Gegenständen selbst gehabt, im Geist, Gedanken bewährte Grundsätze gewesen." Aber sind sie wirklich im Geist bewährte Grundsätze, Gesetze, Principien, so müssen sie, wenn sie gerechtfertigt sein sollen, im Geist als solche auch erkannt und bewiesen werden, so dürfen sie im Leben nicht blos annehmbare Grundsätze sein und bleiben. Sie müssen als Principien der Rechts- und Staatserkenntniß aufgezeigt und dargestellt werden, wenn nicht das Naturrecht als Wissenschaft in Frage gestellt sein soll. Da dies nur auf geschichtlichem Wege möglich ist, weil sie sich geschichtlich gebildet haben, aber dieselben zugleich Erkenntnißformen des Geistes in seiner Wirklichkeit sind, so müssen sie zugleich in diesem Sinne philosophisch entwickelt werden.

Nachdem ich durch die politischen Vorlesungen auf die Geschichte des Natur- und Völkerrechts und der späteren Rechts- und Staatsphilosophie gekommen war, trieb es mich, dieselbe noch weiter zu verfolgen und damit die geschichtliche Entwickelung der Erkenntniß des Rechts und des Staates in Eine Totalität auf gleiche Weise zusammenzufassen, wie ich sie in den politischen Vorlesungen in praktisch-politisch-nationaler Beziehung bereits betrachtet hatte. Dies Werk ist insofern eine Geschichte der wissenschaftlichen Erkenntniß des Rechts und der Politik und enthält die Geschichte des sogenannten Natur- und Völkerrechts, aber nicht blos die äußere, sondern zugleich die innere Geschichte, eine genetische Entwickelung desselben, denn die Darstellung geschieht im Zeugniß der Entwickelung des Geistes selbst von seiner natürlichen Bestimmtheit durch die Freiheit zur Sittlichkeit, und ist insofern nicht blos historisch, sondern zugleich philosophisch zu nehmen. So ist denn dies Werk einerseits als eine ideelle Ergänzung meiner politischen Vorlesungen anzusehen, aber anderseits als ein durchaus freies, selbstständiges Werk, was eine Lücke in der Wissenschaft auszufüllen bestimmt ist. Sollte es in der Folge, wenn auch nur wenig, zur politischen Erziehung der Nation beitragen, so würde meine Arbeit und Mühe auch in dieser Hinsicht nicht vergebens gewesen sein.

Der christliche Glaube trennt die eine Weltanschauung in eine ewige und zeitliche Welt, so daß erstere als Gott die Wahrheit selbst in den Gemüthern unmittelbar vorhanden ist, aber letztere als Natur und Menschenleben nichts an sich sein soll, sondern ihren Werth erst von jener Welt empfängt. Beide entgegengesetzte Welten hängen unmittelbar zusammen, aber wie die ewige Wahrheit und Liebe sich zum Heil der Welt in diese Zeitlichkeit herabläßt, ist ein Wunder, welches alles menschliche Erkennen übersteigt, das nur geglaubt werden kann.

Der christliche Glaube enthält den Gedanken Gottes, welcher der Unsinnlichkeit wegen aller Schöpfung vorhergeht, und ist insofern ungeschichtlich, rein religiös. Die Geschichte beginnt erst mit der Schöpfung. Der Mensch kann die Gewißheit der Existenz der Welt aus einem ewigen Grunde daher nur von Gott dem Schöpfer selbst empfangen haben. Gott kann äußerlich nicht in Erfahrung gebracht werden, darum ist auch der Glaube kein äußerliches Geschehen, sondern ist eine innerliche Erleuchtung des Menschen. Das Offenbaren geschieht nur für den Menschen, welcher durch Gott erleuchtet wird. Der gläubige Mensch erfährt Wirkungen in sich, welche er weder der äußeren Natur noch sich selbst verdankt, aber er weiß nicht, wie solche Wirkungen in ihm möglich sind. Er erfährt nur die Offenbarung und Erleuchtung, welche unbegreiflich ist.

Die ursprüngliche Offenbarung geschah für den ersten Menschen, welcher, nach dem Bilde Gottes geschaffen, gleich wie Gott vollkommen war. Alles in der Welt war anfangs Gott dem Schöpfer gemäß. Der Mensch erkannte das Wesen Gottes und befolgte die Gebote Gottes, sein Wissen war ohne Fehl und sein Thun war gerecht. Die unmittelbare Einheit Gottes und des Menschen war aber zugleich die Möglichkeit des Unterschiedes und Gegensatzes beider gegen einander. Gott hatte dem Menschen mit dem Willen die Freiheit und damit die Möglichkeit gegeben, nicht wie Gott wollen, sondern zwischen gut und böse wählen zu können. Er wählte letzteres und fiel in Irrthum und Sünde. Die ursprüngliche Natur des Menschen wurde zwar nicht vertilgt, aber doch verdunkelt und verderbt. In Irrthum und Sünde gefallen, konnte der Mensch sich selbst nicht helfen. Moses und die Propheten stellten zwar die Offenbarung wieder her, aber nicht in ihrer ganzen Vollkommenheit; darum konnten auch sie ihm nicht helfen. Sollte deshalb dem Menschen geholfen werden, so mußte Gott selbst sich seiner erbarmen. Gott erbarmte sich und sendete seinen Sohn in die Welt, um den Menschen von der Sünde zu erlösen. Deshalb hat Gott sich Christo nicht, wie Mosen und den Propheten, offenbart, sondern Christus ist selbst der Offenbarende. Die ursprüngliche Offenbarung wurde in Jesu Christo vollendet und dadurch die Möglichkeit der Erkenntniß Gottes in der Zeitlichkeit wieder hergestellt.

Die Trennung der einen Weltanschauung in zwei verschiedene Welten und die Entgegensetzung beider wurde auch auf das menschliche Leben übergetragen und führte zur Annahme eines göttlichen und menschlichen Reiches. Die Kirchenväter unterschieden einen himmlischen und einen irdischen Staat. Die Liebe Gottes herrschte in dem himmlischen Staate, die Selbstliebe des Menschen in dem irdischen Staate, dem durch den Fall entstandenen. Der himmlische Staat, ein Staat der Seligen, war ein dem irdischen Staate jenseitiges Reich und zugleich ein Vorbild desselben. Der himmlische Staat, in die Zeitlichkeit herabgekommen, war die Kirche. Ziel und Zweck beider Reiche war Frieden und Eintracht. Der Frieden des himmlischen Reichs war die Gemeinschaft der Gläubigen in Gott; der Frieden des irdischen Reichs war die Uebereinstimmung und das Wohl der Bürger. Der himmlische Staat in der Kirche leitete den Menschen im irdischen Staate zu dem höheren Frieden hin, den die Welt nicht geben kann.

Die Unterscheidung der Welt in eine ewige und zeitliche ging ebenfalls auf Recht und Gesetz über. Die Kirchenväter und Scholastiker unterschieden ein ewiges und zeitliches Gesetz. Die irdischen Staaten hatten an dem himmlischen Staat der Kirche ihre höhere Einheit und Allgemeinheit; die menschlichen Rechte und Gesetze hatten in dem göttlichen Gesetz ihre höhere Begründung.

Die irdischen Staaten waren Glieder des himmlischen Reiches, welches in der Zeitlichkeit gegenwärtig war. Die zeitlichen Gesetze waren ein Ausfluß des ewigen Gesetzes Gottes. Es gab keine Universalität des irdischen Staates und keine Allgemeinheit des menschlichen Gesetzes; aber es gab eine Allgemeinheit des göttlichen Gesetzes, an welchem die weltlichen Rechte und Gesetze Theil hatten. Quelle der Gerechtigkeit war die göttliche Offenbarung. Das göttliche, ewige Gesetz war die höchste Vernunft, die Norm aller menschlichen Gesetze. Der Wille Gottes war Gesetz für Alles, was Gott geschaffen hat. Das ewige Gesetz war zugleich natürliches Gesetz, von Gott dem Menschen durch die Schöpfung in die Seele gelegt. Das ewige Gesetz wurde über alle Zeit und Zeitlichkeit erhaben vorgestellt, aber als natürliches Gesetz in der Zeit entstanden betrachtet. Das natürliche Gesetz oder Naturgesetz war nach seiner Wesenheit von dem ewigen Gesetz nicht verschieden, sondern war ein Theil desselben und beruhte auf göttlicher Erleuchtung. Das Naturgesetz war ein Abbild des ewigen Gesetzes, als des Urbildes, welches dem Menschen durch die Schöpfung angeboren ist.

Das natürliche Gesetz oder Naturgesetz war die die menschlichen Handlungen lenkende und ordnende Vernunft, die Norm aller Thätigkeit, das höchste Princip. Es offenbarte sich in der Erkenntniß und Gesinnung des Menschen und war, wie Gott, die Offenbarung selbst, Gegenstand des Glaubens. Das natürliche Gesetz war kein Gesetz im Sinne der äußeren Natur, welche der Mensch durch Beobachtung erfahren kann, auch kein Sittengesetz, was der Mensch sich selbst und Andern giebt, sondern es war unmittelbar im Gewissen des Menschen. Der Mensch kann vermöge desselben Gutes und Böses unterscheiden, das natürliche Gesetz sagt ihm, was er thun und lassen soll. Er weiß das Gesetz unmittelbar, hat eine Kenntniß selbst des ewigen Gesetzes, welches nach seiner ganzen Wesenheit aber nur Gott zu wissen vermag. Das Naturgesetz bedurfte als leitendes Princip der menschlichen Handlungen keines weiteren Beweises, alle Gesetze wurden aus diesem unveränderlichen Princip, als der unmittelbaren Einheit und Allgemeinheit, abgeleitet. Das menschliche Gesetz entstand, als das Naturrecht nach äußerlichen Umständen modificirt wurde, weshalb es nicht so sicher war, als dieses.

Die Scholastiker setzten das Naturgesetz und die Gebote desselben unmittelbar voraus; sie faßten z. B. die Gottesverehrung, das Zusammenleben mit andern Menschen, die Geschlechtsgemeinschaft, die Erziehung der Kinder, die Selbsterhaltung und Anderes mehr in allgemeinere Gebote zusammen: thue das Gute, meide das Böse, und sagten, solche Gebote lägen unmittelbar in der Natur, könnten von Menschen weder geboten noch verboten werden. Sie bezeichneten dieselben als das natürliche Recht oder Naturrecht, und bestimmten dieses als das Recht, welches unmittelbar aus der Sache fließt, und unterschieden dasselbe in diesem Sinne von dem positiven Recht. Es soll nach dem Naturrecht schlechthin geboten sein, das Gute zu thun; nach dem positiven Recht soll etwas durch das Gebot erst gut werden, d. h. nach dem Naturrecht geschieht Alles nothwendig oder wird Alles nothwendig gethan; nach dem positiven Recht wird etwas darum gethan, weil es geboten wird, und nicht gethan, weil es verboten wurde. Nach dem Naturrecht ist etwas in der Nothwendigkeit, in der Natur der Sache begründet; nach dem positiven Recht hat etwas seinen Grund in einer Willensbestimmung. Das Naturrecht entspringt unabhängig von aller Anordnung durch einen Willen aus der Natur der Sache, und ist daher wie die Sache unveränderlich; das positive Recht geht aus dem göttlichen oder menschlichen Willen hervor.

Gott hat dem Menschen das natürliche Gesetz in die Seele gepflanzt, darum ist der Mensch unmittelbar auch Allem zugeneigt, was das Gesetz fordert. Nachdem die ursprüngliche Natur des Menschen durch den Fall verdunkelt worden, ist auch das Gesetz im Menschen nicht ungetrübt geblieben. Je mehr der Mensch der irdischen Neigung sich hingiebt, desto dunkler wird das Gesetz in seiner Seele, desto mehr wird das Licht des Gesetzes in Strahlen gebrochen. Der Mensch kann das Naturgesetz erkennen und wollen, aber er neigt wegen seiner gefallenen Natur zum Bösen. Er kann Gutes und Böses unterscheiden, aber er kann auch dem Gesetz sich entfremden, dem Gesetz keine Folge leisten. Darum hat Gott das Gesetz auf eherne Tafeln geschrieben, d. h. Gott hat das innerliche Gesetz äußerlich gemacht, zum Zeichen, daß der Mensch zum Gesetz in seinem Innern zurückkehren soll; Gott hat also das Gesetz wieder erneuert, welches der Mensch durch seine Schuld verloren hatte.

Wenn von der göttlichen Ebenbildlichkeit des Menschen, welche durch den Fall verdunkelt worden, blos ein Rest übrig geblieben, und darum das Gesetz in Dunkel gehüllt ist, so muß das Gesetz auf Gott bezogen werden, damit es erkannt werden kann, und die verdunkelte, aber nicht vertilgte Ebenbildlichkeit muß der Grund sein, welcher die Erkenntniß möglich macht. Die Scholastiker schwankten jedoch in der Bestimmung der Gerechtigkeit; bald stellten sie die Gerechtigkeit als die göttliche Vernunft, bald als den göttlichen Willen vor. Die früheren Scholastiker erklärten das ewige Gesetz für eine selbstständige Norm im göttlichen Verstande, frei vom göttlichen Willen; aber sie ließen dann das Gesetz auch wieder von diesem Willen abhangen. Die späteren Scholastiker entschieden sich für die Selbstständigkeit und Unabhängigkeit des Gesetzes vom göttlichen Willen, bezogen das Gesetz auf die Weisheit Gottes, die die Macht in sich schließt, und folgerten, daß die heilige Natur in Gott oder die Heiligkeit Gottes der Grund des göttlichen Willens wäre, d. h. die Weisheit solle ohne die Macht keine rechtliche, sittliche Bestimmung sein. Sie erklärten deswegen die göttliche Heiligkeit für die Norm des Willens und diese Norm für das ewige Gesetz, welches dem Willen Gottes vorhergehe.[1]) Die Gerechtigkeit war ihrem Wesen nach von dem Willen Gottes unabhängig, essentielle Gerechtigkeit, weshalb die Heiligkeit Gottes auch so genannt wurde. Was gerecht ist, kann Gott selbst nicht ändern, das ist an sich gut und böse; was das Gesetz gebietet, ist gerecht, das kann auch Gott nicht ungerecht machen. Gott kann nichts gegen die essentielle Gerechtigkeit thun wollen, und gegen das Gesetz nichts erlauben wollen. Die essentielle Gerechtigkeit wurde deshalb als das ewige Gesetz zum „Typus des Naturrechts", zum „Archetyp" der Moralphilosophie gemacht und die Erkenntniß des Gesetzes auf den Rest der göttlichen Ebenbildlichkeit bezogen.[2])

Drückt das Naturrecht das ewige Gesetz aus, so sind auch die Handlungen des Menschen der essentiellen Gerechtigkeit gemäß oder nicht. Geht die Heiligkeit Gottes als der rechtliche Grund dem göttlichen Willen vorher, so sind auch die Handlungen des Natur-

---

[1]) Convenientia sanctitate divina, antecedenter ad voluntatem divinam.

[2]) Per reliquias imaginis divinae.

rechts gut oder schlecht vor diesem Willen.[1]) Ist die essentielle Gerechtigkeit Gottes Typus des Naturrechts, so kann das positive Recht die Gerechtigkeit nicht ausdrücken, und es bleibt für letzteres nur der Wille Gottes übrig. Darum wurde naturrechtlich die Moralität der Handlungen aus der Heiligkeit Gottes, positivrechtlich aus dem Willen Gottes abgeleitet. Die natürlichen Gebote wurden in bejahende und verneinende eingetheilt. Die ersteren verpflichten immer, die letzteren immer und auf immer[2]), d. h. die Verpflichtung betrifft alle Menschen und zu jeder Zeit. Die Gebote, welche immer verpflichten, wurden als ewige Wahrheiten angesehen.

Die mittelalterliche Rechtsanschauung war mit der Annahme des unmittelbaren Glaubens vollkommen gerechtfertigt und blieb auch im Reformationszeitalter die allgemeine Grundlage. Das Recht war sonst weltlich, äußerlich, das ganze Gebiet des bürgerlichen Rechts gehörte solcher Aeußerlichkeit an. Das Recht war wesentlich formell, d. h. nicht deshalb Recht, weil es wirklich Recht war, sondern weil es galt. Das so geordnete Recht, welches die äußerlichen Verhältnisse geregelt hatte und zu Recht bestand, wurde als partikulares Recht und Vorrecht aller Art unmittelbar für Gottes Ordnung gehalten.

Im Mittelalter hatte das Recht als göttliche Ordnung consequent sich zur Hierarchie ausgebildet. Es vereinigte Naturrecht, weltliches und geistliches Recht unmittelbar in sich. Mit der Reformation entstand der Trieb des Unterscheidens, aber dasselbe machte sich nicht recht geltend. Die Reformatoren selbst beschränkten sich auf das rein Religiöse, was ein großes Hinderniß war. Sie hatten von sogenannten Volks- und Menschenrechten keine Idee, so wenig als das Volk selbst. Dies hat sich am deutlichsten in dem von der Reformation hervorgerufenen Bauernkriege gezeigt. Die Bauern beriefen sich auf das bürgerliche Recht nicht als Bürger und Menschen, sondern als gläubige Christen, vermischten also das bürgerliche Recht mit dem Worte Gottes. Es heißt in ihren Artikeln: „Wenn einer oder mehrere der hier gestellten Artikel dem Worte nicht gemäß wären, so wollen wir Bauern, wo uns selbige Artikel mit dem Worte Gottes als unziemlich nachgewiesen werden,

---

[1]) Honestae vel turpes antecedenter ad voluntatem dei.

[2]) Semper; semper et ad semper.

davon absehen, sobald man es uns mit Grund und Schrift erklärt. Und ob man uns gleich etliche Artikel jetzt schon zuließe, und es befände sich hernach, daß sie ungerecht wären, so sollen sie von Stund an todt und ab sein, nichts mehr gelten. Dergleichen, wenn sich in der Schrift mit der Wahrheit mehr Artikel finden, die wider Gott und dem Nächsten zur Beschwerniß wären, wollen wir diese uns auch vorzubehalten beschlossen haben und uns in aller christlichen Lehre üben, darum wir Gott den Herrn bitten wollen, der uns dasselbige geben kann und sonst Niemand." Demnach soll das bürgerliche Recht mit dem Worte Gottes übereinstimmen, um als Recht zu gelten. Luther erklärte sich gegen die Berufung der Bauern auf die Schrift, und damit gegen die Vermischung des göttlichen Gebotes mit dem bürgerlichen Gesetze. Luther scheint zu dieser Einsicht durch das Studium der Alten gekommen zu sein. Melanchthon sagt: „Luther las die classischen Autoren also, daß er nicht allein die Worte daraus genommen, wie die jungen Knaben, sondern auch eine Lehre und Exempel des menschlichen Lebens daraus gefaßt hat." Luther selbst bemerkt: „Wer im weltlichen Regiment will lernen und klug sein, der mag die heidnischen Bücher und Schriften lesen, die haben es wahrlich gar schön und reichlich herausgestrichen und abgemalt, beide mit Sprüchen und Bildern, mit Lehren und Exempeln, aus welchen auch die Kaiserlichen Rechte geflossen sind." Luther bekämpfte die Bauern mit demselben Worte Gottes, auf welches diese sich beriefen. Er hatte zwar behauptet, daß die Sache der Bauern nur durch weltliches Recht entschieden werden könnte, aber er erklärte sich für die Herrschaft einer von Gott eingesetzten Obrigkeit. Die Bauern sollten, ob sie Recht haben möchten oder nicht, der Obrigkeit in diesem Sinne gehorchen. Die Bauern forderten nach göttlichem Recht, was sie nach dem Natur- und Menschenrecht hätten fordern sollen. Luther berief sich mit viel mehr Recht gegen die Bauern, ls diese aus der Schrift für sich in Anspruch nehmen konnten. Er verdammte die Bauern kraft des Wortes Gottes, durch welches ihre Sache nicht sollte entschieden werden können. Und die Bauern beriefen sich für ihr Recht auf die Schrift, in welcher es nicht geschrieben steht. Luther und die Bauern waren im Unklaren; aber die ganze Zeit war im Unklaren.

Natur- und Völkerrecht, mosaisches, griechisches und römisches, kaiserliches und päpstliches Recht wurden von den Moraltheologen und Rechtslehrern des Mittelalters alle durcheinander geworfen. Im mosaischen, griechischen und römischen Recht wurden die bürgerlichen Rechte geschichtlich zwar auf einander bezogen, aber sie waren doch unter sich, und alle wieder von dem germanischen Recht verschieden. Das römische Recht hatte sich über viele Reiche und Völker verbreitet, während das germanische Recht mehr national und örtlich geblieben war. Das canonische Recht hatte wieder eine universellere Tendenz, als das römische, aber beide gingen in Bestimmung des Naturrechts auseinander. Das römische Recht bezog das Naturrecht auf Alles, was im Himmel und auf Erden lebt; das canonische Recht fand das Naturrecht im Gesetz und Evangelium und bestimmte in mancher Hinsicht auch das bürgerliche Recht als eine göttliche Angelegenheit. Diese verschiedenen Rechte wurden alle unmittelbar im Glauben vorausgesetzt. Aber das allgemeine Rechtsbewußtsein der Zeit wurde wegen des Widerspruchs unmittelbar angenommener, entgegengesetzter Bestimmungen der Trieb, das Recht bestimmt zu unterscheiden.

Die wirkliche Unterscheidung ist nur durch Erkenntniß möglich, und diese wieder nur durch Philosophie. Aber die Reformation war dem Studium der Philosophie nicht günstig. Luther war außerordentlich gegen die Philosophie seiner Zeit eingenommen. Er wollte sie „ganz fahren lassen", meinte, daß die scholastische Philosophie das Lesen der heiligen Schrift beeinträchtige, „da uns in der Bibel genug übrig geschrieben sei, wie wir uns in allen Dingen zu halten, solches Studiren nur die heilige Schrift hindere, und auch das mehrere Theil nach eitel Lug und Hoffart schmecke." Melanchthon widersetzte sich Luthers Ansinnen, aber ihre Anhänger stritten sich als sogenannte Lutheraner und Philippisten noch lange nach ihrem Tode in jenem Sinne. Luther hatte wohl Recht, daß er die Philosophie seiner Zeit für nicht geeignet hielt, ein neues Princip zu entwickeln, wenn er diesen Gesichtspunkt anders gehabt hat, als er das „Elend" der Aristotelischen Philosophie so klar erkannt haben soll, welche er nach ihrem tieferen Gehalt aber nicht zu würdigen verstand. Die philosophische Bildung der Zeit mußte in Ermangelung einer höheren Erkenntnißweise beibehalten werden, wenn nicht alle geschichtliche Behandlung der Gegenstände aufgehoben werden sollte. Es war deshalb ganz zeitgemäß, daß Melanchthon das Naturrecht mit Hülfe der wiedererweckten Philosophie und der von Luther so sehr geschmähten Aristotelischen Ethik auf's Neue zu bearbeiten übernahm.

Die Philosophen und Juristen des Mittelalters sahen sich genöthigt, „aus Furcht vor Verketzerung" den scholastischen Moraltheologen beistimmen zu müssen. Die Philosophen begnügten sich mit den elf Tugenden des Aristoteles, die Juristen führten Alles auf die kaiserlichen und päpstlichen Rechte zurück. Die Politik blieb in den Händen des Papstthums. Auch noch später erblickte man im Papstthum „blos theologische Irrthümer", nicht die „schlauesten politischen Staatsgriffe". Der Clerus duldete keine seinen Interessen zuwiderlaufenden Erörterungen über Recht und Politik, er verdächtigte den Namen „Politiker" und hing demselben überall einen „Schandfleck" an. Man lehrte auf Universitäten Mathematik und Grammatik, Rhetorik und Dialektik, aber die Lehrer, vorzugsweise Geistliche, beeiferten sich nicht, die Laien in der Erkenntniß zu fördern. Man las Ethik aus den Büchern des Aristoteles zusammen, glaubte den „Grund des Gerechten und Ungerechten" in diesen Büchern zu finden und urtheilte noch lange nach der Reformation, daß jene Bücher „doch so absurd nicht," sondern nur zu weitläufig und mit unnützen Subtilitäten angefüllt wären. Aber in Eins konnte man sich nicht finden, daß die „Ausbesserung des Verstandes zur Besserung des Willens" genügen sollte, man sagte, Aristoteles lehrt zwar die Tugenden, aber er lehrt nicht, worin sie bestehen, er weiß keine Mittel, wie man tugendhaft werden kann; auch hat er keine Bücher über „das Naturrecht und über die Klugheit zu rathen" geschrieben.

Das Naturrecht wurde auch die Lehre „von der Morale, von den Sitten" genannt, und man hat sich genug darüber verwundert, daß die Reformatoren das Naturrecht so wenig gefördert hätten. Aber man hat auch allerlei Gründe angegeben, warum das nicht geschehen sei. Die Reformatoren, sagte man, haben den rechten Gebrauch des natürlichen und übernatürlichen Lichts nicht gekannt, haben zwar einige dahin zielende Sätze aufgestellt, aber die Streitigkeiten Luthers und Calvins über das Abendmahl und den Gebrauch der rechten Vernunft bei Erklärung der heiligen Schrift haben darüber weitere Untersuchungen nicht aufkommen lassen. Luther hat die „teutsche Theologie, ein mystisches Büchlein“, wieder herausgegeben, und wenn er auch selbst „kein Mystiker“ war und die Herausgabe mehr „aus Verdruß gegen die scholastische Philosophie“ veranstaltet hat, so hat er doch damit die „geheime Theologie“ wieder hervorgerufen. Aber „der Eingang in sich selbst“ war nicht geeignet, die Lehre von den Sitten zu reformiren, Alles lief auf eitel Enthusiasmus hinaus, nicht auf „sinnlich versichernde Empfindlichkeit“, d. h. auf Erfahrung. Die protestantischen Schriftsteller fanden in der Augsburgischen Confession wohl „systematische Theologie, aber nichts von Recht und Moral“ vor, und glaubten deshalb die Katholiken nach Herzenslust ausschreiben zu dürfen. Die Orthodoxen gaben sich „mit Ketzermachen“, die Mystiker „mit Säuberung des Herzens“ ab, beide überschätzten die Kräfte des menschlichen Geistes, die Orthodoxen die Kraft des Verstandes, die Mystiker die Kraft des Willens; beide hielten es immer mit den Höfen, um durch diese zu herrschen. Unter solchen Umständen, sagte man, wäre es unmöglich gewesen, das Naturrecht neu zu gestalten.

Der Mangel eines klaren Rechtsbewußtseins war ein mittelalterliches Produkt, welches zur Zeit der Reformation immer fühlbarer wurde. Die Entwickelung der mittelalterlichen Moralphilosophie brachte den Mangel allmälig zum Bewußtsein. Aber selbst die Reformatoren kamen darüber nicht in's Reine. Luther hatte über das Recht zwar allerlei Gedanken, aber es waren eben nur Gedanken, welche wissenschaftlich nicht erörtert wurden. Er vertheidigte das weltliche gegen das geistliche Recht, das kaiserliche gegen das päpstliche Recht, aber er zog beiden das von ihm sogenannte „Landrecht und Landsitten“ vor. Er spricht auch viel vom Naturrecht im Unterschiede vom geistlichen und weltlichen Recht, vom Gesetz der Natur als der Liebe Gesetz, und betrachtet den freien Sinn als die Quelle des Rechts, welche im Herzen des Menschen gegründet sei. Er unterscheidet bürgerliche, göttliche Gerechtigkeit im Dekalog, und wahre Gerechtigkeit durch den Glauben, aber er kommt in Betrachtung des Rechts und der Gerechtigkeit immer auf den Glauben zurück. Sind wir nur recht gläubige Christen, so folgt Recht und Gerechtigkeit von selbst aus unserm Herzen, aus unserm Thun und Handeln. Luther rühmt auch die „natürliche Vernunft“ gegen geistliches und weltliches Recht, und nennt sie den Rechtsbrunnen, aber er versteht unter Vernunft nicht die allgemeine menschlich freie Vernunft, sondern die Vernunft, welche an den Glauben gebunden ist. Von der Vernunft, die nicht eins mit dem Glauben und durch den Glauben Vernunft ist, spricht er immer nur verächtlich und sagt ihr alles Schlimme nach, indem sie nichts könne als lästern und schänden was von Gott komme. Auch Melanchthon nennt sie in seinen Locis eine thierische Weisheit, aber seine Erörterungen über das Recht sind als der Wendepunkt der mittelalterlichen Moralphilosophie in das moderne Naturrecht anzusehen. Die späteren Naturrechtslehrer leugnen zwar eine Entwickelung desselben im Reformationszeitalter, denn sie behaupten, daß das Naturrecht bis auf H. Grotius in „scholastischem Dunkel und Nebel" begraben gelegen habe, aber aus unserer Darstellung wird sich ergeben, daß dies eine grundlose Versicherung ist. Das Naturrecht hat sich gegen seine mittelalterliche Form sowohl, als gegen seine Form im Reformationszeitalter frei durch sich selbst entwickelt.

Die Aufgabe des Naturrechts im Reformationszeitalter bestand darin, das Recht in der menschlichen Natur klar zu erkennen und das Dunkel, worin es gehüllt ist, aufzuhellen. Wenn Gott dem Menschen das Gesetz in's Herz geschrieben hat, so muß dasselbe in der menschlichen Natur auch erkannt werden können. Die Erkenntniß des Gesetzes wurde durch den Fall zwar verdunkelt, aber in der gefallenen Natur des Menschen doch nicht ganz vertilgt, eine dunkle Kenntniß des Gesetzes ist übrig geblieben. In diesem Sinne bezieht Melanchthon die menschliche Natur in ihrer Ebenbildlichkeit und Verderbtheit auf Gott, und macht den Versuch, das Gesetz klar zu erkennen.

Wir beschränken uns hier auf die ethischen Erörterungen Melanchthons, weil es uns zu weit führen möchte, dessen Leben als Reformator, Theolog und Lehrer Deutschlands zu erzählen, und wir nur Bekanntes wiederholen würden. Seine Erörterungen sind in den Elementen der ethischen Doctrin [1]) enthalten. Melanchthon schließt sich darin an das fünfte Buch der Aristotelischen

[1]) Ethicae doctrinae Elementa, et enarratio libri quinti Ethicorum. Additae sunt quaestiones de juramentis, de excommunicatione et de aliis quibusdam materiis. Autore Philippo Melanthone. Witebergae, excudebat Joannes Lufft. Anno MDLXXVIII.

Ethik an und lobt den Aristoteles wegen seiner Beschreibung der bürgerlichen Gesellschaft, wegen seiner Erläuterung der natürlichen Urbegriffe, auch deswegen, weil er die menschliche Natur als Quelle der Gerechtigkeit erkannt und das Verhältniß der Menschen zu einander entwickelt habe. Er vergleicht die Aristotelische Ethik mit einem schönen Edelsteine, vermißt aber darin doch das Beste, daß sie Gottes und seiner Gebote nicht erwähne, d. h. die Ethik müsse auf Gott bezogen werden, um wahre Wissenschaft sein zu können. Er erörtert: Die Ethik lehrt das Sein Gottes, denn wir wissen unmittelbar, was Recht und Unrecht ist, was wir nicht wissen könnten, wenn unser Verstand vom Zufall herrührte, statt von dem ewigen Verstande Gottes; wir betrachten in der Ethik ferner das Wesen Gottes, wir erkennen die göttliche Weisheit, Güte und Gerechtigkeit, indem wir Recht und Unrecht unterscheiden; wir finden auch in der Ethik, daß Gott das Wissen von Recht und Unrecht in unserm menschlichen Verstande nicht ohne Strafe gründen wollte, denn Gott straft den Menschen, welcher unrecht handelt. Die Ethik, die Norm aller menschlichen Handlungen, führt uns zu der Erkenntniß, daß wir nach dem Bilde Gottes geschaffen sind.[1])

Melanchthon sagt: die Ethik ist ein Zeugniß des Wesens und der Existenz Gottes, und es ist gleich, ob die Kirche oder die Philosophie dieselbe lehrt: die Kirche nimmt die Bezeichnung der Definitionen des Gesetzes der Natur und der Tugenden aus der Philosophie, um sie besser erklären und eintheilen zu können. Melanchthon nennt es eine große Barbarei, den Nutzen der Moralphilosophie leugnen, und eine große Schmach, die Künste und Wissenschaften, womit Gott die Menschen geziert hat, verschmähen zu wollen. Die Ethik erläutert das Naturrecht dem Gesetze Gottes gemäß, enthält die Beweise nach dem Urtheil der Vernunft und die Folgerungen der Schlüsse aus derselben. Gott hat das Gesetz dem Menschen durch die Schöpfung offenbart und dasselbe in der Kirche zu wiederholten Malen erneuert. Das Gesetz ist die ewige Weisheit und Regel der Gerechtigkeit in Gott.[2]) Der Mensch soll dem Gesetz gemäß sein[3]), wenn er nicht verdammt sein will.

---

[1]) Epitome philosophiae moralis, p. 1—7.

[2]) Ibid., p. 4.

[3]) Ibid., p. 97.

Wenn er sündigt, so kann er von der Sünde einzig und allein nur durch den Heiland der Welt wieder erlöst werden. Denn das Evangelium ist nicht, wie das Gesetz, mit uns geboren, es ist aus dem ewigen Busen des himmlischen Vaters hervorgegangen, was alles menschliche Denken übersteigt.

Nach der Lehre der Kirche ist Gott der Zweck aller menschlichen Handlungen, und die wahre Philosophie lehrt dasselbe. Es hat jedoch Philosophen gegeben, welche die Tugend zum Zweck des Menschen gemacht haben. Aber die Philosophie wird erleuchteter, wenn sie auf die Kirchenlehren bezogen wird.[1]) Ist der Zweck der menschlichen Handlungen Gott selbst, so kann das Gute nicht nach Art der alten Philosophen definirt werden: das Gute ist der Natur gemäß. Vielmehr lehrt die Schrift: Gott sahe Alles an, was er gemacht hatte, und siehe da, es war sehr gut. Das Gute ist hier das von Gott geschaffene Werk, welches mit der Ordnung im göttlichen Verstande übereinstimmt und nach von Gott gebilligten Zwecken geregelt ist. Wie armselig dagegen beschreiben solche Philosophen das Gute, die Gottes nicht erwähnen, sondern blos die äußerlichen Dinge und deren in die Augen fallenden Nutzen betrachten! Ein Anderes ist das von Gott geschaffene Werk, das natürlich Gute, ein Anderes Gott selbst, das moralisch Gute. Das moralisch Gute ist die göttliche Weisheit und der göttliche Wille. Die Weisheit ordnet das Recht, und der Wille fordert, was Recht ist. Das moralisch menschliche Gute ist das menschliche Handeln und stimmt mit der göttlichen Weisheit überein. Tugend ist die Neigung, der rechten Vernunft um Gottes willen zu gehorchen.[2])

Melanchthon nimmt zweierlei Ursachen tugendhafter Handlungen an: wirkende und helfende Ursachen. Wirkende Ursachen sind Verstand und Wille als das rechte Urtheil der Vernunft, und diejenige Freiheit, welche der Vernunft gehorcht; helfende Ursachen sind natürliche Neigung, Zucht und Lehre. Die Neigung befestigt die Tugenden, die Zucht gewöhnt an Ordnung, und die Lehre bringt die Principien zum Bewußtsein, welche von Natur im Menschen liegen.[3]) Der Mensch ist frei, er kann ohne Nothwendigkeit

---

[1]) In quint. libr. Eth. p. 205: Et fit illustrior philosophia, cum ad doctrinam ecclesiae confertur.

[2]) Epit. phil. moral., p. 24—30.

[3]) Ibid., p. 30–34.

wählen, aber er ist nur dann wahrhaft frei, wenn seine Handlungen Gott wohlgefällig, d. h. wenn sie gewissenhaft sind. Melanchthon vertheidigt die Freiheit in diesem Sinne gegen die stoische Nothwendigkeit. Die Freiheit soll eins mit dem Glauben sein, vom Glauben erfüllt und durchdrungen sein.

Die menschliche Natur ist zwar durch den Fall in Dunkel gehüllt, aber der Mensch ist nach dem Bilde Gottes geschaffen worden, deshalb ist eine gewisse Kenntniß des Gesetzes in der Natur, selbst des nichtwiedergeborenen Menschen anzunehmen. Gott hat dem Menschen gewisse Urbegriffe[1]) anerschaffen, die sein Leben regieren. Solche Urbegriffe heißen Principien, und die aus denselben gezogenen Folgerungen nothwendige Consequenzen. Die Principien sind theoretische und praktische. Die theoretischen Principien gelten in der Mathematik, Physik und Dialektik, z. B. Etwas ist oder nicht; die Ursache kann nicht geringer als die Wirkung sein: die praktischen Begriffe beziehen sich auf die moralischen Handlungen, und sind mit uns geboren.[2]) Melanchthon führt in dieser Hinsicht mehrere Gesetze an: Der Mensch soll Gott erkennen und verehren; Gott ist gütig und sich selbst gleich; der Mensch hat den Trieb, sein Geschlecht fortzupflanzen; der Unterschied der Wahrheit und der Lüge ist demselben angeboren; der Wille, zu besitzen, ist verschieden, und deshalb auch das Eigenthum; der Mensch hat den Trieb, sich selbst zu bewahren. Er folgert dann aus jenen Gesetzen die Existenz Gottes, die weise Ordnung der Welt, die Gottähnlichkeit des Menschen, die Bewahrung der Gemeinschaft, die Gesellschaft, das Wohlwollen, die Gleichheit, die der Mensch üben, und die Verträge, die er halten soll. Es sollen sich ferner aus den Gesetzen die Gerechtigkeit, Ehe, Schutz nach Innen und Außen ergeben, die Gesetze sollen einen Katalog der Tugenden ausmachen, und die Tugenden dem Menschen angeboren sein.[3])

Die natürlichen Gesetze stimmen mit der Norm der göttlichen Weisheit überein. Die natürlichen Gesetze sind Strahlen des göttlichen Lichts in der menschlichen Seele, das Naturrecht ist ein Strahl der göttlichen Weisheit und Gerechtigkeit im menschlichen

---

[1]) In quint. libr. Eth., p. 192: primas notitias.
[2]) Epit. phil. moral., p. 60.
[3]) In quint. libr. Eth., p. 195—201.

Verstande. Alle Menschen können es fassen.[1]) Das Naturrecht ist dem Menschen von Gott eingepflanzt und verpflichtet die ganze Menschheit.[2]) Das Naturrecht darf nicht von den Trieben hergeleitet werden, die der Mensch mit dem Thiere gemein hat, sondern es muß auf die Urbegriffe zurückgerufen werden[3]), welche Regeln, nicht Triebe sind, wenngleich jene Regeln von den Trieben gefangen gehalten werden können. Melanchthon nimmt noch mehrere natürliche Gesetze an, welche sich auf den Frieden und den ungestörten Genuß der Dinge beziehen. Diese sollen der bösen Begierden und der verderbten Welt wegen veränderlich sein. Darum sind sie nicht so wesentlich als jene, wenn sie gleich nützlich sind.[4]) Die unveränderlichen Gesetze sollen durch andere Mittel geschützt, und die bösen Begierden sollen gezügelt werden.

Die Wirkung der natürlichen Gesetze ist der Gehorsam, und dieser ist die Gerechtigkeit. Melanchthon tadelt die alte, von Simonides herrührende Definition: Gerechtigkeit ist der bestimmte Wille, Jedem das Seine zu geben. Er mißbilligt auch die Platonische Erklärung, welche blos die Einheit und Uebereinstimmung der niedern Kräfte des Menschen mit dem richtigen Urtheil seiner Vernunft ausdrücke, lobt dagegen die Aristotelische Definition: Gerechtigkeit ist der den Gesetzen schuldige Gehorsam, als leichter verständlich, denn sie setze die Menschen im Staate voraus; aber auch sie soll nicht genügen, sondern ein blos untergeordnetes Verhältniß erklären. Deshalb definirt er selbst die Gerechtigkeit so: Die Gerechtigkeit ist der dem Menschen von Natur eingepflanzte Gehorsam gegen Gott nach dem Unterschiede des Rechts und Unrechts, damit er Gott verehre und wisse, was er thun und lassen soll.[5])

Die Gerechtigkeit ist die Norm der natürlichen Gesetze. Ihre Quelle ist die Gemeinschaft Gottes und der Menschen unter einander. Ihr Band ist die Gleichheit.[6]) Die Gerechtigkeit selbst ist

---

[1]) In quint. libr. Eth., p. 209.

[2]) De arbore consanguinitatis et affinitatis, p. 238; Epit. phil. moral., p. 152.

[3]) Epit. phil. moral., p. 97.

[4]) Ibid., p. 103.

[5]) In quint. libr. Eth., p. 167; Epit. phil. moral., p. 90.

[6]) Ibid., p. 90, 149.

entweder universell oder partikular. Die universelle Gerechtigkeit enthält die Gesetze, welche mit der göttlichen Weisheit und mit dem göttlichen Willen übereinstimmen.[1]) Die Gerechtigkeit ist distributiv oder commutativ.[2]) Als solche entspricht sie der Natur und der menschlichen Gesellschaft. Die distributive Gerechtigkeit ordnet die Menschen im öffentlichen und Privatleben, die commutative Gerechtigkeit gleicht den Werth der Dinge aus. Die Natur fordert diese Ausgleichung natürlicher Dinge und persönlicher Pflichten. Menschen und Dinge werden erst durch eine gewisse Norm gleich. Der Mensch bedarf der Hülfe Anderer, da er sich selbst nicht Alles schaffen kann.

Die natürlichen Gesetze sind die Norm der Gerechtigkeit und des geselligen Lebens, aber sie können doch den Gesetzen Gottes aus mehreren Gründen nicht genugthun. Erstens ist Gott ein unsichtbares Wesen, die Eigenschaften Gottes sind also von denen der Welt unterschieden; zweitens stimmen die natürlichen Gesetze nicht alle mit den Trieben des Herzens überein. Das hindert die klare Erkenntniß. Der Mensch kann sich darum Gott und die natürlichen Gesetze blos dunkel vorstellen.[3]) Will er das Gesetz klar erkennen, so muß er zum Glauben zurückkehren, sich wieder zu der Quelle hinwenden, worin Gott sein Wesen und seinen Willen offenbart hat.[4]) Da er die natürlichen Gesetze in sich nicht deutlich erkennen kann, so ist es am kürzesten, die Summe derselben aus dem Dekalog zu entnehmen.[5]) Gott hat die natürlichen Gesetze im Dekalog mit der größten Klarheit wieder erneuert.[6]) Die menschliche Natur ist in dieser Finsterniß vielen Zweifeln unterworfen, darum ist der Dekalog für das Gesetz der Natur selbst zu nehmen[7]), weil er dasselbe klar ausspricht.

---

[1]) Ibid., p. 90.

[2]) Ibid., p. 91.

[3]) Ibid., p. 10; obscurior est dei notitia.

[4]) In quint. libr. Eth., p. 203.

[5]) Epit. phil. moral., p. 97: Et inde expeditissimum est summam legum naturalium sumere.

[6]) Ibid., p. 117: Quia in decalogo expressa voce dei leges naturae maxima perspicuitate repetitae sunt.

[7]) Ibid., p. 10: In hac caligine; p. 117: Sic enim perspicuitatis causa loquimur, et nomine decalogi pro lege naturae utimur.

Das Recht ist entweder Naturrecht oder positives Recht.[1]) Das Naturrecht ist der Norm der göttlichen Weisheit gemäß göttliches Recht[2]) und unveränderlich, während das positive Recht veränderlich ist. Die Gründe des positiven Rechts sind blos mögliche Gründe, nicht nothwendige. Das positive Recht streitet nicht mit dem Naturrecht[3]), sondern fügt dem Naturrecht durch annehmliche Gründe blos äußerliche Umstände hinzu. Gott hat das positive Recht nach der Sündfluth ebenfalls angeordnet, hat dasselbe für die ganze Menschheit bestimmt und die Obrigkeit eingesetzt. Die Obrigkeit ist der Vicarius Gottes auf Erden, die Stimme des Dekalogus, der Executor der Gesetzestafeln.[4]) Der Obrigkeit ist nicht aus Furcht vor Strafe zu gehorchen, sondern um des Gewissens willen.[5]) Die Bürger sind nicht der kirchlichen Autorität, sondern der Staatsgewalt, der Obrigkeit unterthan. Gott hat der Kirche keine gesetzgebende Macht verliehen.[6]) Die Kirche giebt keine Gesetze, sondern bessert die Herzen, spendet keine zeitlichen, sondern ewige Güter, straft nicht körperlich, sondern excommunicirt. Der Staat straft die Verbrecher, die Kirche bringt sie zur Reue. Die Kirche soll nicht den einen Fuß im Tempel und den andern in der Curie haben.[7]) Die mosaische Politik geht uns nichts an.[8]) Wenn Päpste über weltliche Macht verfügen wollen, so ist das eine arge Anmaßung, welche daher rührt, daß Bischöfe und andere Geistliche neue Culten ersonnen haben. Wenn Geistliche politische Jurisdiction haben, so haben sie dieselbe nicht kraft göttlicher, sondern menschlicher Autorität. Melanchthon will in bürgerlichen Dingen lieber den Cicero, als die Schrift hören[9]), und tadelt den heiligen Hieronymus, daß er darum über die Pflich-

---

[1]) Epit. phil. moral., p. 97; naturale aut positivum.

[2]) In quint. libr. Eth., p. 205.

[3]) Epit. phil. moral., p. 100: non pugnans cum jure naturae.

[4]) Ibid., p. 124; De discrimine potestatis politicae et ministerii evang., p. 271, 274.

[5]) Ibid., p. 126.

[6]) Ibid., p. 126.

[7]) De discrim. potest. polit. et minist. evang., p. 269.

[8]) Epit. phil. moral., p. 136.

[9]) Argumentum de off. Cic. membrum I.: veram ego religionem ex divinis literis censeo hauriendam esse, de civilibus malim audire Ciceronem.

ten geschrieben habe, weil er in Cicero's Büchern die Offenbarung vermißte.

Die Definition der Moralphilosophie als einer dem Dekalog gemäßen Erläuterung des Gesetzes der Natur[1]), die Bestimmung des moralischen Gesetzes als der ewigen Weisheit und Regel der Gerechtigkeit in Gott[2]), die Erklärung der rechten, mit der Norm jener Weisheit als des natürlichen Gesetzes übereinstimmenden Vernunft[3]), der Tugend als des Gehorsams und der Einheit des menschlichen Willens mit dem den Menschen von Gott anerschaffenen Gesetze[4]), die Festsetzung des Naturrechts oder der natürlichen Gesetze als Kennzeichen der praktischen Principien, dieser Principien als der Norm des göttlichen Verstandes[5]), und des positiven Rechts als des Willens der von Gott eingesetzten Obrigkeit[6]) — alle diese Erklärungen und ethischen Erörterungen Melanchthons setzen mehr oder weniger das Angeborensein des Gesetzes durch die Schöpfung, und die Verdunkelung durch den Fall voraus, und sind deshalb der Grund, warum er für die klare Erkenntniß auf den Dekalog zurückgehen muß.

Die Scholastiker suchten bereits durch Ausscheidung des mosaischen Rechts allgemeine Rechtsansichten zu gewinnen, aber erst bei Melanchthon läßt sich eine bestimmtere Unterscheidung des Natur- und Civil-, des Staats- und Kirchenrechts gegen die mittelalterliche Vermischung nachweisen. Die Melanchthonische Unterscheidung ist besonders gegen die „Canonisten" gerichtet, welche den „Römischen Hof" selbst naturrechtlich eine „Quelle der Gerechtigkeit" nannten, und lehrten, „es wäre nicht zu vermuthen, daß päpstliche Heiligkeit irren könne." Die Anerkennung der Philosophie als einer für die Erkenntniß des Rechts unentbehrlichen Wissenschaft ist von Seiten Melanchthons auch sehr erheblich, wenngleich die Philosophie noch durch den Glauben rectificirt werden soll. Aber die Uebertragung der Bestimmung der Gerechtigkeit und die Unterscheidung derselben in distributive und commutative Gerechtig-

[1]) Epit. phil. moral., p. 3.
[2]) Ibid., p. 4.
[3]) Ibid., p. 31.
[4]) Ibid., p. 60.
[5]) Ibid., p. 97.
[6]) Ibid., p. 100; de discr. potest. polit. et minist. evang., p. 270.

keit auf die rechtlichen Verhältnisse des Staates und das Verhältniß von Staat und Kirche können natürlich nicht genügen. Die Politik war überhaupt nicht die Stärke der Reformatoren; sie gaben den Fürsten alle Macht in die Hände, trotz der Lehre Melanchthons, daß der Fürst seine Gewalt vom Volk habe und nichts gegen dessen Willen thun dürfe. Melanchthon hat den unbedingten Gehorsam gegen die Obrigkeit, d. h. hier gegen die Fürsten, nachher bitter beklagt, während Luther wohl gegen den einen oder den andern zornmuthig aufbrauste. So mächtig die Reformatoren gegen den Papst gewesen sind, so ohnmächtig waren sie gegen die Fürsten. Die Macht des Papstes war ächt katholisch, die Macht der Fürsten ist ächt protestantisch. Die Macht des Papstes und der Fürsten kann nur so lange ausschließlich sein, als das Volk in der Kirche und im Staate zu keiner Selbstbestimmung gelangt.

Da Melanchthon das Naturrecht als das ursprüngliche Recht faßt, welches allem andern Rechte zu Grunde liege, mußte er das positive Recht auf das Naturrecht auch zurückführen. Aber er hat dies zu thun unterlassen. Er unterscheidet zwar das Recht, bezieht es aber nicht zugleich, führt ein Recht auf das andere nicht zurück. Die Unterscheidung fordert die Zurückführung. Die Zurückführung des positiven Rechts auf das Naturrecht findet sich bei Oldendorp.

Oldendorp wurde zu Hamburg im Jahr 1480 geboren und von Albert Kranz sorgfältig erzogen. Im Jahr 1504 kam er auf die Universität zu Rostock, aber er ging von da nach Köln, und von Köln nach Bologna, wo er Licentiat geworden ist. Im Jahr 1517 wurde er Professor zu Greifswalde, sah sich aber aus Anhänglichkeit an die Sache der Reformation in den Jahren 1525 oder 1526 genöthigt, diesen Ort wieder verlassen zu müssen. Er ging nach Rostock zurück. In Rostock wurde er erst Stadtsyndikus und nachher Professor, wurde aber wegen angeblicher Verbreitung der neuen lutherischen Lehre auch hier in Streitigkeiten verwickelt. Aus einer zu der Kämmererschen, jetzt der Universitätsbibliothek zu Rostock einverleibten Bibliothek gehörenden kleinen Schrift Oldendorps in plattdeutscher Mundart[1]) erhellt, daß gegen ihn und

[1]) Warhafftige entschuldinge Doct. Johann Oldendorp, Syndict tho Rostock. Wedder de mortgierigen uprorschen schanddichter und falschen klagern. M.D.XXXIII.

mehrere Räthe und Bürger der Stadt Rostock damals Schmähbriefe in Umlauf waren. Man fand nach dieser Schrift in jenen Briefen folgende Schmähworte: „Deff, Verreder, Droch, leidige Hundt, Verfolger der Papen und Mönnecke", und allerlei Drohungen, daß man „ydel Hacken" von ihnen machen und dem Oldendorp das Herz aus dem Leibe reißen wolle. Oldendorp versichert, daß er billig Ursache gehabt habe, seine Ehre, Leib und Leben zu retten; daß er auch den ehrsamen Rath und die Gemeinde von seiner Unschuld überzeugt habe, da er in Religion und andern Sachen stets seine Pflicht gethan. Als seine Feinde sahen, daß sie gegen ihn auf diese Weise nichts ausrichten konnten, sannen sie auf andere Mittel, und wendeten sich an den Herzog Albrecht, welcher auch sogleich Befehl gab, Oldendorp nebst einigen Andern wegen Aufruhrs gegen Rath und Gemeinde der Stadt Rostock streng zu bestrafen. Später beschuldigte man ihn, daß er nicht blos in der Stadt Rostock, sondern im ganzen Lande Mecklenburg Aufruhr angezettelt habe. Oldendorp sagt: „Man kann wohl Aufrührer und weg mit dem Doctor Oldendorp schreien, aber das Wort Schandbrief kann man nicht fassen. Ich bin Syndicus der Stadt, und bin ich ein Aufrührer, so ist ehrsamer Rath und Gemeinde mündig genug, mich zu strafen. Meine Feinde tragen darauf an, mich um Leib und Leben zu bringen, ich habe aber in und außer Rostock alle christgläubige, fromme Menschen zu Freunden. Ich will Alles geduldig leiden, will auf Christum vertrauen und meinen Feinden mit dem Kreuze des Erlösers in's Angesicht schlagen. Andere Ursach, den rechten Grund zu sagen, warum ich so jämmerlich verfolgt werde, ist noch nicht an der Zeit." Diese Streitigkeiten vertrieben ihn zuletzt aus Rostock, denn wir finden ihn im Jahr 1539 als Professor in Köln; aber auch hier scheint, nach einem Schreiben Melanchthons [1]) zu urtheilen, derselbe Zwiespalt sich erneuert zu haben. Er hat wahrscheinlich Köln in Folge dessen ebenfalls verlassen müssen, denn im Jahr 1543 war er schon Professor zu Marburg. In Marburg soll er unter dem Titel eines Raths Philipp dem Großmüthigen in

[1]) Responsio ad impiam delationem parochorum Coloniensium de communicatione sacramenti corporis et sanguinis Christi sub utraque specie, cum exemplo literarum, quas Phil. Melanchthon dedit ad Joh. Oldendorpium. Marb. 1543.

wichtigen Angelegenheiten vielfach beigestanden haben. Er starb am 3. Juni 1564.

Oldendorp nennt das Naturrecht mittelalterlich nicht mehr Moralphilosophie, wie Melanchthon, sondern Naturrecht, Völkerrecht und Civilrecht.[1]) Schon der Titel drückt die Unterscheidung des Rechts und die Andeutung aus, daß das positive Recht auf das Naturrecht zurückgeführt werden müsse. Die Opposition gegen das Mittelalter steht dem Oldendorp'schen Buche an der Stirn geschrieben. Die Dedication des Buches an Kaiser Karl V. und König Ferdinand ist ebenfalls merkwürdig. Oldendorp wendet sich damit von der Kirche weg und dem Staate zu. Die Wissenschaft war zur Zeit des Mittelalters in den Händen der Kirche, nun soll der Staat der Führer der Wissenschaft sein. Oldendorp ruft die Fürsten zum Schutz derselben förmlich auf. Er sagt in der Dedication: „Kein Staat gedeiht ohne Gerechtigkeit und Wissenschaft, der Staat wird durch nichts mehr erschüttert, als durch Unsicherheit in der Interpretation der Gesetze; aber Künste und Wissenschaften leben nach langer, harter Gefangenschaft wieder auf."[2])

Die Naturrechtslehrer im Reformationszeitalter gehen alle mehr oder weniger auf Melanchthon zurück. Oldendorp beruft sich

---

[1]) Juris naturalis, gentium et civilis εἰσαγωγή. Leges XII tabularum, interpretationibus ad forum adcommodatis, illustratae. Epitome successionis ab intestato, et alia quaedam pro tyronibus juris. Per D. Joannem Oldendorpium. Coloniae excudebat Joannes Gymnicus. Anno MDXXXIX.

Das Studium der Naturrechtslehrer im Reformationszeitalter ist bisher auf ganz unverzeihliche Weise vernachlässigt worden, woran vielleicht auch Schuld sein mag, daß ihre Schriften wirklich selten geworden sind. Herr Dr. v. Kaltenborn hat deshalb in seinem Werke über die Vorläufer des Hugo Grotius eine neue kritische Ausgabe derselben besorgt, was eine sehr verdienstliche Arbeit ist. Obwohl der Herausgeber seine guten Gründe hatte, warum er nicht den ganzen Text der Autoren abdrucken ließ, sondern mehr nur die systematische Entwickelung und Darlegung in Bezug auf das Natur- und Völkerrecht, so wäre es zur eigentlichen Charakteristik derselben doch vielleicht wünschenswerth gewesen, den ganzen Text zu geben, da die Vermischung des Rechts mit Moral, Politik und Theologie, bei ihm der Grund der Beschränkung auf jene Darstellung, schon bei denselben anfängt sich zu sondern, und die Erörterungen über die Denk- und Willenslehre um so weniger vermißt werden mögen, als gerade sie eine neue Methode der Rechtserkenntniß gegen die scholastischen Anticipationen anstreben.

[2]) Epistola nuncupatoria.

zweimal auf „Philippus", jedesmal da, wo er das Verhältniß des positiven Rechts zum Naturrecht auseinandersetzt.[1]) Auf die Juristen seiner Zeit ist er dagegen übel zu sprechen. Er sagt: „Die Juristen können in einem Athem 600 Gesetze herzählen, haben aber keine Einsicht in die Natur der Dinge selbst, sie sind in ernsten Dingen stumm und in Kleinigkeiten geschwätzig, was an sich klar ist, zerren sie in's Unendliche auseinander. Auch wissen sie nichts von gerichtlicher Praxis und beschäftigen sich nicht mit dem, was an der Zeit ist. Was die größte Kraft erfordert, den Staat regieren und die Gesetze interpretiren, lehren sie entweder gar nicht oder falsch. Dies kommt daher, daß sie das Recht nicht aus der Philosophie schöpfen und erkennen."[2])

Oldendorp fordert, daß das Recht leichter als bisher übersehen und besser erkannt werden soll. Die Erkenntniß des Rechts soll nach methodischer Vernunft erfolgen. Deshalb will er, daß die Gesetze und Rechtsdisciplinen in einen gewissen kleinen Raum der Natur[3]) zusammengezogen werden. Zu diesem Zweck untersucht er die Kraft und Bedeutung der Worte Natur, Gesetz und Gerechtigkeit. So oft wir diese Worte hören, sollen wir glauben, wir vernehmen etwas Göttliches und Erhabenes, die von Gott selbst dictirte Rechtsformel.[4]) Recht und Gesetz sollen auf Gott bezogen werden, nicht auf die Tugend, wie Cicero thut, sonst soll man nicht wissen können, was Gott in Wahrheit ist. Oldendorp sagt: Gott ist die Ursache, aus welcher alle andern Ursachen hervorgehen, Alles, auch das Gesetz kommt von Gott. Das Gesetz ist die dem Menschen von Gott eingepflanzte natürliche Kenntniß zur Unterscheidung des Rechts und Unrechts.[5]) Es ist die Norm und Regel des Rechts, die Kraft der Natur, die rechte Vernunft, welche gebietet, was wir thun und lassen sollen. Oldendorp bemerkt dabei ausdrücklich, daß das Wort Natur hier nicht für die menschliche

---

[1]) Tit. II: quam Philippus plenam eruditionis appellat, ut est certe; Tit. III: nam jus civile nihil aliud est, quam determinatio juris naturalis, ut Philippus dicit.

[2]) Tit. II.

[3]) Tit. II: In parvum quendam et angustum concludat naturae locum.

[4]) Ibid.: Veram et a deo ipso dictatam honestatis formulam.

[5]) Ibid.: Lex est notitia naturalis a deo nobis insita, ad discernendum aequum ab iniquo.

Natur vor dem Fall zu nehmen sei. Er sagt: Vor dem Fall war kein Naturrecht nöthig; also soll das Naturrecht erst mit der verderbten Natur angefangen haben. Nehme man das Gegentheil an, so komme man auf die ausschweifendsten Meinungen, von welchen die Gütergemeinschaft die gefährlichste sei.

Oldendorp kritisirt erst die Definitionen der Alten über das Naturrecht, Völkerrecht und Civilrecht, ehe er das positive Recht auf das Naturrecht wirklich zurückführt, und fängt mit denen über das Naturrecht an. Er tadelt die Erklärung Ulpians, wonach das Naturrecht dasjenige Recht ist, was die Natur allen Thieren lehrt, und verwirft diese Definition, weil die Thiere blos Triebe, keine Vernunft haben. Oldendorp macht zu der Erklärung Cicero's: Das Naturrecht ist die Vernunft, welche gebietet, was man thun und lassen soll, die Bemerkung, daß der Apostel dasselbe lehre, wenn er sage: Jeder findet in seinem Gewissen, ob er recht gehandelt habe oder nicht. Das Gewissen, sagt er, kann unmöglich darüber entscheiden, wenn kein bestimmtes Gesetz im Menschen ist. Aber Gott hat dem Menschen das Gesetz zur Formirung der Sitten in's Herz eingegraben[1]); dasselbe war früher als die Jahrhunderte, früher als Gesetze und Staaten constituirt waren. Oldendorp billigt schon mehr die Definition Justinians: Naturrecht ist das Recht, das alle Völker beobachten, das durch göttliche Vorsehung immer dasselbe ist, und sagt, das menschliche Herz ist eine solche lebendige Gesetzestafel.

Darauf folgt die Betrachtung der Definitionen der Alten über das Völkerrecht. Oldendorp sagt: Die Erklärungen der Alten über das Völkerrecht haben zu vielen Irrthümern Anlaß gegeben; die Erklärungen Ulpians und Justinians haben die Juristen verführt, das Völkerrecht für das Naturrecht selbst zu halten, weil die Mehrzahl der Menschen das Völkerrecht recipirt habe. Ulpian bezeichnet das Völkerrecht als das bei allen Völkern übliche Recht, und Justinian betrachtet dasselbe als das Recht, was die Vernunft bei allen Völkern constituirt hat. Die Alten haben geglaubt, was alle Völker für Recht halten, das entspringe aus natürlicher Vernunft; Völker könnten sich in dem, was Recht ist, nicht täuschen.

---

[1]) Tit. II: Ergo est in homine lex, quam etsi nusquam ex scripto legit, habet tamen a deo insculptam ad formandos mores.

Zwischen Naturrecht und Völkerrecht ist aber ein großer Widerstreit. Nach dem römischen Recht gilt dem Naturrecht zuwider die Sclaverei; aber der nach dem Bilde Gottes geschaffene Mensch darf nicht dem Thiere gleich geachtet werden. Unter Völkerrecht muß man nicht immer das Naturrecht verstehen: schon Livius sagt, daß das Völkerrecht menschliches Recht sei. Man darf nicht schließen: die Völker haben dies und jenes im Gebrauch, daher ist es billig und der Natur gemäß. Das Recht, das bei verschiedenen Völkern gilt, ist oft das unbilligste, was es geben kann. Man darf dieser Autorität zwar viel zugestehen, aber man darf sie nicht der Natur vorziehen.[1]) Man soll nicht glauben, daß das Naturrecht unveränderlich sei, wenn man sieht, daß Fürsten Vieles ändern, was die Völker bewahren. Es ist thöricht, das unveränderliche Naturrecht aus der Meinung Vieler erkennen zu wollen. Das Naturrecht wird allein aus der allgemein vernünftigen Intelligenz erkannt, welche Gott dem Menschen gegeben hat.[2])

Mehr als mit diesen Erklärungen der Alten über das Natur- und Völkerrecht ist Oldendorp mit den Definitionen derselben über das Civilrecht zufrieden. Er findet die Erklärung Ulpians vortrefflich, wonach das Civilrecht entsteht, wenn dem allgemeinen Recht etwas hinzugefügt oder entzogen wird. Weicht das Civilrecht vom Naturrecht ab, so bestimmt es etwas, das seinen Grund und seine Ursache nicht in der natürlichen Vernunft hat. Wenn es in Allem der Natur dient, so ist es natürliches Recht. Das Civilrecht ist der Wille eines Volkes.[3]) Geht man die Titel des Civilrechts und die verschiedenen Gesetze in jenen Titeln durch, so wird man fast kein Gesetz finden, was seinen Ursprung nicht vom Naturrecht genommen hat. Das Naturrecht ist die Kraft des Civilrechts, aber die Verschiedenheit desselben kommt von den politischen Staatsformen her.

Oldendorp versichert: Die Quelle alles und jedes Rechts ist die menschliche Natur. Man könne sich nicht genug darüber verwundern, daß so unzählig viele Menschen von dieser Norm abgewichen seien und so falsch geurtheilt haben. Aber daran sei der Fall

---

[1]) Tit. IV.

[2]) Tit. III: Nisi communem rationis intelligentiam, quam deus nobis indidit.

[3]) Tit. II. Epil.: Unius populi jussus.

Schuld. Die natürliche Vernunft ist durch den Fall verderbt worden, und doch soll sie den menschlichen Willen bestimmen. Wie ist das möglich? Gebote, welche das Wohl und Glück der Menschen betreffen, dürfen nicht den vagen Meinungen überlassen bleiben, sondern müssen aus der natürlichen, von Gott vorgeschriebenen Vernunft entnommen werden. Wenn Gott den Völkern kein Zeugniß von sich hinterlassen hätte, so würden dieselben noch immer von der natürlichen Vernunft abweichen können. Aber nun vernehmen sie im Dekalog die Stimme Gottes, welcher mehr als den Meinungen der Menschen zu gehorchen ist. Es muß darum zum Dekalog zurückgekehrt werden, in welchem Gott das unveränderliche Recht fest bestimmt und erneuert hat.[1])

Oldendorp klagt über die Rechtsschulen seiner Zeit und wirft ihnen vor, daß sie statt des Dekalogs die weitschweifigen Commentare des Baldus interpretirten. Er sagt, die Juristen glauben, daß der Dekalog blos für Theologen sei, aber man findet Manches in demselben, was jene kaum mit dem Finger berühren. Er bekennt, erfahren zu haben, wie so höchst wichtig eine Interpretation des Dekalogs sei, und glaubt, daß auch Andere diese Erfahrung gemacht haben werden. — Oldendorp interpretirt den Dekalog wie folgt: „Die Gebote der ersten Tafel betreffen die Religion, die Gebote der zweiten die Sitten. Nach dem ersten Gebot soll der Mensch Gott den Schöpfer ehren und preisen, was uns unsere Vernunft gleichfalls sagt; das zweite Gebot enthält die Quelle aller Gesetze über den Eid; das dritte Gebot folgt aus dem ersten: der Mensch kann Gott nicht fürchten und lieben, wenn er Gott nicht erkennt, und Gott nicht erkennen, wenn er Gottes Wort nicht hört: Einige müssen befehlen, Andere gehorchen, eine Obrigkeit muß sein; das fünfte Gebot setzt das Strafrecht fest: der Mensch kann nicht in Gesellschaft leben, wenn er nicht vor Verletzung sicher ist; das sechste und siebente Gebot beziehen sich gleichfalls auf die Gesellschaft: aus dem letzteren folgt das Sachenrecht; alle diese Gebote und auch das achte sind der Natur gemäß, denn die Lüge ist dem Menschen verderblich; und zuletzt stimmen auch das neunte und zehnte Gebot mit der Natur überein. Das zehnte erklärt alle übrigen. Die Summe derselben ist: Was du nicht willst, daß dir die Leute thun

[1]) Tit. IV.

sollen, das thue ihnen auch nicht. Aus diesen Geboten, sagt Oldendorp, läßt sich ein Staat auferbauen.[1])

Enthält der Dekalog das Naturrecht, so ist er Quelle des Völker- und Civilrechts, so muß dieses auf denselben zurückgeführt werden. Oldendorp findet das erste Gebot des Dekalogs in den römischen XII Tafeln, im Codex und den Novellen. In denselben soll die Gesetzgebung von dem Vertrauen auf Gott abhängen, die Furcht Gottes soll der wesentliche Inhalt der Tradition sein. Nach dem zweiten Gebot erlaubt das römische Recht den Eid, denn der Prätor soll die Rechtskraft schützen; nach dem dritten Gebot muß der Pontifex die Rechtssachen ruhen lassen; das Verhältniß der Eltern und Kinder, der Patrone und Freigelassenen wird nach dem vierten Gebot in den Pandecten bestimmt; die angesehensten römischen Juristen haben die Gemeinschaft und Gesellschaft der Menschen nach dem fünften, sechsten und siebenten Gebot erklärt, und lehren nach dem achten, neunten und zehnten, daß keiner den andern beleidigen und verletzen solle.[2]) Oldendorp führt zuletzt noch einige allgemeine Regeln an, welche die römischen Juristen nach seiner Meinung aus allen Geboten abstrahirt haben, z. B. was der Natur zuwider ist, soll nicht Gesetz sein; kein Mensch ist zu Unmöglichem verpflichtet; kein Recht ohne Pflicht und ähnliche Gebote mehr.

Oldendorp sagt: Man kann zu den römischen XII Tafeln nicht besser vorbereitet kommen, als wenn man sich das natürliche und göttliche Recht fleißig zu eigen gemacht hat. Die Römer gingen dabei von den Griechen und die Griechen von den Hebräern aus.[3]) Vieles in den XII Tafeln stimmt mit der christlichen Religion überein, aber wir können als Christen nun besser darüber urtheilen. Der zweite Titel erklärt die Obrigkeit für nothwendig, aber das Höhere ist, daß sie von Gott geordnet ist. Das Privatrecht in den XII Tafeln stammt gleichfalls von dem jüdischen Recht ab. Oldendorp interpretirt die XII Tafeln nach einer gewissen methodischen Ordnung und bemerkt, daß er dabei mehr auf die Quelle der Gesetze gesehen habe, als auf die Beispiele früherer Jahrhunderte.

---

[1]) Tit. IV.

[2]) Ibid.

[3]) Ibid.: Quod a Graecis primum sunt mutuati, sicut Graeci ab Hebraeis.

Wer darnach verlange, möge den Livius und Valerius lesen; aber es komme nicht darauf an, zu erforschen, was die Alten gethan haben, sondern was wir selbst in der Gegenwart thun sollen.

Oldendorp führt das positive Recht auf das Naturrecht wirklich zurück, aber er hat so wenig als Melanchthon vermocht, das Recht aus der menschlichen Natur klar zu erkennen. Er hat das Naturrecht aus dem Dekalog entnehmen müssen, in welchem Gott dasselbe erneuert hat. Die Erkenntniß des Rechts aus dem Dekalog ist erstens keine Erkenntniß aus der menschlichen Natur selbst, und zweitens statuirt Oldendorp kein Naturrecht vor dem Fall; darum hätte er streben müssen, das Recht auch aus der gefallenen Natur des Menschen zu erkennen. Aber da die natürliche Vernunft ihrer Verderbtheit wegen nicht soll den menschlichen Willen bestimmen können, so muß zum Dekalog zurückgekehrt werden. Die menschliche Natur ist durch den Fall aber nicht vertilgt, sondern blos verdunkelt und verderbt worden, deshalb ist eine dunkle, verworrene Kenntniß wenigstens anzunehmen. Oldendorp hätte, indem er das Naturrecht ausschließlich auf die gefallene Natur des Menschen bezieht, versuchen müssen, das Dunkel aufzuhellen; aus der nicht vertilgten, blos verdunkelten Natur des Menschen folgt wirklich, daß das Dunkel aufgeklärt werden kann. Die Aufhellung und Aufklärung kann nur durch den Menschen selbst, durch dessen erkennende Thätigkeit geschehen. Oldendorp spricht von methodischer Vernunft, durch welche das Recht erkannt werden soll; aber er wendet sie nicht an. Das Dunkel in der gefallenen Natur des Menschen muß schwinden, die dunkle Kenntniß des Rechts muß klar und deutlich gemacht werden. Ist das Naturrecht in der gefallenen Natur des Menschen verworren und dunkel enthalten, so muß das Dunkel aufgehellt werden, wenn das Recht klar erkannt werden soll. Das Recht muß aus der gefallenen Natur des Menschen durch sichere Methode klar gemacht werden, es muß gezeigt werden, daß die gefallene Natur des Menschen, die verworrene, dunkle Kenntniß des Rechts kein Hinderniß ist, das Recht klar wissen zu können, und der Dekalog zur Erkenntniß des Rechts nicht durchaus nothwendig ist. Hemming hat solche apodiktische Methode des Gesetzes der Natur oder des Naturrechts aufgestellt und angewandt.

Nicolaus Hemming wurde im Jahr 1513 in dem Dorfe

Embolds auf der Insel Laland geboren und studirte in Wittenberg, wo er fünf Jahre lang Melanchthons eifriger Zuhörer war, Theologie. In die Heimath zurückgekehrt, wurde er in Kopenhagen erst Professor der griechischen und hebräischen Sprache, dann Professor der Theologie und Dialektik, und zuletzt Vice-Kanzler der Universität, auch Prediger zum heiligen Geist. Später wurde er des Krypto-Calvinismus verdächtigt und als Eremitus seines Amtes entsetzt. Darauf erhielt er ein Canonicat zu Rotschild, wo er blind geworden sein soll. Er starb im Jahr 1600 am 23. Mai. Man soll nach seinem Tode eine „eingerichtete Confession vom heiligen Abendmahle" im Sinne der Reformirten in seiner Wohnung gefunden haben.

Hemming hat Mehreres geschrieben. Es giebt von ihm Commentare über Bücher des alten und neuen Testaments, Schriften über christliche Institutionen, über wahre Religion und andere mehr. Sein wichtigstes Werk ist die apodiktische Methode über das Gesetz der Natur.[1]) Er sagt, er habe dasselbe mit so viel Eifer als Freiheit zu bearbeiten angefangen[2]), nachdem er von den Worten des Apostels ergriffen worden sei: „So die Heiden, die das Gesetz nicht haben, sind sie ihnen selbst ein Gesetz, daß sie beweisen, des Gesetzes Werk sei beschrieben in ihren Herzen, sintemal ihr Gewissen sie bezeuget, dazu auch die Gedanken, die sich unter einander verklagen oder entschuldigen."[3]) Das heißt: in unserer menschlichen Natur ist ein Gesetz, welches uns sagt, was wir thun und lassen sollen, das in uns sein würde, auch wenn wir die göttliche Offenbarung nicht wüßten, wie die Heiden, die das Gesetz vollbringen, was sie nicht thun könnten, wenn das Gesetz nicht in ihrem Herzen geschrieben wäre, wenn ihr Gewissen ihnen nicht sagte, daß ihre Handlungen recht oder unrecht sind.

Hemming scheint von Oldendorp keine Kenntniß gehabt zu haben, aber er gedenkt Melanchthons, indem er sagt: Poeten und Philosophen haben zwar die Sittengesetze vielfach erörtert, aber erst in unserer Zeit hat Philipp Melanchthon über Moralphilosophie

[1]) De lege naturae apodictica methodus, concinnata per Nicolaum Hemmingium. Witebergae anno MDLXXVII. Ein seltenes, mit Holzschnitten geziertes, blos nach Bogen und Blatt paginirtes Buch.

[2]) Epistola dedicatoria an Krabbe Herrn von Bustrub. Anno 1562.

[3]) Röm. 2, V. 14, 15.

weise und nützlich geschrieben. Es hat aber keiner den demonstrativen Weg der Entwickelung in dieser edlen Disciplin gezeigt, keiner hat methodisch die Principien der Natur und die Folgerungen aus denselben erforscht[1]); Viele meinen, es sei gar nicht nöthig, auf die Regeln der Kunst zurückzuführen, was die Natur Allen lehrt; aber was so bewiesen wird, ist darum nicht weniger gewiß, im Gegentheil auf den Beweis kommt es an. Recht und Gesetz empfangen ihre Autorität von Fürsten und Regierungen, aber sie stützen sich noch viel mehr auf unbewegte, feste Vernunft[2]), welche aus dem Zweck des Gesetzes, aus der Natur selbst entspringt.[3])

Hemming hat die Einsicht gewonnen, daß das Recht klar erkannt werden kann, wenn es aus der menschlichen Natur und Vernunft als nothwendig bewiesen wird; daß die Erkenntniß des Rechts durch methodische Wissenschaft möglich ist. Dies hat ihn angetrieben, die noch glimmenden Funken in der gefallenen Natur des Menschen zur hellen Flamme anfachen zu wollen. Hemming hält die verdunkelte menschliche Natur für kein Hinderniß mehr, das natürliche Gesetz klar erkennen zu können. Melanchthon und Oldendorp verzweifelten an der klaren Erkenntniß des Gesetzes und sahen sich genöthigt, zum Dekalog zurückkehren zu müssen. Hemming schneidet sich durch die apodiktische Behauptung der Erkenntniß die Rückkehr zum Dekalog geradezu ab. Die Unmöglichkeit der Rückkehr treibt ihn vorwärts. Der Dekalog bleibt kein Asyl der Verzweiflung an der Erkenntniß des Gesetzes mehr, sondern hat blos noch die Bedeutung, mit der Klarheit der Erkenntniß desselben verglichen zu werden. Der Dekalog bleibt keine Autorität mehr, sondern wird Gegenstand der Prüfung, ob er auch der menschlichen Natur und Vernunft gemäß sei. Hemming hat diese Forderung lange vor Uriel Acosta geltend gemacht und ausgeführt.

Hemming will, laut der Vorrede an den Leser, die Erkenntniß des Gesetzes der Natur mit Hülfe der Philosophie klar machen und

---

[1]) Epist. dedic.: Etsi autem multi, cum poetae tum philosophi, praecepta morum tradiderunt, ac nostra aetate Philippus Melanchthon de philosophia morali sapientissime et utilissime scripsit: nullus tamen adhuc, quod sciam, haec elementa tradidit, et ostendit viam progressus demonstrativi in hac nobilissima naturae, ut ita dicam, arte.

[2]) Ibid.: Ratione firma et immota.

[3]) Ibid.: Ex natura ipsa et fine legis.

prüfen, ob der Dekalog aus praktischen Principien auferbaut sei. Er will dann einen Catalog der Tugenden entwerfen und nachweisen, wie die Tugenden aus den Gesetzen der Natur nothwendig folgen, und zuletzt Einiges über das Gewissen sagen. Auf diese Weise meint er das Gesetz der Natur gründlicher, als vor ihm geschehen sei, erläutern zu können.[1])

Hemming hat über sein Unternehmen das klarste Bewußtsein, es ist ihm mit der Vernunft und Philosophie Ernst. Melanchthon und Oldendorp forderten ebenfalls die Philosophie, aber Melanchthon rectificirte sie durch den Glauben und Oldendorp beseitigte sie durch den Dekalog. Beide faßten die Philosophie nicht als eine durch sich selbst klare Wissenschaft. Die klare Erkenntniß des Rechts fiel in den Dekalog, nicht in die Philosophie. Erst Hemming betrachtet die klare Erkenntniß unzertrennlich von der Philosophie und Vernunft. Soll etwas klar erkannt werden, so muß es mit Hülfe der Philosophie geschehen. Die Erkenntniß des Gesetzes der Natur kann nur durch Philosophie klar gemacht werden.

Hemming spricht sich überall für die klare Erkenntniß aus. Er lobt die Methoden anderer Wissenschaften, je klarer sie sind. Er sagt: der Mensch lebt und begehrt nicht blos, sein Zweck ist höher, er soll sich selbst erkennen, die Natur zum Führer nehmen. Zweck des Menschen ist die Erkenntniß des Gesetzes der Natur. Das Recht entsteht aus der menschlichen Natur und Vernunft. Es ist schön, zu wissen, welche Principien und Beweise demselben zu Grunde liegen. Das Gesetz ist deshalb nach Anfang und Ziel methodisch zu erforschen. Solche methodische Untersuchung haben weder die Alten noch die Neueren gekannt. Diese haben über das Gesetz zwar viel Schönes gesagt, aber einzeln, zerstreut; das Alles muß nun in Eins zusammengefaßt werden. Die Axiome, Principien und Elemente der Erkenntniß des Gesetzes, aus welchen so unzählige Hypothesen geflossen sind, müssen entwickelt werden; die Analysen und Synthesen müssen betrachtet, und es muß erkannt werden, wie die Rechte und Gesetze auf ihre Quelle zurückgeführt werden. Erst muß die Sache definirt und eingetheilt werden, dann müssen die Glieder analysirt werden, welche in der Definition enthalten sind: in solcher Analyse wird man die Kraft der Natur sehen und erkennen, daß die Dialektik ein Theil

[1]) Praefatio ad lectorem.

des Gesetzes der Natur selbst sei. Die Funken, die noch in der menschlichen Natur vorhanden sind, müssen durch philosophische Methode kraft dieser Dialektik hervorgelockt werden, Anfang des Processes, Ziel und Rückgang müssen in derselben klar übersehen werden können.[1])

Hemming definirt das Gesetz der Natur als die den Gemüthern der Menschen eingeprägte, sichere Kenntniß der Principien des Erkennens und Handelns und der aus diesen Principien abgeleiteten Schlüsse, welche dem Zweck des Menschen entsprechen, die die Vernunft durch nothwendige Consequenz aus den Principien zur Beherrschung des menschlichen Lebens auferbaut, damit der Mensch erkenne, wolle, wähle, thue, was Recht ist, und das Gegentheil meide, was Alles das Gewissen bezeuge und richte.[2]) Aus dieser Definition soll man sehen können, wie weit die Natur reiche. Dann soll eine „Anatomie" derselben vorgenommen werden, die einzelnen Glieder sollen durchgegangen werden, um Alles klarer fassen zu können. Hemming sagt: die Definition bezieht sich auf Gott den Urheber, auf die Macht und Güte Gottes, und zeigt, daß Recht ist, was nach dem Gesetze geschieht, und jede Verletzung des Gesetzes mit Gott, weil mit der Natur, streitet. Die Normen des Gesetzes sind keine äußerlichen Sentenzen und zweideutige Meinungen, sondern festbestimmte Kennzeichen und Wahrnehmungen dessen, was wir begehren und verschmähen sollen.

Wenn der Zweck des Menschen ist, sich selbst zu erkennen, so folgt daraus, daß die menschliche Natur in diesem Sinne theoretisch und praktisch untersucht werden muß. Melanchthon und Oldendorp betrachteten schon die menschliche Natur auf diese Weise, aber nur beiläufig. Sie ergiebt sich noch nicht aus den von ihnen aufgestellten Definitionen. Melanchthon bringt sie mit den Affecten zusammen, Oldendorp berührt sie kaum. Er redet nur von der Vernunft des Menschen im Unterschiede von der thierischen Begierde, aber er läßt sich auf die Bestimmungen der Vernunft und des Willens selbst nicht ein. Hemming unterscheidet in der menschlichen Natur das Erkennen und Begehren: das Erkennen nimmt die Dinge wahr und läßt sie, wie sie sind; das Begehren ergreift entweder die Dinge oder verschmäht sie. Das Erkennen ist sinnlich und verständig. Das

[1]) Epist. dedic.: Idque methodo certa et philosophica, qua initia progressus, metae et regressus clare conspiciantur.

[2]) Bogen C, Blatt 2.

sinnliche Erkennen fängt mit dem Empfinden an, das Gedächtniß hält das Empfinden und Anschauen zurück, und das Denken befestigt dasselbe in der Intelligenz. Dadurch entsteht das Begehren, d. h. zum Begehren gehört nicht blos Empfinden, wie zum Triebe, sondern auch Bewußtsein. Wahrscheinlich meint Hemming das. Wenn das Begehren nicht nach der rechten Vernunft geschieht, so folgt der Mensch dem sinnlichen Erkennen. Das verständige Erkennen hat mehrere Grade und Stufen: Begriffe bilden, Urtheilen, Schließen, Definiren, Eintheilen und Beweisen. Es geht entweder vom Sinn oder vom Verstand aus. Im ersteren Fall bildet es Axiome und Theoreme, um die Hypothesen zu rechtfertigen, im letzteren Fall formirt es aus den Hypothesen Schlüsse. Die daraus entstehende Erkenntniß ist entweder wahr oder falsch.

Hemming schließt sich in seiner Erörterung der Erkenntniß an Aristoteles und Reuchlin an, und erklärt sich besonders für den letztern. Reuchlin unterscheidet drei Abtheilungen der Erkenntniß, sogenannte Stationen, welche wieder in zehn Stufen zerfallen. Auf der ersten Stufe hört der Körper auf und fängt die Seele an: das Thier; auf der zweiten Stufe hört das Thier auf und fängt der Verstand an: der Mensch; auf der dritten Stufe hört der Verstand auf und fängt die Vernunft an, welche aber nicht eher vollendet sein soll, als bis sie das Licht von Oben empfangen hat, bis sie vom Geist durchleuchtet ist. Nachdem dies geschehen ist, beherrscht sie alle Stufen der Erkenntniß. Die Erkenntniß steigt vom äußern Sinn durch den innern Sinn und durch die Phantasie zur Vernunft aufwärts. Das Begehren muß vom Erkennen begleitet sein, damit das Begehren des Verstandes zum Willen werden kann. Der Unterschied des Begehrens vom Willen ist, daß der Wille mit Verstand und Ueberlegung wählt.[1])

Nach dieser Betrachtung des Erkennens wendet Hemming sich zum Gegenstand des Erkennens selbst, um die Axiome und Hypothesen des Gesetzes der Natur zu finden, und unterscheidet in dieser Hinsicht das denkende und handelnde Vermögen des Menschen. Das denkende Vermögen ist auf die Beschaffenheit der Dinge, das handelnde auf die rechte Vernunft des Gebrauchs der Dinge gerichtet. Die Wissenschaft der Dinge fließt aus den Prin-

---

[1]) Bogen F, Blatt 1.

cipien des Denkens; die Sitten und tugendhaften Handlungen folgen aus den Principien des Handelns. Principien heißen sie, weil sie von keinen früheren Beweisen abhangen. Aus den Principien werden alle Hypothesen des Rechten und Ehrbaren entnommen. Die Principien des Denkens sind entweder einfache oder zusammengesetzte Begriffe. Einfache Begriffe sind Eins, Etwas, Ding, Gutes, Wahres, Ursache, Wirkung, Bejahung, Verneinung; zusammengesetzte Begriffe: Etwas ist, ist nicht, dieses ist, Nichts ist ohne Ursache, die Natur thut nichts vergebens, das Ganze ist größer als die Theile. Gott hat dem Menschen diese Principien in die Natur gelegt, darum sind sie gewiß. Ihre Gewißheit folgt auch aus dem Satze des Widerspruchs, nach welchem nicht gesagt werden kann: das Recht muß gethan und nicht gethan werden; und ferner aus der Vergleichung entgegengesetzter Wirkungen, z. B. das Ungerechte zerstört die Natur, das Gerechte bewahrt die Natur, dieses ist der Natur gemäß, jenes ist der Natur nicht gemäß. Die praktischen Principien sind deshalb unerschütterlich gewiß.[1])

Alles kommt auf den Zweck des Menschen an, alle Handlungen müssen auf denselben bezogen werden, um diese zu erkennen. Der Zweck selbst ist ein dreifacher: Erstens ist der Körper dem Geist zu unterwerfen, das Begehren muß der Neigung und die Neigung der Vernunft gehorchen, damit Recht und Gerechtigkeit sein kann;[2]) zweitens müssen die Handlungen der Menschen aus den Fähigkeiten beurtheilt werden, da der Mensch, der die Wahrheit erkennen und das Gute üben soll, andere Fähigkeiten hat, als die übrigen Geschöpfe; drittens muß der Mensch alle Handlungen auf Gott beziehen, weil Gott die Welt so erschaffen hat, daß das Schlechte dem Besseren diene; Alles muß Gott gehorchen, weil Gott der letzte Zweck, das höchste Gut ist.[3]) Im Verhältniß zu Gott aber giebt es mehrere Grade: der erste Grad sind Dinge, welche sind: Elemente; der zweite Grad sind Dinge, welche sind und leben: Pflanzen; der dritte Grad sind Dinge, welche sind, leben und empfinden: Thiere; der vierte Grad sind Dinge, welche alles das und zugleich Intelligenz und Wille sind: Menschen. Ein Grad ist immer höher, als der andere, die niederen Grade beziehen sich auf den Menschen

[1]) Bogen F, Blatt 4.
[2]) Ibid., Blatt 8.
[3]) Bogen G, Blatt 2.

als den höheren Grad, und der Mensch bezieht sich auf Gott als den letzten Zweck. Alles ist um des Menschen willen, aber der Mensch um Gottes willen da.[1]) Wenn der Mensch seine Handlungen auf Gott bezieht, wird er glücklich, wo nicht, unglücklich sein.[2])

Der Zweck des praktischen Lebens ist ein dreifacher: ein öconomischer, politischer und spiritualistischer oder geistiger Zweck. Der öconomische Zweck betrifft die Bewahrung des Hauses und die Liebe und Achtung der Eltern und Kinder gegen einander; der politische Zweck ist ein ruhiger, friedlicher Zustand, fordert Klugheit, Mäßigkeit, Tapferkeit und Gerechtigkeit: die Einheit derselben ist das rechte Befehlen; aus dem rechten Befehlen folgt das rechte Handeln. Das natürliche Gesetz fordert die Bewahrung des politischen Zustandes und verlangt überhaupt die menschliche Gesellschaft, welche eine bestimmte Ordnung des Lebens nöthig macht. Ordnung ist nicht ohne Obere und Untergebene möglich. Die Oberen sollen nichts gegen den Willen Gottes befehlen, und die Untergebenen nichts auf das Gebot eines Herrschers thun, was der Natur zuwider ist. Der Zweck des geistigen Lebens ist: Gott erkennen, fürchten und lieben, dies ist der letzte Zweck des öconomischen und politischen Lebens. Der Zustand des besten Lebens ist die Glückseligkeit, welche aber ohne Gott, Vernunft und Tugend nicht erreichbar ist.[3])

Diese Principien machen die sicheren, unerschütterlichen Fundamente des menschlichen Handelns aus, welche die menschliche Gesellschaft befestigen und beschützen. Sie können aus der menschlichen Natur selbst abgeleitet werden, brauchen nicht aus dem Dekalog entnommen zu werden. Aber Hemming will doch zeigen, daß die Gebote des Dekalogs mit dem Gesagten übereinstimmen.[4]) Der Dekalog, sagt er, fordert, was das Leben bewahren, und verbietet, was dasselbe hindern und stören kann. Deshalb soll der Dekalog aus jenen Principien entnommen worden sein. Er soll zwar aus

[1]) Bogen G, Blatt 3.

[2]) Ibid., Blatt 4.

[3]) Bogen H, Blatt 5.

[4]) Bogen J, Blatt 1: Jam quia lex dei, quam usitate decalogum appellamus, dicitur legis naturae epitome: quaedam breviter quomodo decalogi praecepta ad ea, quae dicta sunt, congruant, ostendam.

dem Willen Gottes kommen, Gott soll ihn gegeben haben, aber dies soll nicht hindern, daß er auch von Anderm, als von Gott, abgeleitet werden kann. Hemming leitet den Dekalog aus der Natur und Nächstenliebe ab und findet zuletzt, daß derselbe mit der menschlichen Natur und Vernunft übereinstimmt, daß Gott in ihm nichts der menschlichen Natur zuwider angeordnet hat.

Das natürliche Gesetz fordert gewisse Tugenden, ohne die nichts gethan werden kann. Schon die Alten haben diese Tugenden gekannt, aber haben sie nicht erörtert. Hemming erläutert sie dadurch, daß er den Tugenden die Untugenden entgegensetzt. Als die Haupttugenden führt er die schon genannten der Klugheit, Gerechtigkeit, Tapferkeit und Mäßigkeit an. Wo keine Klugheit ist, da wird nichts recht vollbracht; wer gerecht ist, giebt Jedem das Seine; die Tapferkeit vertheidigt die Menschheit und die Tugenden; die Mäßigkeit zähmt die Begierden und Leidenschaften. Keine menschliche Gesellschaft kann ohne diese Tugenden bestehen. Es ist der Tugend eigen, daß die Menschen sich zu ihrem Nutzen verbinden. Der Mensch ist deshalb ein geselliges Wesen.[1])

Hemming theilt das Recht in Natur-, Völker- und Civilrecht ein. Das Naturrecht ist überall ein Instinct der Natur und gehört der allgemeinen Vernunft an. Es ist nicht von Menschen gemacht, sondern vom Schöpfer der Natur selbst constituirt.[2]) Das Völkerrecht besteht in dem Gehorsam gegen Gott, Glauben und Vaterland. Das Civilrecht ist das besondere Staatsrecht eines Volkes. Aber alle Völker brauchen nicht dieselben Gesetze zu haben. Jede Regierung giebt nach Umständen Gesetze, welche im Besondern verschieden sind, aber im Allgemeinen doch übereinstimmen können. Diese drei Arten des Rechts sind nur dann zu billigen, wenn gezeigt wird, daß sie aus den ersten Axiomen der Natur fließen.[3])

Hemming betrachtet zuletzt die Billigkeit und das Gewissen. Arten der Billigkeit sind: die gesetzliche Anordnung der Fälle, die Ermäßigung und Emendation durch den Richter und die gerechte Commutation der Dinge. Zur Billigkeit gehört darum nach ihm

[1]) Bogen L, Blatt 7: animal sociale.

[2]) Ibid.: Quod est commune omni rationi, ac quod ubique instinctu naturae habetur, non aliqua constitutione facta ab homine, sed ab ipso naturae conditore.

[3]) Ibid.: Blatt 8.

auch die Gerechtigkeit. Die Natur ist nicht Ursache, daß Einige tugendhaft sind, Andere nicht, das Temperament bewirkt keine böse Handlung; die Natur reizt, treibt an, kann aber durch Vernunft besiegt werden. Die wahre Ursache ist der Fall. Das Gewissen bezeugt die guten und richtet die bösen Handlungen.[1]) Ein gut vollbrachtes Leben macht heiter und froh, ein übel vollbrachtes Leben macht bange und furchtsam. Freuden und Leiden sind dem Menschen als Zeugen des natürlichen Gesetzes mitgegeben worden. Hemming versichert zuletzt, daß er in seiner Abhandlung keine einzige Meinung aus der Theologie angeführt habe.[2]) Er habe nur zeigen wollen, daß die Vernunft auch ohne prophetisches und apostolisches Wort vorwärts kommen könne.[3])

Melanchthon und Oldendorp haben das natürliche Gesetz nicht ohne prophetisches und apostolisches Wort zu erkennen vermocht. Hemming ist der Erste gewesen, welcher auf den Dekalog nicht zurückzugehen brauchte. Er hat die Kraft und die Kühnheit gehabt, das natürliche Gesetz aus der allgemein vernünftigen Natur des Menschen ohne Schrift und Theologie methodisch zu entwickeln. Erst bestimmte er die Principien und Axiome des Gesetzes der Natur und zeigte, wie synthetisch die Hypothesen aus denselben zu entnehmen seien, und analytisch von den Hypothesen zu den Axiomen zurückgekehrt werden müsse; dann suchte er die Hypothesen durch die Axiome gewiß zu machen und strebte zuletzt, die in der menschlichen Natur verborgenen Funken als die natürlichen Urbegriffe und Kennzeichen zu fassen, und dieselben als die Quelle aller Gesetze nachzuweisen. Hemming leugnet nicht, daß das Naturrecht im Dekalog enthalten sei, aber er bedarf des Dekalogs nicht, um zu wissen, was das Naturrecht ist. Wenn Gott auch Urheber des Naturrechts ist, so soll das Gesetz sammt dem Dekalog doch rein aus der menschlichen Natur abgeleitet werden können. Ist also die gefallene Natur des Menschen kein Hinderniß, das Recht klar erkennen zu können, so ist das Naturrecht nicht blos in dem göttlichen Willen, sondern auch in der menschlichen Natur enthalten, so ist diese, gleich wie Gott, Quelle des Gesetzes. Aus Hemmings apo-

[1]) Bogen P, Blatt 1.

[2]) Bogen Q, Blatt 7: Quod autem nullas ex theologia sententias in hoc toto tractatu adduxerim.

[3]) Ibid.: Ratio sine prophetica et apostolica voce progrodi possit.

diktischer Methode folgt wirklich, daß es zwei Quellen des Gesetzes giebt, die göttliche und menschliche Natur; aber Henning zieht die Consequenz seiner Methode nicht. Winkler hat dieselbe entwickelt.

Benedictus Winkler wurde zu Salzwedel im Jahr 1579 geboren, studirte zu Leipzig, promovirte im Jahre 1616 zu Basel, wurde in Leipzig Professor, nachher Syndicus in Lübeck, und starb den 1. Juni des Jahres 1648.

Winkler schrieb außer den fünf Büchern über die Principien des Rechts[1]) nur noch eine Inauguralschrift.[2])

Winkler kritisirt die Ansichten und Meinungen seiner Zeit über die Gerechtigkeit in dem Dedicationsschreiben an die Herren von Schönberg und von Brandenstein, in dem ersten Theile seiner Schrift und am Schlusse derselben. Die Kritik findet sich im ganzen Werke überall zerstreut, daher es am besten ist, sie aus demselben zusammenzulesen und kurz so zusammenzufassen: Die Quelle der Gerechtigkeit ist dermaßen verfälscht und verdorben worden, daß man eher den Tod als das Leben daraus schöpfen kann; Viele leugnen nicht blos den Ursprung des Naturrechts aus der ewigen Gerechtigkeit, sondern zweifeln selbst, ob es ein Naturrecht gebe; sie vergöttern statt dessen die Tugend und fordern für das positive Recht natürliche Gründe, und verlachen und verspotten dasselbe, wenn sie solche Gründe nicht finden; Einige halten die Gesetze für bloße Willkühr, erblicken in denselben nichts weiter, als veraltete, eingewurzelte Meinungen; es giebt sogar Menschen, welche alle Obrigkeit abschaffen wollen, und diese nennen sich Christen, sagen, daß sie der Gesetze nicht bedürfen, weil sie dem Herrn folgen; Andere wissen wieder nicht zu unterscheiden, was natürlich und positiv ist, und bedenken nicht, welche Irrthümer für den Staat und welche Gefahren für die Kirche daraus entstehen können.

Winkler will dagegen kämpfen. Er nennt die Natur die rechte Vernunft — und Gerechtigkeit die heiligste Sache, eine Tochter Gottes, welche von Gott durch Natur und Vernunft zu uns herab-

[1]) Benedicti Wincleri Soltquellensis principiorum juris libri quinque. In quibus genuina juris tam naturalis quam positivi principia et firmissima jurisprudentiae fundamenta ostenduntur, ejusdem summus finis ob oculos ponitur, et divina autoritas probatur. Lips. 1615.

[2]) Disputatio inauguralis de emtione et venditione.

komme.[1]) Er lehrt, daß das Gesetz dem Menschen ins Herz geschrieben sei, daß der Mensch die göttlichen Tugenden in seiner eigenen Natur anschaue. Er sagt: Gott ist mit dem Menschen und die Menschen sind unter einander verbunden, das Recht fließt aus dem Herzen Gottes, theils unmittelbar, theils mittelbar durch die Obrigkeit, und nichts beruhigt uns Menschen mehr, als die Gewißheit, daß Gott die Gerechtigkeit selbst, die Quelle alles Guten ist, und wir in der Erkenntniß des Rechts Gott selbst zum Führer haben.[2])

Die Rechtswissenschaft entspringt nach Winkler aus der Theologie und Philosophie; Theologie und Philosophie sollen sich gegenseitig unterstützen. Die Juristen sollen sich nicht blos an Beispiele halten, sondern Recht und Meinung unterscheiden, sie sollen Philosophen, Priester der Gerechtigkeit sein. Die Principien des Rechts sollen aus der Theologie geschöpft werden, weil von Gott und seinem Willen, dem höchsten Gesetz, gehandelt werden muß, und aus der Philosophie, weil das Recht der Vernunft angehört.[3])

Die Rechtswissenschaft ist keine Tochter der Meinung, sondern ein Kind der Wahrheit, von der Gerechtigkeit aus Gott geboren und von der Philosophie genährt.[4])

Das Princip des Rechts fängt von dem dreimal höchsten Gott an und muß von demselben abgeleitet werden.[5]) Selbst die Heiden beziehen den Ursprung ihrer Gesetze auf Gott, und wir wollen doch den Heiden an Frömmigkeit nicht nachstehen. Gott ist das erste und gewisseste Princip, einen andern Urheber des Gesetzes giebt es nicht. Die Nothwendigkeit fordert diesen Anfang.[6]) Gott ist in seiner Vollkommenheit gerecht, ist Schöpfer der Welt und der höchste Wille, welcher für die Angelegenheiten der Menschen Sorge trägt. Der Wille Gottes ist das höchste Gesetz, die Norm und Regel aller menschlichen Handlungen. Der göttliche Wille ist an kein Gesetz gebunden, Gott beschließt nicht eher als er will, das Gesetz geht dem göttlichen Willen nicht vorher, sondern ist der ewige Wille

[1]) Epist. dedic.: justitiam et jus a sanctissimo deo per rationem et naturam ad nos descendere.

[2]) Lib. 1. cap. 1. p. 8.

[3]) Ibid. cap. 2. p. 14.

[4]) Ibid. p. 16.

[5]) Ibid. cap. 3. p. 17.

[6]) Ibid. p. 18.

Gottes selbst, welcher Alles regiert.[1]) Also ist der Wille Gottes von dem Wesen Gottes nicht verschieden.[2])

Die menschliche Natur besteht nicht in dem, was der Mensch mit dem Thiere gemein hat, auch nicht in der Corruption durch den Fall, sondern in der Güte und Vollkommenheit der Form und Materie des Menschen.[3]) Leib und Seele sind nach ihrem wahren Wesen zu betrachten, nach ihrer ursprünglichen Natur, d. h. wie Gott den Menschen zuerst geschaffen hat. Die wahre menschliche Natur war die des ersten Menschen vor dem Fall.[4]) Das natürliche Recht und Gesetz des Menschen, die Norm seiner Handlungen ist deshalb nicht in der verderbten Natur, dem unwesentlichen Theile desselben zu suchen,[5]) sondern in dem, was den Menschen wesentlich constituirt. Die Seele, nicht der Leib, ist das Gesetz der menschlichen Handlungen, denn die Materie wird von der Form, nicht die Form von der Materie bewegt.

Die Vermögen der Seele sind Verstand und Wille. Der Verstand urtheilt in Einheit mit der Vernunft über das Ehrbare und Nützliche. Die Vernunft ist das den Menschen regierende Gesetz,[6]) das Gesetz der Vernunft ist gut. Gott hat dasselbe der menschlichen Natur eingepflanzt, darum heißt es natürlich. Es ist das erste, wahre Gesetz, was Gott dem Menschen gegeben hat. Das natürliche Gesetz würde herrschen, auch wenn es nicht durch die Sünde schwach geworden wäre. Jetzt kann es kaum noch als ein gutes Werk vollbracht werden. Aber nichts desto weniger ist es im Menschen, und zum politischen Leben nicht unnütz.[7]) Die Sünde ist Schuld, daß der Mensch von der rechten Vernunft nicht mehr allein regiert wird. Vernachlässigt er die Vernunft, so wird er nicht von dem Gesetz seiner menschlichen Natur regiert, sondern von dem Ge-

[1]) Lib. I. cap. 4. p. 30: Est itaque divina lex nihil aliud, quam aeterna dei voluntas, quae omnia regit et gubernat: et perinde est ac si dicamus, justitiae principium et fons juris primo ac proprie sic dictus est deus ipse, ille summa lex, norma et regula est omnium humanarum actionum.

[2]) Ibid.: voluntatem enim et virtutes dei ab essentia ejus non differre.

[3]) Ibid. cap. 7: In bonitate et perfectione formae et materiae hominis.

[4]) Ibid.

[5]) Ibid. p. 46.

[6]) Ibid. p. 48: Legem, qua homo regitur, esse rationem humanam.

[7]) Ibid. p. 50: Nihilominus est in homine, et adhuc praestare potest naturaliter opera non pure bona, ad vitam tamen coram homine politice degendam non inutilia.

setz der bloßen Natur, welches er mit dem Thiere gemein hat. Im Menschen ist ein Gesetz der Sünde, welches denselben reizt, wenn es gleich gegen die Natur unwesentlich ist. Das natürliche Gesetz, die rechte Vernunft hat keinen Hang zum Bösen; der Mensch soll sich deshalb von der Vernunft regieren lassen, welche mit dem Willen Gottes übereinstimmt.

Die menschliche Vernunft ist als Regel des Lebens und als Gesetz im Menschen eins mit der göttlichen Gerechtigkeit, weshalb anzunehmen ist, daß sie das göttliche Recht erkennen kann, daß die menschlichen Handlungen dem Willen Gottes gemäß sein können. Man darf die menschliche Vernunft nicht als Gott feindlich betrachten, wie die Theologen thun; die Vernunft ist auf keine Weise Gott zuwider, sondern gut, wenn nicht die ganze Rechtswissenschaft in Frage gestellt werden soll. Die Vernunft ist rein natürlich zu betrachten, und zu untersuchen, nicht was die verderbte, verdunkelte Vernunft thut, sondern was sie natürlich thun kann und muß.[1]) Gott hat den Menschen nach seinem Bilde geschaffen, der Mensch soll darum das Wahre erkennen,[2]) denn er hat nicht aufgehört, Mensch zu sein, wenn gleich seine menschliche Natur durch den Fall verderbt worden ist. Leib und Seele wurden dadurch nicht verändert, das ursprünglich Natürliche ist zurückgeblieben. Die menschliche Vernunft erkennt noch dieselbe Gerechtigkeit, wie vor dem Fall.[3]) Sagt man, der menschliche Verstand kann die Unendlichkeit Gottes nicht fassen, so ist das auch nicht nöthig. Man braucht, um die Gerechtigkeit Gottes zu erkennen, nicht die ganze Weisheit Gottes zu wissen, so wenig als man von den Sinnen fordert, daß man das ganze Land und Meer gesehen haben müsse, um zu wissen, was Land und Meer ist. Sagt man, die Vernunft kann das Gesetz Gottes nicht erkennen, da Vieles der Offenbarung angehört, so ist darauf zu erwiedern, daß die Gerechtigkeit Gottes offenbar ist, und die Vernunft weitere Beweise nicht zu suchen braucht. Das böse Handeln, der Mangel an Erforschung der Gerechtigkeit und andere Ursachen sind Schuld, daß der Mensch das Gesetz nicht vollkommen erkennen kann, nicht Gott und die Natur ist Schuld. In der Vernunft und im Gesetz ist nichts Gott zuwider, zwischen Gesetz und

[1]) Lib. I. cap. 8. p. 58.
[2]) Ibid. p. 56.
[3]) Ibid. p. 57.

Evangelium ist die schönste Harmonie. Christus hat das Gesetz nicht aufgehoben, sondern die menschliche Natur hat allein in Jesu Christo dem Gesetz genuggethan.[1])

Das Gesetz der Natur ist in allen Menschen, die Gerechtigkeit Gottes ist dem Menschen angeboren. Alle Menschen haben Vernunft, aber sie gebrauchen sie nicht. Aber dadurch wird die Erkenntniß nicht gehindert, die Vernunft ist die zweite, gleichsam nächste Quelle des Rechts[2]), sie ist der Hafen, durch welchen die Gerechtigkeit in die menschliche Natur eingeht. Es giebt deshalb zwei Rechtsquellen: die Gerechtigkeit Gottes und die von Gott ausgehende menschliche Vernunft. Der göttliche Wille ist dem Menschen durch die Vernunft bekannt geworden. Das Recht entsteht aus dem Gesetze der Vernunft und ist deshalb der Natur gemäß. Es wechselt aber. Es ist natürlich und bürgerlich. Das bürgerliche Leben wird von der Vernunft nach der Natur auferbaut.[3])

Das natürliche Gesetz betrachtet den Menschen außer der Gesellschaft vor oder nach dem Fall. Dasselbe ist vor dem Fall auf Gott und die menschliche Natur gerichtet. In dem Zustande vor dem Fall findet keine Ungleichheit und Bevorzugung statt, da ist kein Unterschied des Eigenthums und nichts Böses, da herrscht das pflichtgemäßeste Wohlwollen. Die wahre menschliche Natur neigt zum Guten. Das natürliche Gesetz des Lebens besteht in der Vernunft vor Gott fromm und mit andern Menschen recht zu leben. Naturrecht heißt, was die Vernunft in diesem Zustande zu thun gebietet[4]), aber die Menschen sind von demselben weit entfernt. Das natürliche Gesetz nach dem Fall ist auf den Menschen außer der Gesellschaft in der Degeneration der Natur gerichtet. Die Menschen erkennen sich in diesem Zustande nicht als Gleiche an, sondern machen einen Unterschied zwischen Personen und Sachen, richten ihr Leben darnach ein und suchen sich vor Beleidigungen sicher zu stellen. Was die Vernunft in diesem Zustande zu thun

---

[1]) Lib. 1. cap. 8. p. 66.

[2]) Ibid. cap. 9. p. 93: Et ita ratio est alter et quasi proximus fons juris humani.

[3]) Ibid. cap. 10. p. 93.

[4]) Ibid. p. 96: Quicquid haec ratio seu rationis lex facere jubet, vocatur jus naturale.

befiehlt, heißt späteres Naturrecht oder Völkerrecht.[1]) Nach diesem besteht das Gesetz in der Art und Weise, im verderbten Zustande gut und klug zu leben. Der Mensch außer der Gesellschaft beobachtet beide Lebensregeln, lebt mit Andern in Freundschaft oder Feindschaft.

Die Vernunft betrachtet den Menschen nicht blos außer der Gesellschaft, sondern auch in derselben. Der Mensch liebt das Angenehme der Gesellschaft mehr, als die übrigen Geschöpfe, er begehrt gesellig zu leben. Wenn aber Jeder für sich und seinen Nutzen leben will, ist keine Gesellschaft möglich. Darum muß eine gewisse Ordnung sein. Die Vernunft muß die Gesellschaft regeln. Die bürgerliche Gesellschaft ist von allen Gesellschaften die vollkommenste, denn sie faßt alle andern Gesellschaften in sich. Das bürgerliche Gesetz des Lebens ist die rechte Art, die Gesellschaft gut zu organisiren und darin recht zu leben. Das Recht in dieser Beziehung heißt bürgerliches Recht oder Civilrecht.[2])

Ist die Vernunft Quelle des Rechts, so hängen auch die menschlichen Handlungen von der Vernunft ab. Die Kräfte und Vermögen der Vernunft müssen untersucht werden, es muß nachgeforscht werden, ob die Vernunft die menschlichen Handlungen gebieten oder verbieten kann. Es fragt sich, ob der Mensch frei sich selbst bestimmt, frei dem Gesetze gehorcht, oder ob er durch Anderes außer ihm, durch Temperament, Zufall, Himmel, Fatum, Gott zur That und Handlung bestimmt wird? Es fragt sich, ob er vermöge eines innern Princips oder ohne ein solches handelt? Die Beantwortung dieser Frage ist für das ganze Recht höchst wichtig. Wenn der Mensch kein freies Vermögen zu handeln hat, so spricht man vom Recht vergebens.

Der Wille ist in all den Dingen verborgen, welche der Sinne ermangeln. In den Pflanzen ist Leben und Seele, in den Thieren ist Leben, Trieb und Empfindung; im Menschen ist die Natur absolutirt.[3]) Die Natur ergießt in den Menschen, was sie in die unedlen Naturen nicht aufnehmen kann. Der Mensch kann Gottes Ebenbild nicht sein ohne Vernunft und Willen. Wenn er nicht

---

[1]) Lib. 1. cap. 10. p. 97: Et quod ratio ob talem vitae conditionem agendum dictitat jubetque, vocatur jus gentium seu jus naturale posterius.

[2]) Ibid.

[3]) Ibid. cap. 12. p. 111.

frei sein soll, sind alle Lehren des Gesetzes und des Evangeliums eitel. Wenn es keinen andern Willen als den Willen Gottes giebt, so kann sich nichts ohne denselben ereignen, so ist es ungereimt, zu beten: Herr, dein Wille geschehe! so ist Gott ein Gott der Todten, so muß dem Menschen alle Vernunft und alles Leben abgesprochen werden. Aber der Mensch hat ein eigenes Vermögen zu handeln.[1]) Wille ist schon in dem von Natur Möglichen, im Essen und Trinken, und in der Verschiedenheit der Qualitäten. Die Handlungen selbst sind freiwillig, gezwungen, gemischt.

Auch die Schrift lehrt, daß der Mensch Vernunft und Willen habe, aber die Sünde soll ihn das Gesetz zu erkennen abhalten. Je mehr der Mensch seiner Ungerechtigkeit inne wird, desto mehr soll er an sich selbst verzweifeln, gerecht werden zu können. Darum wird ein reiner, unbefleckter Mensch gefordert, welcher das Gesetz für Alle vollbracht habe. Nimmt man an, daß der Mensch das Gesetz noch jetzt so vollkommen erkennt, als der erste Mensch, so fragt sich aber, ob er das Gesetz auch will und thun kann? Wenn er aus natürlicher Neigung zum Guten und aus dem sehnlichen Verlangen nach dem Heil gerecht sein will, so fragt sich wieder, ob er auch von sich selbst wissen kann, wodurch er gerecht und gut ist?

Manche sagen, Alles ist nothwendig, aber nichts im Himmel und auf Erden kann dem Menschen seine Vernunft rauben, kann ihn so oder anders zu handeln bestimmen.[2]) Was Gott für sich selbst thut, kann der Mensch nicht wissen, aber was Gott will, das er thun soll, kann er wissen. Der Mensch soll thun, was Gott im Gesetz und Evangelium ihm zu thun befohlen hat. Weiß Gott vorher, was der Mensch thun wird, und befiehlt Gott, was der Mensch thun soll, so fragt sich wieder, ob er nicht, statt frei zu handeln, zu handeln nothwendig bestimmt wird? Will und thut Gott Alles selbst, so sind die Gebote überflüssig und der Mensch lebt umsonst. Geschieht Alles durch Gott, so geschieht auch die Sünde durch ihn. Aber Gott kann nichts sich selbst zuwider thun. Der Mensch brauchte vor dem Fall nicht zu sündigen, aber nach dem Fall kann er viele Sünden meiden. Gott kann dem Menschen die

[1]) Lib. 1. cap. 12. p. 112.
[2]) Ibid. cap. 16. p. 159.

Freiheit nicht nehmen, wenn er nicht aufhören soll, Mensch zu sein.[1]) Der göttliche Wille hebt den menschlichen Willen nicht auf, Gott zwingt den Menschen nicht, Gott will die Handlungen als freie Handlungen, der Mensch hat von Gott die Kraft empfangen, sich selbst bestimmen zu können. Nimmt man das Gegentheil an, so leugnet man Gott und die Vernunft.

Gesetz und Recht sind wie Ursache und Wirkung verschieden; auch Recht und Gewalt sind verschieden. Gewalt ist eine spätere Wirkung des Rechts. Gewalt ist die den gesetzlichen Willen ausführende Macht. Das Recht kann von keinem andern Willen oder Vermögen, von keiner andern Macht abgeleitet werden. Das Recht ist absolut rein, wie vor Erschaffung der Welt, es hat zu Dingen kein Verhältniß. Das Recht ist der Befehl des Gesetzes als gebietender Vernunft. Das Gesetz hat die Kraft, ein Gebot aus sich zu erzeugen, aber es hat nicht die Macht, dasselbe auszuführen. Seine Macht folgt erst aus der Kraft des Gesetzes. Das Recht ist der Wille des Gesetzes, aber es kommt darauf an, was das Gesetz befiehlt. Das Gesetz befiehlt das Gute. Das Gute enthält das Ehrbare und Nützliche, darum sind alle Handlungen auf dasselbe zu beziehen. Nichts ist nützlich, was nicht zugleich ehrbar ist. Wenn das Gesetz das Gute befiehlt, so gebietet es das Ehrbare und Nützliche. Das Gute ist die allgemeine Materie des Rechts. Die Vernunft bildet aus dem Guten Gebote, welche den Namen Gesetze, Statuten erhalten. Daraus entstehen Sitten und Gewohnheiten. Gut ist, was das göttliche und menschliche Gesetz gebieten. Die Vernunft räth das Ehrbare und Nützliche. Das bürgerliche Recht berücksichtigt vorzugsweise das letztere, aber um der Pflicht willen auch das erstere.

Es giebt so viele Arten des Rechts, als es Arten des Gesetzes giebt: göttliches, himmlisches, natürliches oder instinctmäßiges und menschliches Recht. Alle Arten des Rechts können auf die zwei Arten des göttlichen und menschlichen Rechts zurückgeführt werden. Sie heißen göttlich, weil sie von Gott kommen; menschlich, weil sie dem Menschen mitgetheilt worden. Sie heißen auch wohl natürlich und werden dann weiter nicht unterschieden. Das menschliche Recht ist das Bild des göttlichen Rechts[2]), und ist

[1]) Lib. 1. cap. 6. pag. 159.

[2]) Lib. 2. cap. 4. p. 198: imago juris divini.

das, was die natürliche Vernunft und das bürgerliche Gesetz vorschreiben. Hierzu kommen noch politische Gesetze und Einrichtungen und der äußerliche Gehorsam. Die Wissenschaft des Rechts kann nach verschiedenen Gesichtspunkten betrachtet werden. Nach theologischem Gesichtspunkte ist der Mensch das Ebenbild Gottes vor dem Fall, weshalb das Gesetz auf die göttliche Ebenbildlichkeit bezogen wird; nach dem Fall ist kein Heil in den Werken und Gesetzen. Nach dem juristischen Gesichtspunkte ist das politische Wohl, die bürgerliche Gesellschaft die Hauptsache; dies schließt aber die Frömmigkeit nicht aus, weil außer Gott kein Heil ist. Der wahre Zweck ist, das zeitliche Wohl des Menschen mit Hülfe Gottes und der Vernunft zu fördern[1]), denn das Object des Juristen ist der Mensch. Der Mensch ist das einzige Geschöpf, was zum bürgerlichen Leben geschickt ist. Das menschliche Recht ist das Mittel, diesen Zweck zu erreichen. Menschliches Recht heißt es, weil es dem Menschen als solchem zukommt, d. h. dem Menschen nicht durch die Sinne, sondern durch die Vernunft.[2])

Das dem Menschen natürliche Recht ist das Natur- und Völkerrecht. Das Naturrecht heißt auch früheres Recht, das Völkerrecht späteres Recht. Das natürliche Recht ist durch die Vernunft allgemein bekannt, und früher, als die öffentliche Autorität es festgesetzt hat. Das natürliche Gesetz war früher, als die Gesetzestafel Mosis und das Cornelische Gesetz existirten. Das natürliche Gesetz ist ewig und unveränderlich, aber das bürgerliche Gesetz ist veränderlich. Das natürliche Recht wird nicht positives Recht, sondern es wird in den öffentlichen Gesetzen blos in's Gedächtniß zurückgerufen. Das natürliche Recht wird nicht deswegen zum positiven Recht, weil es dasselbe ist was dieses, sondern es bleibt was es ist. Das natürliche Recht nimmt unter allen Rechten die erste Stelle ein, es ist das Prius derselben. Dann ist noch ein anderes Recht ohne bürgerliche Ordnung und Zuthun in uns, wodurch Eigenthum unterschieden und auf gewisse Weise übertragen wird, wodurch Ungleichheit, Krieg, Knechtschaft, Freilassung und anderes mehr entsteht. Die Völker beobachten dies spätere natürliche Recht vor allen bürgerlichen Gesetzen und Einrichtungen. In

[1]) Lib. 2. cap. 7. p. 209.
[2]) Ibid. cap. 8. p. 210.

demselben ist kein anderer Gesetzgeber thätig gewesen, als die Natur. Die Natur allein hat den an Sitte, Sprache und Lebensart so verschiedenen Völkern solche Gesetze gegeben.

Das Naturrecht heißt darum natürliches Recht, weil es ohne unser Zuthun in unser Herz geschrieben ist. Das Naturrecht ist die eigene, unverdorbene Natur des Menschen. Der Zweck desselben ist die Bewahrung alles Guten, das Gott dem Menschen in die Seele gelegt hat. Der Zweck des Naturrechts ist weniger, Uebel zu verhüten, als die Forderung, daß der Mensch in seiner Vollkommenheit Gottes Ebenbild sein soll. Das Naturrecht ist Gott und der Natur am nächsten. Alle anderen Rechte sind in demselben erschöpft.[1]) Der Zweck des Naturrechts ist die fromme Liebe, das Maß des Rechts, der Geist der Gerechtigkeit, ohne den nichts gerecht ist. Das Naturrecht ist die Alles ordnende Liebe, ist das wahre Leben, ist Form und Zweck der Rechtswissenschaft. Das Naturrecht lehrt uns, daß wir zu seiner Bewahrung die Gebote des Völker- und Civilrechts gebrauchen sollen. Alle anderen Rechte sind auf das Naturrecht zu beziehen.[2])

Das Naturrecht besteht in der Liebe Gottes und der Menschen. Zum Naturrecht gehört deshalb auch die Religion. Die Religion ist schon vor dem Völker- und Civilrecht vorhanden gewesen, sie kann deshalb nicht auf das Völker- und Civilrecht und noch weniger auf das politische Recht der Fürsten bezogen werden. Die Religion gehört zu dem Recht der göttlichen, nicht der menschlichen Majestät. Die Fürsten haben in Angelegenheiten der Religion keine Macht. Das Recht der Fürsten ist kein religiöses, sondern ein politisches, ist erst mit dem Staat entstanden. Die Religion ist über alles menschliche Recht erhaben. Die Religion ist eher Sache göttlicher Offenbarung, als menschlicher Vernunft.[3]) Zum Naturrecht gehört Liebe zur Wahrheit, Bewahrung des Leibes und der Seele, Liebe des Menschen zu sich und andern Menschen, und die erste Wirkung derselben, die Ehe, die Familienliebe, Vaterlandsliebe; ferner die Freiheit, Ehrbarkeit, Dankbarkeit, friedliche Communication der Dinge und Respectirung des Eigenthums.[4])

---

[1]) Lib. 3. cap. 1. p. 234.

[2]) Ibid. p. 235—43.

[3]) Ibid. p. 251.

[4]) Ibid. cap. 6. p. 280.

Es giebt noch mehrere Gebote des Naturrechts, aber die angegebenen sollen hinreichen, das Naturrecht von dem Völker- und Civilrecht unterscheiden zu können. Die Tugenden, welche die Theologen in der Moralphilosophie, und die Juristen in der Ethik abhandeln, gehören zum Naturrecht, aber die Gründe und Rücksichten, wodurch sie vertheidigt werden, zum Völker- und Civilrecht.[1])

Das Naturrecht, in dem Wesen Gottes begründet, verpflichtet von der Schöpfung an und richtet strenger als das Civilrecht. Das Wesen Gottes ist das Gute. Das Gute ist die Kraft des Naturrechts, das Gute fordert, was Gott nach seinem ewigen Wesen von jeher gewollt hat. Gott hat sich durch das Naturrecht offenbart, als er die Natur und den Menschen nach seinem Bilde schuf. Die Prädicate Gottes, Liebe, Gerechtigkeit, Wahrheit, gelten auch von den göttlichen Gesetzen. Die göttlichen Gebote und die Tugenden sind verwandt mit einander. Das Naturrecht enthält die Erkenntniß unserer selbst, es ist das höchste Gut, was der Mensch um seiner selbst willen begehren kann.[2])

Die Menschen würden glücklich sein, wenn sie dem Naturrecht gemäß lebten. Das Naturrecht ist allen Menschen eingepflanzt und haftet selbst dem Bösen an. Aber der größte Theil der Menschen versteht es nicht. Die Menschen sind nicht von Herzen gerecht. Vernunft und Nothwendigkeit hat denselben das Völkerrecht gebracht; die Vernunft erkannte die Gebrechen der Menschen und die Nothwendigkeit zwang sie, Mittel dagegen zu suchen.[3]) Das Völkerrecht kam auf diese Weise zum Naturrecht hinzu.[4]) Die Menschen haben das Völker- und Civilrecht zu bewahren, um das Naturrecht nicht zu verlieren. Die bürgerlichen Gesetze sind die Festungsmauern, welche das Naturrecht umgeben.[5]) Mit dem Völker- und Civilrecht fällt auch das Naturrecht weg, es giebt dann gar kein menschliches Recht mehr.

Natur- und Völkerrecht entstehen aus der menschlichen Vernunft, aber sie sind nach der Wirkung verschieden. Das Naturrecht entsteht aus der natürlichen Vernunft und aus der gläubigen In-

---

[1]) Lib. 3. cap. 6. p. 282.

[2]) Ibid. p. 290—305.

[3]) Lib. 4. cap. 2. p. 365.

[4]) Ibid. p. 367.

[5]) Ibid.

tegrität. Das Völkerrecht entsteht aus Argwohn gegen Betrug und aus kluger Vorsicht. Natur- und Völkerrecht sind dem Gegenstande nach verschieden. Das Object des Naturrechts ist die Ebenbildlichkeit, das Object des Völkerrechts ist das Naturrecht selbst. Die Form des Naturrechts ist die Liebe, und der Zweck desselben die Gerechtigkeit und Gottähnlichkeit. Die Form des Völkerrechts ist die Vertheidigung, und der Zweck desselben die Bewahrung des Naturrechts. Gegenstand des Völkerrechts ist auch die Gerechtigkeit, aber entfernter.

Das Völkerrecht heißt darum so, weil es zum Nutzen und Heil der Völker erfunden ist. Das Völkerrecht ist das allen Völkern gemeinsame Gebot der Vernunft, das Naturrecht zu bewahren[1]); das Naturrecht hindert Unrecht durch Liebe; das Civilrecht hindert Unrecht durch bürgerliche Mittel, Gesetze und öffentlich angestellte Personen. Das Völkerrecht hält zwischen beiden die Mitte. Das Naturrecht besteht durch sich selbst, das Völkerrecht kommt zum Naturrecht und das Civilrecht zum Völkerrecht hinzu. Das Civilrecht heißt gemischt oder zusammengesetzt, insofern das Naturrecht ohne Civilrecht sein kann, aber das Civilrecht nicht ohne Naturrecht. Völker- und Civilrecht verhalten sich zum Naturrecht, wie Accidens zur Substanz: die Ehrfurcht der Kinder gegen die Eltern ist z. B. natürlich, aber sie ist auch Zwang des Völkerrechts. Oft ist schwer zu entscheiden, zu welchem Recht etwas gehört. Der Zweck des Gesetzes gehört dann zum Naturrecht, die Mitte zum Völkerrecht und die Ausführung zum Civilrecht. Darin fließen alle Rechte zusammen. Zuweilen fällt das Völkerrecht unter die bürgerlichen Pflichten, und im positiven Recht kann Alles auf irgend eine Art zum Völkerrecht gezählt werden. Auch die Fürsten sind dem Völkerrecht verpflichtet. Zweck des Völkerrechts ist die Vertheidigung des Ehrbaren und Nützlichen, die Beschützung der Religion und Humanität, die Bekämpfung alles Profanen und Falschen, die Unterscheidung des Eigenthums, die Bestrafung des Verbrechens und die Bewahrung des Leibes und des Lebens.

Das Civilrecht entsteht erst mit der bürgerlichen Gesellschaft, wenn eine Obrigkeit gewählt wird und Gesetze geschrieben werden. Das Völkerrecht vertheidigt das Naturrecht durch Vernunft und

[1]) Lib. 4. cap. 6. p. 378.

Waffen. Das Civilrecht nimmt beides in sich auf, dazu ist Ordnung erforderlich. Zwischen Rechtswissenschaft und Politik ist daher eine gewisse Verwandtschaft. Man kann ohne politisches Studium nicht recht wissen, warum das eine oder andere nützlich ist. Das Civilrecht setzt die Kenntniß menschlicher Dinge, politischer Rücksichten und Gründe voraus. Die politische Ordnung bereitet die Art und Weise vor und führt die Mittel aus, die das Naturrecht anwendet. Der Staat giebt die bürgerlichen Gesetze. Zum Staat gehören alle Bürger im weiteren Sinn; der Staat im engeren Sinn ist eine Gesellschaft von Bürgern, welche gewisse Rechte vor Andern voraus haben und von einer Obrigkeit regiert werden. Der Zweck des Civilrechts ist, daß es dem Naturrecht diene.[1])

Der Mensch ist ein geselliges Wesen und sucht deshalb seines Gleichen zu bewahren. Männer und Frauen, Eltern und Kinder leben in Gemeinschaft mit einander. Aber auch solche verlangen in Gesellschaft zu leben, die sich selbst nicht rathen können. Es giebt daher dreierlei Societäten: des Mannes und der Frau, der Eltern und Kinder, der Befehlenden und Gehorchenden. Diese Societäten sind natürliche, sie bilden ein Haus, eine Familie, aber noch keinen Staat. Vermehren sich die Familien, so wird eine bestimmte Ordnung nöthig. Die nächste Ordnung ist die Dorfgemeinschaft; dann rufen Wahl, überwiegende Macht und Gewohnheit bürgerliche Formen hervor. Zu allen größeren Geschäften sind öffentliche Beamte und zur Bewahrung der Gesellschaft sind gewisse Rechte erforderlich. Die öffentlichen Beamten sind Väter des Vaterlandes. Früher gab es natürliche Väter in diesem Sinne; später ahmte die Kunst die Natur nach, an die Stelle der natürlichen traten die bürgerlichen Väter, welche die höheren und niederen Pflichten übernahmen. Die höchste Macht aber ist der Staat. Mit der Uebertragung der Staatsmacht entstanden verschiedene Staatsformen, mit der Uebertragung an Einen entstand die Monarchie, an Mehrere die Aristokratie, an Alle die Demokratie. Diese Formen werden zuweilen gemischt und verderbt, und erhalten dann andere Namen. Die gesetzlich höchste Macht im Staat ist die Majestät, welcher die absolute Gewalt zukommt. Sie regiert die bürgerlichen Verhältnisse entweder unmittelbar selbst oder durch

---

[1]) Lib. 5. cap. 3. p. 456: ut naturali famuletur.

Magistrate. Die Majestät ist kein Magistrat, aber sie überträgt demselben das Amt mit einem Theil der Herrschaft und Jurisdiction. Die Obrigkeit, die von Menschen gewählt ist, heißt menschliche Ordnung, aber ihre erste Ursache ist Gott.[1])

Gleich zu Anfang des Staates und der Kirche waren Macht und Liebe zur Ordnung vorhanden. Wenn Kain und dessen Nachkommen auch von Gott abwichen, so arteten sie darum nicht gleich in wilde Thiere aus, sondern gebrauchten das Recht vernünftig. Die Vernunft war früher in der Kirche als außer derselben. Aber die Frommen können ihre Vernunft mißbrauchen, und die Gottlosen können sie gut gebrauchen. Von welchen Menschen das bürgerliche Recht herrührt, darauf kommt wenig, aber desto mehr kommt es auf die Rechtsbewahrung und die öffentliche Disciplin an. Mißbraucht auch einmal eine Obrigkeit die bürgerliche Gesellschaft, so hat das nicht viel zu sagen. Fehler der Menschen dürfen den Gesetzen nicht angerechnet werden. Man kann die bürgerlichen Gesetze auch nicht wissen. Die bürgerlichen Gesetze verpflichten das Gewissen zwar nicht rein, aber sie sind doch um des Gewissens willen zu beobachten. Die Geringschätzung und Verachtung der bürgerlichen Gesetze geht auch auf das Naturrecht zurück. Alles Recht ist des Gewissens. Aus dem Gewissen ist z. B. zu entnehmen, ob man dem canonischen Recht folgen soll, da die kaiserlichen Rechte dem mosaischen Recht und der Schrift viel näher kommen. In Fällen des Gewissens ist es besser, das canonische Recht, als das Civilrecht fallen zu lassen. Keine Meinung überzeugt Alle, aber es giebt Begriffe, von welchen alle Völker überzeugt sind, z. B. die Eltern ehren, das Böse meiden. Giebt es kein Recht, so ist auch Niemand gerecht. Ist das Recht eine Meinung, so ist auch das Gute eine Meinung. Wenngleich das Recht allen Menschen angeboren ist, so muß doch der Gebrauch des Rechts dem freien Willen überlassen werden. Römisches und mosaisches Recht stimmen in Vielem überein. Sagt man, das römische Recht ist von den Heiden erfunden worden, so ist das richtig; aber nicht Alles ist übel, was die Heiden erfunden haben. Gott hat auch den Heiden Vernunft gegeben.[2]) Die Principien des Rechts entstehen aus der

---

[1]) Lib. 5. cap. 4. p. 472—82.

[2]) Ibid., cap. 9. p. 527.

rechten Vernunft des Menschen und der Wahrheit des gerechten Gottes. Die Principien des Rechts können in Hinsicht der Gewißheit mit den Principien der anderen Wissenschaften wetteifern.

Winkler stimmt in Vielem mit Melanchthon, Oldendorp und Hemming überein; in Manchem weicht er auch von ihnen ab. Er beschränkt das Naturrecht nicht, wie Oldendorp, auf die menschliche Natur nach dem Fall, er nimmt mit Melanchthon die ursprüngliche Natur des Menschen vor dem Fall für das Naturrecht an, aber nicht unmittelbar, wie jener, sondern geht von der menschlichen Natur nach dem Fall auf dieselbe vor dem Fall zurück. Erstere ist also gegen letztere nichts an sich. Winkler erkennt, wie Hemming, das Recht in der menschlichen Natur, aber er unterscheidet sich von diesem dadurch, daß er die menschliche Natur, gleich wie die göttliche, als Quelle des Rechts betrachtet. Hemming faßte schon den Willen Gottes als das Gesetz, gegen die scholastische Unterscheidung, aber Winkler entwickelt erst gegen diese, daß der Wille Gottes das Gesetz ist, er bekämpft sie ausdrücklich und hebt das Schwanken der Scholastiker in Bestimmung derselben auf.

Die Entwickelung des Naturrechts von Melanchthon bis Winkler ist eine allmählige Erhebung des alten Princips der essentiellen Gerechtigkeit Gottes zu dem neuen Princip der menschlichen Socialität. Die Entwickelung fängt mit Melanchthon an, Oldendorp, Hemming und Winkler bilden die Stufen. Es giebt aus diesem Zeitraum noch mehrere Abhandlungen über das Naturrecht von Lessius, Stephani und Meißner. Aber diese bilden keine solche Stufen, sie tragen zur inneren Entwickelung des Naturrechts wenig bei und stehen selbst in der gewöhnlichen Behandlung der Rechtserkenntniß damals, gegen Oldendorp, Hemming und Winkler weit zurück.

Lessius schrieb über Gerechtigkeit und Recht [1]), er erörtert, daß das Naturrecht unveränderlich ist, wie die Natur selbst, und daßselbe im Dekalog enthalten ist. Das Naturrecht ist nach ihm in der Natur der Dinge begründet, das positive Recht hängt von dem Willen Gottes und der Menschen ab. Das Naturrecht ist unveränderlich, das positive Recht veränderlich. Stephani schrieb eine methodische Abhandlung über die Kunst des Rechts [2]), aber

[1]) De justitia et jure.

[2]) Methodica tractatio de arte juris.

von Methode ist in der ganzen Abhandlung keine Spur zu finden, geschweige von der Erkenntniß der Methode, wie Hemming sie erörtert. Er spricht viel von Principien des Rechts, aber die Principien bleiben ganz äußerlich, sie dienen blos zur Eintheilung des Rechts in Völker- und Civilrecht und in Völker- und Naturrecht. Das Naturrecht ist von Natur und durch sich selbst Recht, das Völkerrecht ist Recht durch natürliche Vernunft. Natur- und Völkerrecht sind nach ihrem Ursprunge eins, beide sind natürliches Recht, aber ihre Erklärung ist verschieden wie die Art ihrer Einführung. Das Naturrecht ist einfach unmittelbar von der Natur, das Völkerrecht mittelbar durch die Vernunft aus den Principien der Natur herzuleiten. Ursache des Naturrechts ist die Natur, Ursache des Völkerrechts ist gleichfalls die Natur, weshalb sie wohl mit einander vermischt werden. Aber das Naturrecht entsteht von Natur ohne Concurrenz der Vernunft. Ursache des Völkerrechts ist die natürliche Vernunft, die einfache und zusammengesetzte, Ursache des Civilrechts ist die menschliche Vernunft, welche sich im bürgerlichen Leben bildet. Zum Naturrecht gehören Ehe, Erziehung der Kinder; das Naturrecht ist als Recht bei den Menschen dasselbe, was der Instinct bei den Thieren ist; was die Thiere vom natürlichen Instinct getrieben thun, das thun die Menschen von der Vernunft der Natur geleitet. Zum Völkerrecht gehören Religion, Liebe zum Vaterlande, Ehrfurcht gegen Eltern und Höhergestellte im Leben. — Meißner hat mehrere Werke geschrieben; er sucht in seiner Schrift vom höchsten Gut[1]) die praktische Philosophie zu erläutern, und handelt darin von der Ethik, Politik und Oeconomie. Die Ethik betrifft das Privatleben, die Politik das Staatsleben, und die Oeconomie das Familienleben. Die erste geht den andern nach der Ordnung der Natur vor, aber nach dem Ansehen und Werth der Gegenstände steht sie denselben nach. Meißner handelt in seiner Schrift über die Gesetze[2]) zuerst vom Gesetz im Allgemeinen, dann von dem ewigen Gesetz, darauf vom Gesetz der Natur, und zuletzt von den menschlichen, den politischen und kirchlichen Gesetzen. Das ewige Gesetz ist der Wille Gottes, das natürliche Gesetz kommt von Gott. Gott hat das natürliche Gesetz den ersten

---

[1]) De summo bono.

[2]) De legibus.

Menschen eingepflanzt und dasselbe in unsern Gemüthern mittelbar durch die Zeugung zurückgelassen. Gott ist auch die entfernte, mittelbare Ursache der menschlichen Gesetze, die unmittelbare, nächste Ursache sind die klugen Leute, welche in der Regierung und Verwaltung schon erfahren sind. Das Gesetz der Natur enthält die allgemeinen praktischen Principien. Diese sind in allen Menschen unveränderlich dieselben und zeigen, was als Gutes gethan, als Böses vermieden werden muß. Das menschliche Gesetz wird zum Wohl des Gemeinwesens von Menschen gegeben. Das bürgerliche Gesetz wird dem natürlichen Gesetze gemäß zum Wohl desselben constituirt. Meißner läßt sich weitläufig über das Gesetzgeben in Betreff der Religion, des Cultus, des Zustandes des Volkes, der Abfassung der Gesetze und ihrer Anzahl aus, welche nicht ohne Noth vermehrt werden soll. Auch spricht er viel über Gewissensfreiheit und vertheidigt sie auf's beste im reformatorischen Sinne.

Oldendorp, Hemming und Winkler hatten unverkennbar den Trieb, sich den mittelalterlichen Vorstellungen zu entwinden, was selbst in die Form der Darstellung überging. Dagegen fallen Lessius, Stephani und Meißner viel mehr in jene Vorstellungen zurück und sind in mancher Beziehung wirklich formlos zu nennen. Eine Ausnahme macht Gentilis, aber weniger in Betreff des Naturrechts, als des Völkerrechts. Bei Oldendorp, Hemming und Winkler entwickelt sich vorzugsweise das Naturrecht, bei Gentilis bildet sich mehr das Völkerrecht aus. Später fängt H. Grotius an, beide gleichmäßiger zu behandeln. Melanchthon, Oldendorp, Hemming und Winkler lassen das Völkerrecht mehr bei Seite liegen, ja vernachlässigen dasselbe; Gentilis betrachtet es fast ausschließlich, so daß er das Natur- und Civilrecht kaum berührt. Die Lebenszeit des Gentilis fällt zwischen Hemming und Winkler; es ist demselben aber hier seine Stelle angewiesen worden, um die naturrechtliche Entwickelung nicht zu unterbrechen, und weil H. Grotius, auf ihn zurückweisend, alsdann Natur- und Völkerrecht im Sinne des neuen Princips der Socialität zusammenfaßt.

Albericus Gentilis wurde im Jahr 1551 in der anconitanischen Mark zu Castello di San Genesio geboren, studirte in Perugia und verwaltete später das Richteramt zu Ascoli. Gentilis neigte sich, wie sein Vater, welcher Arzt war, zum neuen protestantischen

Glauben und verließ mit demselben deshalb sein Vaterland. Er kam zuerst nach Kärnthen, von da nach England, wurde im Jahr 1582 Mitglied der Juristenfacultät zu Oxford, darnach Professor und starb im Jahr 1611.

Gentilis hat mehrere das Civil- und canonische Recht betreffende Abhandlungen verfaßt. Seine Hauptschrift ist das Buch vom Rechte des Krieges.[1]) Er sagt: Erörterungen über das Recht des Krieges sind ein schweres Unternehmen, das römische Recht beachtet dieses Recht nicht, die Moralphilosophie hält sich blos an die Tugenden und an das höchste Gut, sie entwickelt nicht das Recht, was wir mit den Feinden und Fremden gemein haben; auch die Politiker übergehen das Recht des Krieges, sie betrachten blos den Staat, nicht den Krieg und die Waffen, welche sich auf alle Staaten erstrecken. Das Recht des Krieges ist keine innere Angelegenheit, sondern ist nach außen, gegen fremde Staaten gerichtet. Die Alten bezogen das Völkerrecht blos auf den besonderen Staat und dessen Nutzen. Die späteren römischen Juristen kannten das Recht des Krieges ebenfalls nicht. Die Neueren, Bodinus, Faber und Andere mehr betrachteten das Völkerrecht blos geschichtlich, nicht nach fester, natürlicher Erkenntniß. Sie halfen sich mit Beispielen.

Das Recht des Krieges kann nicht durch bloße Meinungen beantwortet und erledigt werden. Es kann allein nur durch das Recht der Völker selbst bestimmt und erörtert werden. Das Völkerrecht gehört der Natur an[2]), es liegt in den Winkeln derselben[3]) verborgen. Gott hat das Völkerrecht den Menschen nach dem Fall zurückgelassen. Das Völkerrecht ist ein Theil des göttlichen Rechts, welches durch die vielen Dunkelheiten dennoch erkannt werden kann.[4]) Irrthum, Gewohnheit, Affect hindern den Menschen oft, das Dunkel durchbrechen zu können, aber die Wahrheit ist von der

---

[1]) Alberici Gentilis I. C. Professoris regii de jure belli libri III. Nunc primum in lucem editi. Ad illustrissimum Comitem Essexiae. Hanoviae apud haeredes Guilielmi Antonii. MDCXII.

[2]) Lib. I. cap. 1: quod est naturae.

[3]) Ibid.: recessibus naturae.

[4]) Ibid.: Et quanquam jus gentium particula est divini juris, quam deus nobis post peccatum reliquam fecit, eam tamen lucem conspicimus inter tenebras multas.

Finsterniß nicht verschlungen worden. Die klare Vernunft kann sie erkennen. Das natürliche Recht wird von uns unmittelbar empfunden, der Mensch wird von Scham ergriffen, wenn er gegen dasselbe etwas thut. Das natürliche Recht ist mächtiger als jedes andere Recht. Es ist ein Instinct der Natur und unveränderlich.[1])

Die Menschen sind Glieder eines großen Körpers, welcher die Welt ist. Alle Menschen sind mit einander verwandt.[2]) Die Natur hat den Menschen gegenseitige Liebe eingeflößt; sie hat dieselben gesellig gemacht.[3]) Die Menschen sind deshalb von Natur keine Feinde; Eintracht, Zwietracht entstehen erst mit den Sitten, mit den Handlungen. Von Natur ist kein Krieg.[4]) Der Krieg entsteht aus gewissen Ursachen. Wenn den Menschen verweigert wird, was ihnen von Natur zukommt, so wird das Recht der Natur dadurch verletzt. Diese Verletzung führt erst den Krieg herbei. Der Krieg fängt nicht eher an, als Feinde drohen und uns das Unsrige nehmen wollen.[5]) Dann treibt das Recht der Natur zur Vertheidigung. Das ist keine Meinung, sondern die eingeborene Kraft der Ueberzeugung. Der Mensch vertheidigt sich und das Seinige mit Recht, das ist ein ewiges Gesetz, welches nicht geschrieben, sondern mit ihm geboren ist.[6])

Der Krieg ist der gerechte Kampf öffentlicher Waffen.[7]) Wo keine Gerechtigkeit ist, da ist kein Krieg möglich. Jeder Krieg muß gerecht sein. Zum Kriege gehört Gemeinschaft der Menschen; wo keine Gemeinschaft ist, da ist kein Band, und wo kein Band ist, da ist kein Recht, folglich auch kein Krieg.[8]) Räuber führen keinen Krieg, weil sie sich aller Gemeinschaft mit Andern, der allgemeinen menschlichen Gesellschaft entzogen haben.[9]) Der Krieg fordert

[1]) Lib. 3. cap. 2: Naturale jus non tollitur, quod potentius est omni jure principali. Et naturale jus est instinctus naturae, qui itidem immutabilis.

[2]) Lib. 1. cap. 15: Natura autem nos cognatos edidit, cum ex iisdem et in eadem gigneret.

[3]) Ibid.: Haec nobis mutuum indidit amorem et sociabiles fecit.

[4]) Ibid.: A natura bellum esse nullum.

[5]) Ibid., cap. 12.

[6]) Ibid., cap. 13.

[7]) Ibid., cap. 2: Bellum est publicorum armorum justa contentio.

[8]) Ibid.

[9]) Ibid., cap. 4.

gerechte Feinde, keine Räuber. Jeder Krieg fordert deshalb eine Kriegserklärung.[1]) Beide kriegführenden Theile haben Recht, weil sonst Räuber, nicht Feinde Krieg führen. Der gerechte Krieg ist vindicativ und ostensiv.[2]) Jeder Krieg muß eine gerechte Ursache haben. Gerechte Ursachen sind göttliche, natürliche und menschliche, nicht Begierden nach Reichthum, Macht und Herrschaft sind Ursachen.[3]) Göttliche Ursachen sind die Befehle Gottes; ein solcher Befehl ist z. B. der Krieg der Juden gegen die Cananäer.[4]) Natürliche Ursachen sind Vertheidigungen aller Art, nothwendige, nützliche, ehrbare. Nothwendig ist die Vertheidigung gegen den sich rüstenden, anrückenden Feind; nützlich ist die Vorbereitung zum Kriege, wenn man einen Krieg fürchtet; ehrbar ist die Vertheidigung göttlicher und menschlicher Rechte. Der Krieg ist natürlich gegen Alles, was der Natur entgegen ist; menschlich gegen ungerechte Verletzung. Der Mensch hat gerechte Ursache, sein Recht zu wahren, Beleidigungen zu rächen, die Schuldigen zu strafen.[5])

Alle Menschen sind von Natur gesellig, jeder lebt in Einheit mit dem Ganzen, denn was dem Ganzen nützt, das nützt auch dem Einzelnen. Es ist daher Pflicht des Einzelnen, für das Ganze mit zu sorgen. Ohne Einheit des Geschlechts ist keine Gesellschaft und Gemeinschaft denkbar.[6]) Das Naturrecht wird am besten durch Gemeinschaft, das Völkerrecht durch Bündnisse, das Staatsrecht durch bürgerliche Gesetze, und das Innere des Menschen durch Religion erkannt.[7])

Gentilis handelt ferner von List und Trug, von unerlaubten Waffen, Gefangenen, Ueberläufern, von deren Auswechselung und Auslösung, von dem sicheren Geleite, Waffenstillstand, von Verträgen, von der Knechtschaft als Folge der Gefangenschaft — kurz von Allem, was der Krieg mit sich bringt. Er redet im Kriege überall der Milde und Barmherzigkeit das Wort und nennt das Sittlichkeit, im Gegensatz gegen Brutalität im Kriege[8]); er er-

[1]) Lib. 1. cap. 4. p. 3.

[2]) Ibid., cap. 5.

[3]) Ibid., cap. 8.

[4]) Ibid., cap. 13.

[5]) Ibid., cap. 17—22.

[6]) Ibid., cap. 16.

[7]) Ibid., cap. 15.

[8]) Lib. 2. cap. 1—24.

örtert das Recht, einen Krieg anzufangen, und die Pflicht, denselben zu endigen.[1]) Das Ende des Krieges ist der Frieden, die ordentliche Aufhebung des Krieges.[2]) Wer keinen Frieden will, der ist ungesellig, aber dies ist gegen die Natur. Der Sieger soll nicht verlangen, was er kann, sondern was sich geziemt.[3]) Derselbe kann Entschädigungskosten, Abtretung von Land, Tribut und selbst Kunstgegenstände fordern, aber muß das Recht der Persönlichkeit und Freiheit des Menschen anerkennen,[4]) darf die Besiegten nicht zu Sclaven machen, sondern soll christlich handeln und empfinden. Der siegenden Macht ist sonst Alles erlaubt, aber nichts, was gegen das Natur- und Völkerrecht ist.[5]) Die kriegführenden Theile haben das Recht des Friedens, aber auch die Pflicht, das Recht und die Freiheit zu schützen.

Gentilis spricht zuletzt von der Gemeinschaft verbündeter Völker, von Bündnissen und deren Verletzungen, aber führt das nicht weiter aus, sondern verweist auf seine andern Schriften in dieser Beziehung, weil er keinen Stoff und auch keine Lust mehr habe, solche Untersuchungen weiter fortzusetzen, und schließt mit dem frommen Wunsche, daß die Fürsten den Kriegen ein Ende machen möchten, und der große Gott uns Frieden schenken und uns unsere Sünden in Jesu Christo vergeben möge.

Die Bildung dieser Zeit war, mit Hülfe des Studiums der Alten in allen möglichen Dingen neue Principien der Erkenntniß zu gewinnen. Die Behandlung des Stoffs bei den Naturrechtslehrern ist zwar öfters weitschweifig und von der Untersuchung abirrend, die Berufung auf die Thatsachen und auf das Urtheil der alten Classiker ist oft höchst ermüdend, aber der Trieb nach Erkenntniß der Sache selbst entschädigt für solche Darstellung. Es war ein allgemeiner Drang der Zeit, sich die antike, natürliche Erkenntnißart anzueignen, und sich dadurch den mittelalterlichen Satzungen zu entwinden, aber zugleich die Schranken der besondern Anschauungsweise zu durchbrechen, mit welchen in staatlicher und sittlicher Hinsicht bei

---

1) Lib. 3. cap. 1.

2) Ibid.: nos igitur pacem definiamus compositionem belli ordinatam.

3) Ibid. cap. 2.

4) Ibid. cap. 3—10.

5) Ibid. cap. 13.

den Alten Alles behaftet war. Die Zeit wurde getrieben, das allgemein Menschliche geltend zu machen.

Das Völkerrecht ist nach Gentilis auf kein besonderes Volk, sondern auf alle Völker, auf die ganze Menschheit zu beziehen. Die Gemeinschaft der Menschen ist die Einheit des Geschlechts, welche den Menschen von Natur eingepflanzt ist. Das Naturrecht ist das allgemeine Wesen des Völkerrechts, oder allgemein menschliches Recht. Das Naturrecht fließt aus der Gemeinschaft der Menschen und liegt dem Völkerrecht zu Grunde. Das Naturrecht ist bei Gentilis die Kraft des Völkerrechts, wie bei Oldendorp, Hemming und Winkler, aber Gentilis entwickelt dies nicht weiter, weshalb es den Schein hat, als ob er in dieser Beziehung den mittelalterlichen Standpunkt überwunden habe. Aber seine Erklärung des Völkerrechts als eines Theils des göttlichen Rechts ist noch ganz scholastisch. Er erörtert das Naturrecht nicht, weil er glaubt, daß das Naturrecht das Völkerrecht nicht zum Gegenstand der Erkenntniß mache; darum hätte er auch das Völkerrecht nicht für einen Theil des Naturrechts erklären sollen. Ist das Naturrecht das Wesen des Völkerrechts, so muß das Völkerrecht auch aus dem Naturrecht abgeleitet werden. Melanchthon, Hemming und Winkler erörterten das Naturrecht, und weniger das Völkerrecht, Gentilis entwickelt das Völkerrecht, aber nicht das Naturrecht.

Die Rechtsanschauung der Naturrechtslehrer im Reformationszeitalter ist noch wesentlich scholastisch, aber bleibt nicht streng mittelalterlich. Das Princip der essentiellen Gerechtigkeit Gottes verliert allmälig seine Starrheit und Consequenz. Die Unterscheidung des Wesens und des Willens Gottes hebt sich auf, indem zuletzt die menschliche Natur wie die göttliche als Quelle des Rechts erkannt wird. Das Natur- und Völkerrecht bleibt nicht im scholastischen Dunkel und Nebel liegen, wie die späteren Naturrechtslehrer behauptet haben. Im Gegentheil bilden sich aus der mittelalterlichen Moralphilosophie Elemente heraus, welche nur in Eins zusammengefaßt zu werden brauchten, um ein neues Princip aufzustellen. Die klare Erkenntniß des Rechts aus der menschlichen Natur, die Neigung zur Geselligkeit, die Ableitung des Rechts aus dieser Neigung und andere mehr sind solche Elemente. Aber sie blieben, statt innerlich aufeinander bezogen zu werden, neben einander liegen. Diese Naturrechtslehrer konnten für die Einheit und Beziehung derselben den richtigen Ausdruck nicht finden. H. Grotius fand das rechte Wort und sprach es aus: das Naturrecht würde sein, auch wenn wir annehmen möchten, daß kein Gott wäre. Damit ist die menschliche Natur als Quelle des Rechts bezeichnet und ist jene Einheit ohne Gott zum Princip erhoben. H. Grotius ist wegen dieses Ausspruchs von der Welt allgemein bewundert und als der „Vater des Natur- und Völkerrechts" überall gepriesen worden. Er hat seine Vorgänger alle verdunkelt, auch ist die Rechtssonne der modernen Welt in seiner Seele aufgegangen, er ist wirklich der Lebensbaum der Erkenntniß des Natur- und Völkerrechts, aber die Wurzeln und Fasern, mit welchen dieser Baum in dem allgemeinen Rechtsboden der Welt festgewachsen ist, sind den Blicken verborgen geblieben, und ferner auch, daß seine Lehre das Resultat der Entwickelung der Rechtserkenntniß im Reformationszeitalter ist. H. Grotius hat nur geltend gemacht, was die Naturrechtslehrer vor ihm erarbeitet haben; was diese synkretistisch aus einander fallen ließen, das hat er in Eins zusammengefaßt. Wenn die menschliche Natur, gleich wie die göttliche, Quelle des Rechts ist, wie schon Winkler annimmt, so ist es nur consequent zu behaupten, daß sie diese Quelle ohne Gott auch für sich selbst sein kann; wenn ferner die menschliche Natur Trieb der Geselligkeit ist, wie schon die Naturrechtslehrer im Reformationszeitalter das aussprachen, so muß auch das gesellige Wesen des Menschen, die Socialität, als Rechtsprincip gelten können.

„Also erweckte die göttliche Weisheit einen Mann, der zwar weder auf der Kanzel noch auf dem Katheder lehrte, der weder Professor der Theologie noch des Rechts noch der Philosophie, daneben aber ein grundgelehrter Theologus, ein vortrefflicher Jurist und ein solider Philosophus war. Der, so den Anfang machen sollte, mußte wohl weder ein Scholastiker noch ein Mystiker sein, aber die Scholastiker doch verstehen und die Unzulänglichkeit ihrer Lehre begreifen. Er mußte die Scholastiker schon geschmeckt haben und zugleich von andern Gelehrten angetrieben werden, sich des Werks zu unternehmen, daß er einerseits behutsam mit der scholastischen Moral umginge, und also ihren Grimm nicht allzuheftig wider die unter der Bank hervorgesuchte, vernünftige Moral erhitzte, anderntheils aber ihren Haß nicht gar zu sehr fürchtete, sondern anderwärts wieder Schutz zu hoffen hatte. Dies war nun der unvergleichliche und nie genugsam zu preisende H. Grotius, das Werkzeug, dessen die Weisheit Gottes sich bediente, die so lange gedauerte Verwirrung des natürlichen und übernatürlichen Lichts aufzuheben, einen Anfang zu machen. Ich sage einen Anfang zu machen, denn wie Gott nicht plötzlich Tag und Nacht wechselt, also geht es auch mit den Irrthümern und der Wahrheit; es scheint die Morgenröthe vorher, ehe der Tag anbricht, und zwischen dem anbrechenden Tag und hellen Mittag ist gleichfalls ein großer Unterschied. Jedoch bleibt dem Grotius der Ruhm, daß er zuerst die Bahn gebrochen und den Andern den Weg, die Wahrheit von den Irrthümern abzusondern, gezeigt hat."[1])

Das Leben der ersten Naturrechtslehrer im Reformationszeitalter war mehr ein gelehrtes, stilles Leben, wenn man von den Streitigkeiten absieht, in welche der eine oder andere durch reformatorische Bestrebungen verflochten wurde. Das Leben des H. Grotius dagegen war vielbewegt und ist z. B. von Bayle, Brand, von Cattenburg, noch von Andern und zuletzt von Luden ausführlich beschrieben worden. Die eigentliche Lehre des H. Grotius wurde meistens dürftig, mit ganz äußerlichen Reflexionen untermengt von denselben abgehandelt und oft selbst unrichtig angegeben. Auch ist dies nur zu häufig in Geschichtsbüchern über das Naturrecht der Fall; sie wird in solchen Büchern aus dem geschichtlichen Verbande gewöhnlich losgerissen, aus dem lebendigen Fluß der Bewegung und Entwickelung isolirt, ohne daß dabei rückwärts und vorwärts geblickt wird, und dadurch zu einer blos individuellen Ansicht gemacht, welche als zufällig, als kein wesentliches Moment eines Ganzen erscheint.

Eine Erzählung der speciellen Lebensumstände des H. Grotius würde hier zu weit führen, auch findet sich solche in den genannten Büchern; einige Hauptpunkte mögen hier aber eine Stelle finden, um die außerordentliche Begabung des Mannes anschaulich zu machen.

H. Grotius wurde am 10. April des Jahres 1583 zu Delft geboren. Als er 16 Jahre alt war, soll er im Gefolge seines Freundes und Gönners Oldenbarneveld, Generaladvocaten und Gesandten der batavischen Republik, nach Paris gekommen sein. Bei dieser Gelegenheit soll Heinrich IV. ihn seiner Umgebung bereits als „Wunder

---

[1]) Worte des Thomasius.

von Holland" vorgestellt haben. H. Grotius war schon in seinem 24. Jahre Generaladvocat von Holland, Seeland und Westfriesland. Sechs Jahre später wurde er Pensionär und Syndikus der Stadt Rotterdam, wodurch er zugleich Mitglied der Versammlung der Staaten von Holland wurde. Die Spanier wollten zu dieser Zeit die Unabhängigkeit und Freiheit der Niederlande anerkennen, aber forderten dafür, daß die Holländer ihren Handel nach Indien aufgeben sollten. H. Grotius schrieb deshalb das Buch: „das freie Meer"[1]) und widmete dasselbe der ganzen Christenheit. Er vertheidigt darin die Freiheit des Handels in völkerrechtlicher Hinsicht. Es soll jedem Volke erlaubt sein, mit andern Völkern Handel treiben zu dürfen.[2]) Recht und Unrecht sollen durch sich selbst erkannt werden, das Recht soll als ewig, unverbrüchlich gefaßt werden, nicht wandelbar, wie die Meinungen der Menschen sind. Die religiösen Streitigkeiten der Arminianer und Gomaristen, welche schon früher die Niederlande bewegt hatten, brachen nun heftiger als je wieder aus. Ein Hauptgesichtspunkt dabei war, ob die weltliche Obrigkeit Richterin in religiösen Streitigkeiten sein könne. H. Grotius hat diese Frage in einer eigenen Schrift behandelt: „Von der Herrschaft der höchsten Gewalten über kirchliche Angelegenheiten."[3]) In einem andern Werke vertheidigte er die Stände von Holland gegen Sibrand Lubbertus,[4]) welcher die Stände des Socinianismus beschuldigt und mit den Gomaristen zugleich der weltlichen Obrigkeit das Recht abgesprochen hatte, über kirchliche Dinge entscheiden zu dürfen. Die Streitigkeiten wurden dadurch nicht geschlichtet, die Parteien wandten sich an die Stände, und diese trugen dem H. Grotius auf, darüber ein Decret zu entwerfen.[5]) Dadurch hofften sie in der Kirche

---

[1]) Mare liberum, seu de jure, quod Batavis competit ad Indica commercia. Lug. Batav. 1609.

[2]) Licere cuivis genti quamvis alteram adire, cumque ea negotiari.

[3]) De imperio summarum potestatum circa sacra. Commentarius posthumus. Oper. theol. Tom. III. p. 201.

[4]) Ordinum Hollandiae et Westfrisiae pietas, ab improbissimis multorum calumniis, praesertim vero a Sibrandi Lubberti epistola, quam Archiepiscopo Cantuariensi scripsit, vindicata. Lug. Batav. 1613.

[5]) Ordinum Hollandiae et Westfrisiae decretum pro pace ecclesiarum, munitum s. scripturae, conciliorum, patrum, confessionum et theologorum testimoniis. Ultraj. 1614.

Frieden zu stiften. Das Decret wurde auch von den meisten Ständen und dem Adel genehmigt. Aber die Stadt Amsterdam widersetzte sich, weil H. Grotius den Ständen das Recht zugesprochen hatte, über kirchliche Angelegenheiten entscheiden zu können. Sonst hatte er Ruhe, Ordnung, Duldung, Frieden empfohlen. Aber auch H. Grotius wurde des Socinianismus verdächtigt, man beschuldigte ihn, daß er die Dreieinigkeit und die Genugthuung Christi verworfen habe. Er vertheidigte dagegen die Lehre der Kirche wieder in einer eigenen Schrift. Die Stände schickten eine Gesandtschaft nach Amsterdam, um die Stadt zur Annahme des Edicts zu bewegen. Einer der Gesandten war H. Grotius, welcher im Namen der übrigen das Wort führte. Aber die Amsterdamer protestirten auf's Neue gegen die Beschlüsse der Stände. Man nannte den H. Grotius überall einen Arminianer. Prinz Moritz und die Generalstaaten waren für eine Nationalsynode, aber die Stände für eine Provinzialsynode. Nachdem die Generalstaaten Dortrecht zum Versammlungsort für die Nationalsynode gewählt hatten, ließen sie die Ständemitglieder, mit welchen sie in Utrecht unterhandelt hatten, unter dem Vorwande gewaltsam gefangen nehmen, dadurch Kirche und Staat von herrschsüchtigen Menschen befreien zu wollen. Unter den Gefangenen waren auch Oldenbarneveld und H. Grotius. Die Stände sahen in solcher Gewaltthat eine Verletzung des Rechts und der Freiheit und forderten die Befreiung der Gefangenen. Aber H. Grotius mußte erleben, daß Oldenbarneveld auf's Blutgerüst geschleppt wurde und Heinsius ihn verleugnete. Er wurde mit den andern Gefangenen vor Gericht gestellt. Die Richter waren Feinde der Gefangenen. Die Anklage war, daß sie Staat und Kirche in Gefahr gebracht hätten. H. Grotius wurde zu lebenslänglicher Gefängnißstrafe und zum Verlust seiner Güter verurtheilt, weil er gegen die Religion und den Frieden des Landes gesprochen habe, d. h. weil er das Recht des Landes, die Privilegien der Generalstaaten standhaft vertheidigt hatte. H. Grotius wurde nach gefälltem Urtheil auf das Schloß Löwestein bei Gorcum am Westende des Bommelerwaards gebracht und daselbst gefangen gehalten. Seine Frau, Maria von Reigersberg, befreite ihn dadurch aus dem Gefängnisse, daß sie ihn in eine Bücherkiste versteckt hatte. Er entfloh darauf nach Paris und seine Frau folgte ihm bald dahin nach.

Die Ansichten des H. Grotius über Staat, Kirche, Religion

lernt man am besten aus seinen vertrauten Briefen an Vossius, de Thou, Uitenbogaard, du Maurier kennen. Vossius nennt ihn Bataviens Zier und Wunder seiner Zeit.[1]) H. Grotius strebte die Prädestination mit dem freien Willen zu vereinigen und läßt die Erwählung durch Gottes Vorsehung geschehen. Er schrieb an de Thou: er habe die Polemik nicht aus eigenem Antriebe angefangen, er sei nicht streitsüchtig, eine höhere Kraft habe ihn angetrieben, erstens der Rath kluger Männer und zweitens das Verlangen, der Kirche und dem Vaterlande zu nützen. Er habe über Gegenstände der Religion immer fleißig nachgedacht und erkannt, daß die Klagen derer am gerechtesten wären, welche in Erklärung der Lehrsätze, in Gebräuchen und im Kirchenregiment eine Verbesserung gewünscht hätten, aber man habe durch Unmäßigkeit im Umkehren gefehlt. Er schrieb aus dem Gefängniß an Vossius: er, Vossius, solle mit sich und Andern überlegen, nicht was den Censoren gefallen möge, sondern was wahr sei: dem allein müsse man folgen, und lieber die Veröffentlichung bis nach dem Tode aufschieben, als fremder Beschränktheit dienen. An du Maurier: er habe seine Sache längst vor dem eigenen Gerichtshof seines Gewissens geführt, dieser sei ihm heiliger, als alle Tribunale; er habe in den geheimsten Winkeln seines Herzens nichts gefunden, als daß er fortwährend gestrebt habe, die Einheit der Kirche bei der Freiheit getheilter Meinungen zu bewahren; er habe in der Staatsverfassung keine Neuerungen bezweckt, sondern nur das Recht derer schützen wollen, welche die Natur ihm zu Unterthanen, sein Amt ihm zu Dienern gemacht und denen er Treue gelobt habe; sein und seiner Mitgefangenen einziges Verbrechen wäre gewesen, daß sie den Staat nicht nach Gesetzen hätten lenken wollen, die ihre Gegner nach blos selbstsüchtigen Zwecken bestimmt hätten; darum wären sie ihrer Güter und Ehren beraubt worden, aber das wäre in der Geschichte nicht ohne Beispiel; das Härteste für ihn wäre, daß sein schwacher Körper[2]) der Luft und sein trauriges Gemüth des Trostes der Freude entbehren müsse, aber er wolle mit Gottes Hülfe noch Schlimmeres ertragen, nicht wegen Etwas um Verzeihung bitten, dessen er sich nicht schuldig fühle; er werde nie aufhören, sein Va-

[1]) Bataviae decus, aevi nostri miraculum.

[2]) Λεπτόχρως tantumque non μονόγραμμος.

terland zu lieben,[1]) man dürfe wegen Ungerechtigkeiten einiger Wenigen das allgemeine Wohl nicht hintansetzen.

H. Grotius stritt fortwährend für Kirche, Religion und Vaterland. Diese sittlichen Mächte begeisterten ihn auch zur Poesie. Er machte vaterländische, heilige und andere Gelegenheitsgedichte. Von den geistlichen Schauspielen des H. Grotius soll Milton den vertriebenen Adam zu seinem verlorenen Paradiese benutzt haben. Andere geistliche Schauspiele von H. Grotius sind der leidende Christus, Sophompaneas, ein egyptisch sein sollender Titel für Joseph, denn der Gegenstand ist die Geschichte Josephs in Egypten. Seine theologischen Abhandlungen über die Genugthuung, über den Arminianischen Lehrbegriff, über den Kirchenfrieden und über das Abendmahl haben viel Aehnlichkeit mit den Schriften Luthers in dieser Beziehung. Er schrieb auch Commentare über die heilige Schrift, welche von den Theologen noch jetzt in Ehren gehalten werden. Seine Briefe verbreiten sich über allerlei kirchliche Angelegenheiten und über die Systeme des Episcopats und Presbyteriats.

H. Grotius war ebenfalls bemüht, seiner Zeit und Gegenwart die antike Bildung einzuprägen. Seine Liebe zu den Alten war sprüchwörtlich geworden. Einst fragte ihn Jemand in Gegenwart des Priresciu̇s, wie er es anfangen solle, so gelehrt zu werden, wie sie? worauf er antwortete: lies die Alten, verschmähe die Neuern, und du wirst so gelehrt sein wie wir.[2]) Er commentirte bereits in seinem 15. Jahre den Martinus Capella, einen römischen Polyhistor späterer Zeit, übersetzte griechische Dichter in lateinische Verse und Prosa, und machte aus den alten Classikern Auszüge. Er schrieb auch mehrere das Alterthum betreffende Abhandlungen, verfaßte Prolegomena über den Stobäus, commentirte Tragödien des Seneca und sammelte Sentenzen alter Philosophen über das Schicksal. Das Studium der Alten, seine Lieblingsbeschäftigung, begleitete ihn durch's ganze Leben; die Frucht dieses Studiums war die Anthologie, welche gegen fünftausend Gedichte aus allen Zeiten der griechischen Welt und Bildung, in allen Formen und Dialekten enthält.

H. Grotius war nach dem Urtheile Vieler ein eben so großer

[1]) Ego non desino omnibus mihi recte volentibus patriam commendare, cujus amorem mihi nullae unquam injuriae extorquebunt.

[2]) Lege veteres, sperne recentiores, et eris noster.

Staatsmann als genialer Gelehrter. Er verglich die antiken Staatsverfassungen Griechenlands und Roms mit der modernen Verfassung der Niederlande und entschied sich patriotisch für diese gegen jene; er bearbeitete als Geschichtschreiber der Generalstaaten die Geschichte des niederländischen Freistaates, und man merkt es dieser Geschichte an, daß Thucydides und Tacitus seine Vorbilder waren. Er hat von Thucydides das klare Erfassen der vorhandenen Zustände des Lebens und von Tacitus die Eintheilung seines Werkes. H. Grotius schrieb auch belgische Geschichten, die sehr gerühmt werden.

Dem H. Grotius wurde sein Aufenthalt in Paris immer mehr verleidet, nachdem Richelieu in Frankreich das Ruder des Staates ergriffen hatte. Deshalb verließ er Frankreich und wollte sich wieder nach Holland begeben. Aber man hatte eine Belohnung von 2000 Gulden für diejenigen ausgesetzt, welche ihn der Justiz überliefern würden. Deshalb wandte er sich nach Hamburg. Der Magistrat dieser Stadt nahm ihn freundlich auf, aber H. Grotius ließ sich nicht in Hamburg selbst, sondern in der Nähe der Stadt zu Dochinshude auf dem Lande nieder. Er soll zu dieser Zeit von dem Könige von Spanien und auch von Wallenstein Anträge erhalten haben, in ihre Dienste zu treten. Ferner war Gustav Adolph auf ihn aufmerksam geworden, er soll das Buch „vom Recht des Krieges und des Friedens“ überall mit sich geführt haben, ja man will es nach seinem Tode in seinem Zelte gefunden haben. Er soll gesagt haben, es gebe nur Einen H. Grotius[1]), aber zwischen Theorie und Praxis sei ein großer Unterschied, es sei leichter etwas zu schreiben als durch die That auszuführen.[2]) Oxenstierna rief H. Grotius nach dem Tode des Königs zu sich nach Frankfurt am Main und ernannte ihn bald darauf zum schwedischen Gesandten am französischen Hofe. H. Grotius blieb zehn Jahre lang schwedischer Gesandter in Paris, aber, kein Mann der Intrigue, fühlte er sich in dieser Stellung immer unglücklicher. Im Jahre 1645 bat er um seine Zurückberufung, die ihm auch gewährt wurde. Er reiste nun über Holland nach Schweden, und hatte diesmal die Freude, daß ihn die Städte Amsterdam und Rotterdam mit Liebe und Aus-

[1]) Unum esse Grotium.

[2]) Se velle ostendere Grotio, quanta sit differentia inter theoriam et praxin, faciliusque aliquid scribi posse, quam cum facto conjungi.

zeichnung empfingen. In Schweden angekommen, versicherte man ihn der Gnade und Gewogenheit, und man versprach, ihn anderweitig zu beschäftigen. Aber dabei blieb es. Als er merkte, daß er am Hofe Feinde habe, entschloß er sich in sein geliebtes Vaterland zurückzukehren und daselbst seine letzten Lebensjahre zuzubringen. Auf der Rückreise durch Sturm an die pommersche Küste geworfen, kam er schon krank nach Rostock, wo er am 28. August 1645 starb.

H. Grotius ist durch das Werk von dem Rechte des Krieges und des Friedens[1]) berühmter geworden, als durch alle seine andern Schriften und Schicksale zusammengenommen. Es scheint, daß er die erste Idee zu demselben gleich nach seiner Flucht aus der Gefangenschaft gefaßt habe. Er fing nämlich das Werk gleich nach seiner Ankunft in Paris zu bearbeiten an. Man hat über die nähere Veranlassung seines Unternehmens allerlei Muthmaßungen und Gedanken gehabt. Man sagte, sein eigenes Leben und dann seine Zeit überhaupt hätten ihn bestimmt, Untersuchungen über das Recht des Krieges und des Friedens in der Art anzustellen. Aber H. Grotius abstrahirte seine Forschungen nicht vom Leben, er setzte dieses für jene nicht voraus, sondern erklärt ausdrücklich, daß er seinen Gegenstand rein wissenschaftlich, abgesehen von den Aeußerlichkeiten des Lebens, behandelt habe.[2]) Er nahm den Gedanken desselben rein aus seiner Innerlichkeit; aber der berühmte Parlamentsrath und Minister Peirescius ermunterte ihn, dasselbe zu vollenden. In Paris fing er es an, auf dem Landgute des Präsidenten de Mesmes Balagni bei Senlis und in Senlis selbst arbeitete er weiter daran fort. Der

---

[1]) Hugonis Grotii de jure belli et pacis libri tres, cum annotatis ipsius autoris et clarissimi Gronovii; tum noviter accuratis commentariis perpetuis Joh. Tesmari opus ut multorum annorum, ita academiis, aulis, dicasteriis, diu multumque desideratum, theologis, jureconsultis, philosophis, oratoribus, omnibusque adeo solidae eruditionis studiosis perquam utile et necessarium: quippe in quo textus Grotianus fideliter exhibetur, obscuriora perspicue illustrantur, dubia rationibus et auctoritatibus tam veterum quam recentium scriptorum valide confirmantur, paradoxa modeste diluuntur, omissa sedulo supplentur, aliorumque interpretationes sollicite perpenduntur et inter se conferuntur. Ad calcem operis accessere Ulrici Orbrechti observationes ad eosdem libros cum indicibus plenissimis. Francofurti ad Moenum. Sumpt. Joan. Dav. Zuneri MDCXCVI.

[2]) Prolegomena in tres libros de jure belli et pacis.

Sohn des Historikers de Thou versah ihn mit den nöthigen Hülfsmitteln und Büchern. Das Werk wurde von ihm in Paris vollendet. Sein Freund und Landsmann Graswinkel half ihm dasselbe ins Reine bringen. Er widmete das Buch aus Dankbarkeit Ludwig XIII. darum, daß er ihm Schutz und Trost verliehen habe.

H. Grotius nannte sein Werk zuerst Völkerrecht, später änderte er, man weiß nicht recht warum, den Titel. Man hat allerlei darüber gemuthmaßt; man sagte, er habe den Titel deswegen geändert, weil er geglaubt habe, seiner Schrift durch einen neuen Titel mehr Leser unter den Civil- und Militärpersonen verschaffen zu können; oder: er habe als ein kluger Mann gemeint, dem Geschmack seiner Zeit huldigen zu müssen, und habe darnach den Titel bestimmt. Er selbst schreibt, daß er das Buch verfaßt habe, um die Brutalität und Wildheit zu bekämpfen, welche sich nach Lust und Belieben Krieg anzufangen herausnehme, was des Christen und Menschen gleich unwürdig sei.

Das neue Werk von H. Grotius machte überall großes Aufsehen und wurde deshalb von der Kirche sogleich verboten. Das Decret ist von Rom den 4. Februar 1627 datirt. Aber die Welt wurde durch das Verbot auf das Buch erst recht aufmerksam, und es hatte bald das Ansehen, als sollten so viele Commentare über den Grotius als früher über den Petrus Lombardus geschrieben werden. Pufendorf sagt: H. Grotius stellte in seinem Werke ein neues Princip der Rechtserkenntniß auf, und dies ist wohl der Grund des kirchlichen Verbotes gewesen. Es erschienen bald eine Menge von Ausgaben und Uebersetzungen in fast allen orientalischen und occidentalischen Sprachen. Es ist unmöglich, diese alle bemerklich zu machen, und hier Alles mitzutheilen, was für und wider jenes Werk geschrieben, verhandelt und disputirt worden ist. Die ersten Bemerkungen zu demselben erschienen gleich nach dem Tode des H. Grotius von von Felden, welcher der Aristotelischen Philosophie zugethan war. Graswinkel bestritt die Bemerkungen Feldens. Zehn Jahre später gab Böcler seine Dissertationen heraus. Er pries das Werk des H. Grotius dermaßen, daß er sagte, es könne in der Welt kein ähnliches Werk je wieder geschrieben werden. Rebhahn griff dasselbe in einer academischen Einladungsschrift vom Standpunkt des römischen Rechts an. Ein Ungenannter wies ihn zurecht. Hennig, Osiander, Ziegler verfaßten Observationen, welche theils juristischer, theils theologischer, theils politischer Natur waren. Böcler, Müller, Thomasius, Olivenkranz entwarfen Tabellen; Simon, Schweizer, Scheffer machten Auszüge, einige waren in Fragen und Antworten abgefaßt; Gronovius machte Noten, Becmann edirte das Werk mit Varianten: eine Ehre, sagt Bayle, welche sonst nach Jahrhunderten nur den alten Classikern zu Theil geworden ist. Tesmar, Obrecht, van der Meulen, Cocceji und Andere erläuterten das Buch des Kriegs und des Friedens; Barbeyrac, Thomasius, Wolf schrieben Vorreden zu Uebersetzungen desselben. Die Urtheile und Kritiken von den entgegengesetzten Standpunkten z. B. Alberti's, Pufendorfs, die Illustrationen und Observationen nahmen kein Ende, ihre Anzahl wurde Legion; zu den Noten wurden wieder Noten, zu den Commentaren wieder Commentare nöthig, und man that zuletzt am Besten, zum Grotius selbst wieder zurückzukehren.

Thomasius sagt, Peiresc trieb den Grotius an, in der Moral die Wahrheit von dem Tand zu säubern und das Völkerrecht nach Anleitung des natürlichen Lichts zu schreiben.[1]) Peirescius war ein großer Verehrer Baco's und war am meisten von dessen augmentis scientiarum eingenommen.[2]) Deshalb meinten z. B. Böcler und Barbeyrac, daß H. Grotius auch den Baco studirt haben müsse und denselben bei Abfassung seines Werks benutzt haben werde. Pufendorf behauptet an einer Stelle, daß bei H. Grotius keine Spur von Metaphysik zu finden sei,[3]) aber er vermuthet an einer andern Stelle, daß ihn das genannte Baconische Werk doch veranlaßt haben möge, das Natur- und Völkerrecht reformiren zu wollen.[4]) H. Grotius selbst sagt: Die Principien des Rechts sind nach Art dessen durch sich selbst klar und evident, was wir durch die äußern Sinne wahrnehmen, welche durch gute Instrumente unterstützt nicht trügen, wenn sonst alles Nothwendige vorhanden ist.[5]) Diese Worte erin-

[1]) Vorrede zu Grotius §. 29.

[2]) Pufendorfi de officio hominis et civis juxta legem naturalem libri duo. Ed. Pagenstecher Epil. Opp. III.

[3]) Pufendorf. Comment. super invenusto veneris Lipsiaci pullo.

[4]) Pufendorf, Specimen controversiarum circa jus naturale ipsi nuper motarum cap. I. §. 5.

[5]) Prolegomena: Principia juris, si modo animum recte attendas, per se patent atque evidentia sunt, ferme ad modum eorum quae sensibus externis percipimus, qui et ipsi bene confirmatis sentiendi instrumentis, et si caetera necessaria adsint, non fallunt.

nern wirklich an die Lehre Baco's, sie verweisen an die sinnliche Erkenntniß, um durch äußerliche Wahrnehmung und Erfahrung über einen vorausgesetzten Inhalt zum Bewußtsein zu kommen. Das Recht wird nach solcher Erkenntnißart weniger an sich betrachtet, als vielmehr das Bewußtwerden des Rechts, was freilich ein moderner Standpunkt neuerer Philosophie ist. H. Grotius spricht sich über letztere nicht bestimmt aus, aber redet desto mehr von Aristoteles. Er sagt: unter den Philosophen steht Aristoteles oben an, wenn man die Ordnung, den Scharfsinn und die Wichtigkeit seiner Gründe erwägt, womit er Alles behandelt. Aber man muß wünschen, daß sein Ansehen nicht zu Tyrannei werde, denn die Wahrheit wird durch nichts mehr unterdrückt, als durch den Namen Aristoteles.[1]) H. Grotius bestreitet in diesem Sinne die Aristotelische Tugend, daß sie die Mitte halten und die Begierden mäßigen soll, und sagt, das kann nicht von allen Tugenden behauptet werden. Die Tugend lehrt zwar, in einigen Dingen den Mittelweg zu gehen, aber auch, in andern Dingen den höchsten Gipfel zu ersteigen. Er versichert, es mit den Christen halten zu wollen, die auf Secten und Philosophen nicht geschworen haben. Aber man darf wohl annehmen, daß er sich, wie viele Andere, der Philosophie seiner Zeit nicht ganz habe entziehen können, ohne daß er sich ihren Einfluß klar gemacht habe. Ueber seinen eigenen Standpunkt hat er das klarste Bewußtsein. Er sagt: er habe die Rechtsgelehrsamkeit fördern wollen, welche er in öffentlichen Aemtern ausgeübt habe. Viele haben sie in eine künstliche Form bringen wollen, aber das ist nicht möglich, wenn man von den natürlichen Gesetzen nicht Alles absondert, was von menschlichen Satzungen herrührt. Geschicht dies, so können sie leicht in eine solche Form gebracht werden, weil sie immer dieselben bleiben, während die menschlichen Satzungen nicht überall gleich sind, sondern oft verändert werden, und deshalb von den Regeln der Kunst ausgeschlossen sind. Einzelnes ist zwar aus dem Natur- und Völkerrecht behandelt, aber das Ganze noch nicht umfassend bearbeitet worden. Bei den alten Philosophen findet sich nichts der Art. Das Werk des Aristoteles *δικαιώματα πολέμων* kann man nicht hierherziehen, ebensowenig die römischen Bucher de jure feciali, welche Cicero anführt.[2]) Theologen wie Victoria,

[1]) Prolegomena.

[2]) De offic. I. 11.

Gorichemos, Matthäi und Andere haben über das Recht des Krieges geschrieben, und auch Juristen, wie Lupo, Ario, von Lignano, aber sie haben die Rechte durcheinander gemischt und die Materien zu wenig erschöpft; auch haben sie die Geschichte nicht gekannt. Faber hat diese zwar beachtet, aber er hat sich auf bloße Zeugnisse beschränkt; Ayala und Gentilis haben den Beispielen und Zeugnissen auch Beschreibungen hinzugefügt, aber ersterer hat nicht untersucht, warum ein Krieg gerecht ist oder nicht, und letzterer hat die Rechtsfragen nicht unterschieden und ist nicht auf die Controversen eingegangen. H. Grotius will thun, was diese unterlassen haben, will ihre Fehler vermeiden. Er sagt von Gentilis, daß dieser ihm von Nutzen gewesen sei und auch Andern werde helfen können. Von sich selbst sagt er, daß er sein Werk mit großer Sorgfalt ausgearbeitet habe, daß er das Naturrecht bewiesen und die Beweise durch Gründe bekräftigt habe, die Niemand leugnen könne. Nach den Auslegern sind diese Gründe: Gott verehren, der Obrigkeit gehorchen, Kinder erziehen, Gewalt durch Gewalt vertreiben. H. Grotius will zwar die Beweise durch Zeugnisse von Rednern und Philosophen, Dichtern und Geschichtschreibern unterstützen, bemerkt jedoch zugleich, daß man denselben nicht Alles glauben dürfe. Aber wenn sie dieselbe Sache an verschiedenen Orten und zu verschiedenen Zeiten für wahr halten, so soll das doch einen Grund haben. Der Grund selbst ist dann die Vernunft, d. h. richtiges Schließen und Beschließen oder allgemeine Uebereinstimmung. Jenes giebt das Naturrecht, dieses das Völkerrecht. Beides wird nicht blos durch Zeugnisse, sondern durch die Beschaffenheit der Materien unterschieden. Gilt etwas allgemein, was durch vernünftiges Schließen aus gewissen Gründen und Ursachen hergeleitet wird, so ist es aus einem freien Willen entsprungen. Daher kommt das bürgerliche Recht oder Civilrecht. Wenn wahrhaftig und in allen Stücken etwas recht ist, so ist es im Völkerrecht von dem zu unterscheiden, was blos eine äußere Wirkung hervorbringt. Das Recht aber, aus dem die Verbindlichkeit und Wiedererstattung entspringt, ist von dem zu trennen, was eigentlich Rechtens ist. Die Geschichte liefert Beispiele: je gebildeter die Völker sind, desto wichtiger sind solche Beispiele. Die Geschichte der Griechen und Römer ist der Geschichte aller andern Völker vorzuziehen. Aber auch die Urtheile der letztern sind nicht zu verwerfen, wenn sie überein=

stimmen. Dadurch wird einigermaßen das Naturrecht aufgezeigt, und das Völkerrecht kann gar nicht anders bewiesen werden. Die Sprüche der Redner und Dichter haben keine große Bedeutung, aber sie gereichen zur Zierde. Wichtiger sind die Bücher, welche von Gott erfüllte Menschen geschrieben und gebilligt haben. Es ist aber ein Unterschied zu machen zwischen den Büchern des alten und des neuen Bundes. Einige gehen so weit, das Alte Testament für das Naturrecht selbst zu halten, aber das ist ein Irrthum. Das Alte Testament kommt zwar aus dem Willen Gottes, welcher mit dem Naturrecht nicht streitet, und man kann einen Schluß daraus ziehen; aber man muß Gesetze, welche Gott durch Menschen vollziehen läßt, von Gesetzen unterscheiden, die die Menschen unter sich vollstrecken. Jüdische Schriftsteller tragen zur Erläuterung des erstern bei; aus dem letztern kann man sehen, was den Christen zu thun erlaubt ist. Das Neue Testament lehrt eine größere Heiligkeit, als das Naturrecht fordert; darin muß man unterscheiden, was unrecht, strafbar ist, und erkennen, daß das Streben nach höherer Vollkommenheit belohnt wird; die Canones der Concilien dürfen insofern gelten, als sie aus den allgemeinen Aussprüchen des göttlichen Gesetzes nach Zeit und Umständen zusammengelesen wurden. Die Sitten und Gebräuche der ersten Christen haben dasselbe Ansehen. Darauf folgt die Autorität der heiligen Väter. Was diese empfunden und erfahren haben, kann zur Erläuterung dessen dienen, was in der heiligen Schrift dunkel geblieben ist. Die Scholastiker fallen in die unglücklichsten Zeiten des allgemeinen Verfalls der freien Künste und Wissenschaften; aber sie haben viel Verstand und irren selten, wenn sie in Sachen übereinstimmen, welche die Sitten betreffen. Die Scholastiker sind scharfsinnig, erblicken leicht die Mängel Anderer, streiten mit Vernunftgründen und sind bescheiden. Die Juristen beschäftigen sich mit Pandecten, Codex und Novellen; einige verbinden mit der Rechtswissenschaft auch die humanistischen Studien; die erstern haben oft die besten Vernunftgründe, und zeigen, was zum Naturrecht gehört, bekräftigen das Natur- und Völkerrecht mit Zeugnissen, aber vermischen Beide. Auch vermengen sie Völkerrecht und römisches Recht. In diesem behandeln sie Gegenstände, welche zu jenem gehören. Aber Naturrecht, Völkerrecht, römisches Recht müssen bestimmt unterschieden werden. Die späteren Juristen entschieden Streitigkeiten der Fürsten und Völker aus dem römischen Recht, unbekümmert um das göttliche Recht und die alte Geschichte. Sie zogen auch das canonische Recht hinzu. Aber sie verstehen diese Gesetze nicht richtig und erkennen trotzdem die Billigkeit und Ehrbarkeit. Bisweilen urtheilen sie über das Völkerrecht ihrer Zeit sehr gut. Die späteren Juristen sind für das Natur- und Völkerrecht bedeutungslos, indem sie sich förmlich innerhalb des römischen und canonischen Rechts eingeschlossen haben. Sie verbinden auch das Studium derselben mit scholastischen Subtilitäten. Aehnlich haben die Spanier Covarruvias und Vasquez die Streitigkeiten der Fürsten und Völker behandelt, jener nicht ohne Urtheil und bescheiden, dieser mit großer Freiheit. Die Franzosen Hotomannus und Bodinus haben die Geschichte mehr berücksichtigt, und durch ihre Aussprüche und Vernunftgründe Andern Gelegenheit gegeben, das Wahre näher prüfen und erforschen zu können.[1])

H. Grotius will klare, erweisliche Vernunftgründe geben, den Stoff in eine gewisse Ordnung bringen, und unterscheiden, was nicht eins ist, er will erörtern, was Sache des Nutzens und Vertrags sei, um es von dem, was recht und billig ist, deutlicher unterscheiden zu können. Jenes gehört der Staatswissenschaft an, aber diese hat ihre eigenen Regeln und muß nach Art des Aristoteles für sich betrachtet werden, nicht des Bodinus, welcher sie mit der Rechtsgelehrsamkeit vermengt. H. Grotius will sich nicht in Streitigkeiten der Zeit einlassen, sondern sein Gemüth von allen Thaten und Begebenheiten abziehen, wie die Mathematiker thun, welche nicht die Körper selbst, sondern die Figuren betrachten. Er will die Sache so darstellen, daß die Controversen und Gründe, nach welchen sie beurtheilt werden müssen, gleich übersehen werden können, will nichts gegen die guten Sitten, die Gottesfurcht, die heilige Schrift und die christliche Kirche lehren, und will, wenn es dennoch geschehen sei, dies so angesehen wissen, als wenn er es nicht gesagt habe.[2])

H. Grotius sagt: Viele haben das bürgerliche Recht erklärt und ausgelegt, aber das Recht, was von Natur bei allen Völkern gilt, was durch göttliche Gesetze, stillschweigenden Vertrag und Gewohnheit sanctionirt ist, das haben Wenige so berücksichtigt, als

---

[1]) Prolegomena.

[2]) Ibid.

das Interesse der Menschheit fordert. Manche haben die Gerechtigkeit erörtert, wie Carneades, aber derselbe vertheidigt sowohl die Wahrheit als die Lüge. Carneades meint, die Menschen haben manche Rechte um des Nutzens willen angenommen, je nachdem sie mit ihren Sitten übereinstimmen oder nicht, haben das Recht nach Zeit und Umständen geändert: ein Naturrecht gebe es nicht, sondern Menschen und andere Geschöpfe würden von Natur getrieben, ihren Nutzen zu suchen, darum sei keine Gerechtigkeit, oder sei eine, so sei sie die größte Thorheit, weil sie sich selbst schade, während sie Andern nütze. Die Menschen unterscheiden sich aber von den andern Geschöpfen durch den Trieb der Gesellschaft,[1]) nicht aller und jeder Gemeinschaft, sondern einer ruhigen, vernünftigen Societät, um mit andern ihres Geschlechts zusammen zu leben.[2]) Die Menschen unterscheiden sich von den Thieren durch vieles ihnen Eigenthümliche, und wenn auch sie zu dem hingezogen werden, was ihnen nützlich und vortheilhaft ist, aber öfters selbst Thiere aus Instinct ihren Nutzen mäßigen, so kommt noch die Sprache und das Vermögen hinzu, allgemeine Gebote zu wissen und darnach zu handeln,[3]) weshalb sie zur Gesellschaft geboren sind. Die Gesellschaft gehört deshalb der menschlichen Natur an. Quelle des Naturrechts ist die der menschlichen Vernunft angemessene Bewahrung der Gesellschaft,[4]) weshalb es gleich ist, ob gesagt wird: Naturrecht oder Recht der menschlichen Gesellschaft. Die Mutter des Naturrechts ist die menschliche Natur, welche uns zur Geselligkeit treibt, auch wenn wir keine Dinge nöthig haben möchten.[5]) Das natürliche Recht der Gemeinschaft[6]) fließt aus Gründen oder Principien, welche der Mensch innerlich bei sich hat,[7]) aber dennoch muß das-

---

[1]) Prolegomena: Appetitus societatis.

[2]) Ibid.: Id est communitatis, non qualiscunque, sed tranquillae et pro sui intellectus modo ordinatae cum his qui sui generis.

[3]) Ibid.: Cujus peculiare solus inter animantes instrumentum habet sermonem, inesse etiam facultatem sciendi agendique secundum generalia praecepta.

[4]) Ibid.: Societatis custodia humano intellectui conveniens.

[5]) Ibid.: Nam naturalis juris mater est ipsa humana natura, quae nos, etiamsi re nulla indigeremus, ad societatem mutuam appetendam ferret.

[6]) Ibid.: Naturale et sociale.

[7]) Ibid.: Ex principiis homini internis profluit.

selbe Gott zugeschrieben werden, weil Gott gewollt hat, daß solche Principien in uns sein sollen.[1]) Außer der menschlichen Natur und Vernunft ist deshalb Gott Quelle des Naturrechts. Das Naturrecht entspringt aus dem freien Willen Gottes[2]), aber das Naturrecht würde sein, auch wenn wir annähmen, daß kein Gott wäre, und kein Gott sich um die menschlichen Angelegenheiten bekümmern möchte.[3])

Die göttliche Offenbarung ist hiermit in Hinsicht des Rechts nicht ganz negirt, aber doch überflussig gemacht. Wenn das Recht in der menschlichen Natur enthalten ist, so ist die Offenbarung zur Rechtserkenntniß nicht mehr durchaus nothwendig. Ist das Recht ohne Gott ursprünglich in der menschlichen Natur vorhanden, dann ist es eine mit dem Wesen des Menschen selbst gesetzte Lebensmacht, und hängt die Rechtserkenntniß nicht mehr von der Offenbarung ab, sondern ist davon unabhängig und frei. Dann kann sie fordern, daß das Recht nicht mehr als ein dem Menschen Anderes und Fremdes vorgestellt werden soll. Wenn das Recht eins mit der menschlichen Natur ist, so muß es als das eigene Wesen des Menschen auch erkannt werden, es darf nicht mehr blos vorgestellt und auf Autorität äußerlich angenommen werden, sondern muß von innen heraus gewußt werden.

Damit ist nicht gesagt, daß in der Vorstellung und göttlichen Autorität des Rechts keine Vernunft sei. Die Vorstellung eines allmächtigen und allweisen Gottes ist keine unvernünftige Vorstellung, in der Vorstellung des Schöpfers der Welt und Gesetzgebers für den Menschen sind Vernunftbestimmungen enthalten, nur nicht in der Form der Vernunft, nicht in der Form des wirklichen Denkens und Erkennens. Gott wird darin außerweltlich als ein Wesen vorgestellt, welches weiß und will, dessen Wissen und Wollen aber durch eine natürlich organisirte Individualität nicht bedingt ist; deshalb kann

---

[1]) Prolegomena: Deo tamen adscribi merito potest, quia ut talia principia in nobis existerent ipse voluit.

[2]) Ibid.: Et haec jam alia juris origo est praeter illam naturalem, veniens scilicet ex libera dei voluntate, cui nos subjici debere intellectus ipse noster nobis irrefragabiliter dictat.

[3]) Ibid.: Et haec locum aliquem haberent, etiamsi daremus, quod sine summo scelere dari nequit, non esse deum, aut non curari ab eo negotia humana.

ein solches Wesen nicht wirklich aufgezeigt, erkannt und begriffen, sondern blos geglaubt werden. Darum ist dasselbe keine Chimäre, sondern ist die wahre Vorstellung Gottes als des Geistes und der Wahrheit. Aber die Vorstellung geht weiter: obwohl Gott außerweltlich ist, so bezieht Gott sich doch durch Offenbarung auf die Welt, das Wesen und der Wille Gottes wird vom Menschen in der Welt gewußt, bleibt also nicht außerweltlich. Das Wissen und der Wille Gottes wird zum Wissen und Wollen des Menschen, eines Wesens, welches wissend und wollend natürlich individualisirt ist, leibt und lebt. Daher ist die göttliche und menschliche Vernunft an sich dieselbe innere Nothwendigkeit und Allgemeinheit. Alle wahre Vernunft, gleichviel ob göttlich oder menschlich, ist nothwendig und allgemein. Die Vernunft durchdringt als innere Allgemeinheit, Nothwendigkeit und Gesetzmäßigkeit die ganze Menschheit, ordnet die menschlichen Verhältnisse nothwendig und gesetzlich, oder was dasselbe ist, vernünftig. Solche Vernunft ist keine dem Menschen fremde Vernunft, sondern ist sein innerstes Wesen. Sind die Menschen wirklich vernünftig, so ordnen sie ihre Verhältnisse der Vernunft gemäß, d. h. allgemein, nothwendig, gesetzlich. Erst wenn die Menschen nicht blos sich und andere Einzelne anerkennen, sondern das Allgemeine, das Gesetz erkennen und lieben, sind sie in Wahrheit vernünftig. Dann gehört das Gesetz selbst der menschlichen Natur an. Die menschliche Vernunft ist als Nothwendigkeit und Allgemeinheit selbst Gesetz, die göttliche Offenbarung ist zwar allgemein vernünftig, aber zur Erkenntniß des Rechts entbehrlich, die menschliche Natur reicht dazu vollkommen aus. Was durch sich selbst nothwendig und allgemein ist, das kann sich zur Nothwendigkeit und Allgemeinheit, d. h. zu Recht und Gesetz auch selbst bestimmen, das ist nicht so kraftlos, nicht Quelle des Rechts sein zu können.

Die Vernunft ist so sehr das Wesen des Menschen, daß, wenn an der Vernunft des Menschen gezweifelt wird, an seiner Menschheit gezweifelt werden muß. Aber wenn die Vernunft das allgemeine Wesen des Menschen ist, so ist der Mensch nicht die Vernunft, sondern hat Vernunft. Das Menschengeschlecht, die Menschheit geht in unzählige Individuen auseinander, welche sich zugleich auf einander beziehen. Die Beziehung selbst ist eben die Vernunft, d. h. die Vernunft bestimmt die Menschen, allgemein vernünftig und nothwendig, gesetzlich zu sein. Die Vernunft in ihrer Allgemeinheit negirt das Einzelne am Menschen, bringt ihn zum Bewußtsein über das, was er seinem Wesen nach ist. Da die Vernunft das innere Wesen des Menschen ist, so ist die Bestimmung des Menschen durch die Vernunft kein äußerliches Bestimmtwerden, sondern der Mensch bestimmt sich seinem Wesen gemäß, indem er von der Vernunft bestimmt wird. Widerstrebt er der Vernunft, d. h. der Nothwendigkeit und Allgemeinheit, so handelt er seinem Wesen zuwider. Er kann aber der Vernunft auf die Dauer nicht widerstehen, weil sie Nothwendigkeit und Allgemeinheit ist, die Vernunft zwingt ihn, wenn er sich nicht vernünftig bestimmen will. Er vermag gegen diesen Zwang in seiner Einzelnheit und Willkür nichts.

Der vernünftige Mensch ist Intelligenz und Wille, aber Denken und Wollen ist nicht unmittelbar vernünftig, das Denken wird erst vernünftig, wenn es eins mit der Natur der Sache ist, und ebenfalls wird der Wille erst vernünftig, wenn er den Grund seines Seins in sich selbst hat, was nur dann der Fall ist, wenn er vernünftig sich bestimmt; sonst wird er von Anderem, von Trieb und Neigung, nicht von sich selbst bestimmt. Der Mensch bestimmt sich selbst, wenn er nach vernünftigen Zwecken handelt, d. h. nach Zwecken, welche nothwendig, nicht willkürlich und beliebig sind. Der Mensch denkt vernünftig, wenn sein Denken kein zufälliges Imaginiren und Vorstellen, sondern die Nothwendigkeit der Sache selbst ist. Da sein Wesen Vernunft ist, so hat er auch den Trieb, Vernunft in Allem erkennen zu wollen, dieser Trieb ist selbst vernünftig, er kommt aus der Vernunft, aus dem Wesen des Menschen. Der Mensch hat den Trieb, Recht und Gesetz wegen der Allgemeinheit und Nothwendigkeit desselben als Ausdruck der Vernunft zu erkennen, die Vernunft als Quelle desselben zu wissen.

Solche allgemeine Gesichtspunkte sind in der Darstellung und Beurtheilung der Rechtserkenntniß des H. Grotius festzuhalten; das von ihm aufgestellte Princip fordert dazu auf. Viele, z. B. Samuel Cocceji, nehmen an, daß H. Grotius das Princip der Geselligkeit von den Alten entlehnt habe. Er sagt: H. Grotius hat die Ansicht der Alten allgemein gemacht und gebilligt.[1]) H.

---

[1]) Sam. Cocceji Tractatus juris gentium. Pars I. Quaest. 1. §. 8.

Grotius soll nach Andern sein Princip bald von Aristoteles nach dessen Ausspruch entlehnt haben: wo Neigung ist, da ist auch Recht [1]), bald von Seneca, wegen der Behauptung, daß keine Gesellschaft ohne Gerechtigkeit denkbar sei [2]), bald von Cicero, welcher die natürliche Gemeinschaft als Quelle des Rechts bezeichnete, [3]) und bald aus dem römischen Recht. [4]) Auch nach Böcler soll H. Grotius dem Cicero in dieser Beziehung, besonders den Büchern von den Pflichten, welche er eifrig las, viel verdanken. [5]) Die herrschende Ansicht ist, daß H. Grotius sein Princip von den Stoikern, namentlich von Carneades entlehnt habe. Aber H. Grotius bestreitet den Carneades ausdrücklich; er führt besonders gegen ihn aus, daß nicht der Nutzen Quelle des Rechts und der Billigkeit sein könne. [6]) Der Mensch, sagt er, hat den Trieb der Geselligkeit, ohne an den Nutzen zu denken, der Nutzen kann daher nicht Ursache und Norm des Rechts sein. Es ist unüberlegt, die Gerechtigkeit eine Thorheit zu nennen, denn der handelt nicht thöricht, welcher wegen eines künftigen Vortheils einen gegenwärtigen Nutzen verschmäht, der sich und seinen Nachkommen einen dauernden Nutzen wünscht. Trotz dem sagen die späteren Naturrechtslehrer: H. Grotius weicht in Betreff des Nutzens nicht ab von Carneades; wenn er leugnet, daß er den Nutzen wolle, so sei das ein Irrthum; denn was bezwecke die Sorge für die Gesellschaft anders, als den Nutzen dessen, welcher Mitglied der Gesellschaft ist? Zum Nutzen gehört jede Annehmlichkeit und Bequemlichkeit des Lebens, schon das Leben in der Gesellschaft ist Nutzen. Aber H. Grotius bringt den Nutzen mit der Gerechtigkeit zusammen, was Carneades nicht thut, er beschränkt den Nutzen nicht auf den einzelnen Menschen. Er polemisirt auch gegen Machiavell, welcher wolle, daß die Menschen durch Gewalt gerecht werden sollen, und sagt: das Recht ist nicht aus Furcht vor Unrecht erfunden worden, sondern es ist auch dann voll Kraft, wenn es von der Gewalt verlassen ist. Ohne Recht ist keine Gesellschaft möglich; Recht, Gesellschaft,

---

[1]) Ethic. VIII, 11.
[2]) Seneca, Epist. 49; de anima Lib. 2. cap. 42.
[3]) Cicero de leg. Lib. 1. cap. 5.
[4]) L. 3 de just. et jur.
[5]) Praef. ad Grot. p. 13.
[6]) Prolegomena.

menschliche Natur sind unzertrennlich von einander. Dagegen sagte man: H. Grotius nimmt ein gewisses Erstes der Natur an, was aus der Socialität nicht folgt, diese folgt erst aus jenem; aber man weiß nicht, was jenes Ursprüngliche, Erste ist, noch wo es ist.[1]) — Im Grunde folgt keins aus dem andern, sondern jedes ist unmittelbar selbst das andere. Das Erste, Ursprüngliche ist die menschliche Natur und Vernunft.

Einzelne Berufungen und Aussprüche können nicht entscheiden, ob H. Grotius sein Princip von den Alten entlehnt habe, es kommt dabei auf die ganze Anschauungs- und Vorstellungsweise der alten und modernen Welt an. Nach der Vorstellung der Alten galt das Allgemeine als das Wesentliche und Wahre, unsere moderne Bezeichnung der individuellen Persönlichkeit „Ich" war ganz ins Verbum hineingezogen. Das Allgemeine, nicht das Einzelne, war das Erste. Das Einzelne war im Allgemeinen inbegriffen, wußte sich noch nicht im Unterschiede von demselben; die Alten hatten noch kein Bewußtsein darüber, daß der Einzelne das Recht haben könne, für sich zu sein und zu gelten. Dies Bewußtsein gehört erst der modernen Welt an; darnach ist der Einzelne nicht unmittelbar eins mit dem Ganzen, sondern bringt sich durch seine eigene Thätigkeit mit demselben in Einheit, und bringt dadurch das Ganze mit hervor. Das Ganze ist daher nicht unmittelbar, sondern existirt vermittelt durch jene Thätigkeit. Aus diesem Bewußtsein entsteht der Trieb, zu wissen, wie das Allgemeine wird. H. Grotius will wissen, wie das Allgemeine entsteht, will es nicht unmittelbar voraussetzen und gelten lassen; darum geht er vom Einzelnen, nicht vom Allgemeinen aus. Der Mensch soll durch seine theoretische und praktische Intelligenz sich in Einheit mit dem Ganzen selbstbewußt und frei wissen. Es soll erst zur Einheit und Gemeinschaft mit demselben durch den vernünftigen, grundsätzlichen, mit dem Triebe zur Geselligkeit begabten Menschen kommen. Die Naturrechtslehrer vor H. Grotius faßten die menschliche Natur als unmittelbar vernünftig, die Vernunft als dem Menschen von Gott eingepflanzt. So war Gott lediglich Quelle des Rechts, nicht die menschliche Natur war dieselbe. Die menschliche Natur ist nach H. Grotius mit dem Triebe des Allgemeinen begabt für sich selbst vernünftig, kann als solche Quelle des Rechts sein.

[1]) Sam. Cocceji Tractatus juris gentium. Pars I. Quaest. 1. §. 24.

H. Grotius stellt die allgemein vernünftige Natur des Menschen in der Form theoretischer und praktischer Intelligenz als Princip des Rechts, aber in der Form des Triebes und der Neigung, also des natürlichen Willens auf. Der natürliche Wille wird von seiner Natürlichkeit bestimmt, er bestimmt nicht frei sich selbst, die Erkenntnißweise wird also dadurch bedingt. Es läßt sich gewissermaßen sogar rechtfertigen, daß die Erkenntniß vom Einzelnen als Trieb des Allgemeinen ausgehen muß, weil der Mensch nicht unmittelbar Intelligenz und Wille ist. Beides setzt natürliches Leben und Empfinden, setzt Trieb und Neigung voraus. Auch das Erkennen ist nicht unmittelbar. Das Erkennen der menschlichen Natur darf in dieser Beziehung nicht mit dem Denken und Willen anfangen, sondern muß von der natürlichen Bestimmtheit der Intelligenz, theoretisch von dem Gefühl und der Empfindung, praktisch vom Triebe ausgehen. Denken und Wille sind keine Abstractionen von der Natürlichkeit, sondern sie sind von der Natürlichkeit erfüllt, aber nicht so erfüllt, daß der Mensch dadurch bestimmt wird, sondern er bestimmt sich darin selbst. H. Grotius kommt nicht zu dieser Selbstbestimmung in der Natürlichkeit, sondern faßt die allgemein vernünftige Natur des Menschen in der Form des Triebes und Bedürfnisses auf. Er erkennt sie nicht, wie sie von ihrem Begriffe, der Vernunft und Freiheit, als von sich selbst erfüllt ist, sondern blos, wie sie von Anderm erfüllt wird. Der Mensch ist nicht abstract frei, sondern wird erst durch Ueberwindung der Natürlichkeit frei. Zur menschlichen Natur gehört Trieb und Neigung; aber dabei darf nicht stehen geblieben werden. Die Natürlichkeit des Willens muß sich durch sich selbst zur Freiheit erheben, der natürliche Wille muß freier Wille werden.

H. Grotius sagt: das Recht ist allgemein vernünftig und auch die menschliche Gesellschaft. Quelle des Rechts ist die menschliche Natur; aber in der Form des Triebes, nicht des thierischen Triebes, sondern der menschlichen Neigung. H. Grotius bringt den Trieb der Geselligkeit mit der Sprache und mit allgemein vernünftigen Grundsätzen zusammen. Der Trieb des Menschen, mit Andern gesellig zu leben, ist nicht blos natürlicher Trieb, Instinct, sondern Trieb des vernünftigen, selbstbewußten Menschen, welcher zugleich Wille, d. h. natürlicher Wille, Wille als Trieb ist. H. Grotius faßt den menschlichen Trieb im Unterschiede von dem thierischen, aber er zeigt den Unterschied nicht, erörtert nicht, wie der Trieb der Geselligkeit mit der allgemein vernünftigen Natur des Menschen zusammenhängt, sondern setzt das voraus. Wenn der menschliche Trieb geselliger Trieb ist, wenn die menschliche Natur als Trieb Quelle des Rechts ist, so muß gezeigt werden, daß der menschliche Trieb Allgemeinheit und Nothwendigkeit hat.

Der gesellige Trieb des Menschen unterscheidet sich von dem thierischen durch gegenseitige Anerkennung. Die Thiere gesellen sich zwar auch zu einander, aber sie treibt blos das Gefühl, der Instinct. Der menschliche Trieb der Geselligkeit fordert gegenseitiges Sich-Wissen im Andern. H. Grotius sagt: wir haben diesen Trieb, auch wenn wir keine Dinge nöthig hätten; aber er lenkt gleich wieder durch die Bemerkung ein, daß wir zum Leben Dinge nöthig haben, je mehr wir zur Gesellschaft getrieben werden [1]), d. h. der Trieb der Selbsterhaltung gehört zum Triebe der Geselligkeit, was unmittelbar aus dem Triebe folgt, welcher ohne Leben nicht möglich ist. Alles Lebendige hat den Trieb, sich selbst zu erhalten; zum Triebe der Geselligkeit kommt der Trieb der Selbsterhaltung hinzu. Ohne daß man lebt, kann man nicht mit Andern in Gesellschaft leben. Soll der Trieb nicht blos thierischer, sondern menschlicher Trieb sein, so muß derselbe zugleich Neigung, Liebe zum Leben sein. Der Mensch kann sein Leben nicht lieben, ohne sich selbst zu lieben. Wenn er den Trieb hat, mit Andern gesellig zu leben, so wird er denselben auch zugeneigt sein, sonst kann ein Zusammenleben nicht stattfinden. Der Trieb der Selbsterhaltung ist auf die Bedürftigkeit des Lebens gerichtet, ist dem Inhalt nach beschränkt, aber er hat Allgemeinheit, denn alle Menschen haben den Trieb, sich selbst zu erhalten. Der Trieb hat als Neigung ebenfalls in zweifacher Hinsicht Allgemeinheit: erstens subjectiv: in der Neigung des Menschen zu sich selbst haben alle andern Zu- und Abneigungen ihren Grund, die Selbstliebe des Menschen ist die Wurzel aller Neigungen; zweitens objectiv: jeder Mensch hat den Hang, sich selbst zu lieben. Der Trieb der Selbsterhaltung geht mittelst des Hangs in die Neigung der Selbstliebe über. Jeder sich selbst liebende Mensch kann zugleich andere lieben, die Selbstliebe ist die Möglichkeit dieser Zuneigung; aber es ist nicht nothwendig, daß

---

[1]) Prolegomena. §. 16.

der Mensch sich selbst und Andere lieben muß. Er kann sich selbst und Andern abgeneigt werden, kann auch den Trieb der Geselligkeit nicht haben, kann sich isoliren. Also die Liebe des Menschen zu sich selbst und andern Menschen ist natürlich nnd allgemein, aber nicht nothwendig, eben so wenig als die Liebe zum Leben nothwendig ist, welche gleichfalls natürlich und allgemein sich verhält. Die Liebe des Menschen zu sich selbst und andern Menschen gilt blos für den Menschen, welcher diese Neigungen hat. Andere können sie nicht haben. Wenn diese Neigung als Trieb der Geselligkeit die menschliche Natur und Quelle des Rechts sein soll, so muß jeder, der sein Leben, sich selbst und Andere liebt und mit Andern gesellig lebt, auch das Recht lieben. Aber dies ist nicht immer der Fall. Man darf nicht schließen: der Mensch liebt sein Leben, liebt sich selbst und andere Menschen, er hat die Neigung, sich selbst und die Gesellschaft zu bewahren; also liebt er das Recht. Aber H. Grotius will, daß der Trieb der Socialität nicht blos die natürliche Vernunft, sondern auch die rechtliche Vernunft sein soll. Es ist richtig: der Mensch ist ein geselliges, verständiges Wesen; aber nicht: der Mensch ist ein geselliges, verständiges Wesen, darum ist er ein rechtliches Wesen. Der Mensch kann bei allem Triebe zur Geselligkeit, bei aller Verständigkeit doch nicht recht handeln. Zum Recht gehört nicht blos Allgemeinheit, sondern auch Nothwendigkeit; dem Triebe der Socialität kommt Allgemeinheit, aber nicht Nothwendigkeit zu.

H. Grotius geht von der menschlichen Individualität, als dem Triebe mit Andern gesellig zu leben, aus. Er sagt: jeder Mensch hat diesen Trieb, aber hat denselben nicht, wie das Thier, als Instinct, sondern als vernünftiger, nach Grundsätzen handelnder Mensch. Die allgemein vernünftige Natur des Menschen ist unmittelbar Trieb der Geselligkeit, dieser Trieb ist die Wurzel der socialen Gemeinschaft, d. h. die Wurzel des Allgemeinen ist das Individuelle; das Einzelne ist nicht unmittelbar das Allgemeine, sondern das, aus welchem es hervorgehen soll. H. Grotius macht den Einzelnen mit seinem Triebe zur unmittelbaren Grundlage des Allgemeinen. Wenn der Einzelne nicht den Trieb hätte, so wäre das Allgemeine unmöglich, und ebenso auch das Recht, was aus der Gemeinschaft entspringen soll. Der Mensch darf seine Einzelnheit nicht aufgeben, sondern hat als dieser Einzelne den Trieb, und der

Trieb hat eine bestimmte Richtung, ohne welche er nicht Trieb ist. Trieb und Neigung nehmen die Richtung auf den Menschen hin, der sie hat. In diesem Sinne sind Trieb und Neigung Trieb der Selbsterhaltung und Selbstliebe. Der Mensch hat und behält diesen Trieb und diese Neigung in der Gesellschaft, er strebt darin sich selbst zu erhalten, und hat zugleich den Hang, sich selbst zu lieben, d. h. er ist und bleibt in der Gesellschaft dieser einzelne Mensch. Der in dem Triebe der Selbsterhaltung und der Neigung der Selbstliebe auf sich selbst gerichtete Mensch ist dieses einzelne Ich, Du, Er. Es giebt keinen Menschen, der sich nicht selbst zu erhalten strebte und sich nicht selbst liebte. Das liegt in der menschlichen Natur. Aber in Allem, was allgemein und nothwendig, was sittlich ist, soll der Mensch an seiner individuellen Neigung nicht festhalten, sondern sie aufgeben, sonst bleibt er in aller menschlichen Geselligkeit ein ungeselliger Mensch. Alles Höhere, z. B. Gott, die Liebe, nimmt ihre Richtung nicht auf sich selbst hin. Daß der Mensch sich selbst liebt, ist natürlich, aber erschöpft seine Bestimmung nicht. Seine Bestimmung ist vielmehr, im Allgemeinen nicht auf sich zu beharren, nicht für sich zu sein und zu bleiben, sondern ein Glied desselben auszumachen, d. h. selbst allgemein zu werden. H. Grotius will zwar, daß der Mensch mit andern Menschen gesellig lebe, diesen zugeneigt sei, aber er erkennt nicht, daß an dem Triebe der Selbsterhaltung und der Neigung der Selbstliebe nicht festgehalten werden darf, wenn wirklich gegenseitige Neigung und Liebe stattfinden soll. Trieb und Neigung dürfen in ihrer Unmittelbarkeit nicht fixirt, aber auch nicht negirt werden. H. Grotius faßt nicht, daß die Bestimmung des menschlichen Triebes ist, seine Richtung zu verlieren, und daß wegen Mangels des Bewußtseins nur der thierische Trieb seine Richtung behält. Er macht die Unmittelbarkeit des Triebes und der Neigung zur Grundlage, weil keine Gesellschaft möglich ist, wenn jene Unmittelbarkeit aufgehoben wird. Er ist darin consequent, aber einseitig; er geht von dem Triebe und der Neigung unmittelbar aus, darum muß er auch daran festhalten. Er will das Recht aus der allgemein vernünftigen Natur des Menschen erkennen, aber findet, daß die menschliche Natur als Trieb und Neigung unmittelbar Trieb des Allgemeinen ist, weshalb er die Unmittelbarkeit nicht aufgeben kann. Der Fehler ist nicht, daß unmittelbar von dem Triebe und der Neigung, mit Andern gesellig zu leben, ausgegangen wird, sondern daß der einzelne Mensch in der Natürlichkeit seines Willens Grundlage des Rechts und der Sittlichkeit sein soll. Die natürliche Bestimmtheit des Willens in der Unmittelbarkeit des Triebes und der Neigung hätte als durch sich selbst sich aufhebend erkannt werden müssen, der Wille hätte dadurch als von seiner Natürlichkeit sich reinigend begriffen werden sollen.

Spätere Naturrechtslehrer meinen, der Gedanke, das Naturrecht würde sein, auch wenn wir annähmen, daß kein Gott wäre, habe den H. Grotius auf das neue Princip gebracht. Richtig ist wohl, daß der Gedanke der Socialität den H. Grotius zu jenem Ausspruch bestimmt habe. Einige, z. B. Alberti, sind der Ansicht, H. Grotius habe seine Theorie von Thomas Aquino entlehnt[1]), und sprechen sich gegen dieselbe aus, z. B. Samuel Cocceji mit den Worten: wenn das Naturrecht ohne Gott sein kann, so ist die Menschheit das Höchste, und ist der Mensch zu Höherem nicht verpflichtet, so giebt es für ihn keine Verbindlichkeit.[2]) Aber H. Grotius leugnet Gott nicht, sondern lehrt, daß der Wille Gottes, gleich wie die menschliche Natur, Quelle des Naturrechts sei. Daß das Naturrecht mit dem von H. Grotius aufgestellten Princip der Socialität angefangen habe sich umfassender zu gestalten und selbstständiger auszubilden, geben alle zu. Man warf ihm jedoch vor, daß er das Princip der Socialität auf die Rechtsgegenstände selbst nicht angewendet und sich erst in den Prolegomenen nach einem Princip umgesehen habe, nachdem er das Werk selbst bereits vollendet gehabt. Es läßt sich nicht leugnen, daß darin manche Erörterungen dem Principe äußerlich geblieben sind, aber viele Stellen sind doch demselben gemäß.

H. Grotius sagt: zum Naturrecht gehört das Beweisen, das Beweisen ist a priori und a posteriori; das Beweisen a priori ist subtiler, das Beweisen a posteriori ist populärer. Etwas harmonirt nach den Beweisen a priori mit der vernünftigen, socialen Natur des Menschen, oder nicht. Das Beweisen a posteriori geschieht durch Annahme dessen, was bei allen Völkern gilt.[3]) Das heißt, das Naturrecht kann theoretisch und praktisch bewiesen werden,

---

[1]) Alberti, Comp. Jur. Nat. Theol. Orthod. conf. Pars I. cap. 3. §. 17.

[2]) Sam. Cocceji Tract. jur. gent. Pars I. Quaest. 2. §. 24.

[3]) Lib. 1. cap. 1.

dasselbe muß dem Triebe der Socialität gemäß sein und mit dem aufgestellten Rechtsprincip übereinstimmen. Recht ist daher, was der menschlichen Gesellschaft gemäß ist, Unrecht, was derselben widerstreitet. Die menschliche Gesellschaft ist gleich und ungleich: gleich zwischen Brüdern, Freunden, Verbundenen, Bürgern; ungleich zwischen Eltern und Kindern, Herren und Knechten, Fürsten und Unterthanen, Gott und Menschen. Es giebt ein gleiches[1]) und ein ungleiches, herrschendes, regierendes Recht.[2]) Aus dem gleichen Recht entsteht das Vermögen des Menschen, recht zu leben und recht zu handeln. Das gleiche Recht ist das Naturrecht, die moralische Qualität des Menschen. Das Naturrecht selbst ist vollkommen oder weniger vollkommen. Im erstern Falle ist es das Vermögen des Menschen, frei über das Seinige zu verfügen[3]); im letztern Falle ist es die Fähigkeit desselben, etwas haben oder thun zu können.[4]) Ersteres ist das sogenannte strenge Recht oder das Recht des Zwanges[5]), das Schuldige leisten zu müssen; letzteres schließt den Zwang aus[6]), so daß die Verbindlichkeit erfüllt werden kann oder nicht. Jenes ist das vollkommene Recht auf Etwas, welches die Verbindlichkeit einschließt.; dieses das unvollkommene Recht, was die Verbindlichkeit ausschließt. Die Erfüllung der Verbindlichkeit ist darnach dem Gewissen überlassen. Es giebt noch ein Drittes, das moralische Handeln, welches den Menschen zu thun verpflichtet, was Recht ist.[7])

Diese Eintheilung des Naturrechts ist von den Commentatoren des H. Grotius und von den späteren Naturrechtslehrern vielfach erläutert worden. H. Grotius selbst vergleicht die Fähigkeit, etwas haben oder thun zu können, mit der ἀξία des Aristoteles. Die Commentatoren bezeichnen sie als Meritum. Spätere Naturrechtslehrer betrachten sie auf zweifache Art: erstens als die Freiheit, die Verbindlichkeit zu erfüllen oder nicht; zweitens als die Würdigkeit des Menschen, demselben die Verbindlichkeit zu leisten.[8]) Andere

[1]) Jus aequatorium.

[2]) Jus rectorium.

[3]) Facultas.

[4]) Aptitudo.

[5]) Jus proprie aut stricte sic dictum.

[6]) Jus improprie sic dictum.

[7]) Regula actuum moralium obligans ad id quod rectum est.

[8]) Pufendorf. de jure nat. et gent. Lib. 1. cap. 1. §. 20; Wolff Inst. jur. nat. et gent. Pars I. cap. 3. §. 80.

meinen, H. Grotius habe das Naturrecht deswegen in ein vollkommenes und weniger vollkommenes eingetheilt, um dadurch die Aristotelische distributive und commutative Gerechtigkeit zu erörtern.[1]) Andere wieder schließen daraus, daß die Aristotelische Eintheilung der Gerechtigkeit die Eintheilung des Naturrechts bei H. Grotius veranlaßt habe. H. Grotius sucht durch seine Eintheilung Recht und Moral wirklich zu unterscheiden, aber er rechnet letztere doch wieder zum erstern. Der Unterschied ist ein blos gemeinter. Ein weniger vollkommenes Recht ist nicht wirklich Recht. Jedes Recht fordert die Erfüllung der Verbindlichkeit. Wenn wir Andern überlassen müssen, ob sie ihre Verbindlichkeiten gegen uns erfüllen wollen, so haben wir auf die Erfüllung kein Recht. Darum ist jene Fähigkeit kein Recht, entspringt nicht aus dem Recht, sondern aus dem, was sich geziemt. Solche Unterscheidung von Recht und Verbindlichkeit ist daher formell. Nennt man mit Pufendorf die Fähigkeit, etwas haben und thun zu können, Tugend, so wird man noch mehr zugeben müssen, daß Tugend nicht aus dem Recht entspringt. Kurz H. Grotius vermischt noch Recht und Moral, aber er hat doch das Bedürfniß gehabt, beides zu unterscheiden, besonders da, wo er von der Strafe handelt.[2]) Mehrere haben ihn später gelobt, daß er Naturrecht und Moral nicht mehr confundirt, aber haben ihn zugleich getadelt, daß er an der Unterscheidung nicht überall festgehalten habe.[3])

Es fragt sich, was aus dem Triebe der Socialität in dieser Beziehung folgt? Aus der Liebe zum Leben und aus der Selbstliebe geht der Trieb hervor, das Leben zu erhalten und Alles zu verschmähen, was diesem Triebe und jener Neigung nicht gemäß ist. Der Mensch sucht Allem zu entfliehen, was sich mit seinem Triebe der Selbsterhaltung nicht verträgt und seine Selbstliebe beeinträchtigt. Er sieht das Alles für ein Uebel an, ist dem abgeneigt. Der Mensch verlangt mit dem Triebe nach Geselligkeit gut und glücklich zu leben, er begehrt, daß seine Triebe und Neigungen befriedigt, seine Wünsche und Hoffnungen erfüllt werden

---

[1]) Thomasius, fundam. jur. et gent. Lib. 3. cap. 5. §. 23.

[2]) Prolegomena; Lib. 1. cap. 2. §. 9; Lib. 2. cap. 20. §. 20; cap. 22. §. 16; Lib. 3. cap. 3. §. 6; cap. 4. §. 2.

[3]) Conf. Pufendorf. specimen controversiarum circa jus naturale ipsi nuper motarum. Holmiae 1677. Cap. 4. §. 10.

sollen. Deshalb ist das Ziel seines Begehrens der Inbegriff aller Triebe und Neigungen, die Glückseligkeit. Anderes und mehr folgt aus dem Triebe der Geselligkeit nicht, Recht und Pflicht folgen nicht daraus.

H. Grotius leitet das Recht aus dem Triebe der Geselligkeit ab und bringt dasselbe deshalb auch mit der menschlichen Gesellschaft zusammen. Er sagt: Recht ist, was der menschlichen Gesellschaft nicht widerstreitet, d. h. was der menschlichen Natur in ihrem Triebe gemäß ist. Entsteht das Recht aus der allgemein vernünftigen Natur des Menschen, so muß auch das Naturrecht daraus erklärt werden. H. Grotius erklärt das Naturrecht aber so: das Naturrecht ist die Forderung der rechten Vernunft, nach welcher die moralische Nothwendigkeit einer Handlung wegen ihrer An- oder Unangemessenheit beiwohnt, welche von Gott, dem Schöpfer der Natur, deshalb verboten oder geboten wird.[1]) Diese Definition ist scholastisch. Sie folgt wirklich nicht aus dem Princip der Socialität und hat wenig mit demselben gemein, außer etwa die Uebereinstimmung oder Nichtübereinstimmung mit der menschlichen Natur, wie es nebenbei heißt. Wenn Gott die Handlung gebietet oder verbietet, so folgt dieselbe nicht aus der menschlichen Natur, so ist die Handlung nicht recht, weil sie jener gemäß ist, sondern weil Gott sie befiehlt. H. Grotius erkennt in seiner Definition des Naturrechts noch das alte Princip der essentiellen Gerechtigkeit Gottes an. Spätere Naturrechtslehrer meinen, daß er dies absichtlich gethan habe, um es mit den Scholastikern nicht sogleich zu verderben. Seine Erklärung des Naturrechts wurde die Veranlassung, daß die entgegengesetzten Parteien sich auf ihn berufen haben. Alle finden bei ihm etwas, womit sie übereinstimmen können. Viele lobten ihn, daß er die Scholastiker nicht ganz verworfen, sondern Manches von ihnen beibehalten habe. Thomasius sagt: „Grotius ging behutsam zu Werke, und ob er zwar sich bemühte, was die Scholastiker bisher unter einander geworfen hatten, von einander zu sondern und zu unterscheiden, so wollte er es doch auf einmal mit denselben nicht ganz verderben, sondern lobte sie in

[1]) Lib. 1. cap. 1. §. 1 .Jus naturale est dictatum rectae rationis, indicans actui alicui, ex ejus convenientia aut disconvenientia cum ipsa natura rationali inesse moralem turpitudinem aut necessitatem moralem, ac consequenter ab autore naturae deo talem actum aut vetari aut praecipi.

der Vorrede und bemühte sich, ihren dunkeln und zum Theil falschen Grundsatz von dem Rechte der Natur mit der Meinung des Cicero zu vereinigen. Er vermied damit, daß man ihn nicht feindlich anfiel, als hernach Andern geschehen, die die Maske ablegten und die scholastischen Grillen unverborgen anzutasten sich unterstanden." „Obwohl Grotius das Recht der Natur in der Natur des Menschen selbst, wie billig, und in der allgemein friedlichen Gesellschaft suchte, so wollte er es doch mit den Scholasticis und mit der Autorität nicht sofort verderben, sondern bedunge sich gleich anfangs, daß er zuweilen auch der Uebereinstimmung und des Beifalls der alten heidnischen Philosophen in Herleitung der Lehren des Rechts der Natur und des Völkerrechts sich bedienen wollte; er lobte die Scholastiker wegen ihrer Modestie im Disputiren und versprach, daß er sie zuweilen gebrauchen werde, wie er denn auch in der Definition des Rechts der Natur der Scholastiker ihre Doctrin beibehielt. Darum habe man den Grotium auf denen Universitäten so hoch gehalten oder doch passiren lassen, und ihn nicht confiscirt, obwohl er in der Theologie fast durchgehends anderer Meinung war, als die lutherischen und reformirten Theologen; man habe zwar auch diese angefochten, aber doch nicht mit dem Eifer, wo Grotius von der allgemeinen Meinung der Scholastiker und der Lehren, die das Recht der Natur betreffen, abgeht, oder nur die Mediocrität der Aristotelischen Tugend nicht passiren lassen will." Thomasius nimmt das Alles absichtlich. Man kann dafür und dagegen streiten. Alle Absicht fällt weg, wenn man bedenkt, daß eine Definition des Naturrechts aus dem Princip der Socialität überhaupt nicht möglich ist, weil in demselben zwar nicht die Allgemeinheit, aber die Nothwendigkeit fehlt. H. Grotius beläßt in der Definition noch das alte Princip der essentiellen Gerechtigkeit Gottes neben dem neuen Princip der Socialität, das Nebeneinander ist noch kein Gegeneinander, das alte Princip wird von dem neuen noch nicht ausdrücklich bekämpft.

Die Eintheilung des Rechts bei H. Grotius in ein gleiches und ungleiches ist vielfach bestritten worden. Unter andern hat Rousseau das Recht als Ziel der menschlichen Gesellschaft in diesem Sinne bekämpft. Rousseau sagt: H. Grotius will, daß jede Gesellschaft unmittelbar zu Recht bestehe. Aber diese Behauptung Rousseau's liegt schwerlich in der angegebenen Eintheilung bei H.

Grotius. Rousseau folgert aus dem ungleichen Recht bei H. Grotius, daß dieser der Tyrannei das Wort rede. H. Grotius soll sich in Sophismen verwickeln, weil er gefürchtet habe, für seine Absichten entweder zu viel oder nicht genug zu sagen, um nicht gegen Interessen zu verstoßen, die er zu schonen gehabt habe. Er soll, unzufrieden mit seinem Vaterlande, und als Flüchtling in Paris, Ludwig XIII. seine Unterthänigkeit haben bezeugen wollen und nichts gespart haben, den Völkern ihre Rechte zu rauben und sie den Königen zu geben.[1]) Dies Urtheil Rousseau's ist ungerecht. Erstens ist H. Grotius mit seinem Vaterlande nie unzufrieden gewesen, und zweitens lehrt er in demselben Capitel, auf welches Rousseau sich beruft, daß man Tyrannen nicht gehorchen solle, welche etwas gegen das Naturrecht und die göttlichen Gebote befehlen.[2]) H. Grotius sagt blos, daß es Völker gebe, welche lieber regiert sein, als selbst regieren wollen,[3]) und spricht von einer Freiheit, die uns Niemand nehmen könne.[4]) Er erblickt in den Untersuchungen des Rechts bei H. Grotius eine Rechtfertigung althergebrachter Uebelstände des menschlichen Lebens, und tadelt deshalb nichts so sehr, als daß er das Recht aus den Thatsachen ableite, was die günstigste Methode für Tyrannen sei.[5]) Er sagt: H. Grotius theilt das Menschengeschlecht in Heerden, von welchen jede einen Hirten hat, nicht um sie zu hüten, sondern sie zu verschlingen — aber dies ist eine Ansicht, die sich mit der Forderung der Bewahrung der Gesellschaft bei ihm nicht verträgt. Ferner sind die Thatsachen bei H. Grotius keine Thatsachen im gewöhnlichen Sinne, wie auch Luden mit Rousseau meint, daß H. Grotius das Recht aus solchen Thatsachen ableite, sondern Thatsache ist bei ihm die allgemein vernünftige Natur des Menschen.

H. Grotius sagt: das Naturrecht ist so unveränderlich, daß Gott selbst es nicht ändern kann. Gott kann Vieles nicht, so mäch-

---

[1]) Cont. soc. II, 2 N'epargne rien pour d'epouiller les peuples de tous leurs droits et pour en revetir les rois avec tant l'art possible.

[2]) Lib. I. cap. 4: Si quid imperant naturali aut divinis praeceptis contrarium, non esse faciendum, quod jubent.

[3]) Populi quidem eo sunt ingenio, ut regi quam regere norint rectius.

[4]) Epist. 272. p. 102: Contenti ergo simus illa libertate, quam eripere nobis nemo nisi nos possumus.

[5]) Cont. soc. I, 1.

tig er auch ist. Gott kann z. B. nichts Widersprechendes, kann nicht hindern, daß zwei mal zwei vier ist, und kann nicht bewirken, daß das Böse gut sei. H. Grotius unterscheidet das Naturrecht von dem, was das römische Recht als Naturrecht bezeichnet. Nach dem römischen Recht ist das Naturrecht dasjenige Recht, was die Natur allen Thieren lehrt. Das Naturrecht ist nach H. Grotius das den Völkern und Menschen eigenthümliche Recht, und nur das ist des Rechtes fähig, was nach allgemeinen Regeln und Geboten leben kann. H. Grotius unterscheidet auch Naturrecht und positives Recht. Einige haben behaupten wollen, er habe die Unterscheidung von den Alten. Die Römer nennen das Naturrecht nämlich Völkerrecht,[1]) indem sie die Bürger von den Fremden unterscheiden und den letzteren das Natur- und Völkerrecht ertheilen.[2]) Das positive Recht beschränken sie auf die Bürger. Die Versicherung, daß man von dem Schuldner nichts mehr zu fordern habe,[3]) wurde deshalb dem Völkerrecht beigezählt, weil auch die Fremden davon Gebrauch machen konnten. Sonst war jede Stipulation, also auch die Acceptilation bürgerlichen Rechtes; deshalb, sagte man, haben schon die Alten Naturrecht und positives Recht unterschieden, und H. Grotius hat die Unterscheidung von denselben entlehnt. Die Unterscheidung war schon zu Cicero's Zeiten bekannt. Auch die späteren römischen Juristen, z. B. Cajus, nennen das Naturrecht Völkerrecht im Unterschiede von dem positiven Recht. Andere nennen Völkerrecht, was verschiedenen Völkern nach positiven Gesetzen erlaubt ist, so daß das Völkerrecht auf das positiv geltende Gesetz eines besondern Volkes nicht beschränkt ist. H. Grotius nennt diese Eintheilung irrig, weil sie Natur- und Völkerrecht vermenge.[4]) Er kann sie darum von den Alten schwerlich entlehnt haben. Seine Unterscheidung ist eine andere. Nach ihm liegt das Naturrecht dem Völkerrechte durch Uebereinstimmung zu Grunde. Die späteren Naturrechtslehrer loben ihn, daß er das Naturrecht von dem positiven Recht bestimmt zu unterscheiden angefangen und es in die „Form der rechten Kunst" gebracht habe. Es soll schon früher nicht an Männern gefehlt haben, die die Gesetze solcher

[1]) Jus gentium.
[2]) Jura naturae et gentium.
[3]) Acceptilatio.
[4]) Prolegomena.

Völker erläuterten, bei welchen das Naturrecht einen großen Theil ausmacht; aber H. Grotius soll doch das Naturrecht zuerst zu einem vollen System abgerundet haben.[1])

Der Mensch hat von Natur das Bedürfniß, mit Andern gesellig zu leben, gleichviel, ob er Dinge nöthig hat, oder nicht. Er braucht zum Leben aber Dinge, welche er sich selbst nicht alle schaffen kann, darum ist er hülfsbedürftig und hat wegen seiner Hülfsbedürftigkeit die Gesellschaft nöthig. Ist die Gesellschaft einmal vorhanden, so sucht der Mensch sie auch zu bewahren. So entsteht das positive, bürgerliche Recht oder Civilrecht. Zum Naturrecht kommt der Nutzen hinzu, aber das positive Recht hängt unmittelbar mit dem Nutzen zusammen. Das positive Recht kommt nicht, wie das Naturrecht, unmittelbar aus der menschlichen Natur, es setzt die bürgerliche Gesellschaft, den Staat voraus. Die bürgerliche Gesellschaft macht das positive Recht nothwendig, wenn es gleich aus dem Naturrecht seine Kraft hat. Die Quelle des positiven Rechts ist die Verbindlichkeit aus Uebereinstimmung;[2]) das positive Recht bezweckt den Nutzen des Staates, das Recht mehrerer einstimmender Völker ist gleichfalls auf den Nutzen dieser Völker gerichtet. Ohne Recht kann kein Menschenleben bestehen. Das Völkerrecht ist nicht mit Carneades thöricht zu nennen, es bindet alle Völker; das Völkerrecht geht aus der Einstimmung und Einwilligung derselben hervor, die Natur giebt es den Völkern ein.[3])

Die Menschen sind nach dem Naturrecht alle gleich. Wird diese Gleichheit eingeschränkt, so entsteht das positive Recht. Das Naturrecht ist das Recht der allgemeinen menschlichen Vernunft oder Natür, welches bestimmt, ob unsere Handlungen von Gott geboten oder verboten sind, jenachdem sie mit derselben übereinstimmen oder nicht und demgemäß gut oder böse sind. H. Grotius unterscheidet von dem Naturrecht[4]) in diesem Sinne jedes andere Recht, welches aus einem Willen entspringt.[5]) Er theilt also im Allgemeinen das Recht in Naturrecht und Willensrecht ein. Alles aus dem Willen

---

[1]) Pufendorf. Specimen controv. caet.: Pleni systematis rotunditas.

[2]) Ex consensu obligatio.

[3]) Prolegomena.

[4]) Jus naturale.

[5]) Jus voluntarium.

entspringende Recht ist entweder menschliches[1]) oder göttliches Recht. Das menschliche Recht ist wieder positives Recht im weitern und engern Sinn. Jenes kommt aus der Staatsgewalt, dieses nicht, wenn es gleich demselben untergeordnet ist. Zum letzteren gehört Alles, was das Haus angeht, z. B. väterliche Gewalt; ersteres ist das eigentliche Völkerrecht. Außer dem Naturrecht haben mehrere Völker kein Recht gemeinsam. In einer Gegend ist oft Völkerrecht, was es in einer anderen Gegend nicht ist. Außerdem entspringt das göttliche Recht aus dem Willen Gottes. Das göttliche Recht unterscheidet sich dadurch vom Naturrecht, daß es von Gott offenbart ist. Das Naturrecht ist auch göttlich, aber nicht offenbart, es ist unmittelbar im Herzen der Menschen. Gott will nicht nach dem göttlichen Recht, was gerecht ist, sondern gerecht ist, was Gott will, und weil Gott es will. Das göttliche Recht ist dem ganzen Menschengeschlechte oder einem besondern Volke gegeben worden; dem Menschengeschlechte ist es dreimal, nach der Schöpfung, nach der Sündfluth und durch Christus gegeben worden; einem besondern Volke einmal und ausschließlich. Das göttliche Recht verpflichtet alle Menschen, es muß denselben aber bekannt sein. Die Gesetze, welche von Gott dem jüdischen Volke ausschließlich gegeben wurden, sind zwar nicht auf andere Völker auszudehnen, aber haben doch ihren Nutzen, weil sie nichts gegen das Naturrecht enthalten. Gott selbst kann nichts gegen das Naturrecht befehlen. Das göttliche Recht ist dem Naturrecht nicht in dem entgegen, was es gebietet oder verbietet, sondern in dem, was es erlaubt. Das Erlaubte kann geboten und verboten werden und ist entweder ganz erlaubt, oder weniger ganz. Im erstern Fall giebt die Erlaubniß das Recht, frei zu handeln, im letztern Fall das Recht, was kein anderes hindern kann und Straflosigkeit. Ist die Erlaubniß zweifelhaft, so ist sie aus dem Naturrecht zu interpretiren, aber nicht umgekehrt das Naturrecht aus dem Erlaubten.

Das Naturrecht ist nach dieser Unterscheidung auch göttlich, aber das göttliche Recht ist nicht immer Naturrecht. Die früheren Naturrechtslehrer machen diese Unterscheidung nicht. Das von Gott geoffenbarte Recht, in's Gedächtniß der Menschen zurückgerufen, erneuert, ist auch Naturrecht. Es entsteht aus der Heiligkeit oder essentiellen Gerechtigkeit Gottes und diese ist der Grund des gött-

[1]) Lib. I. cap. 1.

lichen Willens, weshalb das Recht sowohl dem Wesen als dem Willen Gottes angehört. Gott will nach seinem Wesen allein das Gerechte. H. Grotius kehrt es um, er macht den Willen Gottes zum Grunde der Gerechtigkeit; er urtheilt zwar, Gott kann gegen das Naturrecht nichts befehlen, aber er kann gegen dasselbe etwas erlauben. Erlaubt Gott etwas gegen das Naturrecht, so ist das aber immer gegen das Naturrecht erlaubt. Was Gott erlaubt, geschieht mit seinem Willen; die Erlaubniß kommt eben so sehr aus diesem Willen, als das Gebot oder Verbot, etwas zu thun oder zu lassen. Das göttliche Recht ist eine Offenbarung Gottes, es unterscheidet sich dadurch vom Naturrecht, daß letzteres nicht offenbart ist; es ist ferner Recht durch den Willen Gottes, aber das Naturrecht ist kein Recht durch diesen Willen, es ist vom göttlichen Recht unterschieden, weshalb es dieses nicht ist und sein kann. Deshalb widerspricht es sich, wenn H. Grotius in seiner Definition des Naturrechts die Handlungen von Gott entweder gebieten oder verbieten läßt, da das Naturrecht von dem göttlichen Recht sich gerade dadurch unterscheiden soll, daß es nicht, wie dieses, von dem Willen Gottes abhängt. Das Naturrecht ist, weil es mit der menschlichen Natur unmittelbar vorhanden ist, durch den göttlichen Willen nicht bestimmbar, das göttliche Recht kann daher in Betreff des Naturrechts nichts erlauben. Ist das göttliche Recht, aber nicht das Naturrecht von Gott offenbart, so kommt jenes aus dem Willen Gottes, dieses aus der menschlichen Natur, so kann weder von Gebieten und Verbieten noch von Erlauben, von einem Bestimmtwerden des Naturrechts durch den göttlichen Willen die Rede sein.

Das Völkerrecht kommt ebenfalls nicht aus dem göttlichen Willen. Aber das Völkerrecht hat mit dem göttlichen Recht gemein, daß es die Völker auf gleiche Weise verbindet. Die Unterscheidung des göttlichen Rechts als eines solchen, das entweder alle Völker oder blos ein besonderes Volk verpflichtet, und das im letztern Falle alle die nichts angehen soll, denen es nicht gegeben ist, scheint gleichfalls und insofern nicht gerechtfertigt werden zu können, als es nichts gegen das Naturrecht enthalten soll. Enthält es wirklich nichts gegen das Naturrecht, so ist nicht einzusehen, warum es nicht als göttliches Recht für alle Völker und Menschen gelten darf. Aber da hilft das Erlaubte aus. Was Gott diesem Volke erlaubt, das erlaubt er nicht andern Völkern, d. h. Gott macht eine Ausnahme vom Naturrecht, welches unveränderlich sein soll, also eine Ausnahme vom Recht als von einer Regel, da doch das Recht keine Ausnahme leidet. Aber die Erlaubniß soll wieder das Recht nicht angehen, das Naturrecht soll bleiben. Gott gebietet das Naturrecht, wenn er auch erlaubt, dagegen zu handeln.

Das Naturrecht bei H. Grotius tritt überhaupt an die Stelle der Mischung aller Rechte des Mittelalters. Es ist das allgemeine Recht gegen das römische, canonische und deutsche Recht. Diese Rechte wurden nach der Reformation nicht mehr so allgemein anerkannt. Das Naturrecht ist der Gedanke des Rechts, welches einerseits zwar noch Recht ist, weil Gott es will, aber doch mit der Vernunft übereinstimmen muß. Die naturrechtlichen Handlungen, an sich gut oder nicht, sind von Gott nothwendig geboten oder verboten. Gott kann nicht erlauben, was der Vernunft zuwider ist. Gott kann das Naturrecht selbst nicht ändern. Aber anders ist es mit dem göttlichen und menschlichen Recht, was aus dem Willen kommt. Da macht das Gebot etwas gut und das Verbot etwas übel. Das Naturrecht in Einheit mit der menschlichen Natur und Vernunft fällt mit der geselligen Natur des Menschen zusammen. Das Naturrecht folgt aus dem Princip der Geselligkeit, aus dem Princip der Socialität, ist geselliges, sociales Naturrecht, allgemein menschliches, auf die Erhaltung der Gesellschaft gerichtetes, vernünftiges Recht. Der Trieb des Menschen zur Geselligkeit ist vernünftiger Trieb, nicht thierischer Instinct, sondern durch allgemeine Mittheilung der Sprache und höhere Erkenntniß geläuterte Neigung. Die Bewahrung der Gesellschaft fordert Respectirung fremden Eigenthums, Wiedererstattung desselben und Erstattung verursachten Schadens, fordert das Halten des gegebenen Wortes und Strafe für Beleidigung und Verletzung.[1]) Das Gegentheil von dem ist Unrecht, weil es der menschlichen Gesellschaft widerstreitet. Recht ist, was der Erhaltung derselben entspricht.

Das Naturrecht entsteht aus der allgemein vernünftigen Natur des Menschen in der Form des Triebes zur Geselligkeit; das Civilrecht entsteht aus der Gemeinschaft des Willens vieler Menschen und setzt den Staat voraus. Wenn viele Menschen sich Einem oder

---

[1]) Prolegomena.

Mehreren unterwerfen, so geloben sie entweder stillschweigend oder ausdrücklich, dem folgen zu wollen, was der größere Theil oder was die beschlossen haben, welchen die Macht und Gewalt übertragen wurde. Die Menschen haben nicht blos das Bedürfniß, mit Andern gesellig zu leben, sondern auch den Willen, das Leben im Staate um des gemeinsamen Nutzens willen zu genießen. H. Grotius definirt den Staat deshalb als die vollkommene Vereinigung und Vergesellschaftung freier Menschen zum Genuß des Rechts und des gemeinsamen Nutzens.[1]) Der Staat geht aus dem Willen des Menschen als dieses Einzelnen hervor, sofern er mein, dein, aller Wille ist. Wie der Trieb der Geselligkeit Trieb dieses einzelnen Menschen ist, so ist auch der Wille, im Staate zu leben, Wille dieses Einzelnen. Der Staat ist eine Vereinigung freier Menschen, d. h. solcher, die den Willen haben, einen Staat auszumachen. Jeder stimmt ein, willigt ein, verpflichtet sich, mit Andern einen Staat bilden zu wollen, und so hat wieder jeder einzelne Staat, jedes einzelne Volk seinen Willen, in Uebereinstimmung mit andern eine Gemeinschaft einzugehen. Auf diese Weise entsteht das Völkerrecht. Der Mensch ist so mit seinem natürlichen Triebe, mit seinem Einzelnwillen die Grundlage der natürlichen Gesellschaft, der Staats- und Völkergemeinschaft. H. Grotius geht vom Einzelnen aus und kommt dadurch auf das Allgemeine, als auf eine natürliche, politische und Völkergemeinsamkeit. Das Allgemeine ist als eine Vereinigung Vieler zum Staat eine Staatsvereinigung, als eine Vereinigung von Völkern eine Völkervereinigung. Solche Vereinigung ist keine innere, wirkliche Einheit und Allgemeinheit, sondern eine blos äußerliche. Die wesentlichen Bestimmungen sind: ein Einzelner, viele Einzelne, alle Einzelne. Ohne das empirisch einzelne Individuum, ohne den Einzelnwillen des Menschen ist keine Gemeinschaft, kein Staat, kein Volk, keine Menschheit, d. h. ohne Einzelnes ist kein Allgemeines. Das ist richtig. Aber es ist auch wahr, daß das Allgemeine nicht das Einzelne ist. Nach H. Grotius besteht das Allgemeine aus Einzelnem, der Staat besteht nach ihm aus vielen einzelnen Menschen, die Menschheit aus vielen einzelnen Völkern. Man muß umgekehrt urtheilen: das Allgemeine ist das

---

[1]) Lib. 1. cap. 1: Civitas est coetus perfectus liberorum hominum, juris fruendi et communis utilitatis causa sociatus.

Bestehen des Einzelnen. Dann wird das Einzelne im Allgemeinen negirt und aufgehoben, was nicht sein soll. H. Grotius kennt nur Einzelnes und Allgemeines, was aus Einzelnem besteht, er kennt blos äußerliche Vielheit und Allheit, keine innere Einheit und Allgemeinheit. Diese hebt das Einzelne nicht auf, sondern hebt das Einzelne als Grundlage für's Allgemeine auf, damit es das Einzelne nicht für sich sei und bleibe. Die Grundlage ist nicht das Einzelne, sondern das Allgemeine, welches das Einzelne in sich enthält. Sonst ist es das Allgemeine, was aus dem Bedürfniß und aus dem Willen des Einzelnen resultiren soll, kein nothwendig Allgemeines, sondern dem Bedürfniß und dem Belieben ausgesetzt. Wenn das Allgemeine aus dem Einzelnen hervorgehen soll, so muß das Allgemeine sich zum Einzelnen aufheben, muß selbst allgemein werden. Sonst kann das Allgemeine auch nicht sein. H. Grotius will das Allgemeine nicht voraussetzen, deshalb geht er vom Einzelnen aus. Darin hat er Recht, daß er das Allgemeine nicht im Voraus annehmen will, aber darin täuscht er sich, wenn er meint, daß das Allgemeine aus dem Einzelnen folgen soll, da er dieses beläßt. Aus vielem Einzelnen folgt immer nur eine äußerliche Vereinigung. H. Grotius will die wirkliche Einheit und Allgemeinheit, aber faßt sie nicht, weil das Einzelne als Trieb, Neigung, Einzelnwille Grundlage des Allgemeinen sein soll.

Eine Vereinigung der Menschen und Völker durch Uebereinstimmung hat wesentlich die Form des Vertrags als eingegangner Verbindlichkeit. Das daraus entspringende Civil- und Völkerrecht ist von Verträgen abhängig, ist nicht nothwendiges Recht. Die Menschen und Völker können die Verträge auch nicht halten, können sich durch Uebereinstimmung verbindlich machen und auch nicht verbindlich machen. Das kommt rein auf ihren Willen an. Wird der Staat durch Vertrag als Sache des Willens einzelner Menschen, als durch deren Willen gesetzt, und deshalb als willkürlich betrachtet, so ist er nicht in sich nothwendig. Das Richtige ist, daß der Staat durch Bethätigung des Einzelnen existiren und durch diese Bethätigung mit hervorgebracht sein soll. Das Unrichtige ist, daß der Einzelne zum Staat nicht blos gehören, sondern denselben ausmachen, constituiren soll. Einzelne treten im Vertrag zwar in Verhältniß, in Beziehung zu einander, aber können blos über Sachen, die sie haben und besitzen, Verträge schließen. Der Staat dagegen ist nicht Sache des Einzelnen, über welche er mit Andern einen Vertrag schließen kann, sondern ist die gemeinsame Sache Aller. Im Vertrage ist zwar ebenfalls ein gemeinsamer Wille derer, die den Vertrag schließen, aber der Inhalt, über welchen ein Vertrag geschlossen wird, ist etwas Particuläres. Die Contrahenten können ihren Willen zugleich aus der Gemeinsamkeit zurückziehen. Die Einstimmung und Einwilligung der Einzelnen, wodurch der Staat entstehen soll, ist deshalb auch die Möglichkeit, daß er nicht zu Stande kommen kann.

Ist nun der Staat eine Vereinigung freier Menschen zur Bewahrung des gemeinsamen Nutzens derselben und zum Genusse des Rechts, so liegt es in seiner Natur, daß er durch gemeinsames Wirken den Einzelnen in der Gesellschaft schütze, jedem das Seine gebe und zu erhalten suche. In dieser Beziehung giebt es nach H. Grotius in der Willenshandlung dreierlei wirkende Ursachen: Selbstvertheidigung, Hülfe Anderer und Unterthänigkeit.[1]) Er sagt: es ist der Natur gemäß, Leib und Leben zu erhalten und die dazu erforderlichen Dinge zu erwerben: es ist der Natur gemäß, Gewalt mit Gewalt zu vertreiben und das Eigenthum zu schützen. Das Recht auf Sachen fließt aus der geselligen Natur des Menschen: erst gehörte den Menschen Alles gemeinschaftlich, jeder nahm, was er konnte. Im Stande der Unschuld hatte Gott Allen Alles gegeben; aber ein solcher Zustand konnte nicht lange dauern, die Menschen fingen mit der Besitzergreifung sich zu cultiviren an, es entstanden Agricultur und Hirtenleben, und damit trat eine gewisse Theilung des Eigenthums ein. Die Theilung führte zu Eifersucht, Neid, Mord, ja Brudermord, Gutes und Böses gesellten sich zu einander, und dies erzeugte das gigantische Geschlecht des Lebens,[2]) die Macht. So entstand Eigenthum durch Occupation, welche zwiefach ist: Herrschaft und Eigenthum. Herrschaft ist eine Occupation des Volkes, welcher Territorien und Personen unterworfen sind. Ein Volk nimmt seinen Theil aus dem, was der Menschheit gemeinschaftlich ist,[3]) ein Einzelner nimmt einen gewissen Theil.[4]) Die letzte Occupation ge-

---

[1]) Lib. 1. cap. 8.

[2]) Vitae genus giganteum.

[3]) Per universum.

[4]) Per fundos.

schieht durch Ertheilung.[1]) Was bei der allgemeinen Occupation nicht in Besitz genommen wird, das bleibt Eigenthum des ersten Occupirenden, des Volks oder des Königs.[2])

Der Mensch hat ferner ein Recht auf Personen von Natur aus Geselligkeit[3]) und aus Unterwerfung.[4]) Zur natürlichen Gesellschaft gehört die Ehe. Die Ehe ist das Zusammenwohnen eines Mannes mit einer Frau.[5]) Die Frau steht unter der Obhut des Mannes.[6]) Der Mann hat die Herrschaft in der Ehe, wegen des Geschlechtsunterschiedes, aber beide Eltern haben wegen der Zeugung ein Recht auf die Kinder, obwohl kein gleiches Recht; auch hier geht wegen der Vorzüglichkeit des Geschlechts das Recht des Vaters dem der Mutter voran. Die väterliche Gewalt kann auf Andere nicht übertragen werden. Wenn keine Mittel vorhanden sind, die Kinder zu ernähren, so darf der Vater sie verpfänden und nöthigenfalls verkaufen, wenn kein positives Gesetz es hindert. Gesellen sich viele Familien zu einander, so entsteht der Staat; diese Gesellung giebt dem Ganzen das Recht über den Theil, dem Staate das Recht über den Einzelnen, welcher dadurch Unterthan wird. Der Einzelne soll dem Ganzen, die Minderzahl der Mehrzahl unterworfen sein, denn es ist unbillig, daß das Ganze dem Theile unterworfen werde. Die Vereinigung, wodurch die Familien ein Staat sind, giebt dem Ganzen das Recht über die Theile. Die Unterwerfung aus Uebereinstimmung ist entweder eine öffentliche oder private. Erstere entsteht, wenn ein Volk sich einem oder mehreren Menschen, oder wenn es sich einem andern Volke unterwirft; letztere hat mehrere Arten, deren vornehmste die Adoption, die niedrigste die Knechtschaft ist.[7])

H. Grotius geht in dieser Ableitung des Rechts aus Geselligkeit nicht zur sittlichen Einheit und Allgemeinheit der Liebe fort, sondern hält sich blos an die natürliche, durch Trieb und Neigung vermittelte Einheit. Die väterliche Gewalt erscheint bei ihm als

---

[1]) Assignatione.

[2]) Lib. 2. cap. 1.

[3]) Ex consociatione.

[4]) Ex subjectione.

[5]) Connubitatio maris cum foemina.

[6]) Sub oculis et custodia maris.

[7]) Lib. 2. cap. 5.

bloße Herrschaft und abstractes Recht der Eltern, die Kinder als Sache zu behandeln. In der sittlichen Liebe dagegen ist der Vater nicht blos Herr über die Kinder, sondern zugleich selbst ein Glied der Familie. Nicht die Zeugung, nicht die vermeinte größere Vorzüglichkeit des Geschlechts ist das wesentliche Element, sondern die Liebe und Pietät. Die Kinder sind als natürlich Erzeugte blos Einzelne, Individuen, nicht Glieder eines Ganzen. Auf gleiche Weise entsteht aus der Vereinigung durch eingegangene Verbindlichkeit als durch den Willen des Einzelnen das Recht und die Macht des Allgemeinen, des Staates, d. h. vieler Einzelnen über jeden Einzelnen. Diese Macht kann schwerlich ein Recht sein, da viele, alle Einzelne ebenfalls Einzelne sind. Dann hätte jeder Einzelne das Recht über die andern Einzelnen; viele, alle Einzelne sind wesentlich, substanziell nicht mehr, als ein Einzelner, sind blos numerisch, äußerlich mehr. Jenes Recht und jene Macht ist blos äußerlicher Zwang, keine innere Allgemeinheit und Nothwendigkeit, welche berechtigt wäre. Der Einzelne, welcher an sich nicht mehr ist, als viele, alle Einzelne sind, soll den letztern unterworfen sein. Es fragt sich warum? Was ist der Grund davon? H. Grotius weiß keinen Grund anzugeben, denn die bloße Unbilligkeit ist kein Grund. Sie würde nur dann das Recht und die Macht über den Einzelnen sein können, wenn sie eine höhere Einheit und Allgemeinheit wäre.

H. Grotius nennt die Staatsgewalt[1]) das moralische Vermögen,[2]) den Staat zu regieren, und erläutert sie in Hinsicht der Gesetzgebung, Verwaltung und Rechtspflege, mehr durch Plato, Aristoteles, Thucydides, Dionys von Halicarnaß, als durch sie selbst. Er sagt: die höchste Gewalt besitzt der, dessen Handlungen nicht unter das Recht eines Andern fallen. Ihr Inhaber ist entweder ein gemeinsames oder besonderes Subject. Er bedient sich, um dies klar zu machen, eines Bildes: das gemeinschaftliche Subject des Gesichts ist der Körper, das besondere Subject desselben ist das Auge. Auf gleiche Weise ist der Staat das gemeinsame Subject der höchsten Gewalt, das besondere Subject empfängt dieselbe von dem allgemeinen. Dies von dem organischen Leibe hergenommene Bild paßt aber nicht zu der Vereinigung durch Uebereinstimmung, wo-

---

[1]) Potestas civilis.

[2]) Facultas moralis

durch der Staat entsteht. Der Leib ist keine solche mechanische, äußerliche Vereinigung, sondern organische Einheit, kein Ganzes einander äußerlicher Theile, sondern ein gegliedertes Ganzes, welches getheilt untheilbar ist. H. Grotius hat, was das Bild selbst angeht, sonst Recht: denn das Leben sieht, nicht das Auge, das Auge ist das Organ, womit gesehen wird. Der Leib überträgt das Sehen nicht auf das Organ desselben, sondern der Gesichtssinn ist, wie jeder andere Sinn, mit dem Leben zugleich vorhanden, setzt das Leben und das von demselben unzertrennliche Gefühl voraus.

Der Staat hat die höchste Gewalt und das höchste Recht. Das Volk kann das Recht der Herrschaft auf Jemanden übertragen; dann hat dieser die Herrschaft ungetheilt, und die Macht hängt nicht mehr vom Volke ab, welches sie gegeben hat, sondern das Volk ist derselben unterworfen. Die höchste Gewalt ist daher nicht immer beim Volke.[1]) Einmal übertragen, ist sie nicht mehr ohne Ausnahme. Das Volk kann den Herrscher, welcher schlecht regiert, deshalb nicht zwingen und strafen. Das ist unbequem, aber es giebt keine Form der Herrschaft ohne Unbequemlichkeit. Wenn ein Volk zu den Fehlern der Könige schweigt, so leidet es Strafe wegen der Sünden derselben. Die Herrschaft wird auf mehrfache Art erworben: durch einen gerechten Krieg, durch Wahl des Volkes, wegen des gegenseitigen Nutzens, weniger wegen der Gerechtigkeit. Freilich hat man gemeint, daß es eine gegenseitige Uebereinkunft zwischen Herrscher und Volk gebe, wornach das Volk dem gerechten Herrscher gehorchen, aber der schlechte Herrscher dem Volke unterworfen sein soll. Aber dies würde zu einer getheilten Herrschaft führen. Soll das Volk mit dem Herrscher die Herrschaft theilen, so müßten die Grenzen der Herrschaft festgesetzt werden, woraus die größte Verwirrung entstehen dürfte. Die höchste Gewalt muß untheilbar sein und bleiben. H. Grotius meint dann auch wieder, daß die Herrschaft getheilt werden könne, und versteht unter Theilung, daß die Beschlüsse derselben von den Behörden gebilligt würden. Er spricht auch von einer Herrschaft, welche nicht gegeben sei, sondern sich selbst constituire. Eine solche Herrschaft soll die natürliche des Hauses sein.

Diese Hauptbestimmungen in dem Natur- und Völkerrecht des H. Grotius noch specieller zu verfolgen, als bereits geschehen ist,

[1]) Lib. 1. cap. 3. § 7. 8.

würde hier zu weit führen. Es ist dies nicht blos unmöglich, sondern auch überflüssig. Es genügt, den Inhalt des Buches vom Rechte des Krieges und Friedens kurz zusammenzufassen. H. Grotius untersucht zuerst, ob der Krieg gerecht oder erlaubt sei. Er sagt: die Natur begünstigt den Krieg, die Gesellschaft, die Vernunft und die heilige Schrift erlauben den Krieg ebenfalls. Nach der Schrift ertheilt Gott selbst Kriegsregeln. Der Begriff des Krieges ist die Gerechtigkeit des Krieges; wenn der Krieg gerecht ist, so ist er erlaubt. Auch die Völker billigen den Krieg. Schwieriger als nach dem Natur- und Völkerrecht ist die Sache nach dem göttlich offenbarten Recht. Ersteres stimmt mit dem letzteren in dem überein, was es gebietet, aber nicht in dem, was es erlaubt. Letzteres verbietet Blut zu vergießen, was gegen den Krieg ist. Nach dem Neuen Testament wird die Sache noch schwieriger, denn es heißt darin, daß man nicht Gewalt durch Gewalt vertreiben soll. Der Krieg selbst ist entweder ein Privatkrieg, oder ein öffentlicher, oder ein gemischter Krieg. Ersterer ist nach dem Naturrecht erlaubt, und auch außergerichtlich wegen der Selbstvertheidigung gestattet. Das Recht des Krieges vor Gericht kommt der Obrigkeit zu. Den öffentlichen Krieg führt die höchste Gewalt; der gemischte Krieg ist theils öffentlicher theils Privatkrieg. Beide werden durch die höchste Gewalt unterschieden. Einige Völker und Fürsten haben die höchste Gewalt ganz, andere haben sie zum Theil, noch andere haben sie mit dem Recht der Veräußerung, und wieder andere auf andere Weise.[1])

H. Grotius betrachtet die Pflichten gegen die Obrigkeit, erklärt die Ursachen, aus welchen Kriege entstehen können, und erörtert, welche Sachen gemeinsam, welche eigenthümlich sind, welches Recht Personen über andere zusteht, und welche Verbindlichkeit das Eigenthum erzeugt. Darnach verbreitet er sich über die fürstliche Erbfolge, über das Recht aus Conventionen, Contracten und Verträgen, erläutert die Natur des Eides, den verursachten Schaden, die Heiligkeit der Gesandten, das Recht der Beerdigung und der Strafe.[2]) Er untersucht ferner, was im Kriege erlaubt ist, was auswärtige Völker für Recht erkennen und als Recht vertheidigen, und setzt zuletzt die verschiedenen Arten der Verträge im Kriege und der Friedensschlüsse auseinander.[3]) Das Alles

---

[1]) Lib. 1.
[2]) Lib. 2.
[3]) Lib. 3.

zusammen heißt, der Krieg ist nicht gegen das Natur- und Völkerrecht, die Natur thut dasselbe, die Natur schützt Leben und Eigenthum, die Gesellschaft erlaubt dasselbe wegen gegenseitiger Anerkennung, wie die Sitten und Gesetze der Völker lehren.

Spätere Naturrechtslehrer haben das Werk des H. Grotius vielfach kritisirt. Alle erkennen ihn als den Begründer des Natur- und Völkerrechts im modernen Sinne an, die entgegengesetztesten Parteien berufen sich auf ihn, wie denn in allem Ernst Alberti gewollt hat, daß die Bücher des Grotius in ein orthodoxes Compendium gebracht werden möchten, um dem Pufendorf damit entgegenzutreten.[1]) Alberti lobt den H. Grotius wegen seiner Schrift sparsio florum ad jus justinianeum, welche er nach dem Buche des Krieges und des Friedens geschrieben hat. H. Grotius behaupte darin, Naturrecht sei das, was sich dem unverdorbenen Menschen von selbst, von Natur kundgebe, und stimme in dieser Beziehung mit ihm überein. Aber dann eifert Alberti wieder dagegen, daß H. Grotius Gott von dem Naturrecht getrennt und die Integrität nach Art der Socinianer heterodox ausgelegt habe.[2]) Bei aller Anerkennung, ja Ehrfurcht vor Grotius sprechen Pufendorf und Thomasius aber schon von Mängeln, sowohl in Betreff des Inhalts als der Form und Methode. Pufendorf sagt: H. Grotius hat nicht Alles, was zum Naturrecht gehört, berührt, und hat, was er berührt, nicht genügend abgeleitet und nicht in die gemäße Form gebracht, auch viel eingemischt, was die Materie vom Kriege weitläufiger behandelt, als in solcher allgemeinen Disciplin erforderlich ist.[3]) Thomasius tadelt die Art der Behandlung und Methode des H. Grotius, und nennt es einen Irrthum, daß Grotius geglaubt habe, das Naturrecht durch Stellen anderer Schriftsteller beweisen zu können.[4]) Samuel Cocceii fügt noch hinzu, daß H. Grotius in seinem ganzen Werke keine Frage aus dem von ihm aufgestellten Princip beantwortet habe, daß er Alles anderswoher, aus bittweise angenommenen Gründen und willkürlichen Conjecturen aller Art hergenommen habe.[5]) Er entscheide die Controversen nie aus seinem Princip, fingire beliebige Antworten, die die Völker geben

[1]) Conf. Pufendorf. Specimen controv. caet. cap. 4. §. 11.
[2]) Alberti comp. jur. nat. orthod. theol. pars I, cap. 1. §. 25.
[3]) Pufendorf. Specim. controv. cap. 4. §. 1.
[4]) Thomasius, Fundam. jur. et gent. cap. prooemi §. 2.
[5]) Sam. Cocceji jus gentium. Quaestio 2. §. 17, Quaestio 3. §. 2.

würden, wenn sie gefragt worden, und halte solche Antworten, die doch so verschieden ausfallen müßten, für das Naturrecht, so daß dieses zuletzt über den Haufen geworfen werde.

Die Naturrechtslehrer vor, während und selbst nach der Reformation betrachten das Recht vielfach mit anderem Stoff in Zusammenhang, weniger für sich, verweben ihre Ansichten über Philosophie, Theologie, Geschichte, Religion, Staat und Kirche mit Erläuterungen über das Recht, und bringen später wegen des Princips der Socialität, als des Triebes der Geselligkeit, besonders psychologische Erörterungen. Auch H. Grotius hat in diesem Sinne mehrere Werke verfaßt, welche mit seinem Rechtsprincip auf's Innigste zusammenhängen. Dahin gehören z. B. die schon genannte Schrift über das freie Meer und sein Werk über die Wahrheit der christlichen Religion.[1])

H. Grotius soll nach der Behauptung späterer Naturrechtslehrer in seiner Schrift über die Wahrheit der christlichen Religion Manches gegen den Glauben der Kirche aufgestellt haben und von der orthodoxen Theologie am meisten in Betreff des Standes der Unschuld abgewichen sein, was Andere wieder durch die Versicherung bekämpfen, daß er dem orthodoxen Glauben zuwider nichts gelehrt habe.[2]) H. Grotius strebte die getrennten christlichen Kirchen zur Einheit und Versöhnung zurückzuführen, er wünschte Ruhe und Frieden in der Christenheit. Die Glaubensstreitigkeiten in seiner Heimath hatten diesen Gedanken in ihm erweckt, und er hat denselben in vielen Schriften vorgetragen. Seine Abhandlung über die Wahrheit der christlichen Religion sollte eine Vorarbeit sein. Er selbst hat den Zweck und die Veranlassung zu derselben näher angegeben. Er sagt: er habe seinen Mitbürgern, besonders den Seefahrern, ein nützliches Werk in die Hände geben wollen, damit sie dasselbe auf ihren langen Reisen lesen und dann über das Gelesene weiter nachdenken möchten; er habe gewünscht, daß sie ihre nützliche Kunst nicht blos als einen Erwerb betrachten, sondern zugleich als eine göttliche Wohlthat zur Verbreitung der christlichen Religion gebrau-

---

[1]) *Hugo Grotius*, de veritate religionis christianae. Editio emendatior, quam ad fidem antiquissimorum codicum caet. locupletavit M. S. Chr. Koecherus. Halae MDCCXXXIV.

[2]) Conf. *Pufendorf*. Specimen controv. caet. cap. 4. §. 10.

chen möchten.[1]) H. Grotius hatte den Inhalt bereits während seiner Gefangenschaft in holländische Verse gebracht; aber später übersetzte er denselben vermehrt und verbessert in lateinische Prosa, um das Ganze allgemeiner zu machen. So entstand das genannte Buch, welches von allen Religionsparteien, selbst in Rom mit Beifall aufgenommen, und fast in alle orientalischen und occidentalischen Sprachen übersetzt worden ist.

Der königliche Advocat Bignon in Paris soll sich einst mit H. Grotius über die Beweise für die christliche Religion unterhalten und ihn nach dem Beweise gefragt haben, welchen er in seiner Muttersprache für diese Religion geführt habe. H. Grotius soll geantwortet haben: er habe geglaubt, für die Wahrheit nur mit der Wahrheit streiten zu müssen. H. Grotius fängt damit an, zu zeigen, daß Gott ist,[2]) also sucht er das Dasein Gottes zu beweisen. Er geht dabei von der sinnlichen Anschauung und Erfahrung aus: wir nehmen Dinge durch die Sinne wahr, welche früher nicht gewesen sind und deshalb zu sein angefangen haben. Ehe die Dinge waren, konnten sie nicht sein, deshalb sind sie selbst nicht Ursache, daß sie existiren, also müssen sie anderswoher entsprungen sein. Das gilt nicht blos von den sinnlichen Dingen, sondern auch von solchen, durch die die ersteren entstehen, bis wir auf eine Ursache kommen, die nicht angefangen hat, sondern welche ist, die nicht zufällig, sondern nothwendig ist: solche nothwendige Ursache ist Gott, das Fundament aller Religion.[3]) Diese Beweisart ist die kosmologische. Aber H. Grotius kennt auch noch einen andern Beweis aus der Uebereinstimmung der Völker,[4]) welchen er das Orakel Gottes nennt. Dieser Beweis, sagt er, ist eins mit der rechten Vernunft, er ist allen Menschen gemeinschaftlich, er ist eine von den ersten Eltern des Menschengeschlechts herstammende Tradition.

H. Grotius nimmt das Sein Gottes also nicht in der Weise des unmittelbaren Glaubens, sondern er beweist das Dasein Gottes, und verfährt dabei ähnlich wie in der Rechtserkenntniß. Er ging in der Rechtserkenntniß für das Naturrecht vom Triebe der Geselligkeit und für anderes Recht vom Willen des Einzelnen aus, um

[1]) H. Grotius, de veritate religionis christianae. Lib. 1. §. 1.
[2]) Deum esse.
[3]) H. Grotius, de verit. relig. christ. Lib. 1. §. 2.
[4]) Ex consensu gentium.

vom Einzelnen zum Allgemeinen und Nothwendigen zu kommen. Er fängt in den Beweisen vom Dasein Gottes gleichfalls mit den einzelnen zufälligen Dingen an und mit den einzelnen übereinstimmenden Völkern, und macht dieselben zum Grunde der Existenz Gottes. Das Einzelne ist daher der Grund des Allgemeinen. H. Grotius schließt: das Einzelne, Zufällige ist; also ist das Allgemeine und Nothwendige: die einzelnen, zufälligen Dinge sind; also ist ein allgemeines, nothwendiges Wesen. So beläßt er die Dinge, behauptet unmittelbar das Sein derselben und hält daran als an etwas Positivem fest. Das Einzelne, Zufällige wird in solchem Schließen nicht als das, was es ist, auch gesetzt, wird nicht als endlich gesetzt. Es muß vielmehr geschlossen werden: die einzelnen, zufälligen Dinge sind kein wahres Sein und Dasein, sondern ein Sein, was nicht bleibt, in Nichtsein übergeht; also ist ein allgemeines, nothwendiges Sein und Wesen. Damit fällt die ungerechtfertigte Voraussetzung, daß einzelne, zufällige Dinge in Wahrheit seien, und die endliche, blos verständige Form des Schließens hinweg. Daß H. Grotius den Glauben, Gott beweisen will, ist aber vollkommen anzuerkennen. Er hat das Bedürfniß gehabt, die Wahrheit im Glauben nicht unmittelbar gelten zu lassen, sondern zu denken, die unendliche Selbstvermittelung Gottes und die menschliche Vernunft darin als ein Moment zu erkennen.

H. Grotius betrachtet darauf die Eigenschaften Gottes und faßt sie als Vollkommenheiten. In Gott sollen alle Vollkommenheiten enthalten und diese sollen in ihm unendlich sein. Die Eigenschaften Gottes sind Bestimmungen, bei welchen man von irgend einer allgemeinen Seite des weltlichen und menschlichen Daseins ausgeht. H. Grotius sagt in diesem Sinne: die Welt wird von der göttlichen Vorsehung regiert; es existiren Staaten in der Welt, aber das Bestehen derselben hängt nicht von menschlicher Weisheit ab. Ist Gott allwissend, allweise, so kann er auch, was er weiß, außer der gewöhnlichen Ordnung der Natur, welche er geschaffen hat, andeuten. Die Eigenschaften Gottes drücken ein gewisses Verhältniß aus. Es ist mit den Eigenschaften wie mit den Beweisen; es giebt viele Eigenschaften neben einander, weshalb dieselben sich beschränken; aber da sie Eigenschaften Gottes sind, sollen sie für unbeschränkt, unendlich genommen werden. Aber eine unendliche Eigenschaft ist keine Eigenschaft mehr. Die

Eigenschaften Allwissenheit, Weisheit und deren Beziehung auf die Welt sind bloße Analogien des menschlichen Geistes. Was der menschliche Geist endlich ist, das wird von Gott unendlich prädicirt. Die Eigenschaften werden vom menschlichen Geiste auf Gott übertragen. Sagt man: dieses oder jenes Ding hat diese oder jene Eigenschaften, so trennt man das Ding von seinen Qualitäten. Aber jedes Ding ist nur in seinen Eigenschaften, was es ist. Eigenschaften sind ferner dem göttlichen Wesen nicht gemäß, weil sie endliche Bestimmungen sind. Aber da H. Grotius das Dasein Gottes beweist, das Verhältniß Gottes zur Welt und zum menschlichen Geiste entwickelt, so hat er gleichfalls das Bedürfniß gehabt, den Begriff Gottes und dessen Eigenschaften zu objectiviren.

H. Grotius sucht auch aus Zeugnissen alter Schriftsteller und durch Vernunftgründe darzuthun, daß Christus gelebt habe, daß er den Kreuzestod gestorben und auferstanden sei. Moses, sagt er, versprach nichts über die Güter dieses Lebens hinaus, aber Christus hat eine neue, bessere Lehre gebracht und hat den Gläubigen nach dem Tode ein seliges Leben verkündet. Die christliche Religion überragt alle andern Religionen an Heiligkeit ihrer Gebote, und ist daher die vorzüglichste Religion. Ihre größere Vorzüglichkeit folgt auch aus ihrer Verbreitung, welche keine Verfolgung hindern konnte.[1]) Die christliche Religion ist in den Büchern des neuen Bundes enthalten, die ihre Autorität ausmachen. Die Bücher selbst sind von ihren Verfassern geschrieben worden, welche durch Wunder erleuchtet waren. Die Schriften derselben enthalten Vieles durch göttliche Offenbarung. H. Grotius widerlegt alle möglichen Einwendungen gegen die Authenticität derselben, nach welchen sie von der Vernunft Abweichendes, Unmögliches und Widersprechendes lehren sollen. Er entwickelt auch die verschiedenen Ansichten über die äußeren Zeugnisse und über die veränderte Schrift.[2])

Hatte H. Grotius einmal die christliche Religion als die wahre Religion gegen die andern behauptet, so mußte er sich auch gedrungen fühlen, diese letzteren zu widerlegen. Er widerlegt zuerst das Heidenthum, und bemerkt dabei, daß die Weisen der heidnischen Welt selbst die christliche Religion gebilligt hätten.[3]) Dann das

[1]) H. Grotius, de verit. relig. christ. Lib. 2. §. 1—22.

[2]) Ibid. Lib. 3. §. 1—16.

[3]) Ibid. Lib. 4. §. 1—12.

Judenthum. Das Judenthum habe der Wunder bedurft, das Christenthum brauche keine Wunder. Christus habe zwar Wunder gethan, aber fordere auch Beweise. Er führt gegen das Judenthum besonders aus, daß der Messias schon gekommen sei, und zeigt dann, daß in der christlichen Religion die menschliche Natur nicht verehrt werde.[1]) Zuletzt den Muhamedanismus. Er vergleicht den Koran mit der Bibel, Muhamed mit Christus und die Muhamedaner mit den Christen. Die Vergleichung selbst bezieht sich auf die Art und Verbreitung beider Religionen und auf die Handlungen und Thaten in denselben. Er folgert daraus für das Christenthum den Beweis der größeren Vollkommenheit und Wahrheit, und tadelt an der muhamedanischen Religion, daß sie kein Gegenstand der Forschung sein soll[2]), und ermahnt die Christen, die Pflichten und die Tugenden zu üben, die ihre Religion ihnen vorschreibe.

H. Grotius soll nach den späteren Naturrechtslehrern zu keiner „religiösen Secte" geschworen haben; er soll nach einigen in seiner Schrift die Dogmen aller Religionen verwebt und nach andern weniger die innere Wahrheit der christlichen Religion, als die Vortrefflichkeit derselben vor andern Religionen gezeigt haben. Seine Schrift über die Wahrheit der christlichen Religion ist eine Apologie des Christenthums als der wahren Religion, aber in der Form des Beweises oder der Erkenntniß der Wahrheit durch die Vernunft. Die Vergleichung der christlichen Religion mit den andern Religionen ist aber mehr äußerlich gehalten als innerlich und wesentlich erkannt. Er hat darin die andern Religionen nicht als Stufenbildungen des religiösen Bewußtseins der Menschheit in ihrer Erhebung zu der christlichen, als der wahren Religion, gefaßt und aufgezeigt.

H. Grotius mußte seinem Princip gemäß überall bedacht sein, die mittelalterliche Vermischung des Naturrechts und des positiven Rechts aufzuheben. Er trennt auch beide von einander und unterscheidet letzteres in menschliches und göttliches Recht. Das göttliche Recht ist nach ihm Naturrecht und positives Recht. Er sagt: das göttliche Recht ist Naturrecht und ist zugleich mit positivem Recht vermischt. Aber das göttliche Recht ist nur dann Naturrecht, wenn Naturrecht und positives Recht darin unterschieden werden. Das

[1]) Ibid. Lib. 5. §. 1—21.

[2]) H. Grotius, de verit. relig. christ.: de non inquirendo in religionem.

göttlich offenbarte Gesetz des alten Bundes und die Rechtslehrer desselben haben diese Unterscheidung nicht gemacht. H. Grotius macht sie ebenfalls nicht, was gegen seine eigene Rechtsdeduction, gegen sein eigenes Princip ist. Er unterscheidet zwar Naturrecht und positives Recht im menschlichen, aber nicht im göttlichen Recht, und hebt also im letztern die mittelalterliche Vermischung nicht auf. Die Unterscheidung muß auch in dieser Beziehung gemacht werden, die mittelalterliche Vermischung im göttlichen Recht muß aufgehoben werden. Dies thut Selden. Aber Selden beschränkt sich auf das göttliche Recht, schließt das menschliche Recht von seiner Untersuchung aus. Erst Hobbes entwickelt beides mit dem Princip der Socialität zusammen weiter. Es muß daher zuerst betrachtet werden, wie Selden das Natur- und Völkerrecht nach dem göttlichen Rechte erörtert, und zuletzt, wie Hobbes dasselbe nach dem Princip der Socialität erläutert hat.

Johann Selden wurde im Jahre 1584 am 6. December zu Salvington, einem Dorfe in der Grafschaft Sussex, geboren. Er lernte in Chichester und Oxford die alten Sprachen und schönen Wissenschaften kennen. Im Jahre 1612 kam er nach London und wurde hier in die Gesellschaften Clifford und Tempel aufgenommen, welche für das Studium der Rechtswissenschaft gestiftet worden waren. Eine im Jahre 1618 von ihm verfaßte Schrift über den Zehnten zog ihm den Haß der Geistlichkeit zu. Er hatte in dieser Schrift gezeigt, daß die Zehnten nicht aus dem göttlichen Rechte bewiesen werden könnten, obgleich er einräumte, daß der Geistlichkeit das Recht des Zehnten nach den Landesgesetzen zugestanden werden müsse. Viele schrieben gegen ihn, am heftigsten hohe Geistliche, welche zugleich vom Hofe unterstützt wurden. Jakob I. drohte sogar, ihn im Gefängniß verfaulen zu lassen, wenn er auf die gegen ihn gerichtete Schrift des Bischofs von Norwich auch nur antworten würde. Selden wurde darauf vor die große Commission gefordert und zum Widerruf gezwungen. Selden vertheidigte auch die Rechte des Parlaments, weshalb der König ihn verhaften ließ. Er wurde, weil er Recht und Gesetz gegen Uebergriffe der Regierung vertheidigt hatte, nachher auf Befehl Karls I. mehrere Male gefänglich eingezogen. Jakob I. hatte ihm aufgetragen, eine Schrift gegen H. Grotius zu verfassen und darin die Herrschaft Englands über das Meer zu vertheidigen und zu beweisen. Selden hatte sie wegen seiner Mißverhältnisse mit der Regierung aber liegen lassen. Karl I. befahl dem Erzbischof Laud, den Versuch zu machen, Selden mit der Regierung wieder auszusöhnen. Als dies geschehen war, erhielt Selden den Befehl, seine angefangene Schrift wieder aufzunehmen und zu vollenden. Sie erschien deshalb erst im Jahr 1636.[1]) Selden war auch mehrere Male Abgeordneter der Universität Oxford im Parlament und stimmte immer gegen den König. Nachher wurde er Curator der Universität zu Oxford, auch Archivverwahrer im Tower und Admiralitätsbevollmächtigter. Selden hat sein ganzes Leben lang nach seinem Wahlspruche „περὶ παντὸς τὴν ἐλευθερίαν" für Recht und Freiheit gekämpft. Er starb am 30. November des Jahres 1654.

Selden hat viel geschrieben. Sein Hauptwerk ist das berühmte Buch über das Natur- und Völkerrecht nach der Lehre der Hebräer.[2]) Er ist wegen seiner außerordentlichen Gelehrsamkeit und Kenntniß des göttlichen Rechts fast ebenso berühmt geworden, als H. Grotius, welcher ihn schon damals Englands Ruhm nannte.[3]) Selden lobt sein Jahrhundert wegen der freien Untersuchung und wegen des „unvergleichlichen Werks des H. Grotius", aus welchem man am besten ersehen könne, wie auch die schwersten Argumente des Naturrechts erforscht würden.[4]) Er lobt den H. Grotius auch deswegen, weil er das göttliche Recht im Alten Testamente nicht verschmäht und daraus viel zur Beleuchtung des Christenthums genommen habe[5]); ferner wegen seiner Auffassung der Gerechtigkeit und der Erörterung, daß das Thier des Rechts ermangele und im Naturrecht deshalb keine Stelle habe.[6])

Selden definirt das Naturrecht als das Recht des göttlichen Willens[7]), welche Erklärung scholastisch ist. Zwischen Seldens Auffassung des Naturrechts und der Auffassung der scholastischen

[1]) Mare clausum, seu de dominio maris, libri duo.

[2]) Joannis Seldeni de jure naturali et gentium, juxta disciplinam Ebraeorum, libri septem. Accessit huic editioni index accuratus. Cum gratia et privilegio Sacrae Caesareae Majestatis. Argentorati, sumptibus societatis. Anno MDCLXV. — Die erste Ausgabe erschien in London 1640.

[3]) Gloria Britanniae.

[4]) Lib. 1. cap. 10. pag. 23.

[5]) Ibid. cap. 2 pag. 35.

[6]) Ibid. cap. 5. pag. 73.

[7]) Ibid. cap. 8. pag. 94.

Moralphilosophen ist aber doch ein Unterschied. Die natürliche Vernunft hatte sich im Unterschiede und Gegensatze gegen die Offenbarung bei den letzteren noch nicht geltend gemacht. Die Stellung Seldens zu derselben ist darum eine andere. Nach den frühern Naturrechtslehrern war die menschliche Natur und Vernunft unklar, sie wurde der Offenbarung und Autorität untergeordnet, die Erkenntniß des Rechts fiel in die göttliche Offenbarung zurück. Später wurde die menschliche Natur und Vernunft als ein neues Rechtsprincip aufgestellt. Selden mußte sich von seinem Standpunkte aus dagegen erklären. Wenn das Naturrecht von dem göttlichen Willen abhängt, so ist die natürliche Vernunft als Quelle des Rechts zu bestreiten. Daher ist die Bekämpfung der Vernunft durch die göttliche Offenbarung und Autorität von der Aufgabe Seldens unzertrennlich.

Selden sagt: nach der sogenannten „natürlichen, rechten Vernunft" sollen dem Menschen gewisse Urbegriffe und Anticipationen angeboren sein, z. B. das Gute thun, das Böse meiden; ferner sollen aus solchen Urbegriffen Theoreme und Schlüsse des praktischen Verstandes gefolgert werden können. Betrachtet man jene Vernunft genau, so erkennt man leicht, daß der Gebrauch derselben zwiefach ist: erstens ist derselbe nackt, dann ist nichts Höheres, als die menschliche Natur, und zweitens blickt derselbe auf die Autorität und Offenbarung des Rechts und der Pflichten zurück. Aber der Gebrauch der Vernunft selbst ist unsicher, die Menschen erkennen nicht immer durch die Vernunft das Bessere, die Vernunft ist nicht so fest, daß sie den Grund und die Ursache einer gesetzlichen Verbindlichkeit vernichten kann. Deshalb reicht die menschliche Vernunft für das Naturrecht nicht aus, sie ist unbeständig[1]), sie ordnet Pflicht und Verbindlichkeit keiner Herrschaft unter, und gesetzt, die Menschen wollten sich alle durch Vernunft verbinden, so ist doch nicht einzusehen, wie sie ihren Verbindlichkeiten nachkommen können, wenn kein höherer Wille ist, der sie verpflichtet.[2]) Auch denken Philosophen von der Vernunft verschieden. Philosophen, Kirchenväter, Juristen lehren gleichfalls, daß Gott, der Schöpfer der Welt, dem Menschen das Rechte, Gute, Ehrbare eingepflanzt und demselben anbefohlen habe,

---

[1]) Seldeni de jure naturali et gentium. Lib. 1. cap. 7.

[2]) Ibid. cap. 8. p. 93.

das Alles zu beobachten und das Böse zu meiden.[1]) Selden will, daß die verschiedenen Theile des Naturrechts wie in einen Körper zusammengewachsen betrachtet werden sollen. Pflicht, Erlaubniß sollen von dem göttlichen Willen, von der göttlichen Offenbarung und Verkündigung abhangen.[2])

Man hätte erwarten sollen, daß Selden, ein so entschiedener Gegner der natürlichen Vernunft, deshalb gegen H. Grotius aufgetreten sein würde. Da aber auch H. Grotius das Naturrecht noch scholastisch definirt und den Willen Gottes gleich wie die menschliche Natur und Vernunft als Quelle des Rechts behauptet, so konnte Selden sich vielleicht mit ihm in Uebereinstimmung glauben, und konnte das von H. Grotius neu aufgestellte Princip für eine beiherlaufende Hypothese, für eine zufällige Meinung desselben halten.

Selden sagt in der Vorrede: der Titel seines Buches sei neu und unerhört, aber nicht der Inhalt, denn derselbe handle vom Natur- und Völkerrecht. Neu sei der Titel wegen der Worte „nach der Lehre der Hebräer"[3]); das Wort „Naturrecht"[4]) bedeute, daß das Naturrecht, oder das allgemeine Recht, aus dem Glauben der Hebräer, aus dem Staate und der Kirche, den Sitten, Sentenzen und Verordnungen dieses Volkes komme. Das Wort Völkerrecht[5]) zeige das den Hebräern und andern Völkern gemeinsame Recht an, welches entweder auf göttlichen Befehl, oder durch Gewohnheit und Vertrag entstanden sei.[6]) Die späteren Naturrechtslehrer sagen deshalb, daß Selden nicht sowohl das Naturrecht als das positive Recht betrachtet habe, daß die Gesetze und Gebote, welche er abgehandelt habe, speciell auf göttliche Offenbarung gegründet wären.

Nach Selden haben die christlichen Schriftsteller vor ihm das Natur- und Völkerrecht zwar erzählt, aber sie haben dasselbe in seinem Sinne nicht gehörig entwickelt. Das Naturrecht soll nicht blos metaphysisch, philosophisch betrachtet werden, sondern auch nach Sitte und Gewohnheit. Er spricht in dieser Beziehung zuerst

---

[1]) Seldeni de jure naturali et gentium. Lib. 1. cap. 7. p. 85—88.

[2]) Ibid. cap. 8. p. 94.

[3]) Juxta disciplinam Ebraeorum.

[4]) De jure naturali.

[5]) De jure gentium.

[6]) Praefatio quae etiam instituti operisque est summula.

von dem Werth[1]) des Naturrechts und handelt dann von der natürlichen Untersuchung.[2]) Er sagt: der Inhalt des Naturrechts sind die gemeinsamen Pflichten der Menschheit, das Naturrecht ist das Recht der Welt[3]), das Recht der Völker und Menschen, das universelle Recht.[4]) Das Naturrecht ist dem Menschengeschlecht von Gott eingepflanzt, offenbart und anbefohlen worden.[5]) Es war schon vor dem Gesetze Mosis in den menschlichen Gemüthern unmittelbar vorhanden. Es ist Gottes Stimme, Wort und Weg.[6]) Das Naturrecht ist unveränderlich und verpflichtet die Menschen, die Verträge zu halten.[7]) Der Mensch, durch göttlichen Befehl und Offenbarung mit Gott verbunden, ist im Natur- und Völkerrecht, als dem gemeinsamen Rechte der Menschheit, Gottes sich bewußt. Er weiß das Recht unmittelbar von Natur oder durch Gott verkündet und geboten. Das Recht ist göttliches Recht in beiderseitiger Hinsicht. Der Mensch kann sich das Naturrecht mit Hülfe des Verstandes[8]) aneignen und dasselbe vom Naturrecht unterscheiden. Die Hebräer nennen das Naturrecht das Recht der Noachiden, das Recht der Söhne und Nachkommen Noahs, und betrachten dasselbe als Autorität, als Befehl und Offenbarung Gottes, welches im Dekalog enthalten sei, nicht als Sitte und Gewohnheit der Völker und auch nicht als Instinct und Gebrauch der menschlichen Vernunft.[9])

Das göttliche Recht ist nach Selden also entweder Naturrecht oder positives Recht. Das Naturrecht ist von Natur entweder in den Gemüthern unmittelbar gegenwärtig, oder von Gott verkündigt und befohlen worden. Beides geschieht durch göttliche Offenbarung. Beides wurde entweder geboten oder verboten oder erlaubt. Das menschliche Recht kam später zum Naturrecht hinzu.[10]) Das Völkerrecht ist das besondere Recht der Nationen, welches alle Völker

[1]) Dignitas.

[2]) Disquisitio naturalis.

[3]) Jus mundi.

[4]) Jus universale.

[5]) Lib. 1. cap. 8. p. 96.

[6]) Ibid. p. 100.

[7]) Ibid. p. 104—8.

[8]) Intellectus agentis.

[9]) Seldeni de jur. nat. et gent. Lib. 1. cap. 8. p. 99.

[10]) Ibid. p. 103.

angenommen haben, was die natürliche Vernunft unter denselben constituirt hat.[1])

Selden unterscheidet im göttlichen Recht Naturrecht und positives Recht, aber er giebt die erste Art der Offenbarung nur im Allgemeinen zu, wornach das Naturrecht in den Gemüthern unmittelbar vorhanden ist. Das Naturrecht in diesem Sinne soll der Erläuterung und des Beweises bedürfen. Selden hält sich fast ganz an die letztere Art, an die jüdische Tradition, nach welcher Gott den Söhnen Noahs sieben Gebote gegeben habe. Alle Gerechtigkeit soll von der Befolgung dieser Gebote abhangen. Selden geht erst die Ansichten der ausgezeichnetsten jüdischen Schriftsteller durch und verbreitet sich dann über die Interdicte der Noachiden, über fremden Cultus und Götzendienst, Blasphemie, Proselyten und Freigelassene. Er betrachtet ferner den wahren Cultus, den Sabbath, das Recht, sich selbst und Andere zu schützen, die Excommunication, das Anathem, das Recht des Asyls, die Ehe, das Eigenthum und das Gericht.

Alle Erörterungen Seldens sind außerordentlich gelehrt und weitläufig und es ist deshalb unmöglich, auf sie näher eingehen zu können. Aber darauf kommt es auch nicht an, sondern darauf, wie die Verpflichtung der Menschen durch jene Gebote von Selden betrachtet werden. Spätere Naturrechtslehrer haben sich dagegen ausdrücklich erklärt. Die bloße Tradition eines Volkes, sagen sie, genügt nicht zur Promulgation des natürlichen Gesetzes, welches allen Völkern gehören soll.[2]) Selden erörtert nicht, was zum Verständniß des Naturrechts nothwendig gefordert werden muß, er entwickelt das Naturrecht nicht aus Principien, welche alle Völker anerkennen, und zeigt nicht, daß die Gebote der Noachiden mit der menschlichen Natur und Vernunft übereinstimmen müssen.[3]) Solche Gebote sind positive Gesetze, die dem Adam und Noah von Gott zwar gegeben worden sind, aber welche mit der vernünftigen Natur des Menschen in keiner Verbindung stehen.[4]) Daß die ersten

[1]) Seldeni de jur. nat. et gent. Lib. 1. cap. 6. p. 74.

[2]) Cumberland, de legibus naturae disquisitio philosophica caet. Prolegomena §. 3.

[3]) Pufendorf. Specimen controvers. circa jus naturale ipsi nuper mot. Holmiae 1677.

[4]) Thomasius, Instit. juris pr. div. §. 122.

Menschen die Gebote des Naturrechts als gewisse göttliche Lehre genommen haben, mag sein, aber es wird schwer halten, alle Völker von der Authentie der Tradition und der Zahl der Gebote zu überzeugen. Es giebt Viele, die jene Tradition verlachen und verspotten. Auch kann unmöglich gezeigt werden, daß die ganze Menschheit durch jene Gebote verpflichtet worden ist. Dies ist der Grund, warum das Naturrecht Seldens nicht für ein allgemeines System des Naturrechts gelten kann.

Die Polemik Seldens gegen die natürliche Vernunft konnte auf die weitere Entwickelung des Princips der Socialität keinen Einfluß haben. Wenn solche Polemik förderlich sein soll, so muß sie die menschliche Natur als Quelle des Rechts anerkennen und auf die Form dieses Princips gerichtet sein. Bei H. Grotius war die Form die des Triebes und der Neigung. Eine weitere Entwickelung derselben ist so lange nicht möglich, bis untersucht wird, ob die Form der Zuneigung auch für das Princip der Socialität ausreicht.

Der Trieb der Geselligkeit ist unmittelbar Trieb der Selbsterhaltung und Selbstliebe. Der Mensch hat zuerst den Trieb und die Neigung sich zu erhalten und sich selbst zu lieben. Das ist natürlich, und es ist ebenfalls natürlich, daß er Andere liebt. H. Grotius faßt die Neigung zu andern Menschen als bloße Zuneigung, aber der Mensch kann auch sich selbst und Andern abgeneigt werden, die Liebe und Zuneigung ist zugleich die Möglichkeit der Abneigung. Die Selbstliebe ist die Wurzel aller Neigung, deshalb kann der Mensch alle Andern weniger als sich selbst lieben. Kommt zum Triebe der Geselligkeit, wie bei H. Grotius, der Nutzen hinzu, so ist darin ausgesprochen, daß der Trieb der Socialität mit der Selbsterhaltung und Selbstliebe zusammenhängt — jeder kann dann mehr auf seinen Vortheil als auf den Nutzen Anderer bedacht sein. Die Neigung, mit Andern gesellig zu leben, kann aus dem Triebe der Selbsterhaltung und der Neigung der Selbstliebe folgen und auch nicht folgen. Mit dem Triebe der Geselligkeit und der Neigung zu andern Menschen ist nothwendig gegenseitige Anerkennung verbunden. Der Mensch kann unmittelbar in dem Maße Andere nicht so wie sich selbst lieben. Die gegenseitige Anerkennung ist ebenfalls nicht unmittelbar vorhanden. Die menschliche Natur besteht deshalb nicht blos in der Liebe der Menschen zu sich selbst und Andern, sondern auch in der Abneigung gegen sich und andere Menschen, nicht nur in dem Triebe der Annäherung, Befreundung und Gesellung, sondern auch in der Begierde gegenseitigen Angreifens, gegenseitiger Anfeindung. Oder die Menschen fühlen sich von Natur nicht blos zu einander hingezogen, sondern auch von einander abgestoßen, empfinden nicht nur unmittelbar Neigung für einander, sondern auch Furcht vor einander. Also darf die menschliche Gesellschaft und das mit derselben verbundene Rechtsprincip nicht einseitig aus dem Triebe der Geselligkeit und der Neigung der Menschen zu einander abgeleitet werden, sondern muß gleichfalls aus der Abneigung der Menschen gegen einander gefolgert werden. Denn die Neigung ist sowohl Zu- als Abneigung, in dieser Beziehung tritt letztere der ersteren entgegen. Hobbes polemisirt auf diese Weise gegen H. Grotius. Seine Polemik ist wegen der Einseitigkeit der Form des Princips der Socialität als des Triebes der Geselligkeit bei H. Grotius vollkommen begründet. Hobbes hebt die Einseitigkeit der Form des Triebes und der Neigung bei H. Grotius dadurch auf, daß er die andere, negative Seite der Neigung, die Abneigung, gegen die positive Seite der Zuneigung geltend macht.

Thomas Hobbes wurde zu Malmesbury, einem Flecken der Grafschaft Will, am 5. April 1588, in demselben Jahre geboren, in welchem England von der spanischen Armada bedroht wurde. Seine Mutter war durch die Nachricht von den Rüstungen Spaniens dermaßen erschreckt worden, daß sie zu früh entbunden werden mußte; daher die schwache Gesundheit des Kindes. Aber Hobbes wußte durch regelmäßige Lebensart seine Gesundheit zu stärken, so daß er ein hohes Lebensalter erreicht hat. Sein Talent war auch frühzeitig; er übersetzte die Medea des Euripides metrisch in's Latein, als er noch auf der Schule war. Im 15. Jahre bezog er die Universität zu Oxford und studirte nach Herkommen daselbst auch aristotelische Logik und Physik. Als er nach vollendeten Studien Hauslehrer bei William Cavendish, Baron von Hardwich, später Grafen von Devonshire, geworden war, reiste er mit dem ältesten Sohne des Grafen nach Frankreich und Italien, auf welcher Reise er über die scholastische Philosophie in Zweifel gerieth. Er studirte nun nach seiner Zurückkunft eifrig die Alten, las vorzugsweise die Geschichtschreiber und übersetzte den Thucydides in's Englische, um vielleicht dadurch seine Landsleute auf die Folgen einer Revolution aufmerksam zu machen, welche bereits im Anzuge war. Er lernte zu dieser Zeit Baco, Herbert, Johnson kennen und schloß sich den Bestrebungen derselben gegen die scholastische Philosophie an. Unterdeß waren die Grafen von Devonshire, Vater und Sohn, gestorben. Hobbes reiste, um sich zu zerstreuen, mit einem andern vornehmen Engländer, Namens Clifton, abermals nach Frankreich und Italien, und lernte auf dieser Reise die Anfangsgründe des Euclid kennen. Aber die Methode in diesem Werke zog ihn mehr an als der Inhalt. Er legte sich nun eifrigst auf Mathematik, um die Methode dieser Wissenschaft auf die Philosophie anzuwenden. In seine Heimath zurückgekommen, übernahm er nun auch die Erziehung des jüngeren Bruders seines früheren Zöglings, und reiste mit demselben gleich wieder nach Frankreich und Italien. Auf dieser Reise machte er die Bekanntschaft Mersenne's und Gassendi's in Paris und Galilei's in Pisa. Die Wirren in England waren nach seiner Rückkehr immer bedenklicher geworden, die Schotten hatten die Bischöfe vertrieben und die Waffen gegen den König ergriffen. Schon die ersten Sitzungen des am 3. November 1640 zusammengetretenen Parlaments ließen bürgerliche Unruhen voraussehen. Hobbes, ein entschiedener Gegner aller demokratischen Richtungen und Bewegungen, verließ England wegen seiner persönlichen Sicherheit und um Muße für seine Studien zu gewinnen. Er ging nach Paris, wurde durch Mersenne mit der Cartesischen Philosophie bekannt, wollte erst nach Languedoc weiter gehen, blieb aber in der Hauptstadt, nachdem unterdeß viele königlich Gesinnte und selbst der Prinz von Wales, nachher Karl II., dahin gekommen waren und dieser verlangt hatte, von Hobbes in der Mathematik unterrichtet zu werden. Er schrieb, während er den Prinzen in der Mathematik und Philosophie unterrichtete, zu dieser Zeit seine Gedanken über Recht und Staat nieder und ließ dieselben unter dem Titel „Elemente der Philosophie über den Bürger"[1]) drucken, aber nur in wenigen Exemplaren für seine vertrautesten Freunde abziehen. Fünf Jahre später veröffentlichte er das Buch selbst, welches er fortwährend überarbeitet hatte. Darauf erschien sein Leviathan[2]), eine erweiterte, voll-

[1]) Elementa philosophica de cive, autore Thom. Hobbes Malmesburiensi. Amstelodami 1647.

[2]) Leviathan, sive de materia, forma et potestate civitatis ecclesia-

ständige Darstellung seiner Ansichten von Recht, Staat und Kirche. Die Gedanken, welche er in diesen Schriften entwickelt hatte, zogen ihm viele Feinde, besonders unter den Theologen, zu. Diese erklärten sie für ketzerisch, für revolutionär, und die königliche Partei nahm davon Veranlassung ihn zu verdächtigen, wirkte auch einen Befehl aus, daß er sich am Hofe nicht wieder blicken lassen solle. Als der Prinz von Wales später König geworden war, nahm dieser ihn wieder zu Ehren an. Hobbes lebte nach dieser Zeit zu London im Umgange mit Harvey, Selden, Cowley, aber zuletzt wieder bei dem Grafen zu Devonshire in Hardwich. Er brachte hier seine noch übrige Lebenszeit in gelehrter Thätigkeit zu und starb am 4. December 1679.

Ueber Hobbes haben sich die entgegengesetztesten Ansichten gebildet. Er ist nach der einen ganz und gar ein Kind seiner Zeit, vereinigt in sich alle Widersprüche des Lebens in Staat, Kirche, Religion und Sittlichkeit, wie die Zeit und Revolution selbst. Wie diese durch Aufregung aller Verhältnisse auf den Grund des socialen Lebens gekommen, so soll auch Hobbes zu den letzten Principien dieses Lebens in Staat und Kirche hindurchgedrungen sein. Nach der andern Ansicht ist seine Lehre ein Spiegel der Reaction während des Zeitraums der Restauration. Er soll darnach einerseits die puritanisch-orthodoxe Strenge und den Zustand der Revolution ausdrücken, anderseits sich zu den Grundsätzen der Stuarts bekennen, und soll dadurch seine Ergebenheit für jene Dynastie bewiesen haben. Hobbes sagt selbst, die Calamitäten[1]), welche aus der Entzweiung des Königs und des Parlaments hervorgingen, hätten ihn angetrieben, die königliche Gewalt so politisch und kirchlich schroff zu vertheidigen. Sein Streben und Wirken wurde auch von dem Könige und dem Hofe wohl verstanden. Er hatte der Priesterschaft seines Landes eine außerordentliche Furcht eingejagt. Der König sagte deshalb zu Samuel Sorbinius: er wolle sich des Hobbes als eines Bären bedienen, um die Kräfte der Hunde zu prüfen und zu schärfen.[2]) Pufendorf meint in dieser Beziehung,

sticae et civilis. Autore Thoma Hobbes, Malmesburiensi. Amstelodami, apud Joannem Blaer MDCLXX.

[1]) The calamities.

[2]) Pufendorf. Specim. controv. caet. cap. 1. §. 5: Se illo viro uti invicem ursi ad molossorum vires tentandas et acuendas.

Hobbes habe die königliche Gewalt gegen Aufrührer schützen und das Recht circa sacra dieser Gewalt gegen die Fanatiker sichern wollen.[1])

Das Richtige ist wohl, daß beide Ansichten vereint jene bewegte Zeit ausdrücken, aus welcher das politische und kirchliche System des Hobbes hervorgegangen ist. Hobbes lebte bis zu seinem Tode bei der Familie der Grafen von Devonshire, welche wegen ihrer absolutistischen Gesinnung allgemein bekannt war, aber er zog sich auch die Ungnade des Prinzen von Wales zu. Sogar Cromwell, welcher mit den von ihm im Leviathan entwickelten Grundsätzen einverstanden gewesen sein soll, wollte sich seiner annehmen und ihn zum Staatssecretär machen, was er aber ausschlug. Vielleicht haben beide Parteien geglaubt, ihn für sich gewinnen zu können. Wollte Hobbes, wie er selbst sagt, die Wirren seiner Zeit unparteiisch prüfen und das Verhältniß von Schutz und Gehorsam daraus ableiten, so mußte er beide sich bekämpfenden Mächte scharf in's Auge fassen. Wollte er die mit sich entzweite Wirklichkeit erkennen, so mußte er den Kampf und Widerstreit selbst in seine Betrachtung aufnehmen. Erblickte er die Theilung der Gewalt zwischen König und Parlament als die Veranlassung aller Unruhen, so mußte er von der Auflösung aller staatlichen Verhältnisse, vom Kriege ausgehen und den Frieden als die Möglichkeit des Bestehens derselben darthun. Wollte er seinen höchsten Wunsch erfüllt sehen, daß seine Gedanken[2]) zum praktischen Nutzen[3]) verwendet würden, so mußte er auch dieselben im Zeugniß der Wirklichkeit erfassen und darstellen.

Hobbes giebt selbst die Gesichtspunkte an, aus welchen er seine Schriften verfaßt habe. Er sagt, er habe sich dabei Cato's des Censors erinnert, daß alle Könige reißende Thiere wären, aber auch der Worte des Telesinus, wornach das römische Volk ein reißendes Thier gewesen, welches so viele Länder der Welt an

---

[1]) Pufendorf. Specim. controv. caet. cap. 1. §. 5: Quidquid hujus sit, id sane adparet, hoc praecipue ipsum agere, ut potestatem regiam adversus turbulentos homines assereret, simulque jus circa sacra summo imperio civili adversus fanaticos vindicaret.

[2]) This truth of speculation.

[3]) Into the utility of practice.

sich gerissen habe.[1]) Er sagt ferner: der Mensch ist dem Menschen entweder ein Gott oder ein Wolf: ein Gott, wenn die Menschen als Mitbürger zusammenleben, ein Wolf, wenn man die Staaten unter einander vergleicht. Leben die Menschen zusammen, dann herrscht Liebe, Gerechtigkeit, sonst herrscht List und Gewalt, welche sie zwingt, Schutz selbst durch Krieg suchen zu müssen. Die natürliche Gerechtigkeit fordert, daß Jedem das Seine gegeben werde, aber Jeder nennt lieber eine Sache seine Sache, als eine fremde Sache, Jeder will lieber, daß sie ihm gehören, als daß Alles Allen gehören soll. Die Menschen theilen, nicht die Natur theilt. Wenn man dies bedenkt, so wird man gestehen müssen, daß aus der Gemeinschaft der Dinge Krieg kommt, den Alle fliehen. Daraus gehen zwei Postulate der menschlichen Natur hervor: das Postulat der natürlichen Begierde, die alle Dinge für sich begehrt, und das Postulat der natürlichen Vernunft, welche den gemeinsamen Tod für das höchste Uebel ansieht und denselben zu vermeiden sucht. Daraus kommt die Nothwendigkeit der Verträge, Treue und Glauben, daraus folgen die moralischen Tugenden und die bürgerlichen Pflichten.

Hobbes versichert, er habe über das Reich Gottes darum so viel beigebracht, damit es nicht scheinen möge, daß zwischen den Geboten Gottes von Natur, oder den natürlichen Gesetzen, und den von Gott gegebenen Gesetzen, den göttlichen Gesetzen ein Widerstreit sei.[2]) Er versichert ferner, daß er sich wohl gehütet habe, gegen die öffentlichen Lehren der Kirche zu schreiben, wenn er sich gleich erlaubt habe, im Einzelnen davon abzuweichen. Dies ist wohl der Grund, warum er bis auf den heutigen Tag sowohl für orthodox als heterodox gehalten worden ist. Man sucht noch jetzt in England seine Bibelgläubigkeit und christliche Gesinnung zu beweisen; man hat aus seinen Schriften eine Menge Stellen zusammengelesen, gegen welche auch der bigotteste Hochkirchenmann nicht das Geringste haben kann; aber man hat auch Diejenigen getadelt, welche seine Schriften auf's Neue herausgegeben haben. Er hat selbst vorausgesehen, daß man ihn vielfach tadeln werde: Einige würden sagen, er habe die bürgerliche Gewalt unmäßig

---

[1]) Epist. dedic. ad Comit. Devon.

[2]) Ibid.

gerecht bestimmt, Andere, er habe die Gewissensfreiheit aufgehoben, und wieder Andere, er habe den Herrscher von den bürgerlichen Gesetzen entbunden — aber das Alles kümmere ihn wenig.

Er spricht auch von der Methode, deren er sich bedient habe.[1]) Er sagt: woraus eine Sache besteht, daraus wird sie am besten erkannt. Will man eine Uhr oder eine andere Maschine kennen lernen, so muß man sie auseinander nehmen. Ebenso ist es mit dem Staate. Man muß die Pflichten betrachten, aus welchen das Leben im Staate zusammengesetzt ist, oder die Menschen, wie sie zusammengesetzt sein müssen, um einen Staat zu bilden. Man muß nicht die Gesetze des einen oder andern Staates betrachten, nicht welche Gesetze sind, sondern was für Gesetze sie sind, weshalb er nichts über die bürgerlichen Gesetze eines Volkes habe sagen wollen.

Hobbes ist nach seinem Biographen ein über das gewöhnliche Loos der Sterblichen erhabener Mann, strahlend unter den Lichtern und Zierden der Wissenschaft und seines Jahrhunderts, ein Mann, welcher eben so große Kraft des Verstandes, als Gedankentiefe, ein eben so scharfes Urtheil, als unglaubliche Sagacität der Vernunft besessen habe. Die späteren Naturrechtslehrer erklären ihn insgesammt für einen scharfen und tiefen Kenner des Rechtes und des Staates. Pufendorf nennt ihn einen Mann von ungewöhnlichen Geistesgaben, welcher sein Genie auch habe zeigen wollen und solche paradoxe Hypothesen aufgestellt habe. Auch Leibnitz rühmt ihn als einen tiefen Denker.[2]) Pufendorf sagt: Hobbes ist der Erste gewesen, welcher in der Erkenntniß des Naturrechts die scholastische Methode weggeworfen und das Naturrecht nach Art der mathematischen Studien behandelt hat.[3]) Er ist nicht blos ein Mann von großem Scharfsinn gewesen, sondern hat, von mathematischen Studien genährt, sich bemüht, das Recht zu beweisen und dasselbe von allen scholastischen Formen zu befreien.[4]) Zu diesem Zweck unterbaute er

---

[1]) Elementa philosophica de cive: Epist. dedicat. ad Comit. Devon.; Leviath. Epist. dedic. ad Godolphin.

[2]) In seinem Schreiben über Pufendorfs Buch de officio hominis et civis.

[3]) Pufendorf. Spec. controv. caet. cap. 1. §. 5.: Qui uti ipse studiis mathematicis innutritus erat, ita et ἀκρίβειαν demonstrandi moralia accommodaret.

[4]) Ibid.: Licet non usque a quoque modo scholastico adornatum, laboravit.

seiner Lehre eine gewisse Hypothese, in welcher seine Demonstrationen sich zuletzt auflösten. Dasselbe sagt Thomasius, welcher ihn den Ersten nennt, der die scholastische Methode in Behandlung des Naturrechtes weggeworfen und seine Lehre aus vorangeschickten Principien, die aber wenig zusammenhingen, in kurzen Säßen abgeleitet habe.[1]) Man sagte: Grotius brauchte einen guten dolus, als er sah, daß die scholastische Theologie und Philosophie im größten Ansehen stand: Grotius lobte die Scholastiker, bestritt nicht ihre absurden Thesen, sondern gab sich den Schein, als wolle er die scholastischen Hypothesen mit seinem Fundament der Socialität vereinigen; aber Hobbes bekämpfte die Scholastik unter dem Namen des Reichs der Finsterniß, er brachte ihr eine tödtliche Wunde bei[2]) und gab dadurch den Theologen Anlaß genug ihn zu verfolgen, weil er das Naturrecht aus dem corrupten Zustande der Natur deducirte.

Hobbes schrieb auch mathematische, physikalische und philosophische Abhandlungen, und unterscheidet sich dadurch von H. Grotius, welcher auf metaphysische Betrachtungen, auf das reine Philosophiren nicht eingeht. Zu den philosophischen Schriften des Hobbes gehören auch seine Einwürfe gegen die Meditationen des Cartesius. Aber er hat nicht blos in jenem Entwurf und in seinen Elementen der Philosophie, welche vom Körper und vom Menschen handeln, sondern auf seine Weise mehr oder weniger in allen seinen politischen Abhandlungen philosophirt. Er hat gleich sein erstes politisches Werk „über den Bürger" als „politische oder philosophische Elemente" bezeichnet. Er sagt: was die neuere Zeit von der alten unterscheidet, verdankt sie fast allein der Geometrie, d. h. der Beobachtung der Gestirne, der Länderbeschreibung, der Schifffahrt und dem, was schön in der Architektur und bewunderswürdig in den Maschinen ist.[3]) Verfährt die Moralphilosophie auf ähnliche Weise, so wird alle Glückseligkeit in diesem Leben bald erreicht sein; erkennt die Vernunft die menschlichen Handlungen mit gleicher Gewißheit, womit sie die Größe der Figuren erkennt, so werden die Leidenschaften des Geizes und Ehrgeizes, welche sich auf die falsche Meinung dessen, was Recht und Beleidigung ist, stützen,

---

[1]) Fundam. jur. nat. et gent. cap. Prooem. §. 17.

[2]) Vulnus tamen lethale inflixit theologiae scholasticae.

[3]) Elementa philosophica de cive; Epist. dedic. ad Com. Devon.

bald entwaffnet sein, und wird die Menschheit in beständigem Frieden leben. In Allem kommt es auf die Erkenntniß der Wahrheit an. Die Erkenntniß der Wahrheit in den Gegenständen ist die Weisheit; die Wahrheit wird allein nur durch die rechte Vernunft mit Hülfe der Philosophie erforscht. Aristoteles und die Schrift haben die scholastische Philosophie hervorgerufen, die Lehre des ersteren von der Seele, welche ohne Körper sein könne, hat in der Kirche alle die Phantasmen und Dämonologien erzeugt. Die wahre Wissenschaft ist die Erkenntniß der Wirkungen aus ihren Ursachen durch vernünftiges Schließen.[1]) Die alte Wissenschaft ist im Unterschiede von der neuen eine barbarische Wissenschaft gewesen. Hobbes soll trotzdem seine Lehre von den Alten, von den Epikuräern, wie H. Grotius die seinige von den Stoikern, entlehnt haben. Pufendorf sagt: Hobbes hat die Hypothese der Epikuräer wieder aufgewärmt[2]); wie Gassendi sich der Ansichten der Epikuräer in den Naturwissenschaften bedient hat, so hat Hobbes sie nach dem Beispiele Gassendi's und im Wetteifer mit ihm in die Moralphilosophie eingeführt, er hat sie für sein Genie entweder am angemessensten gehalten, oder hat sie in der Praxis des Lebens erblickt, in welcher Alles auf die Bewahrung des Menschen und den Nutzen ankommt, aber er hat dies nach einem neuen Schema gethan.[3]) Pufendorf, obwohl er die Lehre des Hobbes mit den Epikuräern und mit Gassendi zusammenbringt, meint doch, daß er dieselbe wohl seinem eigenen Genie zu verdanken habe.[4]) Hiermit ist zugleich sein moderner Standpunkt ausge-

---

[1]) Hobbes Leviathan cap. 46: Effectuum ex conceptis earum causis seu generationibus, et rursus generationum, quae esse possunt ex cognitis effectibus per rectam ratiocinationem acquisita scientia.

[2]) Pufendorf. Epistola ad amicos: Hobbesius Epicureorum hypothesin recoquit. Conf. Thomasius Inst. jurispr. divin. Lib. 1. cap. 2. §. 95.

[3]) Pufendorf. Specimen controvers. caet. cap. 1. §. 5: —— vel etiam, quod aliquando suspicatus sum, exemplo et aemulatione Petri Gassendi, qui cum in Physicis maxime Epicuraeorum dogmata recolenda suscepisset, Hobbes ejusdem in moralibus tradita novo schemate induta in theatrum orbis eruditi producere instituit.

[4]) Ibid.: Arrisit autem ipsi potissimum vetus Epicuraeorum hypothesis vel genii convenientia vel quod eam in praxi civitatum, omnia fere ad sui conservationem et utilitatem referentium, conspiceret, vel etiam exemplo Petri Gassendi caet. — Ni malis dicere, ipsum vim ingenii ostentare voluisse, suscepta defensione hypotheseos tam exactae vulgo et paradoxae.

sprochen. Hobbes spricht von den Alten wenig oder gar nicht, seine ganze Anschauungs- und Denkweise ist modern.

Hobbes sagt von der Philosophie: die Philosophie geht in so viele Arten auseinander, als es für die Vernunft und Erkenntniß Arten von Dingen giebt. Die Wissenschaft richtet sich nach den Gegenständen: die Geometrie handelt von den Figuren, die Physik von der Bewegung, die Moral vom natürlichen Recht. Im Leviathan findet sich ein eigenes Capitel über die Eintheilung der Wissenschaften.[1]) Es giebt zwei Arten der Erkenntniß, Geschichte und Philosophie. Geschichte ist die Erkenntniß des Factums und der Wissenschaft des Factums. Die Geschichte zerfällt in Natur- und Staatsgeschichte. Philosophie ist die Wissenschaft der Consequenzen.[2]) Gegenstand der Philosophie ist der Körper und die Bestimmung der Erscheinungen des Körpers, welche Größe und Bewegung sind. Größe ist Figur oder Zahl, Figur ist Gegenstand der Geometrie, Zahl der Arithmetik. Die Bewegung ist entweder sichtbar oder unsichtbar; die sichtbare Bewegung ist Gegenstand der Mechanik, die unsichtbare Gegenstand der Physik: die übrigen Körper, Mineralien, Pflanzen, Thiere haben ihre eigenen Wissenschaften. Die Wissenschaften der Ethik, Logik, Rhetorik und Politik entstehen aus der Betrachtung der Vermögen des Menschen.

Hobbes leitet also die Wissenschaften, ähnlich wie Baco, aus den Vermögen des menschlichen Geistes ab. Sie haben deshalb eine psychologische Basis. Er mußte sich daher gedrungen fühlen, die Vermögen in dieser Beziehung näher zu untersuchen und seiner Theorie eine psychologische Erörterung voranzuschicken. H. Grotius nahm die Form des Triebes und der Neigung für die menschliche Natur unmittelbar an, aber der Mensch hat nicht ein Vermögen in diesem Sinne, sondern viele Vermögen, welche Stufen einer und derselben Aeußerung des Geistes sind.

Hobbes lehrt: es ist keine Vorstellung in der menschlichen Seele, welche nicht früher in den Sinnen war. Ursache der sinnlichen Empfindung ist das Object, welches sich in die Sinnesorgane eindrückt. Die sinnlichen Qualitäten: Härte, Weiche, Licht, Schall, Geruch, Geschmack sind Bewegungen der Materie, durch welche die

---

[1]) Hobbes Leviath. cap. 9: De scientiarum distributione.

[2]) Consequentiarum.

Dinge in den Sinnesorganen verschieden operiren.[1]) Verschwindet das Object, so bleibt im Innern ein Bild davon zurück. Das Vermögen, die Bilder zu behalten, ist die Vorstellung,[2]) aber heißt auch Gedächtniß.[3]) Die Bilder der Vorstellung folgen aufeinander und machen eine Reihe aus. Dadurch entsteht die Erinnerung oder Reminiscenz.[4]) Diese hängt durch den Sinn von der Empfindung ab. Es gehört dazu nichts weiter, als daß der Mensch fünf Sinne habe. Die Natur irrt nicht, deshalb irrt auch der Sinn und die Vorstellung nicht. Irrig sind allein falsche Definitionen. Erfahrung ist das Behalten der Bilder.[5])

Es giebt auch noch andere Vorstellungen und Bilder, welche in Thieren und Menschen durch willkürliche Zeichen, durch Sprache und dergleichen entstehen. Solche Vorstellungen sind der Verstand.[6]) Zum Verstand gehört schon Unterweisung, Disciplin.[7]) Der Erfinder der Sprache ist Adam. Aber Adam hat Vieles, z. B. Zahl, Maß, Figur, Allgemeines, Einzelnes, Affirmatives, Negatives und Anderes mehr nicht bezeichnet. Angenommen, Adam und seine Nachkommen hätten auch diese Namen erfunden, so sind sie doch mit der babylonischen Sprachverwirrung verloren gegangen und vergessen worden.[8]) Hobbes verläßt damit alle Erfahrung. Er bleibt mit der Berufung auf die Schrift nicht empirisch, ist hierin nicht consequent. Er hätte zeigen müssen, wie die empfindende und vorstellende Seele dazu kommt, Zeichen für die Vorstellungen zu erfinden; statt dessen redet er vom Nutzen der Sprache und betrachtet die Sprache als eine Uebersetzung der Gedanken in Worte. Der Verstand entsteht durch die Rede, der Verstand computirt, addirt, subtrahirt die Worte, welche zur Bezeichnung der Gedanken erforderlich sind. Der Verstand ist nicht, wie der Sinn und die Vorstellung, mit uns geboren, er kann auch nicht, wie die Klugheit, erworben werden, sondern entsteht durch Anstrengung und Fleiß.[9])

[1]) Leviath. Pars 1. cap. 1.

[2]) Imaginatio.

[3]) Memoria.

[4]) Leviath. Pars I. cap. 3.

[5]) Ibid. cap. 2.

[6]) Intellectus.

[7]) Instructio et disoiplina.

[8]) Ibid. cap. 4.

[9]) Ibid. cap. 5.

Tiefer als die theoretische Intelligenz erfaßt Hobbes die praktische Intelligenz des Menschen. Hobbes erkennt das Begehren und die Neigung als sich selbst entgegengesetzt, als positiv und negativ bestimmt, er spricht nicht nur positiv vom Begehren, sondern auch negativ vom Verschmähen. In demselben Sinne redet er von der Neigung als Zu- und Abneigung. Begehren und Verschmähen, Neigung und Abneigung sind nach ihm einfache Passionen. Das Begehren verzehrt seinen Gegenstand, die Neigung hegt und pflegt ihn. Aus dem Begehren und der Neigung entsteht der Affect; aber der Affect entsteht ebenfalls aus dem, was schön, moralisch gut und böse ist. Die Wahl, der Wille, die Freiheit kommt gleichfalls daher. Der Mensch begehrt oder verschmäht, haßt oder fürchtet etwas so lange, bis er es entweder annimmt oder verwirft. Dies geschieht durch die Wahl. Die Wahl deliberirt, aber hört auf, wenn sie geschehen ist und wenn sie unmöglich ist. Der Wille ist das letzte Begehren oder Verschmähen und hängt mit der Handlung zusammen, über welche deliberirt wird, d. h. der Wille ist der Act zu wollen, nicht die Möglichkeit, sondern die Wirklichkeit.[1]) Ziel, Zweck des Willens ist entweder etwas zu thun oder zu lassen.

Hobbes erkennt die entgegengesetzte Natur des Begehrens und der Neigung und den Zusammenhang beider mit dem Affect, aber die Ableitung des Affects unmittelbar aus dem Begehren ist bei ihm mangelhaft. Hobbes übersieht, daß Begehren den Trieb, daß Neigung und Affect den Hang voraussetzen. Die Ableitung des Guten und Bösen aus dem Begehren bei ihm ist noch verkehrter. In Hinsicht der Affecte blickt er aber tief ins menschliche Herz. Er erkennt auch den Zusammenhang der Affecte, aber nicht ihre Vermittelung durch sie selbst. Er sieht jedoch, daß die Affecte nicht blos Gefühle sind, sondern zum Affect wesentlich das Vorstellen gehört. Es ist zwar der Stufe des natürlichen Willens gemäß, daß er die Wahl und den Willen durch den Affect aus dem Begehren ableitet, sofern noch der Wille selbst als letztes Begehren und Verschmähen bezeichnet wird, aber der Wille braucht, wenn er nicht will, nichts zu begehren und zu verschmähen, braucht gar nicht zu wählen. Hobbes faßt den Willen blos natürlich als Trieb und Neigung, darum schreibt er auch dem Thiere Willen zu. Er polemisirt gegen

[1]) Leviath. Pars 1. cap. 6.

die scholastische Definition des Willens, er sagt: ist diese Definition richtig, wornach der Wille vernünftiges Begehren sein soll, so kann keine Willenshandlung gegen die Vernunft sein. Er bedenkt nicht, daß der Wille auch gegen die Vernunft handeln kann, weil der Wille sonst nicht frei sein würde. Daß dies seine wahre Freiheit sei, ist damit nicht gesagt.

Es giebt nach Hobbes vier Arten der Vermögen der menschlichen Natur: Erfahrung, körperliche Kraft, Affect und Vernunft. Man fragt billig, wie sich die Menschen, mit diesen Vermögen begabt, zu einander verhalten; durch welche Vermögen sie geschickt sind, sich selbst und die Gesellschaft gegen Gewaltthätigkeiten zu bewahren; welche die Bedingungen der Gesellschaft und des Friedens derselben sind; welche die Fundamentalgesetze der Natur ausmachen? Hobbes sagt: die Meisten, welche über den Staat geschrieben haben, nehmen an, daß der Mensch von Natur zur Gesellschaft geboren ist, und bauen auf diesem Fundamente die Lehre vom Staat, aber irren gewaltig. Zur Bewahrung des Friedens der Menschen und der Herrschaft ist mehr nöthig, als die Uebereinstimmung derselben, die sie Gesetze nennen. Das Axiom ist falsch. Der Mensch hat den Trieb der Geselligkeit nicht von Natur, sondern derselbe ist eine unwesentliche, zufällige Eigenschaft nach dem was sich zuträgt.[1]) Liebten die Menschen sich von Natur, so wäre jeder dem andern unmittelbar zugeneigt. Aber in der Gesellschaft verlangt jeder mehr Nutzen und Ehre für sich, als für Andere. Die Andern, welchen der Einzelne sich zugesellt, sind nicht das Erste. Das Erste ist der Nutzen und die Ehre, welche der Einzelne in Gesellschaft mit Andern hat. Also ist Er selbst das Erste. Das Zweite sind die Andern, welchen er sich zugesellt. Das heißt, der Mensch hat den Trieb zur Geselligkeit nicht von Natur, der Mensch liebt die Andern nicht unmittelbar, sondern wegen des Nutzens und der Ehre, d. h. er liebt sie nicht um ihretwillen, sondern seinetwegen.

Diese Polemik ist zwar allgemein gehalten, aber trifft doch speciell den H. Grotius, welcher behauptet, daß der Mensch von Natur zur Geselligkeit geboren und geschickt sei. H. Grotius nimmt den Trieb der Geselligkeit unmittelbar für die menschliche Natur an, aber die Wurzel des Triebes der Geselligkeit ist der Trieb der Selbst-

[1]) Ex accidente.

erhaltung und die Neigung der Selbstliebe. H. Grotius rechtfertigt seine Annahme nicht, was nur dadurch geschehen kann, daß sich die Selbstliebe als einseitige Neigung und Voraussetzung wahrer Liebe aufhebt. Die wirkliche, gegenseitige Liebe ist das Grab aller Selbst- und Eigenliebe. H. Grotius hält an der einseitigen Neigung in der Gesellschaft und Gemeinschaft, am Einzelnen im Allgemeinen fest. Er sagt zwar, der Mensch wird zur Gesellschaft ohne Nutzen getrieben, aber lehrt auch, daß der Mensch die Gesellschaft wegen der Bedürftigkeit und des Nutzens zu bewahren strebt. Der Mensch kann ohne den Trieb der Selbsterhaltung und die Neigung der Selbstliebe mit Andern nicht gesellig leben. Jener Trieb und diese Neigung sind unmittelbar das Wesen der menschlichen Natur, nicht der Trieb zur Geselligkeit und die Neigung zu andern Menschen. Der Trieb der Selbsterhaltung und die Neigung der Selbstliebe sind Trieb und Neigung dieses einzelnen Menschen. Jeder Mensch hat den Trieb und die Neigung, und bezieht sich darin auf sich selbst. Jeder schließt alle Andern damit unmittelbar aus, um sich selbst zu erhalten und zu bewahren. Eine solche Beziehung auf sich selbst ist negative Beziehung oder Selbstbeziehung. Alle treten einander darin entgegen. Sollen Trieb und Neigung unmittelbar die menschliche Natur sein, ist die Selbsterhaltung und Selbstliebe diese Natur, so kann der Mensch blos sich selbst in der Gesellschaft erhalten und bewahren, kann blos sich selbst darin zugeneigt sein wollen. H. Grotius macht diese Consequenz des Triebes und der Neigung als des Wesens der menschlichen Natur nicht geltend, aber Hobbes. Er sagt: in der Gesellschaft verlangt Jeder mehr Nutzen und Ehre für sich; das gesellige Menschenleben entsteht nicht aus gegenseitigem Wohlwollen, sondern aus gegenseitiger Bedürftigkeit[1]) und Ehrbegierde,[2]) d. h. aus Selbst- und Ehrliebe, nicht aus Liebe zu Andern. Aber wenn die Geselligkeit aus der Bedürftigkeit des Menschen, aus der Selbst- und Ehrliebe hervorgeht, wenn sie mit dem Triebe der Selbsterhaltung und der Selbstliebe als der ursprünglichen Natur des Menschen in diesem Sinne nicht unmittelbar vorhanden ist, so kann auch die Gesellschaft nicht natürlich entstehen, sondern muß auf andere Weise anfangen. Der natürliche

[1]) Egestate mutua.

[2]) Captanda gloria.

Zustand der Menschen kann kein geselliger, friedlicher, sondern muß ein kriegerischer Zustand sein. Dann ist der gesellige Zustand kein natürlicher, sondern ein künstlicher.

Darum sagt Hobbes: alle Menschen sind zur Gesellschaft nicht geschickt geboren, viele bleiben wegen Krankheit der Seele oder wegen Fehler der Zucht ihr ganzes Leben lang dazu unfähig; der Mensch ist der Gesellschaft nicht von Natur fähig, sondern wird erst durch die Zucht dazu fähig gemacht. Er ist natürlich geboren und sucht die Gesellschaft, daraus folgt aber nicht, daß er eine Gesellschaft einzugehen qualificirt ist. Ein Anderes ist etwas suchen, ein Anderes dazu fähig sein. Man sagt: Bienen und Ameisen leben gemeinschaftlich, Aristoteles nennt sie politische Thiere, und fragt, warum soll der Mensch nicht wie jene Thiere leben können? Darum nicht, antwortet Hobbes, weil die Menschen um Würde und Ehre streiten, weil sie sich weiser und zum Regieren geschickter dünken, als Andere, ferner weil die Thiere nicht zwischen Schaden und Beleidigung unterscheiden, sondern von Natur übereinstimmen, die Einstimmung der Menschen dagegen nicht natürlich, sondern durch Verträge künstlich ist. Der Mensch hält für kein Gut, was nicht vor dem, was Andere besitzen, Vorzüge hat, während die natürlichen Triebe der Thiere conform oder gleich sind, auf das allgemeine Wohl unmittelbar gerichtet sind. Das hat Aristoteles nicht bedacht, wenn er zu den politischen Thieren nicht blos Menschen zählt, sondern auch Ameisen und Bienen. Die Thiere sind ein Ganzes von Natur, aber die Gesellschaft der Menschen ist künstlich; was den Frieden zwischen Thieren erhält, ist natürlicher Trieb und Instinct.[1])

Aristoteles erörtert im ersten Buche der Politik: Einige sind von Natur gemacht zu herrschen, Andere zu dienen, weniger durch Uebereinstimmung als durch natürliche Anlage und Kenntniß oder Unkenntniß — dies, sagt Hobbes, ist nicht blos gegen die Vernunft, sondern auch gegen die Erfahrung. Keiner ist so einfältig, zu meinen, daß er sich selbst nicht besser regieren könne, als Andere ihn zu regieren vermögen. Streiten Starke und Weise mit einander, so gewinnen die erstern sicherlich die Oberhand. Sind die Menschen einander gleich, so muß die Gleichheit anerkannt werden,

---

[1]) Hobbes Elem. phil. de cive. cap. 5. §. 5.

sind sie ungleich, so kämpfen sie um die Herrschaft, so ist es des Friedens wegen nöthig, sie für gleich zu halten. Das natürliche Gesetz gebietet: Jeder ist von Natur dem Andern gleich zu achten.[1]) Die Natur hat die Menschen in Hinsicht der Vermögen der Seele und des Leibes gleich geschaffen.[2]) Ist einmal Einer dem Andern an Geist und Kräften überlegen, so ist der Unterschied aber nicht so groß, daß der Eine sich nicht zum Nutzen rechnen sollte, was der Andere nicht hoffen kann. Jeder hofft wegen der Gleichheit der Menschen von Natur erreichen zu können, was er begehrt. Begehren Mehrere dasselbe, so wird der Eine der Feind des Andern, denn Alle können, was sie begehren, nicht haben und genießen. Einer sucht den Andern entweder zu zwingen oder zu tödten. Jeder sollte den Andern nach der natürlichen Gleichheit erlauben, was er sich selbst erlaubt; aber Jeder dünkt sich mehr zu sein, als die Andern, Jeder maßt sich Vorzüge über dieselben an, besonders die Ehre. Jeder hat die Begierde, aus falscher Schätzung seiner Kräfte, aus Ehrsucht die Andern zu verletzen. Diese Begierde rührt vom Affect her. Aber Jeder hat auch den Trieb, sich und das Seinige zu vertheidigen. In diesem Zustande ist Keiner vor dem Andern sicher; Jeder fürchtet sich vor dem Andern. Alle sind von Natur gleich, in diesem Zustande haben Alle gleiches Recht auf Alles[3]), den Körper des Menschen nicht ausgenommen.[4]) In solchem Naturzustande ist Jedem zu thun erlaubt, was er will, und zu haben, was er kann. Die Natur hat Allen Alles gegeben. Im Naturzustande ist daher das Maß des Rechts der Nutzen. Aber das Recht auf Alles ist unnütz[5]); Jeder hat zwar das Recht auf Alles, aber kann dasselbe wegen der Andern, die gleiches Recht haben, nicht prätendiren. Jeder hat ein Recht auf die Dinge, Jeder greift mit Recht zu, aber Jeder leistet mit demselben Rechte Widerstand. Wer wird nun die Sache erhalten? Der die größte Kraft hat. Aber wer sie hat, das kann nur durch Kampf und Krieg entschieden werden. Es entsteht der Krieg Aller gegen Alle.[6])

---

[1]) Elem. phil. de cive. cap. 3.

[2]) Leviath. cap. 13.

[3]) Elem. phil. de cive. cap. 1. §. 12.

[4]) Leviath. Pars 1. cap. 14.

[5]) Elem. phil. de cive. cap. 1. §. 11.

[6]) Bellum omnium contra omnes.

Hobbes sagt: im Naturzustande ist keine Gesellschaft, keine Industrie und Cultur, keine häusliche Bequemlichkeit möglich; in diesem Zustande ist immerwährend Gefahr und Furcht vor gewaltsamem Tode. Dies müsse man bedenken, um es nicht sonderbar zu finden, daß die Natur den Menschen ungesellig, d. h. zu gegenseitigem Kampf und Krieg geschickt gemacht habe. Die Menschen greifen sich wegen des Rechtes Aller auf Alles an und morden sich gegenseitig. Das folgt aus der Natur der Neigungen und Leidenschaften. Warum suchst du Begleitung und trägst du Waffen, wenn du verreisest? Warum sind Gesetze und bewaffnete Diener bereit, jede Gewaltthat, während du schläfst, zu rächen? Welche Meinung hast du von deinen Mitbürgern in dieser Beziehung, von deinen Hausgenossen? Klagt solche Vorsicht nicht Alle an? Die Leidenschaften der Menschen sind keine Sünden, und auch die Handlungen nicht, die daraus entstehen, aber nur so lange, als keine Macht sie hindert. Solche Zeit ist freilich nie gewesen, wo Jeder des Andern Feind war, aber Könige und Personen, welche die höchste Gewalt haben, sind immer Feinde, haben einander stets im Verdacht.

Es ist richtig, der Naturzustand, in welchem der Trieb der Selbsterhaltung herrscht und das Maß des Rechts der Nutzen ist, führt zum Kriege Aller gegen Alle. Im Naturzustande ist die gegenseitige Anerkennung der Menschen nicht unmittelbar vorhanden. Die Anerkennung ist ohne Kampf und Krieg nicht wohl möglich. Der Krieg Aller gegen Alle ist ein solcher Kampf. Zwar nimmt H. Grotius an, daß der Vortheil und Nutzen zum Triebe der Geselligkeit hinzukommt, aber Hobbes sagt mit Recht: Jeder verlangt mehr Nutzen und Ehre für sich als für Andere. H. Grotius schweigt von der Ehre. Aber der Kampf der Anerkennung setzt die Ehre wesentlich voraus. Der Trieb der Selbsterhaltung und der Nutzen bringt es höchstens zum Eigenthum. Hobbes fügt wegen der Anerkennung die Ehre hinzu. Ehre ist als Liebe zur Neigung und zum Urtheil Anderer über uns nur in der Gesellschaft möglich, und diese ist wieder nur durch gegenseitige Anerkennung möglich. Hobbes beschränkt den Trieb der Geselligkeit nicht auf die Bedürftigkeit, auf den Nutzen, sondern dehnt ihn auf die Ehre aus. Dies ist schon wegen der Anerkennung als des Sichgegenseitigwissenwollens im Andern erforderlich. Bedürftigkeit, Nutzen ist blos Materielles, Ehre ist Ideelles. H. Grotius will auch keine bloße Gemeinschaft der

Menschen, sondern will die verständige Gemeinschaft derselben, er nimmt die Menschen in der Gesellschaft als selbstbewußte Menschen im Unterschiede von der Gemeinschaft der Thiere. Darum hätte er von der Ehre nicht abstrahiren sollen. Hobbes ergänzt ihn in dieser Hinsicht. Bei Hobbes wird die Unmittelbarkeit des Triebes des H. Grotius zur Begierde. Die Begierde ergreift das natürliche Object und greift das menschliche Subject so lange an, bis es nicht anerkannt ist, sondern gegenständlich auftritt. In dem Triebe der Geselligkeit bei H. Grotius ist das Bedürfniß der Anerkennung als des Sichgegenseitigwissens im Andern auch enthalten, aber H. Grotius anticipirt mit der Gesellschaft die Anerkennung, welche erst durch Kampf und Krieg entsteht. Hobbes sagt in dieser Beziehung: der Trieb zu verletzen rührt vom Affect her. Dies ist nicht nur Trieb und Neigung, wie bei H. Grotius, der Kampf der Anerkennung ist ohne Begierde und Affect nicht möglich. Der Mensch grenzt in dem Triebe der Selbsterhaltung noch an das Thier; im Triebe fühlt er blos, aber er ist im Affect der Furcht der selbstbewußte Mensch.

Der Naturzustand, der Krieg Aller gegen Alle, ist nach Hobbes so lange vorhanden, als keine zwingende Macht ist. Der Naturzustand ist die ungetrübte Freiheit [1]) der Menschen, welche weder regieren, noch regiert werden. Der Naturzüstand ist ein feindlicher Zustand.[2]) Jeder hat von Natur das Recht, die Andern zu beherrschen, was gegenseitige Furcht erzeugt. Die Gleichheit der natürlichen Kräfte der Menschen führt zum Kampf und Krieg, zum Verderben des Menschengeschlechts. Die Vernunft fordert aber, daß dasselbe bewahrt werden soll. Ein Zustand, in dem Allen Alles zu thun erlaubt ist, widerspricht sich und kann nicht lange dauern. Ein immerwährender Krieg würde die Menschheit zuletzt von der Erde vertilgen. Jeder Mensch begehrt, was er wünscht, oder was ihm angenehm ist. Dies ist das Gute. Keiner wird den Krieg Aller gegen Alle für ein Gut halten.[3]) Wegen der Gleichheit der Menschen würde der Krieg immer dauern müssen, kein Sieg würde den Kampf endigen, immer würde dem siegreichen Theile wieder Gefahr drohen, denn selbst der Stärkste und Tapferste wird zuletzt alt und schwach.

---

[1]) Hobbes Leviath. Pars II. p. 31: libertas integra.

[2]) Hobbes Elem. phil. de cive cap. 5: status hostilis.

[3]) Ibid. cap. 1. §. 33.

Die gegenseitige Furcht treibt deshalb die Menschen, aus diesem Zustande herauszugehen und Genossen zu suchen. Im Naturzustande ist keine Sicherheit, im Naturzustande ist Einer immer der Feind des Andern. Aber Keiner kann ohne die Hülfe Anderer existiren. Wenige können keine Sicherheit leisten und verbürgen, die Zahl Derer, welche sich gegenseitig helfen wollen, muß so groß sein, daß sie einer Anzahl Feinde widerstehen können. Dann wird der Angriff des Einen gegen den Andern gefährlich.[1])

Hobbes sagt: die menschlichen Handlungen kommen aus dem Willen und der Wille kommt von der Furcht und Hoffnung her. Wenn die Menschen sehen, daß sie durch Verletzung der Gesetze ein größeres Gut oder ein geringeres Uebel erreichen können, so verletzen sie die Gesetze. Die Hoffnung der Sicherheit und Bewahrung ihrer selbst verlangt von ihnen, daß sie ihre Nächsten mit eignen Kräften und Künsten öffentlich oder heimlich durch Nachstellung bekämpfen. Die natürlichen Gesetze geben nicht gleich Sicherheit, wenn sie auch erkannt sind. Zur Erfüllung derselben genügt, daß Jeder, wer will, den Frieden haben kann. Im Naturzustande schweigen die Gesetze, der Mensch sucht Genossen, um mit Hülfe derselben, muß Krieg sein, den Frieden zu erzwingen und sich dadurch zu bewahren. So lange der Mensch sich selbst zum Maßstab des Wohls und Uebels macht, ist kein Friede möglich. Er kommt aber zu der Einsicht, daß der Friede gut ist, und deshalb sucht er Frieden. Das gebietet die Vernunft. Es ist ein natürliches Gebot, Frieden zu suchen. Die Mittel zum Frieden, zur Bewahrung und Sicherheit der Menschen sind die natürlichen Gebote, welche uneigentlich Gesetze heißen. Die natürlichen Gebote sind Theoreme,[2]) die Gesetze sind Stimme des Herrschers.[3]) Die natürlichen Gesetze sind ewig und unveränderlich; was sie verbieten, kann nie erlaubt sein, und was sie gebieten, nie unerlaubt sein. Die natürlichen Gesetze sind eins mit dem Moralgesetz,[4]) sie sind das Gegentheil der Begierden, Affecte und Leidenschaften.[5])

Hobbes kommt durch den Krieg Aller gegen Alle auf die na-

[1]) Hobbes Elem. phil. de cive cap. 5. §. 1—3.

[2]) Theoremata.

[3]) Vox imperantis.

[4]) Hobbes Elem. phil. de cive cap. 3. §. 31.

[5]) Hobbes Leviath. cap. 17.

türlichen Gebote und Gesetze, welche er Fundamentalgesetze der Natur oder Naturrecht nennt.[1]) Diese Gesetze sind nach ihm allein das Mittel der Bewahrung der Menschen, der Naturzustand des Krieges Aller gegen Alle kann durch sie allein vermieden werden.[2]) Die Menschen sollen ohne diese Gebote aus dem Naturzustande nicht herauskommen können. Hobbes sagt: das natürliche Gesetz ist das Gebot der rechten Vernunft[3]) über das, was zu thun und zu lassen ist. Die natürliche Vernunft ist die Vernunft eines Jeden, die derselbe zum Nutzen oder Schaden Anderer anwenden kann. Die natürliche Vernunft ist die eigene Vernunft des Menschen, und ist deshalb von der Vernunft des Staates, die die Bürger für die rechte Vernunft halten, von dem bürgerlichen Gesetz zu unterscheiden. Die natürliche Vernunft ist die Vernunft, die Jeder zur Regel seiner Handlung macht und für den Maßstab der Vernunft Anderer hält.[4])

Das erste Naturgesetz ist: suche Frieden, kannst du Frieden haben, wo nicht, hilf dir durch Krieg.[5]) Jeder hat das Recht, auf alle mögliche Art sich selbst zu vertheidigen.[6]) Es ist nicht gegen die rechte Vernunft, wenn der Mensch sich für sein Leben wehrt, wenn er seinen Körper vor Schmerzen, Uebel und Tod bewahrt. Aber was nicht gegen die rechte Vernunft ist, das ist Grund des natürlichen Rechts,[7]) oder ist gerecht. Recht ist die Freiheit eines Jeden, seine natürlichen Vermögen[8]) nach der rechten Vernunft zu gebrauchen. Das Recht zum Zweck giebt das Recht zum Mittel. Jeder hat das Recht, sich zu schützen, darum hat auch Jeder das Recht, alle Mittel zu gebrauchen und jede Handlung zu vollbringen, welche dazu verhelfen kann. Jeder ist der Richter über die Mittel, sich zu bewahren, d. h. Jeder muß die Mittel beurtheilen, welche zu seiner Bewahrung nöthig sind, und ferner, ob sie nöthig sind oder nicht. Ist es gegen die rechte Vernunft, über die eigene Gefahr zu urtheilen, so urtheilt ein Anderer. Urtheilt ein Anderer über ihn und seine

---

[1]) Hobbes Elem. phil. de cive cap. 2. §. 2.

[2]) Ibid. cap. 15.

[3]) Dictamen rectae rationis.

[4]) Hobbes Elem. phil. de cive cap. 2.

[5]) Ibid. §. 2., Leviath. cap. 14.

[6]) Omnibus viis et modis se ipsum defendendi jus unicuique esse.

[7]) Hobbes Elem. phil. de cive cap. 1. §. 7.

[8]) Facultates naturales.

Angelegenheit, so urtheilt auch er über jenen. Nach dem Naturrecht ist Jedem erlaubt, Andere, die in seiner Gewalt sind, zu zwingen, ihm wegen künftigen Gehorsams Gewähr leisten zu müssen. Freunde und Genossen werden entweder durch Gewalt oder Einstimmung erworben: durch Gewalt, wenn der Stärkere den Schwächeren aus Furcht vor dem Tode zwingt, ihm zu dienen, oder ihm Fesseln anlegt; durch Einstimmung, wenn Mehrere sich ohne Gewalt zu gegenseitiger Hülfe vereinigen. Der Sieger kann den Besiegten zur Gewährleistung zwingen, wenn letzterer nicht lieber sterben will. Das Recht und die Gefahr, sich zu schützen, rührt von der Gleichheit her. Es ist daher für die Bewahrung sicherer und auch der Vernunft gemäßer, daß man den gegenwärtigen Nutzen in Acht nehme. Nichts ist absurder, als Den wieder stark und zum Feinde zu machen, den man in seiner Gewalt hat. Im Naturzustande selbst ist eine gewisse unwiderstehliche Macht anzunehmen, die die Herrschaft gegen alle diejenigen ausübt, welche nicht widerstehen können. Diese Macht ist das Recht zu regieren. Damit hängt das Recht der Allmacht und aller Handlungen zusammen. Jeder Mensch hat die Begierde, sich Andere durch Gewalt und List zu unterwerfen, jeder muß sich vor den Andern in Acht nehmen. Das fordert die eigene Sicherheit, das muß vor Allem zugestanden werden. Keiner darf dem Andern in seinem Rechte und in seiner Freiheit, sich selbst zu bewahren, hinderlich sein. Ein Naturgesetz ist: Keiner thut etwas zu seinem Schaden. Freiheit ist Abwesenheit aller äußerlichen Hindernisse, frei ist also der, welcher aus eigener Kraft machen kann, daß er durch nichts gehindert wird. Um nicht gehindert zu werden, muß man Frieden suchen. Wird man gehindert, so muß man sich vertheidigen und den Frieden durch Krieg erzwingen. Damit Frieden sein kann, darf das Recht auf Alles nicht zurückbehalten, sondern müssen gewisse Rechte übertragen oder aufgegeben werden.[1]) Die Vernunft fordert wegen Bewahrung der Menschen, von jenem Rechte abzulassen. Hält Jemand sein Recht auf Alles zurück, so wird er Einige angreifen, Andere vertheidigen, und dann ist der Krieg Aller gegen Alle wieder da. Will Einer von seinem Rechte nicht ablassen, so handelt er gegen den Frieden und damit gegen das **Naturgesetz**.

[1]) Hobbes Elem. phil. de cive cap. 2. §. 3: jus omnium in omnia retinendum non esse, sed jura quaedam transferenda, vel relinquenda esse.

Jeder muß von seinem Recht auf Alles ablassen, wenn die Andern dasselbe thun wollen, Jeder muß sich mit soviel Freiheit begnügen, als er den Andern zugestehen will.[1]) Was heißt das: von seinem Rechte ablassen? Das heißt: wenn man einfach auf das Recht verzichtet, dasselbe auf Andere überträgt, wenn man nicht mehr thun will, was man früher mit Recht thun konnte.[2]) Einer begiebt sich seines Rechts auf eine Sache, wenn er sich der Freiheit beraubt, Andere zu hindern, daß sie ein Recht auf dieselbe Sache haben. Er giebt sie auf. Wer auf sein Recht verzichtet, ertheilt Andern kein neues Recht, denn Alle hatten das Recht auf Alles. Dann kann er das Recht, was er vorher hatte, ungehindert und frei genießen. Das fremde Recht, was auf Andere übertragen wird, ist nichts weiter, als das Aufgehobensein der Hindernisse von Seiten dessen, der es überträgt. Das Recht wird durch Verzichtleistung oder durch Uebertragung aufgegeben. Die Uebertragung geschieht, um ein gewisses Gut von Andern zu empfangen. Das Object ist immer ein Gut. Wer dasselbe überträgt, der thut es freiwillig. Die Uebertragung der Rechte ist gegenseitig, ist Vertrag. Wenn Jemand sein Recht wegen eines nicht empfangenen Gutes überträgt, so ist die Uebertragung freies Geschenk. Vertrag heißt die Uebertragung, wenn zwei oder mehrere ihre Rechte gegenseitig übertragen. Ein Vertrag ist nur zwischen Menschen, nicht zwischen Thieren möglich, welchen Vernunft und Sprache fehlt. Ein Vertrag kann über Mögliches und Künftiges geschlossen werden.[3])

Ein zweites Naturgesetz ist: Verträge müssen gehalten werden;[4]) die Treue muß bewahrt werden.[5]) Dies Naturgesetz folgt aus dem ersten, wornach der Mensch Frieden suchen soll. Wer den Vertrag nicht hält, handelt gegen den Frieden,[6]) wer ihn zurück-

---

[1]) Hobbes Leviath. cap. 14: Oportere unumquemque, quoties paci et defensioni propriae provisum erit, a jure suo omnium — ceteris idem facere paratis — decedere, contentumque esse eadem libertate, quam ceteris concedi vellet.

[2]) Elem. phil. de cive cap. 2. §. 4.

[3]) Ibid. §. 7—14.

[4]) Leviath. cap. 15: praestanda esse pacta.

[5]) Elem. phil. de cive cap. 3: pactis standum esse, sive fidem servandam esse.

[6]) Ibid. §. 4.

nimmt oder verletzt, der beleidigt. Verträge halten ist deshalb ein natürliches Gesetz, ein Gebot der rechten Vernunft. Es ist Gesetz der Gerechtigkeit, Jedem das Seine zu geben. Wo kein Vertrag vorhergeht, da geht kein Recht über, da geschieht kein Unrecht. Das Wesen der Gerechtigkeit ist nichts Anderes, als die Verträge zu halten.

Hobbes fügt diesen natürlichen Hauptgesetzen noch mehrere hinzu, z. B. beweise dich Andern nützlich; hasse und verachte Niemanden; sei nicht stolz; übe Gleichheit; thue nichts in eigener Sache; erkenne die Zeugen an. Diese Gebote sollen nicht vor dem äußeren Gericht, aber desto mehr vor dem inneren Richter verpflichten. Ihre Uebertretung sei kein Verbrechen, aber ein Fehler. Die Kenntniß derselben ist die Ethik. Diese ist die Wissenschaft dessen, was der Mensch in der Gesellschaft begehrt oder verschmäht, was gut und böse ist. Hobbes nennt das natürliche Gebot auch göttliches Gesetz und sucht die natürlichen Gesetze durch Stellen aus der heiligen Schrift zu rechtfertigen. Er sagt: das höchste Gebot des göttlichen Gesetzes ist Frieden. Darum sollen die natürlichen Gebote den Menschen auch in Frieden erhalten können. Hobbes führt für die Ewigkeit und den Begriff des Gesetzes Psalmen 118, 160 und Matth. 5, 18 an, und für die Beziehung des Gesetzes auf's Bewußtsein Jesaias 55, 7, Ezech. 18, 3 und Matth. 5, 20, und auf das Gewissen, wodurch der Mensch erkennen könne, ob er recht gehandelt habe, Matth. 6, 12.

H. Grotius nahm unmittelbar an, daß der Mensch den Trieb der Geselligkeit habe, sich zu bewahren. Die Bewahrung der Gesellschaft sollte dem menschlichen Verstande gemäß, und die menschliche Natur Quelle des Rechts sein. H. Grotius setzte daher das Recht mit der Bewahrung der Gesellschaft voraus. Hobbes leitet dagegen die natürlichen Gesetze, als Frieden suchen, das Recht sich zu bewahren u. s. w., aus der menschlichen Natur ab. Was H. Grotius als einen Satz hinstellt: das Naturrecht ist, auch wenn wir annehmen, daß kein Gott sei — das zeigt und entwickelt Hobbes. Er fängt an, aus dem Princip der Socialität Ernst zu machen. Es muß auch, wenn es wirklich Princip sein soll, aus sich selbst gerechtfertigt werden können. Damit fällt die scholastische Definition bei H. Grotius hinweg. Die menschliche Natur und das ursprüngliche Recht des Menschen ist bei Hobbes untrennbar eins. Hobbes abstrahirt in dieser Beziehung ganz vom göttlichen Recht. Er nennt zwar auch das Naturrecht göttliches Recht und rechtfertigt die natürlichen Gesetze aus der Schrift, aber er ist weit entfernt, das Naturrecht von dem göttlichen, geoffenbarten Recht in diesem Sinne zu unterscheiden, wie H. Grotius, nach welchem das göttliche Recht eben geoffenbart ist. Nach Hobbes ist das Naturrecht göttlich, aber nicht geoffenbart. Die von ihm angezogenen Stellen der Schrift stimmen mit den natürlichen Gesetzen nicht deswegen überein, weil sie von Gott geoffenbartes Recht enthalten, sondern weil sie natürliche, der menschlichen Natur gemäße Bestimmungen ausdrücken.

Nach Hobbes kommt das Naturrecht einerseits aus dem Naturzustande als der ursprünglichen Natur des Menschen, anderseits hebt die menschliche Natur diesen Zustand, sich zu bewahren, auf. Die menschliche Natur vermeidet im Naturzustande die Gefahr, sie kann ohne ihre Bewahrung nicht die menschliche Natur sein. Die menschliche Natur, die natürlichen Gesetze, das Naturrecht sind die Mittel der Bewahrung des Menschen. Die menschliche Natur reagirt in den natürlichen Gesetzen ihrer Bewahrung selbst gegen ihre unnatürliche Vernichtung. Sie ist selbst das ursprüngliche Recht oder Naturrecht. Ob wir sagen: menschliche Natur oder Recht der Bewahrung des Menschen, ist dasselbe. Die natürlichen Gesetze kommen zwar aus dem Naturzustande her und hangen mit der natürlichen Freiheit zusammen, aber sie sind darum nicht selbst der Naturzustand, sondern das Mittel, ihn zu vermeiden. Aber sie sind mit dem Naturzustande behaftet, haben diesen Zustand noch an sich und sind als die der menschlichen Natur gemäße Gerechtigkeit nicht stark genug, den Menschen und die menschliche Gesellschaft ganz und gar bewahren zu können.[1]) Wenn die natürlichen Gesetze auch erkannt werden, so geben sie nicht zugleich Sicherheit. Die Eintracht Weniger genügt nicht, den Frieden bewahren zu können. Solche Gemeinschaft reicht nicht aus für die Sicherheit. Es muß mehr geschehen. Die Menschen müssen durch Furcht zusammengehalten werden, sonst verunreinigen sie sich wegen ihres Privatnutzens und sind fortwährend der Gefahr des Naturzustandes ausgesetzt, welcher immer wieder hervorbrechen kann. Die natürliche Freiheit, der Krieg Aller gegen Alle, dauert so lange, bis eine sichtbare Macht die Begierden

---

[1]) Leviath. cap. 15.

und Leidenschaften durch Strafen zügelt. Solche Macht muß sein, und muß dafür sorgen, daß die natürlichen Gesetze und Verträge gehalten und bewahrt werden. Es muß eine Macht sein, die die Menschen fürchten, die alle Handlungen zu einem gemeinschaftlichen Zwecke, dem Guten, ordnet. Es fragt sich, wie eine Macht entstehen kann, die die Menschen nach Außen schützt und vor gegenseitiger Furcht bewahrt. Sie kann nur dadurch entstehen, daß die Menschen ihre Macht auf Einen oder Mehrere übertragen. Dann wird der Wille Aller auf Einen Willen reducirt. Dieser Wille wird der Führer der Persönlichkeit Aller.[1]) Jeder bekennt, der Urheber aller Handlungen sein zu wollen, welche derselbe vollbringt. Jeder unterwirft sich dem Urtheile desselben; dies ist mehr als bloße Einstimmung und Eintracht, dies ist Einheit Aller in Einer Person. Zur Herrschaft über Alle reicht die Uebereinstimmung nicht hin, dazu ist die Einheit erforderlich.[2]) Die Einheit entsteht durch Vertrag eines Jeden mit Jedem, als sagte Einer zum Andern: ich Einzelner gebe diesem Einzelnen oder dieser Gesellschaft das Recht und die Macht, mich zu regieren, unter der Bedingung, daß auch du dein Recht und deine Macht, dich zu regieren, auf ihn übertragest. Die Einheit besteht also darin, daß Jeder sich durch Vertrag allen Andern verbindlich macht, dem Willen, welchem er sich unterworfen hat, nicht widerstehen zu wollen, d. h. den Nutzen seiner Kräfte und Schätze demselben nicht zu verweigern. Indem dadurch Alle Eine Person werden, entsteht der große Leviathan, der Staat oder die bürgerliche Gesellschaft[3]) oder bürgerliche Person[4]), der sterbliche Gott, welchem die Menschen nächst dem unsterblichen Gott Schutz und Frieden verdanken. Der Staat ist eine Person, zu deren Handlungen die Menschen sich in großer Anzahl durch gegenseitige Verträge Aller mit einander in der Absicht zu Urhebern gemacht haben, damit sie Aller Macht nach ihrem Willen zum Frieden und zu gegenseitiger Vertheidigung gebrauchen.[5]) Der

---

[1]) Leviath. cap. 17: personam gerat.

[2]) Elem. phil. de cive. cap. 5. §. 6: unio.

[3]) Ibid. §. 9: societas civilis.

[4]) Ibid.: persona civilis.

[5]) Leviath. cap. 17: civitas persona una est, cujus actionum homines magno numero per pacta mutua uniuscujusque cum unoquoque fecerunt se autores: eo fine, ut potentia omnium arbitrio suo ad pacem et communem defensionem uteretur.

Staat ist eine Person, deren Wille ist der Wille Aller, den Verträgen gemäß. Die Person des Staates ist von jeder andern Person, von deren Rechten und Sachen unterschieden; kein Bürger ist der Staat, und alle Bürger zusammen sind nicht der Staat. Jeder Staat ist bürgerliche Person, aber nicht jede bürgerliche Person ist Staat. Derjenige Mensch oder diejenigen Menschen, welchen die Uebrigen sich unterwerfen, haben im Staate die höchste Gewalt.[1]) Diese Macht und Gewalt zu herrschen ist dadurch entstanden, daß Jeder seine Kraft an den Machthaber übertragen hat. Die von dem Rechte, zu widerstehen, abgelassen haben, werden Unterthanen dessen, dem sie die höchste Gewalt übertrugen.

Aus den vielen natürlichen Personen, welche sich zu bewahren begehren, entsteht die eine bürgerliche Person, der Staat. Jene Personen haben sich entweder aus Furcht unterworfen, oder wegen Schutz und Sicherheit. Das Erste haben die im Kriege Ueberwundenen aus Furcht vor dem Tode gethan; das Zweite die nicht Ueberwundenen, damit sie nicht besiegt würden. Der Staat entsteht im erstern Falle durch natürliche Gewalt oder natürlich; im letztern Falle durch eine gewisse Einrichtung[2]), d. h. durch Rath[3]) und Constituirung.[4]) Es giebt daher zwei Arten des Staates: der natürliche, väterliche oder despotische Staat und der institutive oder politische Staat. Im erstern Staate erwirbt sich der Herrscher Bürger durch seinen Willen, im letztern geben sich die Bürger einen Herrscher durch ihren Willen.[5]) Die höchste Gewalt entsteht also auf zwiefache Weise: durch Gewalt, nach Art wie der Vater die Kinder zwingt und der Sieger dem Besiegten unter der Bedingung das Leben schenkt, sich zu unterwerfen; durch freiwillige Uebertragung der höchsten Gewalt auf einen oder mehrere Menschen, in der Hoffnung, dadurch geschützt zu werden. Jenes heißt Erwerbung[6]), dieses Instituirung des Staates.[7])

Die Art der Entstehung des Staates ist bei H. Grotius und

---

[1]) Elem. phil. de cive. cap. 5. §. 11.

[2]) Ibid. cap. 5. §. 12: ex instituto.

[3]) Ibid.: consilio.

[4]) Ibid.: constitutione.

[5]) Ibid.

[6]) Leviath. cap. 17: acquisitio.

[7]) Ibid.: institutio.

Hobbes verschieden. Der Staat entsteht nach dem ersteren aus Uebereinstimmung durch Vertrag auf friedlichem Wege, aus Neigung zur Geselligkeit und aus Einstimmung durch Unterwerfung; nach Hobbes auch aus Einstimmung, aber zugleich aus Furcht vor dem Tode und der Gefahr, besiegt zu werden. Bei H. Grotius geht der Naturzustand als natürliche Neigung zur Geselligkeit unmittelbar in den Staat über, bei Hobbes wird der Naturzustand durch den Staat negirt, ist der Staat keine natürliche, sondern eine künstliche Gesellschaft. Der Naturzustand bringt es bei Hobbes nicht zum Staat, die Menschen erkennen in diesem Zustande sich nicht unmittelbar an, der Kampf der Anerkennung geht dem Staate vorher. Im gegenseitigen Angriff liegt wegen des Triebes der Selbsterhaltung die Vertheidigung, und dieser Trieb ist zugleich Ursache der Unterwerfung. Weil die Unterwerfung aus jenem Triebe kommt, so geht sie aus dem Leben selbst hervor. Der Mensch hat das Leben von Natur, aber die Sicherheit des Lebens entsteht erst nach dem Kampfe der Anerkennung, nach der Ueberwindung des Naturzustandes durch den großen Leviathan, den Staat, in welchem die Menschen anerkannt und geschützt werden. Die Unterwerfung geschieht nicht sowohl durch den Willen Aller, als durch den Willen dessen, der die Andern zwingt. In diesem sind jene weniger eine Person durch Uebereinstimmung, als durch Einheit. Der Staat entsteht auch nach Hobbes durch Vertrag, aber die Einzelnen sind nicht der Staat, stimmen nicht ein in den Staat, sondern haben eingestimmt. Ihr Aller Wille ist negirt, der negirte Wille des Einzelnen gilt nur als allgemeiner Wille, dem der Einzelne unterthan ist. Der Staat ist als Wille Einheit und ist nur so die Macht über den Einzelnen. Er ist die Macht des Willens als natürlicher Freiheit oder Nothwendigkeit, Zwang, ist negative Einheit und Allgemeinheit. Der Staat ist gezwungener Frieden. Der Naturzustand ist ein Zustand natürlicher Freiheit, der Staat ein Zustand künstlicher Nothwendigkeit. Der Naturzustand ist ein Zustand des Krieges Aller gegen Alle, der Staat ein Friedenszustand Aller mit Allen. Der staatliche Zustand ist Kunst. Hobbes sagt: der große Leviathan, welcher Staat heißt, ist ein Werk der Kunst, der Mensch im Staate ist kein natürlicher Mensch mehr, sondern ein künstlicher.[1]) Der Staat ist künstlerisch zum Schutz

[1]) Leviath. Introit.

und Heil der Menschen erdacht worden. Die bewegende Seele des Staatskörpers ist derjenige, welcher die höchste Gewalt hat; die Behörden sind künstliche Glieder desselben; die Nerven sind Belohnung und Strafe, diese reizen die Glieder gleich den Nerven des natürlichen Körpers, ihr Werk zu vollbringen. Eintracht im Staatskörper ist Gesundheit, Aufruhr ist Krankheit, bürgerlicher Krieg ist Tod. Die göttliche Kunst hat die Welt geschaffen und regiert sie; die menschliche Kunst hat die göttliche nachgeahmt, hat ein künstliches Leben zu erzeugen versucht. Die Kunst ahmt nicht blos die Natur und das Thier, sondern auch das edelste Thier, den Menschen, nach. Der Staat ist der künstlerische Mensch.[1]) Man kann von allen Automaten und Maschinen sagen, daß sie ein künstliches Leben haben, denn sie werden von Federn und Rädern bewegt, als wenn sie eine Uhr in sich hätten. Was ist das Herz Anderes, als eine Sprungfeder, was sind die Nerven Anderes, als Saiten, und die Glieder Anderes, als so viel Räder, die den Körper bewegen?

Hobbes hat den Namen Leviathan aus dem Buche Hiob, Cap. 41, entlehnt, und will dadurch allegorisch die Stärke, Größe und Macht des Staates bezeichnen. Er selbst vergleicht den Staat mit einer künstlichen Maschine. Der große Leviathan Staat ist eine große Menschenmaschine, welche mechanisch bewegt wird und worin Alles nothwendig bestimmt ist. Der Mensch im Staate bestimmt nicht mehr frei sich selbst, wie im Naturzustande, sondern wird bestimmt; der Staat ist kein Reich der Freiheit, sondern ein Reich der Nothwendigkeit, diese ist die höchste Macht, welche dadurch entsteht, daß die natürliche Freiheit keine Sicherheit giebt. Der Staat entsteht also nothwendig. Hobbes setzt dem natürlichen Zustande den künstlichen entgegen; dieser Gegensatz ist nothwendig, um das Entstehen des Staates zu erkennen. Man kann den Leviathan eintheilen in den natürlichen oder freien Menschen, in den Bürger oder künstlichen Menschen und in den gläubigen Menschen. Frei ist der Mensch im Naturzustande, künstlich im Staate, gläubig in der Kirche. H. Grotius und Hobbes gehen nicht vom Allgemeinen aus, wie die Alten, sondern vom Einzelnen, um den Staat nicht zu anticipiren. Der einzelne Mensch ist nicht der Staat, aber

---

[1]) Leviath.: homo artificialis.

seine Bestimmung ist, im Staate zu leben. Soll der Staat entstehen, so muß der Naturzustand, die natürliche Freiheit des Menschen aufgehoben werden. H. Grotius negirt den Naturzustand nicht wirklich, der Staat kommt zur Gesellung von Natur durch Uebereinstimmung und Nutzen hinzu. Der Staat ist nach ihm die weitere Fortsetzung der natürlichen Gesellschaft und Gemeinschaft. Diese ist das Gegentheil des Staates. H. Grotius anticipirt das Entstehen und Werden des Staates, wie die Alten das Sein desselben. Der Staat entsteht deshalb bei H. Grotius nicht wirklich, sondern ist mit der natürlichen Gesellschaft und Gemeinschaft gegeben. Nach Hobbes ist der Staat mit der menschlichen Natur nicht unmittelbar vorhanden, sondern nach ihm ist der Staat im Naturzustande geradezu unmöglich. Aber dieser Zustand hebt sich durch sich selbst auf; der Naturzustand widerspricht dem Leben des Menschen, ist consequent die Furcht des Todes. Das menschliche Leben schwebt außer dem Staate fortwährend in Gefahr, es entsteht also wirklich erst mit dem Staate. Es ist im Naturzustande ein blos mögliches, unsicheres Leben, der Mensch muß um seines Lebens willen zum Staate gezwungen werden. Trieb der Selbsterhaltung und Macht sind Mittel zur Sicherheit des Lebens und Bestehens des Staates. Der Staat entsteht nothwendig, diese Nothwendigkeit ist das Leben selbst, der Mensch büßt mit dem Entstehen des Staates seine natürliche Freiheit ein. Hobbes sagt: frei ist, wer aus eigener Kraft machen kann, daß er in seinem Willen durch nichts gehindert werde. Der freie Wille ist nicht Freiheit des Willens, sondern des Wollenden. Alle freiwilligen Handlungen haben von Natur gewisse Ursachen. Diese Ursachen haben wieder Ursachen und alle Ursachen haben eine erste Ursache, den Willen Gottes. Gott allein sieht den Connex aller Ursachen und Handlungen, Gott wird auch fassen, daß sie frei sind. Die Nothwendigkeit aller Handlungen kommt aus dem Willen Gottes, welcher Alles ordnet. Aber die Menschen thun Vieles, wovon Gott nicht Urheber ist; sie haben aber keine Neigung, keinen Willen, dessen erste und vollste Ursache nicht der göttliche Wille wäre. Die menschliche Freiheit würde die göttliche aufheben, wenn Gott nicht in den menschlichen Willen die Nothwendigkeit gelegt hätte. Nach Hobbes ist deshalb der göttliche Wille bloße Nothwendigkeit für den menschlichen Willen. Aber die göttliche Freiheit hebt die menschliche nicht auf. Hobbes setzt die Nothwendigkeit der Freiheit entgegen, er sagt zwar: Freiheit und Nothwendigkeit können verbunden sein, aber er zeigt nicht, wie dies möglich ist: ihre Verbindung ist blos, daß eine die andere aufhebt. Er erkennt zwar, daß Nothwendigkeit, Zwang auch Wille ist, aber ein Wille, der die Freiheit und damit den Willen negirt; aber sie hebt blos die Natürlichkeit des Willens, nicht den Willen selbst auf. Hobbes erkennt die Freiheit nur als Willkür, und die Nothwendigkeit als bloße Macht, nicht als Etwas, wozu der Wille frei sich selbst bestimmen kann.

Der Staat ist nach Hobbes die Nothwendigkeit der natürlichen Freiheit, der aufgehobene Naturzustand, welcher die natürlichen Gesetze bewahrt, die aus jenem Zustande herkommen. Die natürlichen Gesetze, welche mit dem Naturzustande zusammenhangen, dienen dazu, den Krieg Aller mit Allen zu vermeiden, und machen deshalb den Uebergang aus dem natürlichen Zustande in den künstlichen aus. Die natürlichen Gesetze haben im Naturzustande nicht die Kraft, daß sie bewahrt werden können; nur die Nothwendigkeit kann sie bewahren, welche fordert, daß Alle Einem Willen unterworfen seien. Der Staat entsteht nach Hobbes durch Verträge, aber der eigentliche Grund ist das Unterworfensein Aller unter Einen Willen. Alle sollen diesem Willen der herrschenden Macht gehorchen, ohne sich selbst zum Gehorsam zu bestimmen. Sie gehorchen nicht frei, sondern nothwendig, gezwungen. Hobbes sagt: Thiere stimmen auch überein, wider Willen zu einem Object, aber es ist dabei nicht Ein Wille nöthig, wie im Staate. Wenn Alle diesem Willen unterworfen sind, wenn Alle ihre Kräfte und Schätze für denselben verwenden müssen, so sind die Verträge, nach welchen Jeder Andern nicht zu widerstehen sich verpflichtet, mit der Einheit selbst aufgehoben. Der Staat, die Macht der Bewahrung der natürlichen Gesetze zwingt zu diesen Gesetzen, zwingt nach seiner Constituirung also mit Gewalt zur Gerechtigkeit. Mehrere können sich zu einer Person oder zu gewissen Dingen verbinden, aber sie sind dem Staate untergeordnet, weil sie nur in gewissen, nicht in allen Dingen Einem Willen unterworfen sind. Im Staate herrscht Ein Wille über Alle; der Staat selbst ist dieser Wille. Er hat den Willen Aller widerstandslos gemacht, negirt, aufgehoben. Der Staat ist, als der negirte Wille jedes Einzelnen, der allgemeine, substanzielle Wille, die eine Substanz und damit die Macht über Alle, welche zu ihm gehören.

Die Wissenschaft, Staaten zu constituiren, hat nach Hobbes gewisse Regeln, welche nicht weniger infallibel sein sollen, als die Geometrie und Arithmetik.[1]) Im Naturzustande gehört Allen Alles an, da ist kein Mein und Dein, kein Eigenthum, weil keine Sicherheit und deshalb auch kein Recht ist. Außer dem Staate kann der Menge kein Recht zugesprochen werden.[2]) Im Naturzustande sind Alle gleich, im Staate sind Alle ungleich: Ungleichheit an Reichthum, Macht, Adel kommt aus den Staatsgesetzen.[3]) Außer dem Staate sind die Menschen keine natürliche Person, sondern ein bloßer Haufen; eine Person werden sie erst, wenn sie übereinkommen, daß der Wille eines Einzelnen oder eines Theils derselben für den Willen Aller gelten soll. Der Staat ist Eine Person. Die Lehre von der Gewalt des Staates hängt von der Erkenntniß des Unterschiedes des Herrschers und der Beherrschten ab. Die Menge im Staate ist dem herrschenden Willen unterworfen, sie hat als bloße Vielheit nicht Einen Willen, sondern viele. Die Menge kann deshalb keine Verträge schließen, keine Rechte vererben, übertragen, besitzen. Ihre Handlung ist gar keine Handlung. Ein Wille der Menge wird nur dadurch möglich, daß Jeder mit den Andern darin, was der größere Theil will, übereinstimmt. Stimmt Einer nicht überein, so constituiren darum die Andern den Staat. Der Staat hat gegen die Nichtübereinstimmenden das Recht des Krieges. Der Anfang des Staates ist das Recht der größeren übereinstimmenden Zahl, oder Mehrzahl.[4]) Aber zur Sicherheit der Menschen ist nicht bloße Uebereinstimmung nöthig, sondern auch Unterwerfung in Hinsicht dessen, was zum Frieden und zur Vertheidigung dient.[5]) Zum Frieden ist Schutz gegen jede mögliche Verletzung Anderer erforderlich. Verträge genügen nicht zur Sicherheit, dazu gehört eine zwingende Macht, Strafe.[6]) Das Recht der Strafe hat der Staat. Alle, welche sich nicht nach Außen

[1]) Leviath. cap. 20.
[2]) Elem. phil. de cive. cap. 6. §. 1.
[3]) Ibid. cap. 3. §. 13.
[4]) Elem. phil. de cive. cap. 6. §. 12.
[5]) Ibid. §. 3.
[6]) Ibid. §. 4.

beschützen können, haben so lange keinen Frieden, als ihre Kräfte nicht geeint sind; darum hat der Staat das Recht, die Bürger in der Gefahr zu vereinen, so viel ihrer zur gemeinschaftlichen Vertheidigung nothwendig sind. Er hat das Recht der Bewaffnung und das Recht, Frieden zu schließen; die Bürger haben dasselbe auf die Herrschaft übertragen. Die höchste Gewalt hat auch das Urtheil des rechten Gebrauchs der Gewalt, sie hat das Richteramt und die Gesetzgebung in Händen.[1]) Die höchste Gewalt giebt allein gemeinsame Regeln und veröffentlicht dieselben, damit Jeder wisse, was er thun und lassen soll. Diese Regeln sind die Staatsgesetze, Mandate der höchsten Gewalt über die künftigen Handlungen der Bürger.[2]) Die Geschäfte des Krieges und des Friedens können unmöglich von einem Menschen, von einer Versammlung, von untergeordneten Dienern und Magistraten verwaltet werden. Die höchste Gewalt hat allein das Recht, Diejenigen zu wählen, welche mit Rath helfen können und die den Krieg verstehen[3]); sie hat ferner das Recht des Urtheils über Lehre und Meinungen, weil diese häufig Ursache des Zwiespalts und Krieges sind, da die Handlungen von den Meinungen und Ansichten ausgehen. Dann hat sie das Urtheil, ob solche Meinungen dem Frieden gefährlich sind, und hat auch das Recht, sie zu verbieten.[4]) Zwar ist die Wahrheit Zweck und Ziel der Lehre, aber ist die Lehre wahr, so widerstreitet sie nicht dem Frieden.[5]) Die höchste Gewalt ist auch Quelle aller Würden und Ehren[6]) und heißt absolut, weil sie mit Recht Alles thun kann, was sie will: richten, strafen, Gesetze geben, Kräfte und Güter in Anspruch nehmen.[7]) Man fragt wohl, wann und wo solche absolute Gewalt von den Untergebenen anerkannt ist? Aber man muß fragen, wann und wo der Staat frei von Aufruhr ist, wenn die Gewalt nicht absolut ist?[8]) Ist keine absolute Gewalt

---

[1]) Elem. phil. de cive. cap. 6. §. 8. 9.

[2]) Ibid.: leges civitatis — ut eas definiamus — nihil aliud sunt, quam ejus, qui in civitate summa potestate praeditus est, de civium futuris actionibus mandata.

[3]) Ibid. §. 10; Leviath. cap. 18.

[4]) Elem. phil. de cive. cap. 6. §. 11.

[5]) Leviath. cap. 18.

[6]) Ibid.

[7]) Elem. phil. de cive. cap. 6. §. 13.

[8]) Leviath. cap. 20.

so ist bürgerlicher Krieg. Dann sind aus einer Gewalt zwei geworden. Zwar wollen die Aufrührer die höchste Gewalt nicht aufheben, aber sie wollen sie auf Andere übertragen. Ist die höchste Gewalt aufgehoben, so ist auch der Staat aufgehoben. Das absolute Recht des Herrschers fordert den absoluten Gehorsam der Bürger, welcher zur Regierung des Staates durchaus nothwendig ist. Gehorsam entsteht nicht unmittelbar aus dem Vertrage, sondern mittelbar durch Herrschaft. Ohne Gehorsam ist keine Herrschaft, kein Staat möglich. Der Volkszustand fordert diese absolute Gewalt, weil der Staat in der Person des Königs enthalten ist, was die Meisten aber nicht erkennen.[1]) Dieser Zustand, sagen sie, ist für die Bürger höchst traurig, die Bürger sind der Herrschaft und den Leidenschaften der regierenden Herren preisgegeben. Besonders reden diejenigen so, welche in Monarchien leben. Aber die Gewalt, welche schützen soll, ist in jeder Form dieselbe. Die menschlichen Angelegenheiten sind einmal nicht ohne Unbequemlichkeiten und gegen den Zustand des Krieges gering.[2]) Viele nennen es unbequem, daß der Monarch seine Kinder, Verwandte, Freunde bereichern, mit öffentlichen Geldern beschenken und einem guten Bürger seine Güter nehmen kann. Aber jede Gesellschaft, die die höchste Gewalt hat, kann dasselbe thun, kann eben so sehr von schmeichelnden Rednern, als der Monarch von seinen Räthen betrogen werden. In der Demokratie ist das noch schlimmer als in der Monarchie, weil die Demagogen und Sprecher ja mehr Kinder, Verwandte und Freunde haben. Es ist ferner eine Unbequemlichkeit der Monarchie, daß die höchste Gewalt auf ein Kind, oder auf einen Erwachsenen, welcher zwischen gut und bös noch nicht zu unterscheiden weiß, übergehen kann und daß die Gewalt deshalb in die Hände eines Curators gegeben werden muß. Dann können von den mächtigen Bürgern Ansprüche gemacht werden, und daraus kann Krieg entstehen; daran ist aber nicht die Form der Monarchie Schuld, sondern die ehrgeizigen, ungerechten Bürger sind Schuld.[3]) Viele stellen sich den Zustand der Bürger in einer Monarchie darum so unglücklich vor, weil sie glauben, beraubt und getödtet zu wer-

[1]) Leviath. cap. 18: sed civitatem in persona regis contineri, minus manifestum est plerisque.

[2]) Ibid.

[3]) Ibid. cap. 19.

den, und doch geschieht weder das eine noch das andere. Warum sollte die höchste Gewalt auch thun wollen, was gegen die natürlichen Gesetze, was eine Beleidigung Gottes ist? Es ist freilich wahr, wer so große Gewalt hat, Alle zu beschützen, der hat auch große Gewalt, zu unterdrücken. Die Unbequemlichkeit kommt aber von den Menschen, nicht von der höchsten Gewalt her; könnten die Menschen sich selbst regieren, lebten sie den natürlichen Gesetzen gemäß, so wäre ein Staat, und darum Zwang gar nicht nöthig. Ist Einer im Besitz der höchsten Gewalt, so kann er sich selbst nichts geben, er hat es schon. Er wird von den Staatsgesetzen nicht bestimmt, sein Wille ist der Staat selbst. Es giebt nur eine unbeschränkte Gewalt, und der Gehorsam ist ebenfalls unbeschränkt und absolut. Die absolute Gewalt ist ungetheilt; Richteramt, gesetzgebende, vollziehende Gewalt sind in der einen, höchsten Gewalt untrennbar eins. Die Trennung führt zur Auflösung des Staates. Die Meinung der Gelehrten, daß die Rechte des englischen Staates zwischen König und Parlament getheilt seien, hat den Bürgerkrieg veranlaßt. Die genannten Rechte sind unzertrennlich eins, sie befestigen den Frieden in ihrer Unzertrennlichkeit, während sie, getheilt, keinen Frieden geben. Viele gestehen zu, daß die Herrschaft nicht getheilt werden darf, aber meinen, daß sie in gewissen Grenzen gehalten werden, gemäßigt sein müsse. Dies ist zwar billig, aber man will mit solcher Behauptung den Herrscher einzwängen und durch die Einengung der Gewalt selbst einen Theil der Gewalt an sich reißen, wodurch die Gewalt wieder nicht gemäßigt, sondern getheilt wird. Die höchste Gewalt schreibt auch Regeln über das Eigenthum vor, damit Jeder wisse, was sein ist, und darnach zu handeln hat. Solche Regeln heißen Civilgesetze.[1]) Vor dem Staate gehört Allen Alles. Das Eigenthum fängt erst mit dem Staate an. Wer etwas nach den Gesetzen sein nennen kann, der besitzt es, aber besitzt es durch die Staatsmacht. Auf das Eigenthum der Bürger haben ihre Mitbürger kein Recht. Dies gilt aber nicht von der höchsten Gewalt, deren Mandate Gesetze sind. Der Wille der höchsten Gewalt trägt und hält den Willen jedes Einzelnen. Injurien, Mord, Diebstahl sind nicht Sache des natürlichen Gesetzes, sondern des Staatsgesetzes.

---

[1]) Leviath. cap. 18.

Vielen scheint die höchste Gewalt darum so hart zu sein, weil sie den Namen hassen. Aber diese kennen die menschliche Natur und die natürlichen Gesetze nicht. Sie wollen, um der höchsten Gewalt zu entgehen, einen recht constituirten Staat. Das heißt, es soll über gewisse Artikel in Versammlungen gestimmt und diese Artikel sollen gehalten werden. Aber dann haben die Versammlungen die höchste Gewalt. Die höchste Gewalt ist und bleibt welche sie war. Ob Einer sie in Händen hat, oder ob eine Versammlung, ist gleich. Gesetze geben und abrogiren, Krieg und Frieden schließen, Magistrate, Räthe wählen, alle diese Merkzeichen bleiben dieselben. Zwischen Rath und Befehl aber muß unterschieden werden; ersterer bezieht sich auf das fremde Gute, letzterer auf das eigene. Gehorchen muß Der, dem befohlen wird, aber nicht, dem gerathen wird. Einen Rath kann Niemand fordern. Wer dem Staate rathen will, der muß viel Erfahrung, Kenntniß des Rechts, der höchsten Gewalt und der Menschen haben, der muß die Kräfte der benachbarten Länder, des Staatsarchivs, der Bündnisse und dergleichen mehr kennen. Zur öffentlichen Verwaltung gehört viel Nachdenken. Ist die Verwaltung schlecht, so darf darum die höchste Gewalt nicht aufgehoben werden.[1])

Man kann den Staat und dessen Bürger mit dem Menschen und dessen Gliedern vergleichen. Der Machthaber im Staate ist das Haupt, nicht blos der Kopf, sondern die Seele und Vernunft. Der Mensch hat Willen nur als Seele. Der Wille des Machthabers ist Wollen und Nichtwollen des Staates.[2]) Wenn die höchste Gewalt durch die Macht der Verträge constituirt ist, so kann sie, scheint es, durch Uebereinstimmung auch wieder getilgt werden. Zwar wird die Gewalt durch Verträge Einzelner mit Einzelnen constituirt, aber das Recht der Gewalt hängt von dieser Verpflichtung nicht ab. Die Verpflichtung kommt hinzu gegen Den, welcher im Besitz der Herrschaft ist. Wer einmal Bürger eines Staates ist, kann einen neuen Vertrag nicht eingehen, er würde dadurch seine Person auf einen Andern übertragen.[3]) Jeder hat mit dem Andern den Vertrag geschlossen: ich übertrage mein Recht auf diesen, damit auch du dein Recht auf denselben über-

[1]) Leviath. cap. 18.

[2]) Elem. phil. de cive. cap. 6. §. 19.

[3]) Leviath. cap. 18.

tragest.[1]) Er hat folglich sein Recht und alle seine Kräfte, welche er sonst zum eigenen Nutzen verwenden konnte, auf Einen Menschen oder auf eine Versammlung zum gemeinsamen Nutzen übertragen. Durch diese doppelte Verpflichtung wird die Herrschaft sowohl gegen den Herrscher, als gegen die Mitbürger beschützt. Die Bürger können nicht ohne Einstimmung des Herrschers denselben seiner Herrschaft berauben.[2])

Es giebt drei Arten des Staates: Demokratie, Aristokratie und Monarchie.[3]) Der Unterschied dieser Formen rührt von den Personen her, welchen die höchste Gewalt anvertraut ist.[4]) Diese ist entweder Einem Menschen oder Vielen gegeben worden, in letzterer Hinsicht entweder Allen oder nur einem Theile. Mehrere Arten von Staaten giebt es nicht.[5]) Aber man hat denselben schon in den ältesten Zeiten die Anarchie, Oligarchie und Tyrannei entgegengesetzt. Diese Arten sind aber bloße Namen, von Menschen erfunden, welchen Herrscher mißfallen, sie bezeichnen nicht verschiedene Arten des Staates, sondern verschiedene Meinungen der Bürger über die Herrschaft. Die Namen bezeichnen den Affect des Menschen, nicht den Begriff desselben.[6]) Der Unterschied besteht nicht in der Verschiedenheit der Gewalt, sondern in der Geschicklichkeit der Bürger zum Zweck des Staates, welcher Frieden und Vertheidigung ist. Die Anarchie kann weder der Demokratie noch den andern Staatsformen entgegengesetzt werden, denn sie läßt einen Staat, eine Herrschaft gar nicht zu. Zwischen König und Tyrann ist ebenfalls kein Unterschied; die Macht des einen ist nicht größer, als die Macht des andern. Ein Mehr der höchsten Macht giebt es nicht. Sie sind in Art der Erwerbung ebenfalls nicht unterschieden, sondern blos in Ausdehnung der Gewalt. Das Glück im Staatsleben hängt nicht von den Staatsformen, sondern von dem Gehorsam und der Eintracht der Bürger ab. Wo diese fehlen, löst sich jede Staatsform auf.

---

[1]) Elem. phil. de cive. cap. 6. §. 20: Ego jus meum transfero in hunc, ut tu tuum transferas in eundem.

[2]) Ibid.

[3]) Ibid. cap. 7. §. 1.

[4]) Ibid.; Leviath. cap. 19.

[5]) Ibid.

[6]) Leviath. cap. 19: affectum, non conceptum ejus.

Es scheint aber doch mehrere Arten geben zu können, wenn man die einzelnen Staaten betrachtet, wie sie einst waren und wie sie jetzt sind, z. B. das Wahlreich, in welchem der König die höchste Gewalt blos auf eine gewisse Zeit hat, und wenn diese Gewalt durch Erbschaft von den Bürgern beschränkt wird, welche Form der Herrschaft auch Monarchie heißt. Eine höchste Gewalt im Staate muß sein, das gestehen die Meisten zu; aber wenn Einer die Gewalt hat, so nennen sie die Uebrigen Sclaven. Sie meinen, daß es einen aus den drei Arten gemischten Zustand geben könne: eine gemischte Monarchie, gemischte Aristokratie, gemischte Demokratie, je nachdem eine Art die andere überwiege. Alsdann können die Bürger dissentiren, und wenn dies der Fall ist, so ist der bürgerliche Krieg da, welcher schlimmer ist als alle Unterwerfung. Diese ist nur so lange, als Alle übereinstimmen. Der Monarch allein kann von sich nicht dissentiren, seine Beschlüsse sind darum beständig. In der Monarchie hat Einer die höchste Gewalt; jeder Andere hat die Macht vom Monarchen, und hat dieselbe so lange, als der Monarch will. In der Aristokratie und Demokratie haben die Versammlungen die Gewalt, dann ist die Herrschaft in denselben nicht gemischt, sondern absolut. Heißt die Monarchie gemischt, so kann der Monarch ebenfalls gemischter Monarch heißen, was absurd ist. Es ist ferner absurd, darüber zu disputiren, welche von den drei Arten die beste sei. Die bestehende Art ist die beste, ist der andern vorzuziehen und deshalb zu vertheidigen. Alle Die, welche zur Umwälzung reizen, verletzen sowohl die natürlichen, als die göttlich positiven Gesetze.

Wenn Menschen sich zu dem Zwecke versammeln, einen Staat errichten zu wollen, so sind sie in dem Augenblicke, wo sie zusammenkommen, in der Demokratie, aber nur so lange, als die Versammlung dauert. Die Versammlung selbst ist der Wille Aller, die höchste Gewalt. Ist über Zeit und Ort des Wiederzusammenkommens aber nichts bekannt gemacht worden, dann geht Alles wieder in den Zustand vor der Zusammenkunft über, in den Krieg Aller gegen Alle. Es ist auch nicht genug, daß Zeit und Ort der Zusammenkunft bekannt gemacht werden, die Gewalt muß während der Zwischenzeit entweder Einem oder einer Versammlung übertragen werden. Sonst ist keine Sicherheit, kein Staat. Die Demokratie entsteht nicht durch Verträge Einzelner mit dem Volke, sondern durch gegenseitige Verträge Einzelner mit Allen. Vor der Constituirung des Staates existirt kein Volk, sondern ist bloße Menge. Volk und Menge sind bestimmt zu unterscheiden. Das Volk hat Einen Willen, es ist Eins; deshalb können dem Volke, aber nicht der Menge Handlungen zugeschrieben werden. Die Menge ist nicht Eins. Das Volk regiert in jedem Staate, es herrscht auch in der Monarchie, aber durch den Willen Eines Menschen. Die Menge sind in Betreff des Staates Bürger, d. h. Unterthanen. In der Demokratie und Aristokratie ist das Volk Curie, sind die Bürger Menge. In der Monarchie ist der König das Volk,[1]) und sind die Unterthanen Menge. Nur der Pöbel nennt eine Menge Menschen Volk, d. h. Staat. Der Pöbel sagt: der Staat hat gegen den König rebellirt, aber das ist unmöglich, das Volk will nicht, was die Tumultuanten im Namen des Volkes wollen, was die Menge gegen das Volk will.[2]) Deshalb findet zwischen Volk und Bürger kein Vertrag statt. Der Wille des Volkes schließt nach der Constituirung des Staates den des Bürgers ein. Jeder Bürger schließt den Vertrag, seinen Willen dem des größten Theils unterwerfen zu wollen, wenn die Uebrigen dasselbe thun: ich übertrage mein Recht auf das Volk zu deinen Gunsten, damit auch du zu meinem Besten dein Recht auf dasselbe übertragest.[3]) Die Aristokratie entspringt aus der Demokratie, indem diese ihr Recht auf jene überträgt. Das Recht des ganzen Volkes oder Staates ist dadurch auf einige Erwählte übertragen worden. In der Demokratie ist das Volk, in der Aristokratie die Curie von aller Verbindlichkeit frei. Selbst die Monarchie nimmt aus der Macht des Volkes ihren Ursprung. Der Monarch empfängt seine Gewalt vom Volke, aber sobald das Volk ihm die Herrschaft gegeben hat, hört dasselbe auf, Person zu sein. Mit dem Verlust der Persönlichkeit hört auch die Verbindlichkeit gegen die Person auf. Die Bürger müssen dem Monarchen deshalb gehorchen. Die Machthaber in der Demokratie und Aristokratie müssen an gewissen Orten und zu gewissen Zeiten zusammenkommen, um zu berathen und zu beschließen, um die Gewalt zu handhaben, während die Deliberation und Beschlußnahme in der Monarchie

[1]) Rex est populus.

[2]) Elem. phil. de cive. cap. 12. §. 1—13.

[3]) Ibid. cap. 7. §. 7: Ego jus meum ad populum transfero in tuam gratiam, ut tu tuum in gratiam meam transferas ad eundem.

immer möglich ist. Das Volk und die Optimaten sind kein natürliches Eins [1]), wie der Monarch, welcher Eins von Natur [2]) ist; deshalb müssen jene zusammenkommen. Der Machthaber ist Niemandem durch Vertrag verbindlich. Er kann die Bürger nicht beleidigen, weil Beleidigung Verletzung des Vertrags ist; wo aber kein Vertrag ist, da ist auch keine Beleidigung. Das Volk, die Optimaten, der Monarch können unbillig, grausam gegen die natürlichen Gesetze handeln, die nicht unter die Beleidigung fallen. Will ein Bürger der höchsten Gewalt keinen Gehorsam leisten, so beleidigt er seine Mitbürger; denn jeder hat mit allen den Vertrag geschlossen, zu gehorchen. [3]) Wollte einer die höchste Gewalt anklagen, so würde er sich selbst anklagen, denn die Mehrzahl hat dieselbe constituirt. Wollte einer die höchste Gewalt beleidigen, so würde er sich selbst beleidigen [4]), was aber unmöglich ist, weil die höchste Gewalt durch seine Autorität handelt. Wer nicht beleidigen kann, der kann auch nicht verdammt, bestraft und getödtet werden. Wird etwas vom Volke oder von Optimaten gegen ein natürliches Gesetz beschlossen, so sündigt das nicht der Staat oder die bürgerliche Person, sondern jeder Bürger, durch dessen Stimme es mit beschlossen worden ist. [5]) Die Sünde geht den natürlichen, nicht den politischen Willen an, welcher künstlich ist. Sonst würden die, welche sündigen, auch denen mißfallen, die es beschlossen haben. In der Monarchie sündigt der Monarch, wenn er etwas gegen die natürlichen Gesetze beschließt, weil in ihm der Staatswille eins mit dem natürlichen Willen ist. [6])

Das Volk kann dem Monarchen die Herrschaft ohne Beschränkung auf alle Zeit und auf bestimmte Zeit übertragen. [7]) Im ersten Falle kann der Monarch willkürlich sich einen Nachfolger wählen, wie das Volk den Monarchen wählte. Der Monarch hat nicht blos das Recht des Besitzes, sondern auch der Succession. Er muß sich für einen Nachfolger erklären, sonst tritt der Naturzustand ein. [8])

[1]) Elem. phil. de cive. cap. 7. §. 13: unum naturale.

[2]) Ibid.: qui unus natura.

[3]) Ibid. cap. 7. §. 14.

[4]) Leviath. cap. 18.

[5]) Elem. phil. de cive. cap. 7. §. 14.

[6]) Ibid.

[7]) Ibid. §. 15.

[8]) Leviath. cap. 19.

Wenn zur Constituirung des Staates ein künstlerischer Mensch erforderlich ist, so ist zur Bewahrung des Staates auch ein künstlerisches Leben[1]) nöthig, ohne welches der Staat nicht sein kann. Dies künstlerische Leben ist das Recht der Nachfolge, denn wo der Antecessor nicht das Recht hat, den Successor zu wählen, da ist die Form des Staates nicht vollkommen, da würden die Unterthanen das Recht haben. In der Demokratie ist kein Recht der Succession. Wenn in der Aristokratie Einer stirbt, so wird ein Anderer substituirt. Die Schwierigkeit der Nachfolge ist am größten in der Monarchie. Es fragt sich: hat der Monarch das Recht zu wählen, wann er will und wen er will? Er muß leben, indem er wählt, weil der Staat nach seinem Tode aufgelöst ist. Die Menge hat kein Recht zu wählen, das Recht der Succession kommt dem gegenwärtigen Monarchen zu. Das folgt schon aus der Institution des Staates. Die Erbeinsetzung geschieht entweder durch Testament oder durch andere Zeichen, z. B. Gewohnheit. Wo solche Zeichen fehlen, da ist zuerst darauf zu sehen, daß die Form des Staates monarchisch bleibe. Erst müssen Kinder, und sind keine Kinder da, müssen die nächsten Verwandten succediren. Ist es dem Monarchen erlaubt, einen Nachfolger durch Testament oder Vertrag zu wählen, so kann dem Staate daraus ein großer Nachtheil erwachsen; denn er kann die höchste Gewalt auf einen fremdgeborenen Menschen übertragen und kann dadurch den Staat unterdrücken.[2]) Das Volk hat nicht das Recht der Succession, wodurch die höchste Gewalt erhalten wird. So lange es Bürger giebt, kommt diesen das Recht der Nachfolge zu. Eben so wenig hat die Aristokratie jenes Recht. Die Succession findet nur in der absoluten Monarchie statt. Wer blos auf Zeit im Besitz der höchsten Gewalt ist, der ist nicht Monarch, sondern Diener des Staates. Wenn der Monarch kein Testament hinterlassen hat, so hat er deshalb nicht gewollt, daß der Staat in Anarchie versinken soll. Er hat das nicht wollen können, sonst würde er die natürlichen Gesetze verletzt haben, welche ihn zum Frieden verpflichten. Der Monarch muß daher einen Nachfolger wollen, und lieber eins seiner Kinder, als einen Andern, lieber einen Mann, als ein Weib, lieber den ältern, als den

[1]) Leviath. cap. 19: artificialis vita.

[2]) Ibid.

jüngern Sohn, und sind keine Kinder da, so muß er die Brüder wollen.[1])

Die Bürger werden auf vielfache Weise vom Gehorsam entbunden: durch Entsagung, wenn der Herrscher die Herrschaft auf keinen Andern überträgt, sondern sie abwirft, sie Allen zum Raube überläßt; wenn der Staat in feindliche Hände kommt; wenn kein Nachfolger vorhanden ist. Die Bürger kommen dann von der Unterwürfigkeit los, es entsteht die Freiheit auf Alles, sie werden natürlich frei. Aber mit Recht werden sie durch den Willen des Machthabers frei; mit Erlaubniß werden sie frei, wenn sie anderswo wohnen wollen; auf Befehl, wenn sie verbannt werden. Dann gehen sie in andere Staaten über und gehorchen den Gesetzen derselben. Die natürliche Freiheit verhält sich zur Unterwürfigkeit, wie die Begierde zur Vernunft, wie das Thier zum Menschen.[2])

Diese Arten des Staates bilden den institutiven Staat,[3]) oder den Staat, welcher aus der Uebereinstimmung Vieler durch Verträge und gegenseitiges Vertrauen entsteht. Aber der Staat entsteht auch auf andere, natürliche Weise. Der natürliche Staat[4]) wird durch Macht und natürliche Kräfte erworben.[5]) In dem institutiven Staate unterwerfen sich die Bürger aus gegenseitiger Furcht, in dem natürlichen Staate aus Furcht vor Einem.[6]) Die Rechte der höchsten Gewalt sind in beiden Staaten dieselben, können ohne Zustimmung des Machthabers nicht genommen und übertragen werden. Das Recht der Herrschaft auf Personen ist ein Reich, und das Reich eine große Familie. Im Naturzustande, wo die Menschen keine Verpflichtung gegen einander haben, giebt es drei Arten der Herrschaft. Die erste Art entsteht durch Vertrag, um des Feindes und der gegenseitigen Vertheidigung willen; die zweite durch Gefangenschaft oder Unterwerfung; die dritte durch Zeugung.[7]) Jene heißt die herrische, wegen des Verhältnisses der Herrschaft und Knechtschaft; diese die väterliche. Der Vater aber hat das Recht nicht wegen der Zeu-

---

[1]) Elem. phil. de cive cap. 9. §. 11—18.

[2]) Ibid. cap. 7. §. 17.

[3]) Ibid. cap. 8: civitas institutiva.

[4]) Ibid.: civitas naturalis.

[5]) Ibid.

[6]) Leviath. cap. 20.

[7]) Ibid.

gung, sondern weil das Kind zustimmt und wegen anderer Gründe. Gäbe die Zeugung das Recht, so wären zwei Herren: Vater und Mutter. Aber man kann nicht der Diener zweier Herren sein. Das Kind ist dem Vater unterworfen, wie der Knecht dem Herrn, der Bürger dem Staate. Das Gebot: ehre die Eltern, ist kein natürliches Gebot, sondern des Vertrags.[1])

Das Verhältniß der Herrschaft und Knechtschaft ist noch keine Sclaverei. Es entsteht weniger aus dem Siege, als aus dem Vertrage des Besiegten, welcher nicht deswegen verpflichtet ist, weil er gefangen worden, sondern weil er sich dem Willen des Siegers unterworfen hat. Der Sieger schenkt dem Besiegten das Leben. Das Leben ist ein Gut, wofür der Besiegte dem Sieger Dienst und Gehorsam schuldig ist. Er ist Knecht des Herrn, nicht Sclave, weil er im Genusse der natürlichen Freiheit ist. Der Sclave ist in Ketten und Banden, und thut nichts gegen das natürliche Gesetz, wenn er entflieht, den Herrn tödtet. Aber der Herr hat gegen beide das Recht des Eigenthums. Der Herr kann den Knecht verkaufen, kann ihn nicht beleidigen, so wenig als die höchste Gewalt Jemanden beleidigen kann. Der Knecht kann sich nicht beklagen, daß er nicht frei sei, er kann es höchstens als ein Elend ansehen, daß er verhindert ist, sich selbst schaden zu können, daß er das Leben, was er durch Unglück, Krieg, Trägheit, Furcht verloren hat, mit den Alimenten durch das Gesetz empfängt und erhalten muß. Wer gehindert wird, Alles thun zu dürfen, was er möchte, wird durch Knechtschaft nicht unterdrückt, sondern regiert.[2]) Vor den Knechten haben die Kinder und freien Bürger voraus, daß sie mehr besitzen, dadurch daß sie der Familie und den ehrwürdigen Dienern des Staates gehorchen. Der Unterschied zwischen Bürger und Knecht besteht darin, daß jener dem Staate, dieser dem Mitbürger dient. Jede andere Freiheit ist eine Ausnahme von den Gesetzen des Staates. Sie ist die eigene des Herrschers.[3]) Der Familienvater, dessen Kinder und Knechte, sind kraft der väterlichen Gewalt eine bürgerliche Person und heißen zusammen eine Familie. Wenn diese durch Anzahl der Nachkommenschaft und Erwerbung so groß geworden ist, daß sie ohne

---

[1]) Elem. phil de cive cap. 9. §. 7.

[2]) Ibid. cap. 9. §. 9.

[3]) Ibid.

Krieg nicht unterjocht werden kann, so heißt sie Patrimonialreich.[1]) In diesem finden sich dieselben Rechte, wie im institutiven Staate, wenn gleich beide dem Ursprunge und der Constituirung nach verschieden sind.

Jeder Mensch hat außer dem Staate die größte Freiheit. Solche Freiheit ist aber unfruchtbar. Wer Alles nach seinem Willen thut, wird wegen der Freiheit Anderer von fremdem Willen Alles leiden müssen. Jeder Bürger hat im Staate so viel Freiheit zurückbehalten, als genug ist, um gut und ruhig leben zu können; eben so viel Freiheit ist den Andern genommen worden, damit man sie nicht zu fürchten braucht. Jeder hat außer dem Staate das Recht auf Alles, aber kann es nicht genießen. Erst im Staate ist sicherer Genuß mit bestimmtem Rechte; außer dem Staate kann Jeder den Andern mit Recht berauben, tödten; das kann im Staate nur Einer thun. Jeder muß außer dem Staate sich durch eigene Kraft schützen; im Staate beschützen ihn alle Kräfte; außer dem Staate ist keine Sicherheit des Fleißes, sondern Begierde, Furcht, Krieg, Armuth, Unwissenheit, Wildheit, Barbarei: im Staate ist Vernunft, Frieden, Reichthum, Ehre, Wohlwollen, Gesellschaft, Wissenschaft.[2])

Hobbes setzt dem Naturzustande den Zustand des Staates entgegen, um den Vorzug des letzteren vor dem ersteren zu erörtern, und vergleicht zu demselben Zwecke die Staatsformen miteinander. Er versucht nämlich zu zeigen, daß die monarchische Form der demokratischen und aristokratischen Form vorzuziehen sei, und sagt: die Welt wird von Einem Gott regiert: wem die Herrschaft eines Einzigen mißfällt, der würde sich, wenn er könnte, auch der Herrschaft eines einzigen Gottes entziehen. Sehen die Menschen, daß Einer hat, was Alle begehren, so erzeugt das Neid, sie halten es für unbillig, wenn Einige herrschen, zu welchen sie ebenfalls nicht gehören. Aber wenn solcher Vorzug wegfällt, wenn die Gleichheit Aller eintritt, so ist der Krieg da. Die Ungleichheit ist nicht mehr unbillig, wenn sie durch Uebereinstimmung Aller eingeführt wurde. Es ist nicht unbillig, wenn Einer mehr ist als der Andere, und ebenso wenig, wenn Einer mehr hat als der Andere, da ihm mit Willen mehr gegeben wurde. Die Unbequemlichkeiten und Nach-

---

[1]) Elem. phil. de cive cap. 9. §. 10: regnum patrimoniale.

[2]) Ibid. cap. 10. §. 1.

theile der Herrschaft eines Einzigen treffen blos den einzelnen Menschen, aber nicht die Einheit.[1]) Zorn und Leidenschaften sind Fehler des Regenten, nicht des Regimen, und kommen in allen Staatsformen vor. Man meint, die Monarchie habe mehr Nachtheile, als die Demokratie, weil sie weniger Freiheit darbiete. Wenn die Freiheit eine Ausnahme vom Gesetz sein soll, so ist in keinem Staate Freiheit, so wenig in der Demokratie und Aristokratie als in der Monarchie. Fordern die Unterthanen Freiheit, so verlangen sie dieselbe nicht im Namen der Freiheit, sondern begehren Herrschaft, was sie aus Unwissenheit nur nicht merken. Begehrt Jemand die Freiheit für sich und Andere, so kehrt der Naturzustand zurück. Wenn Aristoteles der Freiheit das Wort redet, daß Alle die Geschäfte theilen, sprechen, deliberiren sollen,[2]) so zieht er den Volkszustand der Monarchie vor. Aber wir sehen in jenem Zustande die Meinung Derer, die wir verachten, der unserigen vorgezogen, sehen unsere Ansichten gehaßt, unsere Weisheit nicht berücksichtigt, unsere häuslichen Angelegenheiten vernachlässigt. Das Alles sind die demokratischen Nachtheile. Daraus ergiebt sich, daß die Monarchie die beste Art des Staates ist. Aber nicht in Monarchien allein, sondern auch in Aristokratien und Demokratien wird z. B. Einem die Herrschaft des Krieges übertragen, was gleichfalls ein Zeichen ist und zum Beweise dienen kann, daß die Monarchie die beste Art des Staates ist.[3]) Hobbes sagt: der beste Zustand des Staates ist, wo die Unterthanen das Erbe des Herrschers sind, und auch andere Staatsformen sind desto besser, je mehr sie sich dem Zustande der Monarchie nähern.

Hobbes bezeichnet die Eigenschaften der Menschen, wodurch Friede bewahrt und der Zustand des Staates befestigt wird, als Sitten. Das Glück des gegenwärtigen Lebens besteht nach ihm nicht in der Gemüthsruhe, denn die Glückseligkeit geht von einer Begierde zur andern; das Object der Begierde ist in keinem Zeitmoment vorhanden, sondern gehört der Sorge für die Zukunft an. Die Menschen suchen die Mittel ins Unendliche zu vervielfältigen, das Begehren nach denselben erzeugt Streit und Krieg, aber der Wunsch

[1]) Elem. phil. de cive cap. 10. §. 3. 4.
[2]) Polit. 6, 2.
[3]) Elem. phil. de cive cap. 10. §. 17.

nach Frieden disponirt sie zuletzt, einer gemeinsamen Macht gehorchen zu wollen. So lange sie über die Ursache und das Entstehen des Rechts, der Billigkeit, der Gerechtigkeit, des Gesetzes kein Bewußtsein haben, folgen sie in allen ihren Handlungen der Gewohnheit. Sie glauben, daß nur Das Unrecht ist, was sie bestraft sehen, wie die Kinder, welche andere Regeln des Guten und Bösen nicht kennen. Aber die Erwachsenen gehen von der Gewohnheit weiter zur Vernunft fort, weshalb die Lehre des Gerechten und Ungerechten beständig dem Streite unterworfen sein wird. Ueber Linien und Figuren ist kein Streit, Wenige kümmern sich um die Wahrheit in denselben, denn solche Dinge hindern keines Menschen Nutzen und Begierde. Wenn der Satz des Euclid, wonach drei Winkel gleich zwei rechten sind, dem Nutzen der Herrscher entgegen wäre, so würde er längst unterdrückt worden sein.[1]) Die Menschen machen nicht blos wegen des Friedens einen künstlichen Menschen, einen Staat, sondern denken auch künstliche Bande für denselben aus: Gesetze und Einrichtungen. Die Staatsgesetze sind der Freiheit der Bürger entgegen, aber allen Handlungen Gesetze vorzuschreiben, ist unmöglich. Der Bürger hat nur zu solchen Handlungen Freiheit, über welche in den Gesetzen nichts bestimmt wird.[2]) In Angelegenheiten über Mein und Dein hat er die Freiheit, selbst gegen den Machthaber zu klagen, welcher im Besitze der höchsten Gewalt ist, aber nicht, wenn dieser kraft jener Gewalt etwas verlangt. Dann fordert er es kraft der Autorität der Bürger, die sich nur gegen sich selbst auflehnen würden, wenn sie sich dem widersetzen wollten.

Hobbes betrachtet nach der Entstehung, Form und Macht des Staates nun weiter die Theile desselben. Er spricht von Systemen der Bürger und versteht unter System eine gewisse Anzahl von Menschen, welche sich zu einer gemeinschaftlichen Angelegenheit verbunden haben. Solche Verbindungen sind entweder regelmäßig oder unregelmäßig. Von den regelmäßigen sind einige absolut und sind deshalb Niemandem unterworfen, als der einen repräsentativen Person. Solche regelmäßige Verbindungen sind Staaten, denen alle andern Verbindungen untergeordnet sind. Die unregelmäßigen

[1]) Leviath. cap. 11.
[2]) Ibid. cap. 21.

Systeme werden von Zusammenkünften des Volkes gebildet, wenn solche nicht von Staats wegen verboten wurden. Die untergeordneten werden von der höchsten Staatsgewalt bestimmt, z. B. Provinzen, Colonien, Städte, Universitäten, Handel, Deputirte. Das regelmäßig private System ist erlaubt, wenn es aus den bürgerlichen Gesetzen folgt, z. B. die Familie; unerlaubt, wenn es aus jenen Gesetzen nicht folgt, z. B. Verbindungen von Räubern, Dieben, Aufrührern, Verschworenen gegen den Staat.[1]) Anders verhält es sich mit den öffentlichen Beamten. Ein Beamter oder öffentlicher Diener repräsentirt in Staatssachen die Autorität der Person des Staates, die die öffentliche Gewalt in Händen hat.[2]) Die ganze Staatsgewalt kann einem solchen Beamten anvertraut sein, z. B. wenn der Fürst noch ein Kind ist, wenn derselbe an den Berathungen Alters wegen nicht mehr Theil nehmen kann. In diesem Falle kann er durch Minister, Räthe regieren lassen. Das Recht und die Ausübung der höchsten Gewalt erscheint dann getrennt.[3]) Solche Beamte, denen die Bürger gehorchen müssen, sind Statthalter, Präfecte. Zu den öffentlichen Beamten gehören auch Gesandte, Feldherren, Richter und Lehrer des Volkes.

Da das Glück im Staatsleben nicht von den Staatsformen, sondern von dem Gehorsam und der Eintracht der Bürger abhängt, da Gehorsam die höchste Gewalt voraussetzt, so sind die höchste Gewalt und das Wohl des Volkes untrennbar. Der Herrscher, im Besitze der höchsten Gewalt, hat Pflichten, die in den natürlichen Gesetzen enthalten sind. Alle können in den einen Satz zusammengefaßt werden: das höchste Gesetz ist das Wohl des Volkes.[4]) Der Herrscher ist zwar den eigentlichen Gesetzen, dem Willen der Menschen nicht unterworfen, weil es sich widerspricht, der Höchste zu sein und unterworfen zu sein, aber seine Pflicht und Vernunft ist, den göttlichen Gesetzen und der natürlichen Moral in Allem gehorchen zu müssen. Die Reiche werden des Friedens wegen und der Friede wegen des Wohls constituirt. Wer gegen den Frieden handelt, handelt gegen das Gesetz, welches das Wohl des Volkes dictirt, und gegen die

[1]) Leviath. cap. 22.

[2]) Ibid. cap. 23.

[3]) Elem. phil. de cive cap. 13. §. 1.

[4]) Ibid. cap. 13. §. 2: salus populi suprema lex; Leviath. cap. 30.

Kunst, wodurch die Herrscher dasselbe verwirklichen können. Denn die Macht der Bürger ist die Macht des Staates. Der Staat ist nicht wegen des Herrschers, sondern wegen der Bürger da. Das Wohl der Bürger besteht nicht allein in der Bewahrung des Lebens, sondern in einem glücklichen Leben. Die Menschen vereinigen sich zum Staate, um angenehm zu leben. Das Wohl des Staates fordert Vertheidigung nach Außen und Bewahrung des Friedens nach Innen, Reichthum, Arbeit und Sparsamkeit. Die Fürsten können nicht mehr thun, als die bürgerliche Glückseligkeit fördern helfen. Der Zustand der Staaten im Verhältniß zu einander ist ein Naturzustand oder feindlicher Zustand, welcher Truppen, Flotten, Geld, Kundschafter nöthig macht. Zur Erhaltung des innern Friedens muß aller Aufruhr verhindert werden. Um Aufruhr zu verhüten, müssen öffentliche Lasten gleichmäßig vertheilt werden, d. h. nach Verhältniß der Güter; Jeder muß nach dem geschätzt werden, was er consumirt, nicht nach dem, was er besitzt. Die Ehrgeizigen, welche sich weiser und geschickter dünken, als die, die den Staat regieren, müssen unterdrückt, die Factionen müssen aufgelöst werden. Wie durch die Einheit der Menschen im natürlichen Zustande ein Staat entsteht, so entstehen durch neue Einheiten der Bürger Factionen.[1]) Wo Gehorsam und Eintracht der Bürger fehlt, da ist jeder Staat aufgelöst. Die den Staat ohne Autorität der höchsten Gewalt reformiren wollen, bessern ihn nicht, sondern zerstören ihn. Wenn ein Staat durch innern Aufruhr aufgelöst wird, so ist es immer Schuld der Einrichtungen des Staates.

Vor der Herrschaft ist etwas weder gerecht noch ungerecht. Der Herrscher befiehlt, was recht, und verbietet, was unrecht ist. Wenn Privatpersonen Recht und Unrecht näher in Betracht ziehen wollen, so begehren sie zu herrschen, was nur dem Staate gefährlich ist. Die Erkenntniß des Rechts und Unrechts kommt nicht dem Einzelnen zu. Recht und Unrecht, Ehrbares und Unehrbares, Gutes und Böses sind Staatsgesetze. Treue und Glauben werden dem Menschen nicht auf übernatürliche Weise eingegossen, sondern müssen durch Vernunft und Studien erworben werden. Sonst könnte Jeder aus eigener Inspiration thun wollen, was er nach den Geboten des Herrschers aus natürlicher Vernunft thun muß.

[1]) Elem. phil. de cive cap. 13. §. 4—17.

Die Bürger haben die absolute Herrschaft ebensowenig über das, was sie besitzen. Nichts schwächt den Staat mehr, als aufrührerische Lehren. Solche Lehren sind: daß die Macht getheilt werden kann, weil getheilte Mächte sich gegenseitig destruiren; daß jeder Bürger selbst richten darf über rechtliche und unrechtliche Handlungen; daß, was Jeder gegen das Gewissen thut, Sünde ist; daß der Herrscher den bürgerlichen Gesetzen unterworfen und jeder Bürger absoluter Herr seiner Güter sein soll. Hobbes sagt: das Lesen der alten griechischen und römischen Schriftsteller verursacht in Monarchien die größte Revolution. Er giebt als Grund an, daß jene Schriftsteller so häufig den Tyrannenmord lehren und Alle, die in Monarchien leben, als Sclaven bezeichnen. Hobbes vergleicht die Erlaubniß, nach solchen Schriften lehren zu dürfen, dem Bisse eines tollen Hundes. Er vergleicht ferner die unvollkommenen Einrichtungen des Staates den menschlichen Krankheiten, welche aus fehlerhafter Erzeugung entstehen; z. B. das Streben der geistlichen Gewalt, neben der Staatsgewalt herrschen zu wollen, vergleicht er der Epilepsie, die Verweigerung der Abgaben dem dreitägigen Fieber, und zu große Popularität eines Bürgers und Anhäufung großen Reichthums in einer Hand der Pleurie. Er rechnet zu den Staatskrankheiten, besonders in Monarchien, die Lehrfreiheit, unverhältnißmäßige Größe einer Stadt, und vergleicht incorporirte Städte den Eingeweidewürmern. Der Staat soll sich nur dann auflösen, wenn er durch Krieg überwunden wird. Dann soll es jedem Bürger freistehen, weitern Schutz zu suchen. Die Verpflichtung der Bürger soll durch Auflösung des Staates dann aufgehoben werden, obgleich das Recht der höchsten Gewalt nur durch sich selbst soll erlöschen können.

Im Naturzustande gehört Jedem Alles, was er raubt und mit Waffen beschützen kann. Vor dem Staate ist weder Eigenthum noch Gemeinschaft. Eigenthum ist Vertheilung der Güter, Constituirung des Mein und Dein. Wenn noch nicht occupirtes Land oder wenn Land durch Krieg erworben wird, so hängt die Vertheilung von der höchsten Gewalt ab. Die Theilung geschieht nicht nach Gleichheit und Billigkeit, sondern nach Belieben. Der Bürger schließt durch sein Eigenthum an Land seine Mitbürger aber nicht die höchste Gewalt aus. Diese bestimmt die Handelsplätze, Ein- und Ausfuhr der Waaren, das Geld, und bezeichnet dieses mit dem öffentlichen Siegel. Das Geld ist das geschickteste Maß für die übrigen Dinge, es circulirt im Staate, wie das Blut im menschlichen Körper, den es ernährt. Der Lauf dieses öffentlichen Blutes geht einmal nach Außen, das andere Mal nach Innen, ist sowohl Ausgang als Rückgang, so daß auch darin eine Aehnlichkeit des künstlichen und natürlichen Menschen stattfindet. Wie die Adern im natürlichen Menschen das Blut von dem äußersten Theile des Körpers zum Herzen führen, und das Blut die Glieder belebt, so hängt auch die Ernährung des Staates von der Menge und Vertheilung der zum Leben nöthigen Dinge ab, von ihrer Bereitung und Anwendung zum öffentlichen Nutzen. Die Menge derselben kommt nächst der Gabe und Wohlthat Gottes von der Arbeit und dem Fleiße der Menschen.[1])

Der Mensch gehorcht als Mensch den Gesetzen der Natur, als Bürger den Gesetzen des Staates. Gesetz ist nicht Rath, sondern Befehl.[2]) Wenn es Pflicht des Monarchen sein soll, die Räthe nicht blos zu hören, sondern auch denselben zu gehorchen, so werden Gesetz und Rath confundirt. Der Unterschied zwischen Rath und Gesetz folgt aus dem Unterschiede zwischen Rath und Mandat.[3]) Rath ist Gebot, wenn die Vernunft von der Sache selbst genommen wird, der wir gehorchen sollen; Mandat, wenn der Grund, gehorchen zu müssen, von dem Willen des Befehlenden herrührt. Dem Gesetz wird nicht wegen der Sache selbst, sondern wegen des Willens des Befehlenden gehorcht. Das Gesetz ist das Mandat derjenigen Person, deren Befehl den Grund des Gehorsams enthält. Das Gesetz ist die Regel jedes Bürgers, der Staat gebietet durch dasselbe auf irgend eine Weise, durch Wort, Schrift oder jedes andere Willenszeichen, bedient sich deren zur Unterscheidung des Rechts und Unrechts.[4]) **Das Gesetz kommt von Dem, welcher die Gewalt hat, gegen Den, welchem er befiehlt; der Rath kommt von Dem, der die Gewalt nicht hat.** Das Gesetz ist vom Vertrage zu unterscheiden, aber beide werden z. B. confundirt, wenn das Gesetz eine Art sein soll zu leben, welche durch gewisse Uebereinkunft der Menschen bestimmt worden ist. So definirt Aristoteles das Gesetz. **Aber das ist**

---

[1]) Leviath. cap. 24.

[2]) Ibid. cap. 26.

[3]) Elem. phil. de cive cap. 14. §. 1.

[4]) Ibid.; Leviath. cap. 26.

eine Erklärung des Staatsgesetzes, nicht des Gesetzes schlechthin. Die göttlichen und natürlichen Gesetze sind offenbar nicht aus Uebereinstimmung der Menschen entstanden, weil sie sonst durch Uebereinstimmung auch abrogirt werden könnten. Sie sind deshalb unveränderlich. Aristoteles versteht unter Staat eine Menge Menschen, welche auf verschiedene Art und Weise durch gegenseitige Uebereinstimmung leben. Aber solche Arten sind nichts Anderes als gegenseitige Verträge, welche vorher Niemanden verbinden, sondern erst durch die höchste Gewalt, die zwingen kann, constituirt werden. Die Gesetze sind nach der Erklärung des Aristoteles nackte, schwache Verträge; aber die Verträge werden erst dann zu Gesetzen, wenn Einer die Gewalt des Staates mit Recht handhabt. Es heißt im Vertrage: ich werde thun, aber im Gesetze: thue; durch Vertrag werden die Contrahenten verpflichtet, durch das Gesetz sind sie verpflichtet. Im Vertrage wird früher bestimmt, was gethan werden soll, als die Verpflichtung es zu thun; im Gesetz ist die Verpflichtung eher, zu thun: was zu thun ist, wird später bestimmt. Ferner werden Staatsgesetz und Staatsrecht häufig mit einander verwechselt. Das Gesetz ist ein Band, eine Fessel, aber das Recht ist Freiheit, d. h. Ausnahme vom Staatsgesetze; das Staatsgesetz ist Verbindlichkeit, welche die von Natur gegebene Freiheit aufhebt. Gesetz und Recht sind einander in diesem Sinne entgegengesetzt. Das Gesetz kann in göttliches und menschliches eingetheilt werden. Das göttliche Gesetz ist natürlich und positiv. Gott offenbart das natürliche Gesetz durch sein ewiges Wort allen Menschen, welches denselben eingeboren ist, und offenbart das positive Gesetz den Menschen durch sein prophetisches Wort. Solche positive Gesetze sind die politischen und den Cultus betreffenden Gesetze, die Gott dem jüdischen Volke gegeben und sie für göttlich erklärt hat. Sie können auch göttliche Civilgesetze heißen. Das natürliche Gesetz kann wieder in das natürliche Gesetz des Menschen, das Gesetz der Natur und in das natürliche Gesetz der Staaten eingetheilt werden. Letzteres heißt gewöhnlich Völkerrecht. Aber die Gebote beider sind dieselben. Jene sind ewige Gesetze, diese sind bestimmt durch den Willen der höchsten Gewalt.

Die bisher entwickelten Elemente des Gesetzes und des natürlichen Rechtes können daher auf die Staaten und Völker übertragen werden. Jedes menschliche Gesetz ist Staatsgesetz, denn außer dem

Staate ist kein Mensch dem andern unterworfen. Das Staatsgesetz ist distributiv und vindicativ. Beide gesetzliche Bestimmungen sind nicht Arten, sondern Theile des Gesetzes. Das Gesetz ist machtlos, wenn es nicht Beleidigungen hindert und bestraft; die Strafe ist von dem Staatsgesetze unzertrennlich.[1]) Staatsgesetz und natürliches Gesetz sind ebenfalls nicht verschiedene Arten. Jedes Staatsgesetz ist auch natürliches Gesetz. Nicht das natürliche Gesetz wird vom Staatsgesetz verändert, sondern das natürliche Recht. Die Verbindlichkeit, die Gesetze zu halten, ist älter, als die Promulgation der Gesetze. Das natürliche Gesetz gebietet, den Staatsgesetzen gehorchen zu müssen. Zum Wesen des Gesetzes gehört zweierlei: die Bürger müssen wissen, wer das Recht hat, Gesetze zu geben, und müssen den Inhalt des Gesetzes kennen. Das Gesetz gilt nicht länger, als der Gesetzgeber will. Gesetz ist Mandat des Gesetzgebers; Mandat ist Erklärung des Willens, es ist also kein Gesetz, wenn der Wille des Gesetzgebers nicht declarirt wird. Die Promulgation des Gesetzes enthält zweierlei: der, welcher das Gesetz promulgirte, hat das Recht der Gesetzgebung, und hat auch die Sentenz des Gesetzes. Der Gesetzgeber interpretirt auch das Gesetz. Alle Gesetze, geschriebene und ungeschriebene, bedürfen der Interpretation. Die Interpretation der natürlichen Gesetze im Staate hängt nicht von den Naturrechtslehrern, sondern von der Autorität des Staates ab. Ihre Lehre kann wahr sein, aber nicht die Wahrheit macht das Gesetz, sondern die Autorität.[2]) Die Promulgation des Gesetzes ist geschrieben, und nicht geschrieben durch die Stimme der natürlichen Vernunft. Die natürlichen Gesetze werden erst mit Genehmigung der höchsten Gewalt geschrieben.[3]) Die natürlichen Gesetze sind als göttliche Gesetze unveränderlich, während die Staatsgesetze veränderlich sind. Aber man unterscheide zwischen dem Buchstaben und dem Geiste des Gesetzes, oder dem, was der Gesetzgeber darunter versteht. Der Gesetzgeber will immer, was billig ist; sind die Worte

---

[1]) Elem. phil. de cive cap. 14. §. 8: omni legi civili annexam esse poenam.

[2]) Leviath. cap. 26: doctrinae (moralis philosophiae) quidem verae esse possunt, sed autoritas, non veritas facit legem.

[3]) Elem. phil. de cive cap. 14.

des Gesetzes unbillig, so müssen die natürlichen Gesetze zu Rathe gezogen werden.[1])

Im Naturzustande giebt es keine Ungerechtigkeit. Gerechtigkeit und Ungerechtigkeit sind keine Vermögen der Seele und des Körpers. Der Mensch müßte sonst diese Vermögen haben, auch wenn er allein in der Welt wäre. Gerechtigkeit und Ungerechtigkeit sind Qualitäten des Bürgers, nicht des Menschen.[2]) Wären keine andern Gesetze, als die natürlichen, so wäre Jeder sein eigener Richter, müßte Jeder nach seinem eigenen Gewissen beurtheilt werden. Wo keine Staatsgesetze sind, da sind auch keine Vergehen und Verbrechen. Diese entstehen aus Mangel an Verstand, aus Unerfahrenheit der Vernunft und aus Leidenschaft. Die größten Verbrechen sind die gegen den Staat, weil sie alle Bürger treffen.[3]) Das Verbrechen zieht Strafe nach sich. Die Strafe ist ein Uebel. Sie wird dem Uebertreter öffentlich angethan, damit die übrigen Bürger durch Schrecken im Gehorsam gehalten werden.[4]) Die Uebertretung ist nicht blos Sünde, sondern auch Verachtung des Gesetzgebers. Sünde ist nicht blos die Handlung, sondern auch der Vorsatz, das Gesetz übertreten zu wollen; Verbrechen ist jedes Vergehen, welches ein Gesetz verletzt; aber nicht jedes Vergehen ist ein Verbrechen. Wer tödten, stehlen will, vergeht sich, auch wenn er wirklich nicht tödtet, stiehlt. Kann ein solcher auch von Menschen nicht angeklagt werden, so ist er doch vor Gott schuldig. Hören die Staatsgesetze auf, so hören auch die Verbrechen auf. Das Recht zu strafen hat der Staat von den Bürgern selbst empfangen. Privatrache und Beleidigungen sind keine Strafen. Das Gesetz ist die Vernunft des Staates und ist von Dem gegeben worden, welcher im Besitze der höchsten Gewalt ist. Diesem muß gehorcht werden, wo nicht, so entsteht das Verbrechen der beleidigten Majestät. Das Verbrechen der beleidigten Majestät entsteht kraft des Naturgesetzes, nicht des Staatsgesetzes. Es ist Uebertretung des natürlichen Gesetzes, denn die Verpflichtung zum bürgerlichen Gehorsam ist früher, als das Staatsgesetz. Das natürliche Gesetz, welches dem Staatsgesetze vorhergeht und die Menschen hindert, die gelobte Treue und Verträge nicht zu halten, wird durch

---

[1]) Leviath. cap. 26.

[2]) Ibid. cap. 13.

[3]) Ibid. cap. 27.

[4]) Ibid. cap. 28.

jenes Verbrechen verletzt. Verräther und Revolutionäre sind nicht wie böse Bürger zu strafen, sondern wie Feinde des Staates, nicht nach dem Rechte der Herrschaft, sondern nach dem Rechte des Krieges, nicht nach dem Staatsrechte, sondern nach natürlichem Rechte. Die natürlichen Gesetze lehren, den Naturzustand zu fliehen, den Stand ungebundener Freiheit zu verlassen. Aus dem Princip der natürlichen Vernunft folgt die Constituirung des Staates, das Recht des Herrschers und die Pflicht des Bürgers.

Hobbes sagt: er glaube das Alles deutlich, bestimmt und den freien Geistern gefällig erörtert und bewiesen zu haben, aber er fürchte doch, daß die Menge seine Lehre falsch beurtheilen werde, da die besseren Geister von den aufrührerischen Doctrinen der Griechen und Römer genährt worden wären, daß man seine Schriften der Platonischen Republik, Atlantis, Utopien und ähnlichen Possen beizählen werde; aber er zweifele auch wieder nicht, daß, wenn die Könige ihr Recht besser erkennen, und die Bürger dasselbe gleichfalls einsehen werden, seine Lehre allmälig zum Besten der Welt angenommen und durch Gewohnheit gemildert werden möge.

So sehr Hobbes die Griechen und Römer verschmäht, so sehr ist er zu zeigen bemüht, daß seine Lehre mit der Schrift übereinstimme. Er sagt, seine Lehre von der Entstehung des Staates durch Uebereinstimmung finde sich ebenfalls in der Schrift, wonach diejenigen, welche nicht übereinstimmten, als Feinde angesehen würden. Das Reich Gottes, welches Moses unter den Juden errichtet habe, fange gerade so an. Nach der Schrift[1]) sollen alle die getödtet werden können, welche mit dem größeren Theile nicht übereinstimmen. Ferner urtheilt das Volk nach der Schrift,[2]) daß Krieg und Gericht von der höchsten Gewalt, also von Dem abhangen, welcher im Besitze derselben ist. Ebenfalls können Könige nicht von Unterthanen nach der Schrift[3]) gestraft werden, und soll ohne höchste Gewalt kein Staat, sondern Anarchie sein.[4]) Zuletzt soll die Schrift die absolute Herrschaft billigen.[5]) Spätere Naturrechtslehrer, z. B. Tho-

[1]) 1. Sam. 11, 12.
[2]) 2. Sam. 8, 20.
[3]) 2. Sam. 22, 19.
[4]) Jud. 17, 6.
[5]) Deut. 5, 27; Jos. 1, 16; Matth. 22, 2; Röm. 13, 1; 1. Petr. 2, 13.

masius,[1]) behaupten trotzdem, daß Hobbes mit der Schrift keineswegs übereinstimme. Hobbes selbst sagt, daß er Stellen der Schrift anders ausgelegt habe, als gewöhnlich zu geschehen pflege, und deshalb Vielen mißfallen werde. Er habe sich aber gehütet, gegen öffentliche Lehren der Kirche zu schreiben, wenn er sich gleich erlaubt habe, im Einzelnen davon abzuweichen.[2])

Hobbes soll nach späteren Naturrechtslehrern selbst in Betreff der Religion von der Schrift abgegangen sein,[3]) soll mit der Religion zugleich das Evangelium von der Staatsgewalt abhängig gemacht und alle Religion untergraben haben.[4]) Hobbes kommt zur Religion ähnlich wie zur Philosophie. Die Philosophie ist die Erkenntniß der Wirkung aus ihrer Ursache durch vernünftiges Schließen. Die Liebe zu erkennen geht von der Betrachtung der Wirkung zur Erforschung der Ursache aus, bis man auf den Gedanken einer ewigen Ursache kommt, welcher keine vorhergeht. Steigt man von der Wirkung zur nächsten Ursache auf, so kommt man zuletzt auf eine ewige, einzige Ursache, auf Gott, den Inhalt der Religion. Man muß die Anerkennung eines allmächtigen Gottes von der Erforschung der Ursachen, von der Thätigkeit und Bewegung der natürlichen Dinge ableiten. Auf diese Weise findet man nach Art der alten Philosophen einen ersten Beweger, d. h. eine einzige, ewige Ursache, die man Gott nennt. Vertieft man sich in die Betrachtung der Natur, so ist es unmöglich, nicht annehmen zu müssen, daß ein ewiger Gott sei, wenn man gleich die Idee eines göttlichen Wesens nicht fassen kann. Hört ein Blindgeborner von Andern, daß man sich am Feuer wärmen kann, und führt man ihn an's Feuer, um sich zu wärmen, so erkennt er leicht, daß er sich, indem er sich wärmt, an einem Orte befindet, wo Feuer ist. Aber er kann sich doch keine Vorstellung vom Feuer machen, wie die Sehenden. Ebenso weiß auch der Mensch aus der Betrachtung der sinnlichen Dinge, daß eine gewisse Ursache dieser Dinge ist, Gott, aber von Gott selbst kann er sich keine Vorstellung, kein Bild in der Seele

---

[1]) Thomasius, Fundamenta jur. natur. et gent. Prooem. §. 17.

[2]) Leviath. Dedication an Franziscus Godolphinus.

[3]) Pufendorf. Specimen controv. caet. cap 1. §. 15.

[4]) Ibid. cap. 6. §. 2.

machen.[1]) Gott muß existiren,[2]) damit Gott verehrt werden kann. Dies ist das Erste. Diejenigen Philosophen reden unwürdig von Gott, welche Gott die Seele der Welt nennen. Sie leugnen Gott. Sagt man, die Welt ist Gott, so sagt man, Gott ist nicht ihre Ursache, d. h. Gott ist überhaupt nicht. Diejenigen leugnen ebenfalls Gott, welche die Welt ewig, nicht geschaffen nennen. Menschliche Eigenschaften sind auf Gott auch nicht anwendbar. Will man Gott keine anderen Attribute beilegen, als die Vernunft fordert, so muß man sich negativ ausdrücken: ewig, unendlich, unbegreiflich; oder superlativ: der größte, mächtigste, beste; oder indefinitiv: stark, gut, gerecht.[3]) Gott ist nicht endlich, Gott müßte sonst Figur, Gestalt haben. Es giebt auch nicht viele Götter, viele Unendliche können nicht sein. Gott hat ebenfalls keine Passionen: Hoffnung, Erbarmen; auch vom Willen Gottes darf nicht die Rede sein. Der Wille Gottes darf auf keine Weise vorgestellt werden wie der menschliche Wille, sondern muß als göttliche Macht gefaßt werden, wodurch Alles geschieht.[4]) Giebt man Gott Namen: groß, unendlich, so sagt man damit nicht, was Gott ist, sondern wie sehr man Gott bewundert und verehrt. Der einzige wahre Name Gottes ist das Sein.[5]) Der einfache, einzige, der Vernunft gemäße Name Gottes ist das Existirende.[6]) Der letztere Name hat eine Beziehung zu uns Menschen und enthält die Namen: König, Herr, Vater. Man muß über die göttliche Natur nicht disputiren wollen, das ist der Gott schuldigen Ehrerbietung zuwider; man kann durch natürlichen Verstand und durch Physik nichts von Gott wissen, man kann nicht einmal unsere eigene Natur dadurch fassen.[7])

Der natürliche Keim der Religion, die Entstehung derselben rührt von der Furcht vor Geistern, von dem Cultus dessen her, was man fürchtet, auch von der Unkenntniß der Ursachen, von der Annahme eines Ungefährs und der Angst vor der ungewissen Zukunft, durch Phantasie, Neigung, Ceremonien hervorgebracht, die in dem

[1]) Elem. phil. de cive cap. 15. §. 14.

[2]) Ibid.

[3]) Ibid.

[4]) Leviath. cap. 31.

[5]) Ibid.: Est.

[6]) Elem. phil. de cive cap. 15. §. 14: Existens vel quod est.

[7]) Leviath. cap. 31.

einen Staate gebilligt, in dem andern verlacht werden. Der Mensch fürchtet sich vor unsichtbaren Mächten oder vor sichtbarer menschlicher Gewalt. Die Furcht vor unsichtbaren Mächten hat er vor aller Civilisation, aber die Furcht vor sichtbaren Mächten entsteht erst mit dem Staate; erstere genügt nicht, ihn zu zwingen, daß er die Verträge halte. Aber im Staate ist nichts so sehr geeignet, die Verträge gegen die Begierden der Menschen zu sichern, als Furcht vor den unsichtbaren Mächten oder Göttern, bei welchen man sie schwören läßt. Zeichen der Furcht sind äußerliche Handlungen zur Ehre Gottes, Bitte, Dank, Opfer, wodurch Gott nicht blos heimlich, sondern im Angesichte der Menschen, öffentlich verehrt wird.[1]) Religion ist Furcht vor unsichtbaren Mächten, mögen diese Fictionen oder geschichtliche Ueberlieferungen sein. Die Religion ist im ersteren Falle Aberglauben, im letzteren Falle wahre Religion.[2])

Der natürliche Keim der Religion ist eine dem Menschen eigene Qualität. Die Religion selbst hat einen doppelten Ausgangspunkt. Erstens von Menschen, die die Religion nach ihrer Phantasie bilden; zweitens von solchen Menschen, die die Religion von Gott empfangen. Die Absichten beider sind, ihre Untergebenen zu gehorsamen Dienern zu machen. Die Religion der ersteren ist ein Theil der Politik, die Politik der letzteren ist ein Theil der Religion. Die ersteren Religionsstifter waren Gesetzgeber der Völker, die letzteren waren Lehrer der Gesetze des Himmels, zu welchen auch die des Alten und Neuen Testaments gehören.[3])

Die Menschen können dem Staate zu viel und der göttlichen Majestät zu wenig Gehorsam bezeigen, oder sie können dem Staate aus Furcht, gegen Gott zu sündigen, zu wenig gehorchen. Um diese Klippe zu vermeiden, muß man die göttlichen Gesetze kennen. Die Erkenntniß derselben hängt von dem Reiche Gottes ab. Zum Reiche Gottes gehört nicht die leblose Natur, gehören nicht die Atheisten, welche nicht glauben, daß Gott die Welt regiert, daß Gott dem Menschen die Gebote gegeben hat und die Uebertreter straft.[4]) Die Atheisten werden unmittelbar von Gott gestraft oder

---

[1]) Leviath. cap. 14.
[2]) Ibid. cap. 5.
[3]) Ibid. cap. 12.
[4]) Elem. phil. de cive cap. 15. §. 2.

von Königen, die Gott eingesetzt hat. Die Atheisten werden nicht wie Unterthanen gestraft, sondern wie Feinde bekriegt, nicht als Uebertreter des Gesetzes, sondern als Menschen, die gar keine Gesetze annehmen wollen. Die Atheisten sind den Giganten ähnlich, welche keinen gemeinschaftlichen Herrscher haben und von denen keiner dem andern unterworfen ist.[1])

Das Reich Gottes ist dadurch entstanden, daß es Gott gefallen hat, gegen die heidnische Verehrung äußerlicher, endlicher Bilder und Figuren die wahre Religion durch Abraham in die Menschheit einzuführen. Gott hat sich dem Abraham übernatürlich offenbart, Gott hat mit Abraham und seinem Samen einen Bund geschlossen. Das Reich Gottes ist daher mit Uebereinstimmung des israelitischen Volkes gegründet worden. Das jüdische Volk hat Gott durch Vertrag zum Herrscher gewählt, während alle andern Völker Gott von Natur untergeben sind. Gott regierte zu Anfang der Welt über Adam und Eva nicht blos natürlich, sondern durch Vertrag, aber der Vertrag wurde gebrochen. Nach der Sündfluth lehrte Abraham, daß ein Gott sei, daß Gott Schöpfer der Welt sei. Abraham wurde so der erste Vater der Gläubigen durch Vertrag; Gott versprach nämlich dem Volke das Land Canaan, dafür sollte das Volk Gott gehorchen. Der Vertrag enthielt nicht blos die Anerkennung Gottes schlechthin, sondern die Anerkennung des dem Abraham erscheinenden Gottes. Der Vertrag wurde später mit Isaac und Jacob und dann mit Moses wieder erneuert. Die Herrschaft Gottes empfing dadurch den Namen des Reiches Gottes. Die Gesetze, welche Gott den Juden gegeben hat, sind theils Ceremonialgesetze, theils Staatsgesetze. Reich Gottes und Staat Gottes bezeichnet dasselbe.[2]) Alle Gesetze sind Gottes Wort, aber nicht jedes Wort ist umgekehrt Gesetz. „Ich bin der Herr dein Gott" ist Gottes Wort, aber nicht Gesetz. Das Wort Gottes hat vielfache Bedeutung. Das Wort Gottes wird tropisch von der Offenbarung gebraucht, auch für die rechte Vernunft genommen, wenn es heißt, daß es dem Menschen in's Herz geschrieben ist. Es bedeutet auch die heilige Schrift, Alles was Gott gesprochen und von seinem Reiche gesagt hat. Das Wort Gottes wird ferner von Propheten

---

[1]) Elem. phil. de cive. cap. 14. §. 18.

[2]) Leviath. cap. 35.

verkündet, und der ist ein wahrer Prophet, dessen Weissagungen in Erfüllung gehen. Die Juden halten das ganze Gesetz für das Wort Gottes. Die Gesetze Gottes werden auf dreifache Weise erklärt und promulgirt: stillschweigend durch das Gebot der natürlichen Vernunft; unmittelbar durch göttliche Offenbarung, übernatürliche Stimme, Inspiration, Traum, Vision; durch Stimme der Menschen, die Gott vor Allen gewürdigt hat. Das Wort Gottes ist ebenfalls dreifach: vernünftig, sinnlich und prophetisch. Das Reich Gottes ist zwiefach: natürlich und prophetisch. Gott regiert in dem ersten durch das Gebot der rechten Vernunft, in dem letztern durch positive Gesetze und prophetisches Wort. Jenes ist universell, dieses partikulär, gehört einem besondern Volke an. Gott regiert durch sein natürliches Recht, durch die Allmacht. Sein Recht folgt nicht aus der Schöpfung, sondern aus der Unmöglichkeit, ihm widerstehen zu können.[1]) Der Mensch muß wegen seiner Schwachheit Gott gehorchen, er verehrt Gott aus Liebe, Hoffnung und Furcht. Die Liebe bezieht sich auf das Gute, Hoffnung und Furcht beziehen sich auf die Macht. Aus Liebe und Furcht erzeugt sich der Gehorsam, welcher der Zweck des zu Verehrenden ist.

Der Staat kann die Gottesverehrung in dem natürlichen Reiche Gottes willkürlich bestimmen. Diejenigen, welche an eine übernatürliche Offenbarung glauben, sind verpflichtet, in allen äußeren die Religion betreffenden Handlungen den Gesetzen des Staates zu gehorchen.[2]) Aber der innerliche Glaube und der Gedanke sind dem Herrscher unerreichbar. Wenn er den Glauben und den Cultus, welchen die Bürger für ihr ewiges Heil nothwendig halten, nicht lehren und ausüben läßt, so sündigt er gegen das natürliche Gesetz, so handelt er gegen das Gewissen und will das Verderben der Bürger. Der Staat muß der einzige Interpret in dem natürlichen Reiche Gottes sein. Es darf Keinem erlaubt sein, die von der höchsten Gewalt bestimmten Grenzen in der Interpretation der heiligen Schrift zu überschreiten. Wer dagegen handelt, ist zu bestrafen.[3]) Auch Moses hatte die Macht, das Wort Gottes zu interpretiren, er hatte die kirchliche Gewalt und die höchste Staatsgewalt. Später hatten die Gewalt die Hohenpriester bis zum König Saul, dann

---

[1]) Elem. phil. de cive. cap. 15. §. 5. Leviath. cap. 31.

[2]) Leviath. cap. 40.

[3]) Elem. phil. de cive. cap. 15. §. 16.

hatten die Könige dieselbe bis zur Gefangenschaft und nach derselben. Erst war das Reich durch Vertrag ein priesterliches und wurde dann ein erbliches. Das Verbrechen der beleidigten Majestät Gottes war die Negation der göttlichen Providenz; Idololatrie und Cultus fremder Götter war die Negation dessen, daß der Gott Abrahams König der Juden durch Vertrag sei.[1])

Im Alten Testament kommen viele dunkele Prophetien und Weissagungen von Christo vor, welcher das Reich Gottes im alten Bunde durch einen neuen Bund wiederherstellen solle. Er soll besonders die königliche Würde jenes Reiches wiederbringen. Aber das Reich Gottes durch den neuen Bund ist kein irdisches Reich, sondern ein himmlisches. Der neue Bund fängt mit dem Tage des Gerichts an.[2]) Das Reich Christi ist nicht Herrschaft schlechthin, sondern ist Herrschaft durch Lehre und Rath. Die Menschen sollen im neuen Bunde den Gott Abrahams nicht nach der Lehre Mosis, sondern nach der Lehre Christi verehren. Gott will ihnen die Sünden vergeben und sie in sein himmlisches Reich einführen. Die Gesetze Gottes, die bis dahin galten, wurden in zwei Gebote zusammengezogen: liebe Gott und deinen Nächsten wie dich selbst. Sacramente, Taufe u. s. w. sind keine Gesetze, sondern Glaubensartikel. Christus schreibt den Bürgern keine Staatsgesetze vor, keine Gesetze über Mein und Dein, Besitz, Vertrag u. s. w., aber solche Gesetze empfangen die Bürger vom Staate. Christus ist ferner nicht in die Welt gekommen, um Logik, Natur- und Staatswissenschaft zu lehren[3]), sondern er lehrt Moral, lehrt, daß man den Willen Gottes thun solle, und daß dies der Weg zum ewigen Heil sei. Alles Geistige hat in der Autorität und dem Worte Christi seinen Grund; alles Andere, Gerechtigkeit und Ungerechtigkeit, Krieg und Frieden und selbst die Wissenschaft ist zeitlich, während Alles, was von der Autorität und dem Worte Christi abhängt, zum Mysterium des Glaubens, zum geistigen Recht gehört.

Christus ist Erlöser, Hirt, Rather, von Gott gesandter Prophet und König des ewigen Reiches. Er ist nicht gekommen, um zu richten, sondern zu erlösen, nicht um über diese Welt, sondern über die künftige Welt zu herrschen. Christus hat als der

[1]) Elem. phil. de cive. cap. 16. §. 10—18.

[2]) Ibid. cap. 17. §. 4.

[3]) Ibid. cap. 17. §. 14.

Heiland und Prophet Gottes die ganze Macht, die Moses gehabt hat. Wenn aber sein Reich nicht von dieser Welt ist, warum ist er denn überhaupt in die Welt gekommen? Um das Reich Gott dem Vater durch einen neuen Vertrag wiederherzustellen, was das Volk bei der Erwählung Sauls verworfen hatte. Christus mußte, um dies zu können, lehren, daß er der von den Propheten verheißene Messias wäre, und mußte sich für die Sünden der Menschen dahingeben. Die Pflicht des Erlösers war eine zwiefache: sich als Christus zu bekennen; das Volk durch Lehre und Wunder zu überzeugen, und so zu leben, daß die Menschen sich der Unsterblichkeit würdig machen müßten, deren sie bei seiner Wiederkunft theilhaftig werden und genießen sollen. Christus hat daher nichts gelehrt und gethan, was das Ansehen des Staatsrechts der Juden und des Kaisers hätte beeinträchtigen können.[1])

Die heilige Schrift lehrt das ewige Heil und Leben der Menschen. Jeder soll sie auf seine Gefahr lesen und sich selbst erklären. Der Mensch soll mit den Artikeln des Glaubens nicht mehr belastet werden, als zum Heil nothwendig ist. Der gesetzliche Interpret des göttlichen Wortes ist die heilige Schrift selbst. Die Autorität der Interpretation der heiligen Schrift und die Autorität, die Controversen des Glaubens zu bestimmen, ist dieselbe.[2]) Gott spricht in der heiligen Schrift durch Propheten, nicht unmittelbar. Aber wie soll man ohne göttliche Offenbarung wissen können, wer ein wahrer und wer ein falscher Prophet ist? Das göttliche Wort enthält Vieles, was die menschliche Vernunft übersteigt, was durch diese weder bewiesen noch widerlegt werden kann, aber es enthält nichts gegen die rechte Vernunft. Bei schweren Stellen muß man die Vernunft unter den Glauben gefangen nehmen lassen. Die Mysterien sind wie Pillen, die ganz verschluckt die Krankheit heilen, aber gekaut ausgespien werden. Politisches, Historisches, Physikalisches gehört nicht zu den Mysterien des Glaubens. Die Erkenntniß dessen, was man christlichen Staat nennt, hängt meistens von übernatürlicher Offenbarung ab.[3])

Die Kirche kann als eine Versammlung von Menschen, welche in einen neuen Bund mit Gott vereinigt sind, an einen Ort zu-

---

[1]) Leviath. cap. 41.

[2]) Elem. phil. de cive. cap. 17. §. 18.

[3]) Ibid. cap. 17. §. 16.

sammengerufen werden. Dann müssen Alle gegenwärtig sein, dazu sind sie durch sich selbst oder durch Andere verpflichtet. Das Sprüchwort: viele Köpfe, viele Sinne, gilt nicht in der Kirche. Die Kirche beschließt durch Stimmenmehrheit, Jeder muß sich derselben fügen. Gehört aber zur Kirche, daß die Menschen sich nicht blos versammeln, sondern mit Recht versammeln, so gehört dazu eine gewisse, allgemein bekannte, d. h. gesetzliche Macht. Das Wort Kirche bedeutet auch in der Schrift Versammlung, und ist gesetzlich, wenn die Obrigkeit das Volk zur Verehrung Gottes zusammenruft. Die Kirche ist nach der Schrift eine Person, welche wollen, befehlen, Gesetze geben kann.[1]) In diesem Sinne definirt Hobbes die Kirche als eine Versammlung von Bekennern der christlichen Religion, welche in Einer Person vereinigt auf Befehl dieser Person zusammenkommen müssen, und auf deren Verbot nicht zusammenkommen dürfen.[2]) Versammlungen ohne Autorität der höchsten Gewalt sind in jedem Staate ungesetzlich, deshalb ist auch die Kirche in einem Staate ungesetzlich, der solche Versammlungen verbietet. Der Staat und die Kirche ist dieselbe Sache; die Form, die gesetzliche Macht, die Kirche zusammen zu berufen, ist ebenfalls dieselbe. Der Staat ist als ein Zusammenfluß von Menschen dasselbe, was die Kirche als ein Zusammenfluß von Christen ist. Daher bilden viele christliche Staaten zusammen keine Kirche; sie können zwar durch gegenseitige Uebereinkunft eine Kirche werden, aber nur, wenn sie ein Staat werden.[3]) Eine Universalkirche, welcher alle Christen gehorchen müßten, giebt es nicht. Kein Staat beherrscht alle Staaten. Die Bürger sind verpflichtet, den Gesetzen des Staates zu gehorchen, weshalb die Gesetze anderer Staaten über sie keine Macht haben. Die Kirche, die die Gewalt hat zu verdammen und zu absolviren, ist insofern Staat, als die Bürger Menschen sind, und Kirche, insofern sie Christen sind. Zeitliches oder weltliches und geistliches Reich sind leere Worte, sind blos zu dem Zwecke eingeführt, daß die Menschen nicht wissen sollen, wem sie gehorchen müssen. Die Menschen sind ewig, geistig nach der

---

[1]) Matth. 18, 17.

[2]) Leviath. cap. 39: Ecclesia est coetus hominum religionem christianam profitentium, unitorum in persona una summam habente potestatem, cujus jussu convenire debent, et cujus injussu convenire non debent.

[3]) Elem. phil. de cive. cap. 17. §. 22.

Auferstehung im Himmel; auf Erden sind sie hinfällig und haben keine andere Religion, als die zeitliche Macht bestimmt. Es darf kein anderer Glaube, als diese gestattet, gelehrt werden. Es muß Ein Herrscher oder Regierer, Ein geistlicher und zeitlicher Herrscher sein, damit kein Streit zwischen dem Schild des Glaubens und dem Schwert der Gerechtigkeit entstehe. In keiner Christenbrust darf ein Zwiespalt sein zwischen dem Christen und dem Menschen.[1]) Ein christlicher Staat kann nicht excommunicirt werden, weil er christliche Kirche ist. Ebensowenig kann der Fürst des Staates excommunicirt werden, weil er die höchste Gewalt des Staates hat. Die Kirche kann Niemanden excommuniciren, als unter Autorität des Fürsten. Noch weniger kann ein Fürst von dem andern excommunicirt werden. Das wäre Krieg. Sagt man, die Fürsten können als Glieder der Universalkirche excommunicirt werden, so ist das nicht möglich. Die Universalkirche handelt und beschließt nicht als eine Person, sie hat auf Erden Niemanden, auf dessen Befehl sie zusammenkommen und deliberiren kann, das kann nur Gott allein.

Die Interpretation der heiligen Schrift hängt vom Staate ab, denn die Autorität gehört der einzelnen Kirche, und diese ist der höchsten Staatsgewalt untergeordnet. Wenn Jeder die heilige Schrift interpretiren, wenn Jeder sich über das, was Gott gefällt, zum Richter machen wollte, so würde Jedermann sich selbst, und nicht dem Staate gehorchen wollen.[2]) Aller bürgerliche Gehorsam und Frieden würde dadurch aufgelöst werden. Die Gläubigen constituiren keinen Staat für sich, sondern sind Unterthanen des Staates. Ueber die Controversen bestimmt die Kirche, die Controversen über den Glauben können auf natürliche Weise nicht untersucht werden. Der Glaube, der die menschliche Erkenntniß übersteigt, wird durch Händeauflegen von Christo selbst abgeleitet. Das Händeauflegen hat die Infallibilität der Apostel und Geistlichen geheiligt, denn daß wir zum ewigen Heil verpflichtet sind, kann man nicht erkennen. Man soll Gott mehr gehorchen, als den Menschen. Aber das ist schwierig. Wie soll man den Menschen gehorchen, wenn diese gebieten, was Christus verbietet? Die

[1]) Leviath. cap. 39: Et quod majus est, in uniuscujusque christiani pectore inter christianum et hominem.

[2]) Elem. phil. de cive. cap. 17. §. 27.

Schwierigkeit ist, daß Gott nicht mehr durch Propheten und Christus nicht mehr durch uns spricht, sondern durch die Schrift, welche von Vielen anders verstanden wird. Die Menschen kommen da mitten in Scylla und Charybdis, in zeitliche und ewige Strafen hinein. Kann man dem Fürsten, dem Staate ohne Verlust der ewigen Seligkeit gehorchen, so ist es nicht ungerecht, daß man das thue. Wenn er aber befiehlt, was ewigen Tod nach sich zieht, so soll man lieber den zeitlichen als den ewigen Tod sterben wollen. Zum ewigen Heil wird Glaube und Gehorsam gefordert. An Christum glauben, heißt glauben, daß Christus gekommen ist, nach Moses und den Propheten das Reich Gottes einzuführen. Nicht Jeder lebt dem Glauben, sondern allein der Gerechte. Weder die Gerechtigkeit allein, noch der Glaube, sondern beides zusammen macht selig. Christus vergiebt die Sünden nicht allen Gerechten, sondern denen, welche glauben, daß er Christus sei. Die heiligen Bücher des Alten und Neuen Testamentes sind zu verschiedenen Zeiten und von verschiedenen Menschen verfaßt, aber sie sind mit demselben Geist und zu demselben Zwecke geschrieben worden. Der Zweck ist die Explication des himmlischen Reiches, Gottes des Vaters, des Sohnes und des heiligen Geistes. Verschiedene Menschen glauben an Gottes Wort aus verschiedenen Gründen. Es fragt sich, unter welcher Autorität die heiligen Schriften zu Gesetzen werden? Sie sind Gesetze Gottes, sofern sie von den Gesetzen der Natur nicht abweichen. Daran ist kein Zweifel. Aber diejenigen Menschen, welchen sich Gott nicht übernatürlich offenbart und verkündet hat, daß die Schriften von ihm sind, und daß die, die dieselben verkünden, von ihm gesandt sind, haben keine Verpflichtung, sie anzunehmen, außer wenn die höchste Gewalt im Staate sie angenommen hat. Die Christen sind keine Person, wenn sie keinen Staat bilden. Es fragt sich in Hinsicht der Autorität der Schrift: sind die christlichen Fürsten und diejenigen christlichen Versammlungen, welche die höchste Gewalt haben, in ihrem Eigenthum frei, oder sind sie einem Vicarius Christi unterworfen? Dürfen sie nach Gutdünken zum allgemeinen Besten von diesem gerichtet, verdammt, getödtet werden? Die Beantwortung solcher Fragen hängt von der Autorität Dessen ab, der die heilige Schrift interpretirt. Die Macht der Interpretation hat Der, welcher die gesetzliche Macht hat, eine Schrift zum Gesetze erheben zu können. In den ältesten Zeiten hatten die Apostel die kirchliche Gewalt; aber da das Reich Christi nicht von dieser Welt ist, dürfen die Diener der Kirche in Christi Namen keinen Gehorsam fordern, wenn sie nicht Könige sind. Christus ist gesandt worden, um die Völker zum Reiche Gottes zurückzuführen, aber nicht, um sie zu regieren. Die Zeit zwischen der Verklärung und der Auferstehung Christi heißt nicht Reich, sondern Wiedergeburt, d. h. Vorbereitung für Christi zweite Wiederkunft. Die Pflicht der Diener der Kirche ist, die Menschen an Christum nicht durch Zwang, sondern durch Vernunft, Ueberzeugung glauben zu machen. Die Diener Christi haben keine zwingende Gewalt. Mit Recht kann allein Der strafen, der die höchste Gewalt im Staate hat und zugleich Diener der Kirche ist. Das Recht zu befehlen folgt aus der gesetzlichen Autorität, welche Christus allen Fürsten, selbst den heidnischen, hinterlassen hat. Die Excommunication des römischen Bischofs, der Bannstrahl rührt daher, daß derselbe König der Könige sein zu wollen sich herausnimmt. Er ahmt darin den heidnischen Poeten nach, welche dem Jupiter den Blitzstrahl in die Hand geben. Diese Vorstellung entsteht aus dem doppelten Irrthume: erstens soll das Reich Christi von dieser Welt sein und zweitens soll der römische Bischof Vicarius Christi nicht blos seiner römischen Unterthanen, sondern aller Christen sein. Diese Meinung ist in der heiligen Schrift nicht gegründet. Der Dekalog ist nach der Schrift das Erste, was zum Gesetz gemacht wurde. Gott hat den Dekalog selbst gegeben, und darum hat der Dekalog verbindliche Kraft. Staatsgesetz wurde er durch Moses und die Hohenpriester, welche selbst Herrscher des Staates waren. Christus hat die Juden dem mosaischen Gesetz, hat die andern Völker den Gesetzen ihrer Staaten und das ganze Menschengeschlecht den natürlichen Gesetzen unterworfen. Christus und die Apostel haben kein neues Gesetz, sondern eine neue Lehre gebracht. Das Neue Testament ist auch kein Gesetz, sondern der sicherste Rathgeber, die Menschen zum Heile zu führen. Die Apostel konnten ohne den Willen der höchsten Staatsgewalt nicht machen, daß ihre Lehre die Kraft des Gesetzes habe, sie ist nur dort Gesetz, wo sie von jener Gewalt dazu gemacht wird. Die Könige unterwarfen sich hier nicht den Aposteln und Lehrern, sondern Gott und seinem Sohne Jesu Christo. Paulus, Barnabas wurden nicht von Petrus, sondern von der Kirche zu Aposteln gemacht; auch der römische Bischof wählt nicht seinen

Nachfolger, sondern das thut der römische christliche Staat. Der Staat hat allein das Recht, die Kirche zu beherrschen. Der römische Bischof kann nicht ohne die Autorität des Staates die Nachfolger anderer Bischöfe einsetzen, die christlichen Könige sind auch die höchsten Geistlichen ihrer Untergebenen und haben also das Recht, Geistliche anzustellen, die sie für geschickt halten, das Volk unterrichten zu können. Man führt zwar Beispiele von Historikern an, daß Geistliche vom Volke und vom Clerus gewählt wurden, aber dies gilt nicht als Präjudiz gegen Den, welcher den Staat repräsentirt, weil sie unter dessen Autorität gewählt werden. Der Geistliche predigt, tauft nach dem bürgerlichen Recht unter der Autorität des Staates, aber was der König thut, das thut er unter der Autorität Gottes, nicht des bürgerlichen, sondern des göttlichen Rechts. Darum haben die Könige den Titel: von Gottes Gnaden.

Hobbes bekämpft den Cardinal Bellarminus, welcher behauptet hatte, daß in allen Staaten dem Papste, nicht den Königen, die kirchliche Gewalt zukomme. Bellarminus folgert aus den Worten der Schrift: „du bist Petrus, auf diesen Fels werde ich meine Kirche bauen," daß Petrus Monarch der Kirche gewesen. Aber der Herr, sagt Hobbes, sprach jene Worte, nachdem Petrus im Namen Aller das Bekenntniß abgelegt hatte: „du bist der Sohn des lebendigen Gottes!" daher sie als ein Glaubensartikel genommen werden müssen, wonach Jesus Christus das Fundament der Kirche ist. Petrus habe damit sagen wollen: Jesus ist Christus; dadurch ist die christliche Kirche gegründet. Wenn der Herr gewollt hätte, daß Petrus König sein sollte, wie leicht hätte er das mit dürren Worten sagen können! Der Herr sage aber: „ich will dir die Schlüssel des Himmels geben;" damit gebe er ihm nichts weiter, als was er den andern Jüngern auch gegeben habe. Bellarminus suchte seine Behauptung auch dadurch zu bekräftigen, daß Petrus Bischof von Rom gewesen, in Rom gestorben sei, und die römischen Bischöfe Nachfolger Petri wären. Wenn unter Bischof Monarch verstanden würde, sagt Hobbes, so wäre nicht Sylvester, sondern Constantin der Große Monarch gewesen; und dann wären alle römischen Kaiser mit Recht Bischöfe des römischen Reichs gewesen. Man wolle, daß dem Papste, was dem heiligen Petrus, gegeben werde, aber in der heiligen Schrift stehe nicht, daß die Welt dem heiligen Petrus gehorchen müsse. Die kirchliche Jurisdiction betrifft nicht die Suprematie zwischen Papst und König, sondern zwischen Papst und Bischöfen. Die Könige haben ihre Staatsgewalt nicht weniger von Gott, als der Papst seine kirchliche Jurisdiction und Infallibilität. Die Bischöfe empfangen ihre Jurisdiction nicht vom Papste, weil dieser in andern Ländern keine Jurisdiction hat.[1]) Ist der Papst Vicarius Christi, so muß der christliche König von einem Bischof gekrönt werden, um von Gottes Gnaden durch solche Ceremonie zu herrschen. Ist die Kirche unmittelbar das Reich Gottes in der Gegenwart, so sind die Geistlichen nothwendig Cleriker, und alle Andern sind Laien. Das Volk hat dann doppelte Abgaben, an den Clerus und an den Staat. Daraus folgt auch die Unterscheidung der Gesetze in canonische und in Staatsgesetze. Die Staatsgesetze sind Handlungen der Herrscher in ihren Gebieten; die canonischen Gesetze sind Handlungen des Papstes in seinem Gebiete, und waren deshalb vor Uebertragung des Reichs an Karl den Großen nicht Gesetze. Die Fürsten wurden erst später gezwungen, sie als Gesetze zuzulassen, nachdem die Finsterniß immer weiter um sich gegriffen hatte.[2]) Es folgt ferner, daß der Papst in Glaubenssachen nicht soll irren können, daß die Ehe ein Sacrament ist, damit derselbe Richter in Ehesachen sei, wenn die Frage nach legitimer Ehe und nach Erbfolge in der Regierung entsteht. Durch die Lehre vom Fegefeuer und der Rechtfertigung durch äußere Werke sind die Cleriker Untergebene des römischen Bischofs auf Kosten der Fürsten.[3]) Die fürstliche Gewalt wurde nach dem Erlöschen des römischen Reichs in Italien dem Bischof von Rom übertragen. Zu dieser Zeit besiegte Karl der Große die Longobarden, die Feinde Roms. Papst Leo wurde zu derselben Zeit durch das Schisma aus Rom vertrieben, aber Karl brachte ihn zurück und bestätigte ihn im Papstthum. Dafür machte ihn der Papst zum Kaiser des occidentalischen Reiches, beschenkte ihn mit der Krone im Namen Gottes, und das Volk acclamirte: Gott hat's gegeben!

Hobbes betrachtet die Entstehung der Religion und Kirche ähnlich wie die Entstehung des Staates. Der bürgerliche Zustand, der Staat entsteht durch Negation des Naturzustandes, der natürlichen Freiheit; ebenso entsteht die positive Religion und Kirche

---

[1]) Leviath. cap. 42.
[2]) Ibid. cap. 44.
[3]) Ibid. cap. 47.

als ein geordnetes Gemeinwesen durch Aufhebung der natürlichen Religion der individuellen Phantasie und Vorstellung. Der Mensch ist im Naturzustande natürlicher Mensch, im politischen Zustande, im Staate ist er künstlerischer Mensch. Auf gleiche Weise ist er in der Religion ein natürlich-religiöser und ein künstlich-religiöser Mensch; letzterer ist nur möglich im Staate. Staat und Kirche sind nach Hobbes unmittelbar eins. Ja noch mehr, der Mensch im Staate ist der eigentliche Mensch, während der Mensch in der Kirche Christ nur durch den Menschen im Staate ist. Die Kirche ist im Staate bloßes Moment, keine im Staate selbstständige Gemeinschaft. Hobbes macht daher die Religion und Kirche vom Staate durchaus abhängig. Der Staat, oder vielmehr der Machthaber im Staate bestimmt den canonischen Charakter der Schrift, die Interpretation derselben. Er erkennt zwar die kirchlichen Dogmen der christlichen Religion an und vertheidigt sie sogar, aber das Princip der Wahrheit in diesem Sinne ist nach ihm nicht die Kirche und Religion, sondern die herrschende Macht des Staates. Der Mensch ist nach Hobbes verpflichtet, sich der Kirche und dem Glauben zu unterwerfen, aber nur dann, wenn derselbe vom Staate anerkannt ist, die Religion und Kirche in und durch den Staat besteht.

Es erhob sich bald dagegen eine Opposition. Diese Opposition gegen Hobbes ging von der hohen Geistlichkeit aus. Sie geschah sowohl von der hochkirchlichen, orthodoxen, ultraroyalen Partei in Oxford, als von der freisinnigen, puritanischen Partei in Cambridge. Es half ihm in dieser Beziehung nichts, daß er den unbedingten Gehorsam gegen die Macht des Staates lehrte. Er war der ersteren Partei noch nicht absolut genug gesinnt, sondern vielmehr demokratisch, und die letztere urtheilte, daß er alle Moralität und Freiheit untergrabe. Dieses war in gewissem Sinne nicht ganz unbegründet, aber jenes war ächt theologisch. Ein gewisser Scargil, Mitglied des Körpers Christi an der Universität zu Cambridge, war so kühn, sich für die Principien des Hobbes zu erklären und diese Principien durch Theses zu vertheidigen.[1]) Aber die Theologen, sagten die Vertheidiger des Hobbes, wollen auf Universitäten immer regieren, verzeihen nicht leicht, was gegen ihren Nutzen

[1]) Die Theses waren: jus dominii fundatur in potentia; justitia moralis pendet a civilibus institutis.

ist, und forderten deshalb den Scargil vor den academischen Senat, von dem sie selbst Mitglieder waren, und klagten ihn der größten Verbrechen an. Scargil wurde seines Grades als Baccalaureus beraubt, wurde darauf incarcerirt und gezwungen, öffentlich seine Theses zu verdammen und sie für gottlos und für die menschliche Gesellschaft höchst verderblich zu erklären. Dann wurde er von der Universität förmlich vertrieben. Während dies in Cambridge geschah, hatte Wood in seiner Geschichte der Universität Oxford viel Gutes über Hobbes gesagt, aber dies wurde von dem Decan der Kirche, Johann Fell, sehr übel vermerkt. Hobbes hatte deshalb eine Epistel an ihn ergehen lassen. Darauf nannte Fell ihn ein eitles, zorniges Thier und einen wüthenden Menschen.[1]) Bedeutungsvoller als diese Oxforder Schmähungen, waren die Angriffe der Cambridger Moralisten und sogenannten Platoniker. Von diesen hat Cudworth ein ganzes Buch gegen Hobbes geschrieben. Cudworth beschuldigte ihn des Atheismus und bestritt außerdem seine Grundsätze über Freiheit und Moral. Er polemisirt auch gegen seine Erkenntnißlehre in dem Sinne, daß die Sensation allen Gottesleugnern willkommen sein werde. Er sucht gegen ihn darzuthun, daß das Urtheil über Recht und Unrecht, Gutes und Böses im Gewissen des Menschen etwas Wahres sei und von keinem fremden Willen, weder von einem göttlichen im Himmel noch von einem menschlichen im Staate abhange. Nämlich Hobbes erblickt im Gewissen nichts als Willkür und Belieben, Einzelnes, Zufälliges, was bei ihm mit der natürlichen Freiheit, mit der Begierde und Leidenschaft zusammenhängt und zur Auflösung des Staates führen soll. Das moralische, subjective Gewissen des Menschen soll gegen das öffentliche Gewissen des Staates kein Recht, sondern diesem schlechthin untergeordnet sein. Das Urtheil über Recht und Unrecht, Gutes und Böses soll nicht dem Individuum, sondern dem Staate zukommen: das Individuum urtheile nach seinem Nutzen und Begehren, aber der Staat negire dasselbe. Hobbes geht freilich zu weit, indem er der subjectiven Freiheit des Menschen, der Moralität und dem Gewissen desselben alles Recht abspricht, aber dies folgt aus seiner ganzen Deduction des Staates als der Negation der natürlichen Freiheit. Von

---

[1]) Irritabile illud et vanissimum Malmesburiense animal et furiosum hominem.

Recht und Unrecht soll außer dem Staate gar nicht die Rede sein können, weil der Mensch im Naturzustande nicht verpflichtet sei, recht zu handeln; dazu verpflichte ihn erst der Staat, weshalb auch der Staat über seine Handlungen urtheile. Hobbes leugnet das moralische Handeln nicht, der Mensch soll gut sein, keine Verbrechen begehen, aber er soll nur im Staate gut sein und recht handeln können. In der moralischen Gesinnung, außer dem Staate, soll er weder gut noch böse sein. Der Staat ist nichts ohne die höchste Gewalt, und diese nichts ohne Den, welcher im Besitze derselben ist. Recht und Unrecht erscheinen daher durch die Gewalt bestimmt, und da diese unbeschränkt ist, durch Willkür und Belieben. Recht und Unrecht werden bei Hobbes am Ende doch willkürlich und individuell durch den Herrscher bestimmt. Hobbes verfällt derselben subjectiven Willkür im Staate, welcher er in der natürlichen Freiheit durch den Staat entgehen will.

Es würde ganz zwecklos und auch überflüssig sein, wenn wir hier Alles angeben wollten, was von Theologen, Juristen, Politikern und von Philosophen gegen Hobbes von jeher vorgebracht und geschrieben worden ist. Es genügt vollkommen, blos Einiges namhaft zu machen. Die eigentlich principiellen Einwendungen finden sich bei Locke und Cumberland, und werden später bei diesen selbst in Betracht gezogen werden müssen, besonders bei dem letztern, der sie in sein System mit verflochten hat. Daß Hobbes von den Theologen so gehaßt und verfolgt worden ist, schreiben spätere Naturrechtslehrer seinen rücksichtslosen Angriffen auf die scholastische Philosophie zu. Außer Fell veröffentlichte ein Bischof Bramhallus gegen ihn sechszig Einwendungen. Es schrieben gegen ihn Cocqui, Sharrock, Strimesius, Rachel, Eisenhart, Osiander, Parcker und die Cocceji. Andere vertheidigten ihn wieder, z. B. Becmann, Pufendorf, Alle lernten von ihm.

Manche Einwendungen späterer Naturrechtslehrer sind von Interesse und lehrreich. Alberti bestritt das Verhältniß des Staates und der Religion bei Hobbes und meinte, die Unterordnung der Religion und Kirche unter den Staat oder den Herrscher, welcher befehlen könne, was man glauben solle, folge consequent aus dem Princip der Socialität.[1]) Er nennt den Naturzustand bei Hobbes

[1]) Alberti, Compendium juris naturae, orthodoxae theologiae conformatum caet. Pars II. cap. 1. §. 23. et not.

fingirt, keinen wirklichen Zustand, und beklagt, daß er den Menschen als einen Sohn der Erde nehme, welcher nach Zufall in die Welt geworfen, nicht nach dem Bilde Gottes geschaffen sei.[1]) Conring folgerte aus der Ungeselligkeit der menschlichen Natur bei Hobbes, daß jede menschliche Gesellschaft gegen die Natur sei.[2]) Pufendorf bestritt dies wieder: das wäre gerade so, als wollte man sagen: kein Mensch bringt die Sprache mit auf die Welt, also ist die Sprache gegen die Natur; oder: alle Menschen werden als Kinder geboren, darum ist es gegen die Natur, daß sie erwachsen.[3]) Die Polemik Pufendorfs gegen Hobbes ist vorzugsweise gegen die Fassung des Vertrages bei demselben gerichtet. Er sagt: bei Hobbes ist der Vertrag nur ein Vertrag des Einzelnen mit Einzelnen, zwischen Fürsten und Unterthanen ist kein Vertrag. Hobbes lehre aber selbst, daß Gott kraft des Vertrages König der Juden gewesen, weshalb er keinen Grund habe, keinen Vertrag der Unterthanen mit dem Fürsten anzunehmen. Pufendorf sagt ferner: bei Hobbes entsteht die Demokratie gleichfalls nicht durch Vertrag der Einzelnen mit dem Volke, sondern der Einzelnen unter einander. Aber wer in die Demokratie einwilligt, verpflichtet sich, dem größeren Theile des Volkes zu gehorchen; die Demokratie ist daher ein Vertrag der Einzelnen mit dem Volke. Er findet dann das Argument des Hobbes parador, nach welchem in jedem Vertrage eher Personen sein müssen, welche einen Vertrag schließen wollen, als der Vertrag selbst sei. Es sei gerade so, als sage man: der Mann kann mit der Frau keinen Vertrag eingehen, weil sie vor der Ehe noch nicht Frau ist, und nach der Ehe ein Vertrag vergebens ist, da sie sich dem Manne bereits unterworfen habe. Ferner kann nach Hobbes kein Vertrag zwischen Bürger und Volk geschlossen werden, weil vor der Constituirung des Staates keine moralische Person, kein Volk ist; auch ist die Ableitung der Verbindlichkeit der Unterthanen gegen den Fürsten aus dem Vertrage gefährlich, weil die Nothwendigkeit zu gehorchen von dem Gehorsam eines Jeden abhängig gemacht wird; will Einer nicht gehorchen, so brauchen auch die Andern nicht zu gehorchen, sondern sind frei. Jeder Bürger ist für sich dem Herrscher

[1]) Alberti, Compendium juris naturae, orthodoxae theologiae conformatum caet. Pars I. cap. 1. §. 21—26.

[2]) Conring, de civili prudentia cap. 14. in fin.

[3]) Pufendorf. jus nat. et gent. Lib. 2. cap. 3. §. 15.

ohne Bedingung fremden Gehorsams verpflichtet, dieser kann gegen die Widerstrebenden die Kräfte aller Andern gebrauchen, um sie wieder zur Ordnung zurückzuführen. Der Gehorsam folgt aus dem Vertrage bei Hobbes nicht unmittelbar, sondern mittelbar. Wozu der Umschweif, wo man den geraden Weg gehen kann? Hobbes setzt stillschweigend voraus, daß das, worüber ein Vertrag geschlossen wird, nicht rückgängig gemacht werden kann. Er muß aber doch zugeben, daß der Herrscher etwas gebieten kann, dem der Bürger mit Recht nicht gehorchen darf. Deshalb ist der Gehorsam desselben aus einer andern Quelle herzuleiten. Die gesetzliche Macht, das Recht des Herrschers und die Pflicht des Bürgers müssen sich gegenseitig entsprechen. Das Gebot des Herrschers muß dem Zwecke der bürgerlichen Gesellschaft gemäß sein.[1]) Das Volk ist nach dem Tode des Herrschers kein aufgelöster Haufen; ein solcher Haufen hat kein absolutes Recht, über seinen Zustand zu disponiren. Aber das Volk hat dieses Recht. Pufendorf sagt: damit hängt noch manches Andere zusammen; nach Hobbes soll der Staat den Bürger nicht beleidigen können, weil zwischen beiden kein Vertrag, sondern der Bürger dem Staate unbedingt unterworfen sei; Beleidigungen sollen allein aus den bürgerlichen Gesetzen entnommen werden, die positiven Gesetze sollen Regeln des Rechts und Unrechts sein; und vor dem Rechte des Herrschers soll weder Gerechtes noch Ungerechtes sein können. Aber, sagt Pufendorf, so kann ein Staat sich weder bilden noch erhalten. Nach Hobbes sollen zur Constituirung der Staaten Verträge nöthig sein. Aber wie haben Menschen sich von der Nützlichkeit der Verträge überzeugen können, wenn sie nicht vorher gewußt haben, daß es gerecht sei, die Verträge zu halten, und das Gegentheil ungerecht sei? Das heißt mit dem Staate allen Unterschied des Gerechten und Ungerechten aufheben. Wer wolle durch bloße Furcht und Gewalt so viele Menschen zusammenhalten? Welcher Herrscher werde so unbesonnen sein, etwas dem Naturrechte zuwider zu befehlen?

Auch Thomasius bekämpft den Hobbes wegen des Vertrages. Er macht besonders geltend gegen ihn, daß alles Recht nicht aus dem Vertrage sein könne, weil es ein Recht schon vor dem menschlichen Willen gebe. Er sagt: die Herrschaft ist verschieden vom

---

[1]) Pufendorf. jus nat. et gent. Lib. 7. §. 11. 12.

Vertrage, Hobbes confundirt beides und macht den Vertrag zur Fundamentalproposition aller Gesetze. Herrschaft findet zwischen Ungleichen, Vertrag zwischen Gleichen statt. Die Herrschaft bezweckt den Nutzen eines Einzigen, der Vertrag den gemeinsamen Nutzen. Deshalb sind Herrschaft und Vertrag zu unterscheiden.[1]) Ein Vertrag ist ohne Gesetz nicht von sich selbst verbindlich, darum kann der Vertrag nicht Quelle des Gesetzes sein. Es giebt Rechte vor allen Verträgen: sein Leben vertheidigen u. s. w. Der Grundsatz Hobbes': Frieden suchen, und ist das unmöglich, sich durch Krieg helfen, ist ebenfalls dunkel, denn er spricht blos von dem äußern Frieden und faßt nicht die moralischen Gebote.[2]) Er sagt ferner: man muß sich hüten, die Gleichheit der Menschen principiell zu nehmen. Solche Gleichheit und Freiheit darf kaum eine Stelle im Appendix haben. Kein Mensch stimmt zwar in Allem mit dem Willen eines andern überein, aber auch kein Mensch widerstreitet in Allem dem Willen eines andern. Nicht Jeder, welcher schaden kann, will schaden; und nicht Jeder, welcher helfen kann, will helfen. Das Princip ist deshalb unrichtig, wenn Hobbes aus der Macht zu schaden den Krieg Aller gegen Alle ableitet. Wenn der Mensch sich nicht fürchtet, so wird die Kraft zu schaden vereitelt. Thomasius bekämpft die Grundsätze des Hobbes aus der innern Verbindlichkeit gegen äußeres Recht und sucht zu zeigen, daß das Recht auf Alles jeder correlaten Pflicht ermangelt, also daß es keine Verbindlichkeit giebt, welche demselben gemäß ist.

Es hat auch nicht an Solchen gefehlt, die die natürliche Freiheit und Gleichheit des Hobbes, das Recht Aller auf Alles, heidnisch genannt haben.[3]) Der ältere Cocceji bezeichnet dasselbe als eine falsche Versicherung oder eine Prätension des Rechts.[4]) Er sagt: es ist gar kein Recht, sondern eine Controverse über das Recht. Keiner kann meine Sache seine Sache nennen. Wenn das Recht sein soll, so thun Räuber, Diebe kein Unrecht, so ist zwischen Menschen und Thieren kein Unterschied.[5]) Die Herrschaft, die die Einzelnen nicht

---

[1]) Thomasius, Fundam. jur. natur. et gent. Lib. 1. cap. 4. §. 92. not.; §. 96. 98.

[2]) Ibid. Lib. 1. cap. 6. §. 18.

[3]) Strimesius, Orig. moral. dissert 5, 11.

[4]) Henr. Cocceji dissert. de jure omnium in omnia.

[5]) Henr. Cocceji Leviathan refutatus.

haben können, soll von denselben auch auf den Fürsten und den Staat nicht übertragen werden können. Der jüngere Cocceji nennt die Ansicht des Hobbes geradezu absurd [1]) und sagt: die Erlaubniß gegenseitigen Mordes ist der Natur zuwider und dem Willen des Schöpfers entgegen. Die Ursache des Staates ist nicht gegenseitige Furcht, sondern die Natur selbst, die die menschliche Gesellschaft auferbaut. Diese kann überhaupt nicht Princip des Rechts, nicht das Erste sein. Princip und Erstes ist Gott. Die menschliche Gesellschaft kann höchstens Princip des Civilrechtes, aber nicht des Naturrechtes sein. [2])

Viele haben gezweifelt, daß es ein wirkliches Naturrecht bei Hobbes gebe. Hobbes soll z. B., nach dem jüngeren Cocceji [3]) und Anderen, das Naturrecht wegen des Rechtes auf Alles und des damit verbundenen Krieges Aller gegen Alle geleugnet haben. Freilich leugnet er das Naturrecht im alten Sinne, er definirt es nicht mehr wie H. Grotius nach der essentiellen Gerechtigkeit, er geht für das Naturrecht nicht auf die Ebenbildlichkeit und Verderbtheit der menschlichen Natur durch den Fall zurück, sondern findet es in der menschlichen Natur, welche den Trieb hat, sich zu bewahren, und nennt es deshalb ein natürliches Gebot, ein Gebot der rechten Vernunft. Er führt mehrere solche Gebote an und nennt sie ewig, unveränderlich. Das Naturrecht ist nach ihm nicht das Recht auf Alles, sondern das Mittel der Aufhebung desselben. Die Aufhebung ist die menschliche Natur selbst. Das Staatsgesetz vernichtet nicht das natürliche Gebot, sondern erhält und bewahrt es. Ohne Bewahrung des Naturrechts ist kein Staat möglich, der Staat geht deshalb aus der menschlichen Natur hervor. Das Staatsgesetz gebietet nichts gegen die Natur, sondern ist nach seiner Wahrheit selbst natürliches Gesetz. Hobbes findet das Naturrecht auch in der Schrift. Er leugnet die Offenbarung nicht, sondern nimmt an, daß die natürlichen Gesetze auch von Gott geoffenbart sind. Die natürlichen Gesetze sind zugleich göttliche Gesetze. Aber sie brauchen nicht geoffenbart zu sein, um gewußt werden zu können. Die Offenbarung enthält Manches, was durch natürliche Vernunft nicht bewiesen werden kann, aber

---

[1]) Sam. Cocceji tract. jur. gent. Pars I. Quaest. 1. §. 4.
[2]) Ibid. §. 9.
[3]) Ibid. §. 3.

sie enthält nichts gegen die Vernunft. Das göttliche Gesetz ist nur dann berechtigt, wenn es nicht von den natürlichen Gesetzen abweicht. Hobbes sieht in der Offenbarung natürliche Vernunft, aber er deutet sie zugleich im Sinne dieser Vernunft; er leitet z. B. das Recht Gottes, zu regieren, nicht aus der Schöpfung her, sondern aus der Unmöglichkeit, Gott widerstehen zu können. Er nimmt die Offenbarung ganz so, wie die natürlichen Gebote, wie das Naturrecht, welches er in der menschlichen Natur ohne Offenbarung findet. Die natürlichen Gesetze sind auch göttliche Gesetze, sind geoffenbart und nicht geoffenbart zugleich. Hobbes vermischt sie deshalb und rechtfertigt sogar jene durch diese. Er betrachtet das Naturrecht nicht ohne göttliche, und ebenfalls nicht ohne menschliche Autorität, wenn er es gleich in der menschlichen Natur unmittelbar findet und auf die ganze Menschheit bezieht, da das Staatsgesetz nöthig ist, dasselbe zu bewahren. Die natürlichen Gesetze sind bei Hobbes zugleich in der Offenbarung enthalten wie bei H. Grotius. Beide erkennen die Offenbarung an, lassen das göttliche Recht durch Offenbarung im Glauben neben der Socialität noch gelten und lösen die menschliche Natur und Vernunft als Princip der Socialität von der Offenbarung noch nicht gänzlich los. Soll die Socialität wirklich ein anderes Princip sein, so muß sie im Unterschiede von der Offenbarung auch bestimmt gefaßt und aufgezeigt werden, was Spinoza zu thun angefangen hat.

Benedict von Spinoza wurde von jüdischen Eltern zu Amsterdam den 24. November 1632 geboren, und starb daselbst am 21. Februar 1677. Sein Lehrer Franz van den Ende hatte sich in Frankreich in die Rohan'schen Händel gemischt und wurde da gehängt. Er soll auf Spinoza's später entwickelte Denkart einen großen Einfluß gehabt haben. Spinoza wurde auch von seinen Glaubensgenossen angeklagt, daß er das Gesetz Mosis verachte, und Zeugen sollen gegen ihn ausgesagt haben, sie hätten ihn über die Juden spotten hören, die er als abergläubige Leute bezeichnet habe, welche in der Unwissenheit geboren und erzogen worden seien, die nicht wüßten, was Gott wäre, aber doch so verwegen seien, sich das Volk Gottes zu nennen und alle Völker gegen sich herabzusetzen. Ein bloßer Mensch habe ihre Gesetze verfaßt, der sie alle an Staatsweisheit unendlich übertroffen habe, aber in der Naturlehre und Theologie ebenso unwissend gewesen sei, als sie selber. Diesen Betrug könne man leicht entdecken, wenn man nur ein wenig verständig urtheile, und man müsse ebenso einfältig sein, als die Juden zur Zeit Mosis gewesen, wenn man ihnen Recht geben wolle. Darnach wurde Spinoza von der Synagoge in den Bann gethan; er verantwortete sich aber und schrieb seine Verantwortung in spanischer Sprache nieder. Das Verantwortungsschreiben wurde als solches nicht gedruckt, aber ging theilweise in den ersten politischen Tractat Spinoza's, in den theologisch-politischen Tractat über.[1]) Spinoza eröffnete mit diesem Tractat seine literarische Laufbahn, aber er schrieb noch einen zweiten politischen Tractat, mit welchem er dieselbe endete. Seine übrigen Schriften fallen zwischen diese in die Mitte. Von jenen enthält auch die Ethik Erörterungen über Recht und Unrecht, Gerechtigkeit und Ungerechtigkeit, und über menschliche Freiheit. Spinoza wurde wegen des ersten Tractats auf das heftigste angefeindet, so daß er zu dem Prinzen Condé gesagt haben soll, daß alle seine Macht nicht hinreiche, ihn gegen den Eifer so vieler Leute zu schützen. Der theologisch-politische Tractat wurde nicht in Hamburg gedruckt, wie auf dem Titel verzeichnet ist, sondern in Amsterdam, und wurde sogleich in's Französische und Holländische übersetzt. Von Cuper, van Mansvelt, Bredenborg, Yvon, Musäus, Earbery, Melchior und Anderen erschienen gleich gegnerische Schriften, in welchen er des Atheismus beschuldigt wurde. Spinoza hatte in dem theologisch-politischen Tractate zu wenig die Politik als solche behandelt, die politischen Staatsformen waren kaum angedeutet, geschweige ausgeführt worden. Diesen Mangel suchte er in dem genannten zweiten, rein politischen Tractat[2]) zu beseitigen. Er schrieb an einen Freund, daß er einen politischen Tractat zu bearbeiten angefangen und bereits sechs Capitel vollendet habe, in welchen er das Naturrecht behandle, und ferner das Recht der höchsten Gewalt, die Verwaltung der politischen Geschäfte, das Höchste

[1]) Tractatus theologico-politicus continens dissertationes aliquot, quibus ostenditur libertatem philosophandi non tantum salva pietate et reipublicae pace posse concedi, sed eandem nisi cum pace reipublicae ipsaque pietate tolli non posse. Hamburgi, apud Henricum Kunrath CIƆIƆCLXX.

[2]) Tractatus politicus, in quo demonstratur, quomodo societas, ubi imperium monarchicum locum habet, sicut et ea, ubi optimi imperant, debet institui, ne in tyrannidem labatur et ut pax libertasque civium inviolata maneat.

der Gesellschaft, die Instituirung der Monarchie und die wohlgeordnete Monarchie. Er wollte darin auch die Natur der Aristokratie und Demokratie, der Gesetze, und andere politische Fragen erörtern, aber es war ihm wegen Krankheit und bald darauf erfolgten Todes nicht vergönnt, das Ganze vollenden zu können.

Spinoza unterscheidet in dem theologisch=politischen Tractat bestimmt den Naturzustand von der Offenbarung und Religion. Der Naturzustand, sagt er, ist der Zeit nach früher, als die Religion. Daß der Mensch Gott gehorchen soll, weiß keiner von Natur. Im Naturzustande ist weder Gesetz noch Sünde, weshalb dieser Zustand mit der Religion nicht zu confundiren ist. Er gehört der natürlichen Freiheit, dem natürlichen Rechte an, hängt mit dem Gesetze der Natur unmittelbar zusammen. Gesetz ist hier also, was das Individuum seiner Natur gemäß vollbringt, was Individuen derselben Art auf bestimmte Weise thun. Es hängt das von der Nothwendigkeit der Natur ab, Alles ist nach dieser Nothwendigkeit zu betrachten, auch die menschliche Handlung. Die menschlichen Handlungen sind nicht zu belachen und zu beweinen, sondern zu erkennen. Die Affecte, Liebe, Haß, Zorn, Ehrbegierde und dergleichen mehr sind keine Fehler, sondern Eigenschaften, welche ebenso nothwendig zur menschlichen Natur gehören, als Kälte und Wärme, Donner und Blitz zur Natur als solcher. Solche Neigungen sind unbequem, aber nothwendig. In der Natur ist nichts absurd. Finden wir etwas lächerlich, böse in der Natur, so ist das unser Urtheil; aber unsere Vernunft geht das Gesetz der Natur selbst nicht an, sondern blos das Gesetz unserer Natur; die Natur hängt nicht von den Gesetzen der menschlichen Vernunft, sondern von den Gesetzen ihrer eigenen Ordnung ab, von welcher der Mensch nur ein kleiner Theil ist. Wenn wir in der Natur etwas Uebles sehen, so kommt es daher, daß wir die Natur blos zum Theil, nicht den Zusammenhang der ganzen Natur kennen. Dann wollen wir Alles durch unsere Vernunft bestimmen, dann meinen wir, daß etwas außer der Ordnung sei, was in der Natur selbst ganz in der Ordnung ist. Das natürliche Gesetz besteht deshalb in den Regeln, nach welchen jedes Ding auf seine Weise existirt und operirt. Der Fisch ist bestimmt, zu schwimmen, und der große Fisch, den kleinen zu verzehren. Dies ist natürliches Recht, die Natur der Sache selbst.[1]) Jedes Ding strebt nach dem Gesetze der Natur in seinem Zustande zu beharren, jedes hat das Recht zu existiren und zu operiren, wozu die Natur es bestimmt hat, gleichviel, ob die Individuen Menschen oder natürliche Dinge sind. Die Möglichkeit, wodurch die Dinge existiren und operiren, ist die göttliche Allmacht selbst.[2]) Gott ist die absolute Machtvollkommenheit, Gott hat das Recht auf Alles, da seine Macht als absolut frei zu betrachten ist. Aus demselben Grunde hat jedes natürliche Ding soviel Recht, als es Macht hat, zu existiren und zu operiren. Das Naturrecht ist die Macht der Natur selbst. Das Recht der Natur und jedes Individuums erstreckt sich so weit, als seine Macht reicht.[3]) Was der Mensch nach dem höchsten Gesetze der Natur thut, das thut er nach dem höchsten Rechte der Natur. Jeder lebt nach den Regeln der Gesetze der Natur, mag er von der Begierde oder von der Vernunft getrieben werden. Im Naturzustande lebt Jeder mit dem höchsten Rechte nach dem Gesetze der Begierde.[4]) Viele meinen, unser Verstand komme von keinen natürlichen Ursachen, sondern unmittelbar von Gott her, und folgern daraus, daß der Mensch unabhängig und frei sich selbst bestimmen und seine Vernunft recht gebrauchen kann. Aber die Erfahrung lehrt, daß es ebensowenig in des Menschen Macht steht, gesunden Verstand zu haben, als einen gesunden Körper. Die Theologen umgehen die Schwierigkeit, indem sie lehren, daß die Sünde eine Schwachheit der menschlichen Natur sei, und daß diese Schwachheit von dem Falle des ersten Menschen herrühre.[5]) Im Naturzustande urtheilt Jeder nach seinem Nutzen und hat Jeder das Recht, das ihm Nützliche zu begehren, mag die Vernunft oder der Affect ihn treiben. Er kann es durch Bitten, List, Gewalt, auf alle mögliche Weise zu erreichen suchen, und hält Den mit Recht für einen Feind, der ihn daran hindert. Die Menschen sind von Natur Feinde,[6]) sie werden mehr von der Begierde, als von der Vernunft getrieben. Jeder hat von Natur das Recht auf Alles, deshalb begehren Alle dasselbe, darum kommen Alle miteinander in Streit und

[1]) Tract. theol.-polit. cap. 16.
[2]) Tract. polit. cap. 2: ipsa dei aeterna potentia.
[3]) Tract. theol.-polit. cap. 16.; Tract. polit. cap. 2.
[4]) Tract. theol.-polit. cap. 16: appetitus.
[5]) Tract. polit. cap. 2.
[6]) Ibid. §. 14: sunt homines ex natura hostes.

suchen sich gegenseitig zu unterdrücken. Wer den Sieg behält, der rühmt sich des Sieges, der hat Recht. Die Menschen sind mehr zur Rache als zum Erbarmen geneigt. Daher gilt die Lehre der Religion: liebe deinen Nächsten als dich selbst, d. h. vertheidige das Recht des Andern als dein eigenes, im Naturzustande wenig oder gar nicht.[1])

Ehe die Menschen die wahre Art zu leben kennen lernen, werden sie im Naturzustande von der Begierde getrieben. Alle leben in diesem Zustande in Feindschaft, in Zorn, Haß und Furcht, und bleiben so lange Feinde, als sie sich vor einander fürchten und hüten müssen. Das Leben in diesem Zustande ist elend, ohne gegenseitige Hülfe und Cultur. Keiner ist vor dem Andern sicher, Jeder kann mit Recht thun, was er will, und hat das Recht so lange, als er nicht unterdrückt ist. Jeder lebt, wie es ihm beliebt, mit großer Lebensgefahr.[2]) Aber Einer strebt vergebens, sich gegen Viele oder Alle behaupten zu können. So lange das natürliche Recht durch die Macht bestimmt wird, ist eigentlich kein Recht, das Recht ist eher in der Meinung, als in der Sache, indem es der Sicherheit ermangelt. Jeder hat destoweniger Recht, je größere Ursache er hat sich zu fürchten. Bedenkt man, daß die Menschen nicht leben, geschweige sich cultiviren können, ohne sich gegenseitig zu helfen, so muß man schließen, daß das Naturrecht, was dem ganzen Menschengeschlechte zukommt, kaum begriffen werden kann, wenn die Menschen keine gemeinschaftlichen Rechte und keine Länder haben, die sie bebauen und in welchen sie wohnen können, wenn sie Gewalt nicht mit Gewalt vertreiben, sich nicht schützen und nicht nach einem gemeinschaftlichen Beschlusse Aller leben können.[3]) Die Menschen müssen sich daher gegenseitig helfen, um gegen Feinde sicher zu sein, und müssen eine Gesellschaft stiften,[4]) weil Alle nicht zu Allem geschickt sind. Begehrten die Menschen, was die Vernunft fordert, so

---

[1]) Tract. polit. introd.

[2]) Ibid. cap. 5: ubi unusquisque ex suo ingenio magno vitae periculo vivit.

[3]) Ibid. cap. 2. §. 15: concludimus jus naturae, quod humani generis proprium est, vix posse concipi, nisi ubi homines jura habent communia, qui simul terras, quas habitare et colere possunt, sibi vindicare, seseque munire, vimque omnem repellere et ex communi omnium sententia vivere possunt.

[4]) Tract. theol.-polit. cap. 5: societas.

würden sie von selbst thun, was ihnen nützlich ist, sie würden ohne Gesetze gesellig leben können. Aber da die menschliche Natur anders constituirt ist, so ist ohne Gesetze, ohne Herrschaft und Gewalt, die die Begierden der Menschen zügelt und hindert, keine Gesellschaft möglich. Alle müssen, um gut und sicher zu leben, eins sein wollen.[1]) Das Recht des Einzelnen auf Alles darf nicht mehr durch die Macht der Begierde, sondern muß durch die Macht des Willens Aller bestimmt werden.[2]) Alle müssen sich durch Vernunft vereinigen. Die Menschen kommen mehr aus einem gewissen gemeinschaftlichen Triebe zusammen und lassen sich lieber von einem Verstande leiten,[3]) als von der Vernunft sich bestimmen, einen gemeinschaftlichen Schaden aus gemeinsamer Hoffnung, Furcht oder Verlangen zu rächen. Aber die Furcht vor Einsamkeit, die Alle haben, und der damit verbundene Mangel an Kraft, sich zu vertheidigen, sowie die Nothdurft des Lebens treibt sie zur Gesellschaft, zum bürgerlichen Zustande, welcher den Menschen von Natur zusagt und den sie deshalb begehren.[4]) Kein Mensch wird widerstreben, wenn er so vernünftig ist, seine Begierde zu zügeln, keiner wird dem andern schaden, sondern sein Recht und das Recht des andern vertheidigen. Auf diese Weise kommt es durch Vernunft und Vertrag zur Einheit und Gesellschaft der Menschen.[5])

Es fragt sich, wie der Vertrag eingegangen werden muß, damit er vollzogen und fest sei. Einer hat den Andern in seiner Gewalt, wenn er ihn gebunden hält, ihm die Waffen abgenommen, Furcht eingejagt oder ihn durch Wohlthaten besiegt hat. Ist Einer in der Macht des Andern, so hat er kein Recht gegen denselben. Hintergeht Einer den Andern durch Ueberlegenheit des Verstandes, so ist jener im Recht. Je mehr der Mensch seinen Verstand gebraucht, desto mehr Recht hat derselbe. Je mehr ihn Ursachen, welche in seiner Natur liegen, zu handeln bestimmen, desto freier handelt er. Es ist ein

---

[1]) In unum conspirare.

[2]) Tract. theol.-polit. cap. 16: ut jus, quod unusquisque ex natura ad omnia habeat, collective haberent, neque amplius ex vi et appetitu uniuscujusque, sed ex omnium simul potentia et voluntate determinaretur.

[3]) Ex communi aliquo affectu naturaliter convenire et una veluti mente duci velle.

[4]) Tract. polit. cap. 6: statum civilem homines natura appetere.

[5]) Ibid.

allgemeines Gesetz der menschlichen Natur, daß Jeder begehrt, was er für ein Gut hält, es sei denn, daß er auf ein größeres Gut hofft, oder einen größern Schaden fürchtet. Jeder wählt von zwei Gütern das größte und von zwei Uebeln das kleinste, aber er wählt das größere Gut und das kleinere Uebel nicht deswegen, weil jenes wirklich größer und dieses wirklich kleiner ist, sondern weil er so urtheilt, er wählt nach seiner Meinung. Dies Gesetz ist der menschlichen Natur so sehr eingeprägt, daß es zu den ewigen Wahrheiten gehört. Keiner wird ohne Trug versprechen, von seinem Rechte auf Alles etwas ablassen zu wollen; keiner wird das Versprechen halten, wenn er nicht ein größeres Uebel fürchtet und auf ein größeres Gut hofft. Gesetzt den Fall, ein Räuber zwingt uns, ihm versprechen zu müssen, daß wir ihm, wann und wo er will, von unserm Eigenthume geben sollen, so werden wir, wenn wir nur irgend können, das nicht thun, wir werden trügerisch unser Versprechen nicht halten, und das mit Recht. Das Naturrecht erlaubt das. Wenn wir Jemandem versprechen, zwanzig Tage keine Speise nehmen zu wollen, und nachher sehen, daß das Versprechen thöricht war, so steht es uns frei, von zwei Uebeln das kleinste zu wählen, und deshalb unser Versprechen nicht zu halten. Wenn wir überzeugt sind, daß wir aus einem gegebenen Versprechen mehr Schaden als Nutzen haben werden, so brauchen wir nach dem Naturrechte und nach dem Urtheile unserer Vernunft dieses Versprechen nicht zu erfüllen. Wir schließen daraus mit Recht, daß der Vertrag ohne Nutzen kraftlos ist. Wenn der Nutzen aufgehoben ist, so ist auch der Vertrag aufgehoben; es ist thöricht, in alle Ewigkeit das Halten eines Vertrages fordern zu wollen, wenn nicht zugleich festgesetzt ist, daß der Paciscent, im Fall er den Vertrag nicht hält, mehr Schaden als Nutzen haben soll. Das bloße Versprechen reicht für das Halten des Vertrages nicht aus, wenn nicht zugleich etwas Anderes hinzukommt. Also wenn der Vertrag gehalten wird, so geschieht das entweder aus Hoffnung eines größeren Gutes oder aus Furcht vor größerem Uebel.

Das natürliche Recht wird allein durch die Macht bestimmt. Einer überträgt auf den Andern so viel Recht als Macht, möge dies freiwillig oder durch Gewalt geschehen. Je mehr Menschen sich vereinigen, desto mehr Recht haben sie. Wo Alle gemeinsame Rechte haben, da hat Jeder weniger Recht, als die Uebrigen. Diese sind daher mächtiger, d. h. der Einzelne hat nicht mehr Recht, als das Ganze ihm giebt. Alle sind mächtiger und haben daher mehr Recht, weshalb der Einzelne thun muß, was das Ganze will, er kann mit Recht dazu gezwungen werden.[1]) Natürlich dauert das Recht nicht länger als die Gewalt. Der Mächtigere wird keinem Schwächern gehorchen, wenn er nicht will. Ueberträgt Einer seine Macht auf die Gesellschaft, so hat diese das Recht der Natur auf Alles, die höchste Gewalt. Die höchste Herrschaft ist das Recht, welches die Macht der Mehrheit über den Einzelnen bestimmt hat. Jeder gehorcht derselben, freiwillig oder aus Furcht. Alle müssen der höchsten Gewalt gehorsam sein, weil sie stillschweigend oder ausdrücklich in dieselbe eingewilligt haben. Wenn sie von ihrer Macht und ihrem Recht etwas hätten zurückbehalten wollen, so hätten sie sich etwas vorbehalten müssen, wodurch sie dasselbe sicher vertheidigen konnten. Das haben sie nicht gethan, und nicht zu thun vermocht, ohne die Herrschaft zu theilen und zu zerstören; also haben sie sich der höchsten Gewalt unterworfen und haben das aus Nothwendigkeit, selbst aus Vernunft gethan. Darum sind sie auch gehalten, die Befehle der höchsten Gewalt auszuführen, selbst wenn sie Absurdes gebieten sollte. Sonst sind sie Feinde der Herrschaft und handeln gegen die Vernunft. Die Vernunft räth die Ausführung, denn von zwei Uebeln muß man das kleinste wählen. Es ist selten, daß die höchste Gewalt Absurdes befehlen werde, denn sie wünscht die Macht zu behalten und sucht deshalb das allgemeine Wohl zu fördern, das Ganze vernünftig zu leiten. Der Zweck der Herrschaft ist vielmehr, das Absurde zu meiden, die Menschen zur Vernunft zu bringen, damit sie in Frieden leben. Die Herrschaft hat darauf zu sehen, daß die Unterthanen ihrem Befehle gehorchen, daß sie kein anderes Recht anerkennen, als was sie dafür erklärt hat. Man meint vielleicht, daß die Unterthanen alsdann zu Sclaven gemacht würden. Aber dann wäre schon Der ein Sclave, welcher auf Befehl handelt, und nur Der frei, welcher auf seine Weise handelt. Im Gegentheil ist Der am meisten Sclave, welcher sich von der Begierde und dem Vergnügen treiben läßt, und wer nur das thut, was ihm nützlich scheint, während gerade Der frei ist, welcher nach der Vernunft handelt. Der Gehorsam, die Handlung auf Befehl hebt die Freiheit zwar auf ge-

[1]) Tract. theol.-polit. cap. 16.

wisse Weise auf, aber dadurch wird man nicht Sclave. Es kommt auf die Art der Handlung an. Ist der Zweck der Handlung nicht Zweck des Handelnden selbst, sondern der Nutzen des Herrschers, so ist der Handelnde Sclave. Aber im Staate ist das Wohl Aller, nicht blos das Wohl des Herrschers, das höchste Gesetz. Darum ist im Staate keine Sclaverei. Kinder z. B., welche den Eltern gehorchen müssen, sind keine Sclaven, denn die Eltern wollen den Nutzen der Kinder. Zwischen Sclaven, Kindern und Unterthanen ist ein großer Unterschied. Der Sclave gehorcht dem Herrn zu dessen Nutzen, das Kind thut aus Gehorsam gegen die Eltern, was ihm nützlich ist, der Unterthan vollbringt auf Befehl der höchsten Gewalt, was dem gemeinen Wesen und damit ihm selbst zum Nutzen gereicht.

Spinoza sagt: aus diesen Elementen kann ein Staat constituirt werden. Im Naturzustande hängt das Gesetz, nach welchem Individuen derselben Art auf bestimmte Weise handeln, von der Nothwendigkeit der Natur ab, im Staate von dem Willen der Menschen. Wenn Alle den großen Nutzen und die Nothwendigkeit des Staates erkennen möchten, so würde Keiner trügerisch handeln, so würde Jeder solche Handlung verabscheuen. Alle würden die Verträge halten, um das höchste Gut, den Staat zu bewahren. Der ist der freieste von allen Staaten, welcher auf die Vernunft gegründet ist, dessen Gesetze im Zeugniß der Vernunft gegeben wurden. Aber der Weg der Vernunft ist ein schwerer Weg. Man träumt vom goldenen Zeitalter, wenn man meint, daß die Menschen nach der Vorschrift der Vernunft vorzugsweise leben wollen. Die Herrschaft hat keine Sicherheit und Festigkeit, wenn die öffentlichen Geschäfte nicht mit Vernunft geleitet werden. Die Geschäfte können gut und schlecht, mit Vernunft und Affect von Denen verwaltet werden, die die höchste Gewalt haben. Die Ursachen und natürlichen Fundamente der Herrschaft sind daher nicht aus den Beweisen der Vernunft, sondern aus der gemeinschaftlichen Natur der Menschen zu entnehmen.[1]) Das Recht der Herrschaft heißt bürgerlicher Zustand, der Körper der Herrschaft heißt Staat, die Geschäfte im Besitze der Herrschaft heißen öffentliche Angelegenheiten. Die Menschen heißen Bürger, wenn sie sich der Vortheile des Staa-

---

[1]) Tract. polit. introd.: non ex rationis documentis petenda, sed ex hominum communi natura.

tes erfreuen; Unterthanen, wenn sie den Gesetzen des Staates gehorchen müssen. Das Recht der höchsten Gewalt ist dasselbe, was das Recht der Natur ist, welches durch die Macht der Menge, nicht durch die Macht des Einzelnen bestimmt wird. Das Naturrecht, nach welchem Jeder leben kann, wie es ihm beliebt, hört zwar im bürgerlichen Zustande auf, aber damit hört das natürliche Recht nicht auf. Der Mensch handelt im natürlichen Zustande sowohl als im bürgerlichen Zustande nach dem Gesetze seiner Natur und bedenkt seinen Nutzen. Er wird in beiden Zuständen durch Hoffnung und Furcht zu dem einen oder andern hingezogen, wird das zu thun oder zu lassen bestimmt; aber der Unterschied ist, daß das Vermögen zu urtheilen im bürgerlichen Zustande nicht aufgehoben wird, indem Alle dasselbe fürchten und auf gleiche Weise sicher leben wollen. Wer die Macht fürchtet, wer die Ruhe liebt, wer dem Staate gehorcht, der sorgt zugleich für seine Sicherheit, für seinen Nutzen. Der Bürger hat deshalb nicht das Recht, die Befehle und Gesetze des Staates auszulegen, weil er sonst nach seinem Belieben leben würde. Der Bürger ist nicht seines Rechtes, wie der Mensch im Naturzustande, weil er nach den Geboten des Staates handeln muß. Er hat kein Recht, zu bestimmen, was billig oder unbillig, was fromm oder gottlos ist, denn der Wille des Staates gilt für den Willen Aller; was der Staat als recht und gut beschließt, das ist anzusehen, als wäre es von Jedem so beschlossen. Die Vernunft lehrt, Frieden zu suchen; das ist nur möglich, wenn das gemeinsame Recht des Staates unverletzt bewahrt wird. Je vernünftiger und freier der Mensch ist, desto beständiger wird er das Recht des Staates und der höchsten Gewalt bewahren. Die Vernunft lehrt nichts gegen die Natur und der bürgerliche Zustand ist nicht gegen die Vernunft, sondern er ist eingerichtet, um die gemeinsame Furcht und das gemeinsame Elend zu entfernen. Muß zuweilen der Mensch auf Befehl des Staates etwas thun, was der Vernunft widerstrebt, so wird dieser Schaden durch das Gute, was der bürgerliche Zustand mit sich bringt, wieder aufgewogen, und um so mehr, wenn man bedenkt, daß auch nach dem Gesetze der Vernunft von zwei Uebeln das kleinste zu wählen ist. Der Staat ist am vernünftigsten und mächtigsten, wenn er vorzugsweise bezweckt, was die gesunde Vernunft allen Menschen als das Nützliche lehrt. Da das Recht des Staates durch die Macht der Menge bestimmt wird, so liegt es nahe, daß die Macht und das Recht des Staates verringert werden kann, wenn Mehrere in Eins conspiriren. Je mehr der Staat Ursache hat, sich zu fürchten, desto weniger ist er seines Rechtes. Staaten verhalten sich ähnlich wie Menschen im Naturzustande zu einander. Der Unterschied ist nur, daß der Staat sich gegen Unterdrückung vorsehen kann, was den Menschen im Naturzustande nicht möglich ist. Jeder einzelne Staat hat das Recht des Krieges, aber nicht des Friedens, dazu gehören zwei Staaten. Wenn Staaten föderirt sind, so dauert der Bund nicht länger, als sie sich vor Schaden fürchten und auf Gewinn hoffen. Jeder Staat hat das Recht, den Bund zu lösen, wenn er sieht, daß der Bund ihm Schaden bringt. Damit wird die Treue, die die gesunde Vernunft und Religion lehrt, nicht aufgehoben; keine von beiden lehrt, daß das gegebene Versprechen bewahrt werden soll, wenn sich nachher zeigt, daß dasselbe dem Wohle der Unterthanen entgegen war.[1])

Wenn das gemeinschaftliche Wohl es fordert, so müssen die Verträge und Gesetze aufgehoben werden, vermittelst welcher die Menge ihr Recht übertragen hat. Das Urtheil, ob dies nothwendig sei, steht nur Dem zu, welcher im Besitze der höchsten Macht ist. Die höchste Gewalt hat das Recht, Gesetze zu geben, zu beschließen, was gut oder böse, billig oder unbillig ist, und den Bürgern zu befehlen, was sie thun und lassen sollen. Sie hat ferner zu entscheiden, ob die Handlungen dem Rechte gemäß sind oder nicht, und muß sie im letzteren Falle bestrafen. Die Mittel, dies zu erreichen, fordern Geschäfte, welche für den Staat nothwendig sind und von der höchsten Gewalt geleitet werden. Kein Staat ist ohne Regel und Gesetz denkbar. Der Staat sündigt, wenn er thut oder leidet, was zu seinem Verderben gereichen kann. Er muß durchaus die Ursachen der Furcht und Verehrung bewahren, wenn er nicht aufhören will, ein Staat zu sein, und die Ursachen selbst sind das Naturrecht.[2]) Wenn man sich nach Vorschrift der Vernunft bewahrt, so ist das die beste Art zu leben. Das Beste des Staates ist, wenn er thut, was am meisten seines Rechtes ist. Denn nicht Alles geschieht am besten, was mit Recht geschieht; ein Anderes ist, mit Recht herrschen und sorgen, ein Anderes, gut regieren und verwalten. Der beste Zu-

---

[1]) Tract. polit. cap. 3.

[2]) Ibid. cap. 4: metus et reverentiae causas servare teneretur.

stand des Staates ist aus dem Zweck der bürgerlichen Gesellschaft erkennbar, welcher Sicherheit und Frieden ist. Die beste Herrschaft ist die, unter welcher die Menschen verträglich leben und das Recht der Herrschaft unverletzt bewahren. Aufruhr, Krieg, Verachtung und Verletzung der Gesetze ist weniger der Bosheit der Unterthanen, als dem verkehrten bürgerlichen Zustande zuzuschreiben. Die Menschen werden staatlich nicht geboren, und die natürlichen Affecte sind überall dieselben; wenn in einem Staate mehr Bosheit als in andern ist, so hat derselbe sich nicht mit Eintracht genug vorgesehen und die Rechte nicht klug festgesetzt. Staaten, die die Ursachen des Aufruhrs nicht entfernt halten, in welchen die Gesetze häufig verletzt werden, unterscheiden sich wenig vom Naturzustande.[1])

Spinoza handelt im theologisch-politischen Tractat vorzugsweise von der Demokratie. Er hatte sich vorgesetzt, den Nutzen der Freiheit im Staate besonders zu betrachten. Er sagt: von allen Staatsformen scheint die Demokratie die natürlichste, denn sie kommt der Freiheit, die die Natur Jedem giebt, am nächsten. Jeder trägt in der Demokratie sein Recht auf den größeren Theil der Gesellschaft über, Alle bleiben, wie im natürlichen Zustande, gleich, und doch ist der Zustand kein natürlicher mehr. In der Demokratie ist am wenigsten Absurdes zu fürchten. Es ist unmöglich, daß der größere Theil der Versammlung dieselbe Absurdität wolle. Aber der bürgerliche Zustand hat drei Arten: Demokratie, Aristokratie und Monarchie,[2]) welche Arten deshalb zu betrachten sind. Spinoza will im politischen Tractat nachholen, was er im theologisch-politischen versäumt hat. Er will entwickeln, wie die aristokratischen und monarchischen Staatsformen eingerichtet sein müssen, damit sie nicht in Tyrannei ausarten und dadurch die Freiheit und der Frieden der Bürger verletzt werde. Die verschiedenen Arten bezwecken alle, daß die Menschen gesellig leben sollen, weshalb sie die Mittel enthalten müssen, durch die die Menge geleitet und innerhalb gewisser Grenzen bewahrt werden kann. Die Aufgabe in der Politik ist nicht, Unerhörtes ans Licht zu bringen, sondern auf gewisse, unzweifelhafte Art zu beweisen, was am meisten mit der Praxis übereinstimmt, d. h. dasselbe aus der Beschaffenheit der menschlichen

---

[1]) Tract. polit. cap. 5.
[2]) Ibid. cap. 3.

Natur nothwendig aufzuzeigen.[1]) — Die Erfahrung lehrt, daß alle Gewalt wegen des Friedens und der Eintracht auf Einen zu beziehen ist. Wenn man Einsamkeit, Knechtschaft, Barbarei Frieden nennen will, so ist nichts elender, als solcher Frieden. Aber alle Gewalt auf Einen übertragen, ist mehr Sache der Knechtschaft, als des Friedens. Dieser ist nicht sowohl Abwesenheit des Krieges, als Eintracht der Gemüther. Das höchste Recht des Staates kann Einer nicht behaupten. Das Recht wird allein durch die Macht bestimmt. Wählt die Menge einen Monarchen, so kommt es darauf an, wie er beschaffen ist. Ist er ein Kind oder ein Greis, so ist er nur zum Schein König: dann haben Diejenigen die höchste Gewalt, welche die Geschäfte verwalten. Der Staat ist immer mehr durch die Bürger selbst in Gefahr, als durch die Feinde. Ein Monarch fürchtet mehr die eigenen Bürger, als er die Feinde fürchtet. Am meisten fürchtet er die Gelehrten und die Reichen. Er wird auch die Söhne eher fürchten als lieben. Für die Stabilirung der Monarchie sind deshalb feste Fundamente nöthig, welche zur Sicherheit des Monarchen und zum Frieden der Bürger dienen. Die Wahl des Monarchen muß, wenn es möglich ist, für ewige Zeiten gelten, sonst geht die höchste Gewalt auf die Menge über, und das ist die gefährlichste Veränderung. Der Monarch ist der Staat selbst, welcher sich mit der Erbfolge fortsetzt. Der Monarch soll keine Fremde heirathen, soll seine Gemahlin aus seiner Verwandtschaft, oder unter der Bedingung aus einer bürgerlichen Familie wählen, daß die Verwandten derselben keine öffentlichen Aemter bekleiden dürfen. Die Herrschaft muß untheilbar sein, sie darf nicht unter die Kinder vertheilt werden, auch nicht ungetheilt einigen oder allen gegeben werden, sondern muß untheilbar auf den ältesten Sohn übergehen. Edle darf es nicht weiter geben, außer solchen, die von dem Monarchen herstammen. Die Pflichten des Monarchen sind, den Zustand des Reiches kennen, für das allgemeine Wohl sorgen und bewirken zu müssen, was dem größten Theile der Unterthanen nützlich ist. Das kann Einer nicht allein, darum hat der Monarch Räthe nöthig, die den Stand der Dinge kennen müssen, damit denselben das Wohl des Ganzen anvertraut werden kann. Der Monarch wählt die Räthe aus den bürgerlichen Familien, aber nicht

---

[1]) Tract. polit. Introd.: ex ipsa humanae naturae conditione.

lebenslänglich, sondern höchstens auf fünf Jahre, weil sonst ein großer Theil der Bürger nicht hoffen darf, dieser Ehre theilhaftig werden zu können, was Ungleichheit, Neid und endlich Aufstand herbeiführen kann. Die Räthe stehen dem Monarchen an Würde am nächsten; ihre Zahl darf deshalb nicht zu gering sein, sonst könnten sie leicht zu mächtig und dem Monarchen gefährlich werden. Die Räthe können auch von einer Versammlung, einer Regierungsbehörde gewählt werden, aber sie müssen in diesem Falle vom Monarchen bestätigt werden. Die Regierungsbehörde hat die Pflicht, die Fundamentalgesetze der Monarchie zu schützen und das Wohl des Ganzen zu berathen. Der Monarch darf ohne den Rath derselben nichts beschließen. Der Monarch ist der Vorstand des Ganzen, die Seele des Staates, und jene Versammlung der Körper desselben, wodurch der Monarch ausführt, was er für das Beste hält. Ferner hat sie den Zugang der Bürger zum Monarchen, die Zulassung fremder Gesandten und selbst die Correspondenz des Monarchen zu vermitteln; auch für die Erziehung der Kinder des Monarchen und deren Tutel zu sorgen, im Fall der Monarch stirbt. Gleichfalls wird eine Versammlung von Rechtsgelehrten zur Administration der Rechtspflege gebildet, welche die richterliche Behörde ausmacht. Die richterliche Behörde muß eine große, ungleiche Zahl Richter in sich vereinigen, etwa 61 oder 51, nicht auf Lebenszeit, sondern jährlich. Alle Richter sollen bei einem Richterspruche gegenwärtig sein. — Wenn die Ursachen der Bewahrung des Staates nicht geradezu barbarisch sind, so ist die monarchische Staatsform gut, und in mancher Hinsicht die beste. Die Menge kann unter einem Monarchen einer großen Freiheit genießen, was daher kommt, daß die Macht des letztern durch die Macht der erstern bestimmt, durch deren Schutz bewahrt wird. Das höchste Gesetz des Monarchen ist das Wohl des Volkes. Wenn die Fundamente der Monarchie so fest sind, daß sie nur durch den größten bewaffneten Theil des Volkes aufgelöst werden können, so ist im Lande Frieden und Sicherheit.[1])

In der Aristokratie hat nicht wie in der Monarchie Einer, sondern haben mehrere Auserwählte die höchste Gewalt, die darum Patrizier heißen. Dadurch unterscheiden sich Monarchie und Aristokratie von einander. In der Aristokratie hängt das Recht zu regieren von

---

[1]) Tract. polit. cap. 6.

der Wahl, in der Demokratie von einem gewissen eingebornen Rechte oder Glück ab. Das ist der Unterschied zwischen Aristokratie und Demokratie. Hundert Patrizier sind genug, daß ihnen die höchste Gewalt übertragen werde. Wenn welche sterben, so kommt ihnen das Recht zu, andere zu wählen, aber nicht vor dem dreißigsten Jahre. Man pflegt wohl einen Rector auf Lebenszeit zu wählen, wie in Venedig, oder auf Zeit, wie in Genua, aber das kann gefährlich werden, weil die höchste Gewalt bei allen Auserwählten, nicht bei jedem Gliede der Versammlung ist. Von hundert Menschen giebt es kaum drei oder vier, welche im Rath etwas vermögen. Die Macht der Herrschaft wird deshalb nicht bei jenen Hundert sein, sondern bei diesen Drei oder Vier, die die andern an Stärke des Gemüths übertreffen. Diese werden Alles an sich ziehen, und nach menschlicher Begierde den Weg zur Monarchie einschlagen. Der Monarch ist sterblich, aber das Patriziat als eine Versammlung von Mehreren ewig, weshalb die Macht, auf eine Versammlung übertragen, nicht wie in der Monarchie zur Menge zurückkehrt. Das ist der weitere Unterschied der Aristokratie und Monarchie. Die Herrschaft der Monarchen ist wegen Verschiedenheit der Lebensalter, wegen Gebrechlichkeit des Lebens und anderer Ursachen precär, die Macht der Versammlung dagegen eine und immer. Der Wille eines Menschen ist veränderlich. Das Recht in der Monarchie ist zwar Wille des Monarchen, aber nicht jeder Wille desselben ist Recht. Das kann von dem Willen einer großen Versammlung nicht gesagt werden. Diese bedarf keiner Räthe, ihr Wille ist nothwendig Recht. Die Herrschaft des Patriziats kommt der Absolutheit nahe. Die absolute Herrschaft selbst gehört der Menge an. Da die patrizische Herrschaft nie zur Menge zurückkehrt, so ist ihr Wille Recht. Der Zustand dieser Herrschaft ist der beste, wenn dieselbe so eingerichtet ist, daß sie der absoluten Herrschaft sehr nahe kommt. Dies ist um so mehr der Fall, je weniger sie die Menge zu fürchten braucht. Nützlich ist es für das allgemeine Wohl, wenn dem ganzen Patriziat einige Patrizier untergeordnet sind, die darauf zu sehen haben, daß die Rechte unverletzt bewahrt werden. Solche Patrizier müssen lebenslänglich gewählt werden, sechszig Jahre alt sein, können Syndici heißen. Sie haben das Recht, die Versammlung zusammenzurufen, haben die erste Stelle in der Versammlung, aber kein Stimmrecht. Für das Ganze ist es ferner vortheilhaft, wenn eine Versammlung von Senatoren gebildet wird, die die öffentlichen Geschäfte besorgen, aber dem ganzen Patriziat gleichfalls untergeordnet sind, was allein, wenn es nöthig ist, den gegenwärtigen Zustand der Dinge ändern kann. Ein Senator soll wenigstens funfzig Jahre alt sein, alle Patrizier sollen hoffen können, daß sie gewählt werden, und bald wieder gewählt werden können, damit die Regierung erfahrenen Händen anvertraut sein möge. Die Richter sollen gleichfalls aus Patriziern von der ganzen Versammlung gewählt werden.[1])

In der Demokratie hat Jeder das Stimmrecht und das Recht, Staatsgeschäfte zu führen. Dies hängt also nicht, wie in der Aristokratie, von dem Willen einer patrizischen Versammlung ab. Wenn in einer Demokratie Wenige regieren, so sind diese nicht von Optimaten gewählt, sondern durch das Gesetz dazu bestimmt worden. Es ist gleich, ob sie Erstgeborne, Aelteste, Reiche sind oder nicht sind, ob sie von Freunden und Verwandten, von irdischen Gütern unterstützt werden oder nicht. Die Demokratie würde die beste Staatsform sein, wenn die Menge aus reinem Eifer für das allgemeine Beste wählen möchte. Natürlich haben Weiber, Kinder, Sklaven, Verbrecher, Alle, die nicht ihres Rechtes sind, kein Stimmrecht. Solche sind zu Staatsgeschäften unfähig.[2]) Die Herrschaft ist sonst in allen Staaten dieselbe, ein Recht, welches durch die Macht der Menge bestimmt ist. Wenn Einem die Sorge für den Staat durch gemeinsame Uebereinstimmung obliegt, so heißt die Herrschaft Monarchie, wenn Einigen Aristokratie, und wenn Allen Demokratie.[3])

Aus der Erörterung der Deduction des Staates als des öffentlichen Rechtes und der Staatsformen folgt das Privat- oder Civilrecht von selbst. Wer sein Recht, nach seinem Gefallen zu leben, auf einen Andern überträgt, ist nach dessen Willen zu leben verpflichtet. Civilrecht ist daher das Recht, was die höchste Gewalt als das Recht der Individuen festgesetzt hat. Privatrecht ist die Freiheit der Person, sich unter dem Schutze der höchsten Gewalt in seinem Zustande zu bewahren. Keiner soll den Andern in diesem seinem Rechte gegen den Willen der Obrigkeit beleidigen. Injurien sind im bürgerlichen

---

[1]) Tract. polit. cap. 8.
[2]) Ibid. cap. 11.
[3]) Ibid. cap. 2.

Leben nur möglich von Individuen, nicht von der höchsten Gewalt, welche die Unterthanen nicht beleidigen kann. Diese hat das Recht, zu thun, was sie für gut findet. Nach dem Civilrecht kommt Jedem das Seine zu, das ist Gerechtigkeit. Billigkeit ist, daß man Alle für gleich achte, das Recht muß Jeden und Alle vertheidigen.[1])

Erst handelt Spinoza von dem natürlichen Recht und Gesetz, welches eins mit der Natur ist. Es ist dasselbe Recht, zu welchem Falstaff sich bekennt, indem er sagt: wenn der junge Gründling ein Köder für den alten Hecht ist, so sehe ich nach dem Naturrecht keinen Grund, warum dieser nicht nach jenem schnappen sollte. Dann handelt er von dem menschlichen Gesetze, als dem eigentlichen Rechte,[2]) welches die Menschen einander vorschreiben, um sicher und bequemer leben zu können. Aber er spricht auch von einem natürlich göttlichen Gesetz,[3]) welches, der menschlichen Vernunft eingeboren, allen Menschen gemeinschaftlich ist. Das natürliche Recht und Gesetz ist von Natur blos einzeln, Gesetz der Begierde; das menschliche Gesetz ist zwar allgemein Gesetz der Vernunft, aber hängt vom menschlichen Willen ab. Das natürlich göttliche Gesetz bedarf keines historischen Zeugnisses, sondern ist in Adam, wie in allen Menschen, gleichmäßig vorhanden, mögen sie ein gemeinsames oder einsames Leben führen. Das natürlich göttliche Gesetz soll aber durch Vernunft zum Bewußtsein gebracht werden müssen, denn unser bestes Theil sei die Vernunft. Wir haben dieselbe zu vervollkommnen, um zu dem höchsten Gut, dem göttlichen Gesetze, zu gelangen. Das höchste Gut ist zugleich die Erkenntniß und Liebe Gottes, ohne welche das Gesetz nicht gedacht werden kann. Wissen, daß die Erkenntniß und Liebe Gottes das höchste Gut ist, und dem göttlichen Gesetze gemäß leben, ist dasselbe. Eins setzt das Andere voraus. Dies ist der letzte Zweck aller menschlichen Handlungen und wird sowohl durch Offenbarung erreicht als durch Vernunft.

Die Mittel, welche Gott anwendet, um das höchste Gut erreichen zu können, sind die Befehle Gottes. Die Befehle Gottes sind in der Schrift enthalten. Gott hat nach der Schrift mit den Menschen einen Bund geschlossen. Dieser Bund ist ein Vertrag. Wenn

---

[1]) Tract. theol.-polit. cap. 16.

[2]) Jus.

[3]) Lex divina naturalis.

das göttliche Gesetz von Natur unmittelbar Recht wäre, so wäre es überflüssig gewesen, daß Gott mit den Menschen einen Bund schloß, daß Gott die Menschen durch Vertrag und Eid verpflichtete. Das göttliche Gesetz fing mit der Zeit an, wo die Menschen durch ausdrücklichen Vertrag versprachen, Gott in Allem gehorchen zu wollen, wo sie sich ihrer natürlichen Freiheit begaben, ihr Recht auf Gott übertrugen.[1])

Das göttliche Gesetz hängt mit der Erkenntniß und Liebe Gottes zusammen. Es fragt sich also, was die Schrift von der Erkenntniß Gottes lehrt. Die Erkenntniß Gottes ist zugleich Gegenstand der Philosophie. Die Schrift enthält keine Definitionen und Beweise in dieser Beziehung, sondern blos Gründe und Vorstellungen des gemeinen Verstandes. Die Schrift lehrt nicht, was Gott ist, wie Gott die Welt erhält, sondern blos, was nothwendig ist zur Verehrung Gottes, zum Gehorsam gegen Gott. Die Schrift hält sich in Betreff der Erkenntniß rein an die Erfahrung, erzählt blos geschichtlich, enthält nur die einfachsten Dinge, bestätigt das Gesagte durch Erfahrung, Geschichte, Wunder.[2]) Geschichte und Erfahrung aber geht das göttliche Gesetz nicht an, macht die Menschen nicht glücklich. Um glücklich zu sein, braucht man die Erzählungen des Alten und Neuen Testamentes nicht zu kennen, sondern es genügt, daß man heilsame, gesunde Ansichten habe über die wahre Art zu leben.[3]) Die Propheten imaginiren blos.[4]) Man muß sich über Diejenigen verwundern, welche in der Schrift tiefe Geheimnisse und Mysterien erblicken wollen. Solche führen in die Religion Philosophie ein, machen aus Kirchen Academien, aus Glauben Wissenschaft. Die Schrift lehrt nicht Philosophie und Erkenntniß, sondern Glauben und Gehorsam, verdammt nicht die Unwissenheit, sondern den Ungehorsam.[5]) Die Schrift lehrt keine andere Weisheit, als den Gehorsam gegen Gott, welche freilich allen Menschen nothwendig ist. Die ganze Erkenntniß Gottes in der Schrift beschränkt sich darauf, daß Gott gerecht sei, ein Vorbild des wahren

---

[1]) Tract. theol. polit. cap. 16.

[2]) Ibid. cap. 8.

[3]) Ibid. cap. 5.

[4]) Ibid. cap. 2.

[5]) Ibid. cap. 13: nihil praeter obedientiam ab hominibus exigere, solamque contumaciam, non autem ignorantiam damnare.

Lebens, und sich der Menschen erbarme. Moses, die Propheten und Apostel geben von Gott keine andern Attribute an, als Gerechtigkeit und Liebe. Andere Attribute Gottes kommen in der Schrift nicht vor. Die Menschen können die eigentliche Natur Gottes durch die rechte Art zu leben nicht erkennen, aber nur diese findet sich in der Schrift. Man darf sich deshalb nicht wundern, daß Gott sich den vorgefaßten Meinungen der Propheten anbequemt hat, und die Gläubigen von Gott verschiedene Ansichten haben. Die Schrift redet von Gott blos uneigentlich, giebt Gott örtliche Bewegung, Hände, Füße, Ohren, auch Verstand und Gemüthsbewegung, und stellt ihn vor als Richter im Himmel auf königlichem Throne sitzend und Christus zu seiner Rechten. Die Schrift redet nicht zu weisen Männern, sondern zu gehorsamen Dienern nach der Fähigkeit der Menge.

Moses giebt sich nicht die Mühe, das Volk durch Vernunft zu belehren, sondern bindet es durch Vertrag und Eid. Er verspricht dem Gehorsamen Belohnung und droht dem Ungehorsamen mit Strafe. An Gott glauben heißt soviel, als Gott gehorchen.[1]) Der Glaube allein bringt kein Heil, sondern durch Gehorsam. Der hat den rechten Glauben, wer in Allem gehorcht. Es kommt auf Wahrheit, Irrthum nicht an, sondern auf Gehorsam. Die Schrift lehrt: Gott ist, der Mensch soll nach dem Willen Gottes thun. Das muß Jeder wissen, sonst kann er Gott nicht gehorchen und den Richter nicht kennen. Die Schrift lehrt ferner: Gott ist der einzige Gott. Das fordert schon die Verehrung und Liebe Gottes. Auch: Gott ist allgegenwärtig, allwissend. Das ist ebenfalls nothwendig, man könnte sonst an seiner Billigkeit und Gerechtigkeit zweifeln. Dann: Gott hat das höchste Recht und Eigenthum auf Alles, darum thut Gott nichts gezwungen, sondern Alles aus Gnade. Jeder muß also Gott gehorchen, aber Gott selbst gehorcht Niemandem. Das Alles müssen die Menschen wissen, wenn sie Gott gehorchen sollen. Aber was Gott ist, erkennen, ist nicht Sache des Glaubens, darum kümmert sich der Glaube nicht.[2])

Es ist daher ein Unterschied zwischen Glauben und Erkennen, Religion und Philosophie. Die intellectuelle Erkenntniß betrachtet Gott, wie Gott in sich ist, und paßt deshalb nicht für den Glauben.

---

[1]) Tract. theol.-polit. cap. 14.

[2]) Ibid.

Die rechte Art zu leben reicht für jene Erkenntniß nicht aus. Die Erkenntniß Gottes und der Natur muß deshalb von der geoffenbarten Religion bestimmt unterschieden, Philosophie und Wissenschaft muß vom Glauben getrennt werden. Zwischen beiden giebt es kein Verhältniß. Das Ziel der Philosophie ist die Wahrheit, das Ziel des Glaubens ist die Frömmigkeit und der Gehorsam. Die Fundamente der Philosophie sind allgemeine Begriffe, und diese Begriffe sind aus ihrer Natur selbst abzuleiten; die Fundamente des Glaubens werden aus der Sprache und Offenbarung genommen. Die Philosophie muß nicht blos vom Glauben, sondern auch von der Theologie getrennt werden. Geschieht das nicht, so disputirt man, ob die Schrift der Vernunft oder die Vernunft der Schrift accommodirt werden muß. Jenes wird von den Scholastikern vertheidigt, dieses von den Dogmatikern. Aber beide irren. Folgt man der einen oder andern Meinung, so wird entweder die Schrift oder die Vernunft corrumpirt. Die Schrift ist populär und hat viele vorgefaßte Meinungen. Wer sie der Philosophie accommodiren will, wird Vieles den Propheten andichten müssen, woran diese nicht gedacht haben. Wer die Philosophie zur Magd der Theologie macht, ist in Vorurtheilen der Menge befangen und betrachtet diese als göttliche Dinge. Die Schrift muß durch die Schrift erläutert werden, so lange man nichts als den Sinn der Propheten will. Wenn man den wahren Sinn fassen will, so ist dazu Vernunft und eigenes Urtheil erforderlich. Traut man der Vernunft nichts zu, so ist das keine Frömmigkeit, sondern Thorheit. Zweifelt man am Glauben Derer, die die Schrift überliefert haben, so ist das noch keine Gottlosigkeit. Philosophie und Schrift können nebeneinander wohl bestehen. Jede hat ihr eigenes Reich. Wenn die Theologie den Gehorsam lehrt, so will sie damit nichts gegen die Vernunft und vermag nichts gegen die Vernunft. Jeder kann von der Vernunft in der Schrift denken was er will, denn das berührt das Wort Gottes nicht. Könnte die Theologie vernünftig demonstrirt werden, so wäre sie ein Theil der Philosophie. Aber die Dogmen der Theologie können vernünftig nicht erforscht werden. Es ist unmöglich zu zeigen, daß die Offenbarung nothwendig war. Man kann sie nichtsdestoweniger aber mit moralischer Sicherheit annehmen. Man wird dadurch in nichts gewisser, als die Propheten. Die Gewißheit derselben war gleichfalls eine blos moralische. Die Autorität der

Schrift kann mathematisch nicht bewiesen werden, sondern hängt von der Autorität der Propheten ab. Sie kann durch bessere Argumente nicht erörtert werden, als durch diejenigen, durch welche die Propheten einst das Volk überzeugten. Aber die Propheten hatten keine andern Gründe, als Zeichen, Imagination, Neigung zum Guten.[1])

Aber die Schrift stimmt doch in einer Hinsicht, in der rechten Art zu leben, mit der Vernunft überein, da sie als Offenbarung das göttliche Gesetz enthält. Erst wurde dem Volke das Gesetz schriftlich gegeben, später wurde es dem Menschen von Gott ins Herz geschrieben. Das Wort heißt in der Schrift deshalb göttlich, heilig, weil es die Religion und Frömmigkeit in den Gemüthern rege erhalten soll. Hören die Menschen auf, fromm zu sein, so wird auch die Schrift aufhören, göttlich zu sein. Die Schrift heißt das Wort Gottes aus dreierlei Gründen: erstens lehrt sie die wahre Religion, die von Gott kommt; zweitens verkündet sie die Weissagungen künftiger Dinge als Willensbestimmungen oder Beschlüsse Gottes; drittens haben die meisten Urheber derselben nicht aus gemeinsamer Vernunft, sondern aus besonderm Verhalten gelehrt, und haben Gott redend eingeführt. Insofern in der Schrift die wahre Religion gelehrt wird, ist Gott selbst Urheber der Schrift. Die Schrift heißt das Wort Gottes wegen der Religion, wegen des göttlichen Gesetzes, nicht wegen der besondern Schriften, von welchen mehrere verloren gegangen sind. Ein Anderes ist der Verstand der Propheten in der Schrift, ein Anderes der Verstand Gottes, d. h. die Wahrheit der Sache selbst. Die Bücher des Alten Testaments wurden unter vielen andern Büchern ausgewählt, und wurden von einer Versammlung von Pharisäern alsdann gebilligt. Die Bücher des Neuen Testaments wurden aus den Beschlüssen einiger Concilien zum Canon erhoben, aber mehrere davon sind wieder verworfen worden. Die Männer solcher Versammlungen bestanden nicht aus Propheten, sondern aus Lehrern und erfahrenen Leuten. Sie haben in dieser Auswahl das Wort Gottes für die Norm gehalten und mußten, ehe sie die Bücher billigten, nothwendig zuvor eine Kenntniß Gottes gehabt haben. Es giebt im Neuen Testamente vier Evangelisten. Wer mag glauben, Gott habe gewollt, daß die Ge-

[1]) Tract. theol.-polit. cap. 2, 14.

schichte viermal erzählt und der Welt schriftlich mitgetheilt werde? Schwerlich hat die Schrift dieselben Worte und Buchstaben bewahrt, wie die Masoreten glauben; nur der Sinn, weshalb die Schrift göttlich genannt werden kann, ist unverdorben auf uns gekommen. Aber dies entzieht der Schrift nichts von ihrer Göttlichkeit; sie würde göttlich sein, auch wenn sie in einer andern Sprache und mit andern Worten geschrieben wäre. Das Höchste in der Schrift ist: Gott und seinen Nächsten als sich selbst lieben. Die moralischen Gebote, welche aus Gründen folgen, sind darin das Wahre, alles Andere ist eitel. Die Hauptsache ist jene Liebe, welche im Alten und Neuen Testamente überall empfohlen wird. Keine Zeit und Bosheit der Menschen hat sie vertilgen können.

Die Dinge werden in der Schrift, gleichwie in der Erkenntniß, auf Gott bezogen. Das Gesetz Mosis ist göttliches, allgemeines Gesetz, aber es ist dem Geiste eines besondern Volkes angepaßt, und als solches partikulär. Es fragt sich, ob die Vernunft es fassen kann, daß Gott dem Menschen Gesetze gegeben und vorgeschrieben hat? In Gott ist Verstand und Wille eins, der Unterschied fällt in unser Denken. Es ist dasselbe, ob wir sagen: Gott hat von Ewigkeit her gewollt, daß die drei Winkel eines Dreiecks gleich zwei rechten sein sollen, oder Gott hat dies erkannt. Dem Verstande und dem Willen Gottes involvirt deshalb eine ewige Nothwendigkeit oder Wahrheit. Wenn Gott zu Adam gesagt hat, er solle nicht vom Baume der Erkenntniß essen, so widerspricht es sich, daß Adam doch von dem Baume essen kann. Es ist dies geradezu unmöglich, weil dem göttlichen Befehle eine ewige Nothwendigkeit und Wahrheit involvirt. Aber die Schrift erzählt doch, Gott habe dies dem Adam befohlen, weshalb anzunehmen ist, Gott habe dem Adam geoffenbart, daß nothwendig ein Uebel erfolgen müsse, wenn er von dem Baume der Erkenntniß essen werde. Aber deswegen hat Gott ihm nicht die Nothwendigkeit der Folge dieses Uebels selbst geoffenbart. Dies ist der Grund, warum Adam solche Offenbarung nicht als nothwendige, ewige Wahrheit gefaßt hat, sondern als ein Gesetz oder Gebot, welches Nutzen oder Schaden bringen kann. Adam hat die Offenbarung nicht aus der Nothwendigkeit einer vollbrachten Handlung, sondern aus dem Willen, der Willkür eines Herrschers erkannt. Gott erscheint deshalb in der Offenbarung als Gesetzgeber und Fürst. Für Adam war die Offenbarung wegen Mangels an Erkenntniß Gesetz,[1]) und aus demselben Grunde war auch der Dekalog Gesetz, aber nur in Hinsicht der Hebräer.[2]) Da sie die ewige Wahrheit, Gottes Wesen und Existenz nicht kannten, mußten sie die Offenbarung im Dekalog als Gesetz fassen, dem gemäß Gott ist und zu verehren ist. Dies gilt nicht blos von Adam und den Israeliten, sondern von allen Propheten, die im Namen Gottes Gesetze aufgezeichnet haben. Sie haben den Willen Gottes, die Gebote Gottes nicht adäquat gefaßt, d. h. nicht als ewige Wahrheit. Was Moses aus der Offenbarung gefaßt hat, das hat er nicht als ewige Wahrheit erkannt, sondern als Gebot, Gesetz genommen. Er hat Gott als Herrscher, König, Regierer, Gesetzgeber, Erbarmer vorgestellt. Aber das sind blos Attribute der menschlichen Natur, die die göttliche Natur nichts angehen.

Von Christus denkt Spinoza anders. Wenn Gott zu Moses und den Propheten nicht durch körperliche Mittel, sondern unmittelbar[3]) gesprochen haben möchte, so würden diese die Offenbarung nicht blos als Gesetz, sondern als ewige Wahrheit haben erkennen können. Allein Christo hat Gott sich unmittelbar, nicht durch Worte und Zeichen geoffenbart,[4]) so daß Christus die Offenbarung wahr und adäquat gefaßt hat, auch darum, weil Christus nicht blos zu dem besondern Volke der Juden, sondern zu der ganzen Menschheit gesandt worden ist.[5]) Spinoza macht also mit Christo in dieser Hinsicht eine Ausnahme. Christus hat die Offenbarung wahr gefaßt, hat sie richtig verstanden, heißt soviel als: er hat sie den allgemein menschlichen Vorstellungen, den Documenten der Menschheit, den gemeinschaftlichen und wahren Begriffen gemäß erkannt.[6]) Eine Sache wird erst dann in Wahrheit erkannt, wenn sie rein mit der Vernunft, ohne Worte und Zeichen, gefaßt wird.

---

[1]) Tract. theol.-polit. cap. 4: Quare illa revelatio respectu solius Adami et propter solum defectum ejus cognitionis lex fuit.

[2]) Ibid.: Et hac etiam de causa, nempe ob defectum cognitionis, decalogus, respectu Hebraeorum tantum, lex fuit.

[3]) Ibid.: Nullis mediis corporeis adhibitis, sed immediate.

[4]) Ibid.: Extra verba et imagines.

[5]) Ibid.: Cum non ad solos Judaeos, sed totum humanum genus docendum missus fuerit.

[6]) Ibid.: Opinionibus et documentis humano generi universalibus, hoc est, notionibus communibus et veris. Conf. cap. 1.

Christus ist nicht sowohl der Prophet Gottes, als der Mund Gottes.[1]) Wenn auch er jene Gesetze vorgeschrieben hat, so hat er das wegen der Unwissenheit und Hartnäckigkeit des Volkes gethan. In den Fällen, wo er sich dem Geiste seines Volkes accommodirte, hat er etwas deutlicher gesprochen, als die übrigen Propheten, er hat die geoffenbarte Sache selbst dunkel gelehrt, hat sie durch Parabeln erläutert, hat die Dinge als ewige Wahrheiten gefaßt, nicht als Gesetze vorgeschrieben. Christus hat deshalb die Menschen von der Knechtschaft des Gesetzes befreit, aber hat nichts desto weniger das Gesetz noch mehr befestigt, stabilirt. Er hat dasselbe in die Herzen ganz und gar eingeschrieben. Aber darum wird nach dem Apostel Niemand aus den Werken des Gesetzes, sondern allein durch den Glauben gerecht. Der Glaube muß als die vollständige Uebereinstimmung der Seelen verstanden werden. Niemand wird selig, als durch den Geist Christi, welcher die Gesetze Gottes als ewige Wahrheiten faßt. Christus lehrt Einstimmung des Gemüthes mit sich selbst. Christus lehrt das allgemeine Gesetz, er giebt keine Gesetze, wie Moses, führt keine neuen Gesetze ein, sondern lehrt moralische Sätze,[2]) und unterscheidet dieselben von den Gesetzen des Staates, gegen die Pharisäer, welche lehrten, daß derjenige glücklich lebe, welcher nach den Gesetzen des Staates lebe. Aber diese Gesetze und Ceremonien betreffen nicht das göttliche Gesetz, sondern beziehen sich blos auf das zeitliche Wohl des jüdischen Volkes, auf die Ruhe des Reiches, tragen nichts zum Wohle und zur Tugend des Menschen bei. Im Alten Testamente werden sie auf das göttliche Gesetz zwar bezogen, aber blos deswegen, weil sie durch Offenbarung eingesetzt sind. Das göttliche Gesetz besteht nicht in Ceremonien, sondern in der wahren Art zu leben. Die Ceremonien sind nicht von Natur, sondern sind instituirt, sind nicht ins Herz geschrieben, sondern gehen blos den Nutzen des Staates, nicht die Ruhe des Gemüthes an. Nach den Ceremonien thut der Mensch nichts aus eigenem Willen, sondern Alles auf Befehl des Andern. Moses führte die Religion in den Staat auf göttlichen Befehl ein, damit das Volk aus Verehrung Gott gehorchen, keine eigenen Rechte haben, sondern nach dem Willen des Herrschers handeln möge. Moses er-

---

[1]) Tract. theol. polit. cap. 4: os dei.

[2]) Ibid. cap. 5: documenta moralia.

laubte den Menschen nicht, etwas freiwillig thun zu dürfen, sondern Alles nach bestimmten Gesetzen thun zu müssen, pflanzen, säen u. s. w. Die Juden lassen die rechte Art zu leben nur gelten, wenn sie prophetisch von Moses geoffenbart worden ist. Wird sie aus dem natürlichen Lichte der Vernunft gefaßt, so soll sie zum Wohl der Menschen von keinem Nutzen sein. Wer die wahre Art zu leben hat, der hat in sich den Geist Christi. Christus ist nicht gesandt worden, Gesetze zu geben und die Herrschaft zu bewahren, sondern um das allgemeine Gesetz zu lehren.[1])

Die Schrift stimmt in der rechten Art zu leben mit der Vernunft überein; die Dinge werden in derselben auf Gott bezogen. Aber die Schrift ist doch nicht die Vernunft und Erkenntniß Gottes selbst. Die Vernunft und Erkenntniß Gottes an und für sich kommt der Wissenschaft und Philosophie im Unterschiede von der Religion und Offenbarung zu. Das Beste, was der Mensch hat, ist die Vernunft. Will er das höchste Gut, die Erkenntniß Gottes, gewinnen, so muß er jene zu vervollkommnen streben. Der Mensch liebt das Vollkommenste mehr als alles Andere. Er liebt daher die intellectuelle Erkenntniß Gottes, des vollkommensten Wesens, über Alles. Die göttliche Vollkommenheit ist die Qualität und Bedingung der Liebe des Menschen zu Gott. Die Erkenntniß Gottes ist die Liebe Gottes. Die Erkenntniß und Liebe Gottes ist das höchste Glück, der letzte Zweck des Menschen, das Ziel aller seiner Handlungen. Es giebt keinen Menschen, welcher Gott nicht lieben sollte, wenn er Gott erkennt. Nur Der lebt dem göttlichen Gesetze gemäß, welcher Gott liebt und erkennt, nicht um eines Andern willen, aus Furcht, sondern weil er weiß, daß die Erkenntniß und Liebe Gottes das höchste Gut ist. Solche Erkenntniß und Liebe ist nicht möglich ohne Vernunft. Denn die Vernunft erkennt das Gesetz als ewige Nothwendigkeit und Wahrheit, während das Gesetz in der Offenbarung zwar die rechte Art zu leben, göttliches Gesetz, aber äußerliches Gebot ist. Der Wille Gottes wird darin nicht als die ewige Wahrheit erkannt, derselbe ist der Wahrheit nicht adäquat. Das Gesetz ist blos partikulär, nicht allgemein, folgt nicht aus der allgemein menschlichen Natur, aus der intellectuellen Erkenntniß Gottes und Vernunft, welche allein weiß, daß das Gesetz die rechte Art zu leben ist.

[1]) Tract. theol.-polit. cap. 5: ad solam legem universalem docendum missus fuit.

Spinoza unterscheidet natürliches Gesetz im Naturzustande und göttliches Gesetz durch Offenbarung und durch intellectuelle Erkenntniß Gottes. Diese Gesetze sind also verschieden, und es fragt sich weiter, ob sie sich widersprechen, und wie der Widerspruch gelöst werden kann? Spinoza wirft selbst diese Frage auf[1]) und sucht den Widerspruch dadurch zu lösen, daß er meint, die höchste Gewalt, welche die Unterthanen durch göttliches Recht in Gehorsam erhalte, sei natürliches Recht, weil sie dieselbe zurückbehalten habe. Man soll, um die Schwierigkeit zu heben, welche aus dem natürlichen Rechte entsteht, annehmen, daß Jeder im natürlichen Zustande gehalten werde, auch nach geoffenbartem Rechte zu leben, weil es für ihn nützlicher sei und für sein Wohl nothwendig. Jeder soll im natürlichen Zustande nach der Forderung der Vernunft leben, wenn er auf seine Gefahr nicht das Gegentheil will. Nun lehrt Spinoza ausdrücklich, daß die Begierde, nicht die Vernunft im natürlichen Zustande herrsche, gleichviel ob die Menschen vernünftig seien oder nicht, daß die vernünftigen Menschen im Naturzustande mit Recht der Begierde folgen, nur nach Dem verlangen, was ihnen nützlich ist, nicht, was zu ihrem wahren Wohle gereicht. Die Menschen sind in diesem Zustande blos auf das Einzelne, als auf den Gegenstand der Begierde, nicht auf das Allgemeine, als das Object der Vernunft gerichtet. Das göttliche Gesetz befiehlt dem Menschen, seinen Nächsten als sich selbst zu lieben, also nicht seiner Begierde zu folgen, und verbietet also, was das natürliche Gesetz gebietet. Eine ähnliche Bewandtniß hat es mit dem göttlichen Gesetze als Gegenstand der Offenbarung und Erkenntniß. Es ist zwar dasselbe Gesetz, aber die Offenbarung weiß nicht die ewige Nothwendigkeit und Wahrheit des Gesetzes. In der Offenbarung ist nicht die Vernunft thätig, sondern die Imagination, welcher die Erkenntniß abgeht. Ist die Begierde des natürlichen Gesetzes und die Imagination des göttlichen Gesetzes durch Offenbarung nicht die Vernunft und Erkenntniß dieses Gesetzes, geht jenes auf das Nützliche, dieses auf den Gehorsam und die Verehrung, nicht auf die Erkenntniß Gottes, so ist schwer einzusehen, wie das allgemeine Gesetz durch Offenbarung zum Bewußtsein gebracht, mit dem geoffenbarten Gesetz eins sein und mit dem natürlichen Gesetz harmoniren soll. Es ist ferner

[1]) Tract. theol.-polit. cap. 16.

ungehörig, das allgemeine Gesetz durch Offenbarung in Christo anzunehmen, und zu behaupten, daß Christus das Gesetz durch Offenbarung als ewige Wahrheit erkannt habe, da doch das Gesetz als ewige Nothwendigkeit und Wahrheit nicht soll geoffenbart werden können. Spinoza löst den Unterschied des Gesetzes nicht durch sich selbst auf, zeigt nicht die Einheit und Harmonie des natürlichen und göttlichen Gesetzes durch Offenbarung und Vernunft, sondern nimmt sie unmittelbar an. Er hätte zeigen müssen, wie in der menschlichen Begierde und Imagination an sich schon Vernunft ist, weil beide nicht ohne Vorstellung und Denken sind. Der Naturzustand hängt nach ihm von dem Gesetze der Natur ab. Er verschmäht in dieser Beziehung die Vernunft und ewige Ordnung der Dinge, aber nur für uns, nicht für jene Ordnung, welche vernünftig bestimmt ist. Aber darum ist das natürliche Gesetz trotz der Begierde Gesetz an sich durch Vernunft und Erkenntniß, was nicht sein soll. Die erwähnte Ordnung soll dem ewigen unbekannten Rathschlusse Gottes angehören, das Gesetz durch Offenbarung göttliches Gesetz sein, welches Gegenstand der Erkenntniß und Vernunft ist, und doch soll die Vernunft die Offenbarung nicht erkennen können, soll nicht wissen können, daß man Gott gehorchen muß,[1]) wie die Offenbarung verlangt.

Es fragt sich ferner: ist die Erkenntniß und Liebe Gottes, nach Spinoza das höchste Gut, wirkliche Liebe? Gott wird als das allgemeine Gesetz erkannt, indem sein Wille die ewige Wahrheit ist. Diese Erkenntniß ist die Liebe Gottes, der Mensch liebt Gott, indem er Gott erkennt. Aber es kommt darauf an, wie Gott Gegenstand der Erkenntniß des Menschen ist. Gott ist dieser Gegenstand als das vollkommenste Wesen, nicht als Liebe, denn Gott schließt als das Vollkommenste alles Andere von sich aus, bezieht rein sich auf sich selbst. Der Mensch soll Gott lieben, indem er Gott als das vollkommenste Wesen erkennt, unbekümmert darum, ob Gott ihn wieder liebe. Spinoza nennt diese Erkenntniß und Liebe des Menschen die Liebe Gottes. Gott ist Gegenstand der Erkenntniß und Liebe des Menschen, aber der Mensch ist nicht Gegenstand der Liebe Gottes. Weil Gott deshalb die Liebe des Menschen zu ihm nicht

---

[1]) Tract. theol.-polit. cap. 16: se ulla erga deum teneri obedientia, imo nec ulla ratione hoc assequi.

erwiedert, ist Gott überhaupt nicht die Liebe. Gott ist das vollkommenste Wesen, aber kein liebendes Wesen. Gott, das vollkommenste Wesen, ist nicht als Liebe Gegenstand der Erkenntniß, sondern ist in der Liebe der Menschen Gegenstand derselben. Die Liebe und Neigung fällt allein in die Erkenntniß des Menschen: die Liebe Gottes ist blos Liebe des Menschen zu Gott, weshalb die Erkenntniß und Liebe Gottes einseitig, mangelhaft ist. Zur wahren Liebe gehört, daß die Neigung gegenseitig sei, wenn Gott nicht blos als das vollkommenste Wesen, sondern wirklich als die Liebe erkannt werden soll. Gott liebt dann den Menschen zuerst und erwiedert dessen Liebe, und nur so ist die Liebe des Menschen wahre Liebe. Sonst ist Gott überhaupt nicht die Liebe. Soll dennoch Liebe und Neigung von Gott ausgesagt werden, so liebt Gott, das vollkommenste Wesen, allein sich selbst. Gott, als das vollkommenste Wesen, bezieht sich nur auf sich, nicht auf Anderes. Aber die Liebe hat kein Anderes, sondern sich selbst zur Voraussetzung. Gott ist nicht eher die Liebe, als die Liebe Gottes Gegenstand der Liebe des Menschen, und die Liebe des Menschen zu Gott Gegenstand der Liebe Gottes ist. Die Erkenntniß und Liebe des Menschen zu Gott ist nicht wirklich, wenn jene Liebe fehlt. Die Liebe wird so lange auf den Menschen selbst zurückgeworfen, als Gott, das vollkommenste Wesen, der Neigung des Menschen sich verschließt. Für die Erkenntniß Gottes und des Menschen bleibt nur die Selbstliebe übrig. Gott ist nach Spinoza auch Ursache seiner selbst, allein auf sich selbst, auf kein Anderes sich beziehend. Wird jene Ursache als Neigung gefaßt, so ist Gott blos sich selbst, keinem Andern zugeneigt, oder liebt Gott sich selbst. Die Selbstliebe des Menschen erscheint auf gleiche Weise im Gesetze als Nutzen und Wohl. Der Mensch bezieht sich blos auf sich in dem Begehren und der Neigung zu Dem, was ihm nützt. Spinoza sagt zwar: das Gesetz fordert, Gott und seinen Nächsten als sich selbst zu lieben, aber dies Gebot kann nach seiner Erkenntniß des Gesetzes nicht wahre gegenseitige Liebe sein und bedeuten. Liebe Gott, kann nach ihm nichts Anderes heißen, als erkenne Gott als das vollkommenste Wesen, d. h. nicht als die Liebe. Liebe deinen Nächsten als dich selbst, kann nichts weiter sagen wollen, als: erkenne sie als deines Gleichen, d. h. als solche, die Gott erkennen. Gott ist nach Spinoza blos Ursache seiner selbst, ihm fehlt als dem vollkommensten Wesen die Liebe. Gott ist nicht Ursache eines Andern, die Welt ist wohl da, aber ein Dasein, was Nichtsein wird, durch sich selbst zu nichte wird. Erst wenn Gott die Liebe ist, vermag Gott eine Welt schöpferisch ins Dasein zu rufen und zu erhalten. Wo Gott nicht die Liebe ist, da ist auch kein Gegenstand der Liebe Gottes, und kann außer Gott nichts sein und erkannt werden.

Die Spinozistische Erkenntniß und Liebe Gottes kann als die theoretische Consequenz des Triebes und der Neigung bei H. Grotius und Hobbes angesehen werden. Gott bezieht sich darin auf sich selbst, wie der Mensch in dem Triebe zur Geselligkeit, in welchem die Neigung der Selbstliebe die Wurzel ist. Der Mensch hatte nach H. Grotius unmittelbar jenen Trieb, aber er kann mit Andern nicht gesellig leben, ohne sein Leben und sich selbst zu lieben. Die Liebe zu Andern setzt die Selbstliebe voraus, der Mensch hat die Neigung zu Andern nicht wegen dieser Andern, sondern um seinetwillen. Er kann wegen des Triebes der Selbsterhaltung Andere nicht so wie sich selbst lieben, er ist, sich selbst liebend, Andern eher ab- als zugeneigt, seine Neigung ist in der Selbstliebe auf ihn selbst, nicht auf Andere gerichtet. Nach Hobbes und Spinoza ist die menschliche Natur nicht unmittelbar Trieb und Neigung zu Andern, sondern eher Begierde und Abneigung gegen Andere, nicht Trieb zur Geselligkeit und Neigung zum Frieden, sondern zum Unfrieden. Der Trieb der Selbsterhaltung und die Neigung der Selbstliebe werden zur Begierde und Abneigung gegen Andere, zum Widerwillen gegen sie. Aus dem Triebe, sich selbst zu erhalten, folgt ebenso sehr die Begierde und deshalb die Möglichkeit, Andere anzugreifen, als die Neigung, mit denselben friedlich, gesellig zu leben. H. Grotius setzte mit dem Triebe der Selbsterhaltung und der Neigung der Selbstliebe die Gesellschaft voraus, während Hobbes und Spinoza die Gesellschaft durch Kampf und Krieg erst entstehen lassen. Nach H. Grotius lebt der Mensch in der Gesellschaft natürlich; nach Hobbes und Spinoza lebt er in derselben aus Furcht vor Andern, gezwungen. Der Trieb der Selbsterhaltung und die Neigung der Selbstliebe treiben den Menschen, entweder durch Uebereinstimmung mit Andern in Gesellschaft zu leben, oder der Gesellschaft gezwungen zu dienen. In beiden Fällen ist es nicht Liebe zur Gesellschaft, sondern Selbstliebe, die die Menschen zur Geselligkeit treibt. Der Mensch lebt weder natürlich noch künstlich wegen der Geselligkeit, sondern um seinetwillen in der Gesellschaft, und doch soll er den Trieb und die Neigung haben, gesellig zu leben. Nach Spinoza wird er im Naturzustande zu Dem getrieben, was ihm nützlich ist, aber die Gesellschaft ist für ihn noch nützlicher, weil er im Naturzustande feindlichen Angriffen, der Noth und dem Elend ausgesetzt ist. Er lebt daher in der Gesellschaft wegen des größeren Nutzens, den sie ihm gewährt, und muß die Gesellschaft, wenn nicht ihretwegen, doch um seiner selbst willen lieb gewinnen. Er muß ferner nicht blos seinen Nutzen wollen, sondern auch den Nutzen Derer, die mit ihm in Gesellschaft leben, was nur dadurch möglich ist, daß er seine Liebe zu sich selbst mäßige, daß er anfange, mit seinem Wohle zugleich das allgemeine Wohl zu lieben. Der Mensch kann Herr seiner Triebe und Neigungen sein, nicht blos begehren, sondern vernünftig begehren, nicht blos seinen Nutzen, sondern das Wohl des Ganzen wollen, worin das seinige inbegriffen ist. Soll er das Ganze lieben, so darf er nicht blos sich selbst lieben, sondern muß zugleich Denen zugeneigt sein, mit welchen er in Gesellschaft lebt. Das Wohl jedes Einzelnen kann nur dadurch erreicht werden. Das Wohl jedes Einzelnen ist das allgemeine Wohl. Das Wohl desselben beruht daher auf dem Wohle des Ganzen. Wenn der Mensch sein Wohl in Gesellschaft mit Andern finden will, so muß er gleichfalls das Wohl dieser Andern wollen und fördern helfen. Er lebt, weil in Gesellschaft, nicht blos für sich, sondern lebt mit Andern zusammen. Hat er in Gesellschaft deshalb den Trieb, sich selbst zu erhalten, so muß er zugleich das Ganze zu erhalten streben. Hält er aber an dem Triebe der Selbsterhaltung und an der Neigung der Selbstliebe fest, so ist keine Gemeinschaft mit Andern möglich, so ist die menschliche Natur immer nur das Selbst in Trieb und Neigung. Wenn Jeder ausschließlich sein Wohl, seinen Nutzen verfolgt, so gereicht das Andern zum Schaden. Die Selbsterhaltung und Selbstliebe widerspricht der Gesellschaft mehr, als sie dieselbe fördert. Die Sorge für das eigene Wohl fordert die Sorge für das Ganze. Wenn der Mensch den Trieb und die Neigung haben soll, gesellig zu leben, so muß seine Liebe zugleich das Ganze umfassen, sonst liebt er blos sich selbst und ist seine Liebe zur Geselligkeit problematisch. Die Selbstliebe schließt die Liebe zum Ganzen nicht aus. Soll die Gesellschaft, das Ganze, Gegenstand der Neigung sein, so muß der Trieb der Selbsterhaltung seine Richtung verlieren. Soll die menschliche Natur gesellig sein, so darf die Richtung des Triebes und die Zuneigung der Liebe nicht auf das Selbst des Menschen gerichtet bleiben, sondern Trieb und Neigung müssen die Richtung auf die Gesellschaft nehmen. Nach Spinoza soll der Mensch diese Neigung nicht unmittelbar von Natur haben, sondern erst dadurch gewinnen, daß er den Naturzustand verläßt, weil er die Erfahrung macht, daß ihm das Leben in Gesellschaft mehr nützt, als das Leben im Naturzustande. Darum lebt er mit Andern in Gesellschaft, lediglich doch um seinetwillen, wegen seines Wohls und Nutzens. Aber wenn der Mensch der Liebe zu Andern fähig ist, so hat er diese Neigung nicht blos nothgezwungen, sondern von Natur, unmittelbar, so ist der Naturzustand kein Kriegszustand, sondern ein Zustand des Friedens und gegenseitigen Wohlwollens. Der politische Zustand ist mehr Folge eines friedlichen als kriegerischen Naturzustandes. Er entsteht weniger aus nothwendiger Einstimmung, oder Unsicherheit, Noth und Gefahr des Lebens, als aus freier Einstimmung, wenn gleich der friedliche Naturzustand auch seine Inconvenienzen hat. Der politische Zustand ist kein aufgehobener kriegerischer Naturzustand und daraus hervorgehende absolute Herrschaft und Gewalt des Friedens, erzwungener Friede, wie Hobbes und Spinoza die bürgerliche Gesellschaft betrachteten, sondern der Naturzustand und der politische sind im Grunde eine und dieselbe Sache, nur daß der erstere den letzteren frei ins Dasein setzt — eine Ansicht, die besonders Locke gegen das Princip der absoluten Herrschaft im Staate vertheidigt hat.

John Locke wurde im Jahre 1632 zu Wrington in England geboren und studirte zu Oxford Philosophie und Medicin. Das Studium der scholastischen Philosophie sprach ihn wenig an und befriedigte ihn nicht. Als er aber mit den Schriften des Cartesius bekannt geworden war, fühlte er sich zur Philosophie wieder hingezogen. Locke beschäftigte sich daneben mit den empirischen Naturwissenschaften. Die Kenntniß derselben wurde die Veranlassung zu der Bekanntschaft mit Lord Ashley, später Grafen Shaftesbury, welcher sein Freund und Gönner wurde. Locke wurde durch Shaftesbury zur Politik geführt. Karl II. hatte mehreren englischen Lords die nordamerikanische Provinz Carolina geschenkt. Zu diesen Lords gehörte auch Shaftesbury. Die Lords trugen dem Locke auf, für die ihnen geschenkte Provinz Carolina eine Fundamental-Constitution[1]) zu entwerfen. Er entwarf eine solche Constitution, die die Lords auch billigten und annahmen. Locke wurde darauf unter Shaftesbury Secretär für die Ernennung zu geistlichen Stellen. Als Shaftesbury aber abdankte, legte auch er sein Amt nieder und begab sich nach Holland. Die Freundschaft beider Männer bewährte sich in Glück und Unglück. Locke lernte in Holland mehrere Gelehrte kennen, namentlich Leclerc und Limborch. Er verfaßte hier seinen ersten Brief über die Toleranz, in lateinischer Sprache. Diesem Briefe, welcher im Jahre 1685 erschien, folgten später drei andere in englischer Sprache nach. Der zweite Brief erschien im Jahre 1690 und war gegen den Orforder Theologen Proast gerichtet. Locke veröffentlichte den dritten Brief im Jahre 1692, aber an der Vollendung des vierten Briefes hinderte ihn der Tod. Schon im Jahre 1685 war ein Probestück des Versuchs über den menschlichen Verstand von ihm erschienen.[2]) Als er nach der Revolution nach England zurückgekehrt war, wieder mehrere öffentliche Aemter verwaltete und zugleich in gelehrter Thätigkeit lebte, gab er die ganze Schrift heraus.[3]) Im Jahre 1690 erschienen von ihm die beiden Abhandlungen über die Regierung, von welchen die erste „von der Regierung," die zweite „von der bürgerlichen Regierung" überschrieben ist.[4]) Erst kamen diese Abhandlungen ohne seinen Namen heraus, weil, sagte man, die Principien, welche darin verhandelt würden, das gerade Gegentheil von dem ausmachten, was vor der Revolution in England herrschend gewesen war. Leclerc verfaßte sogleich einen Auszug.[5]) Locke war noch zuletzt Commissär des Handels und der Colonien, aber er zog sich im Jahre 1700 von diesem Amte zurück und lebte in Oates, einem stillen Orte in Esser, wo er am 20. October 1704 im 73. Jahre seines Alters gestorben ist.

Locke betrachtet, in der Philosophie sich an Baco und Hobbes anschließend, die Erfahrung als Quelle aller Erkenntniß, aber be-

[1]) Fundamental-Constitution of Carolina.

[2]) Bibliotheque universelle. (Jan. 1688.)

[3]) Essay concerning human understanding 1690.

[4]) Two treatises of government. In the former, the false principles and foundation of Sir Robert Filmer, and his followers, are detected and overthrown: the latter, is an essay concerning the true original, extent, and end, of civil government.

[5]) Bibliotheque universelle T. 19.

schränkt dieselbe nicht, wie Hobbes, auf die Sensation, wonach all unser Wissen von den Eindrücken der äußerlichen Welt auf unsere Sinne herrühren soll, er weiß nicht blos von der äußeren Erfahrung durch den Sinn, sondern auch von der inneren Erfahrung durch den Verstand, durch das Bewußtsein, und nennt dieselbe im Unterschiede von der Sensation Reflexion. Locke bestreitet die angebornen Ideen des Cartesius und kämpft gegen die Platoniker seiner Zeit. Er kämpft gegen die sogenannten unmittelbaren Wahrheiten und Grundsätze im Menschen, welche ohne weitere Untersuchung dogmatisch angenommen wurden, und geht im Gegensatz gegen Cartesius und Spinoza davon aus, daß die Gedanken und Ideen als Definitionen nicht unmittelbar vorausgesetzt werden dürfen. Er will, daß gezeigt werde, wie sie entstehen, und behauptet, daß dies allein durch Erfahrung möglich sei, was ihn angetrieben hat, die Entstehung und Begründung der Ideen aus der Entwickelung des Bewußtseins abzuleiten. Es ist richtig, daß die Ideen nicht als natürlich dem Geiste eingepflanzt betrachtet und unmittelbar angenommen werden müssen, sondern zu zeigen ist, daß sie in der Natur des Geistes selbst liegen. Aber darum sind sie wesentliche Bestimmungen desselben, welche mit Locke auf das bloße Bewußtsein nicht beschränkt werden dürfen. Locke erörtert: der Mensch empfindet der Zeit nach eher als er denkt und vorstellt. Das Einzelne, Aeußerliche, Gegenständliche ist eher für ihn vorhanden, als das Allgemeine, Innerliche der Vorstellung und des Gedankens, aber Locke untersucht nicht, wo letzteres in der Welt und im Verstande herkommt. Er analysirt das Allgemeine blos aus dem Einzelnen. Die Erkenntniß entsteht nach ihm dadurch, daß wir unsere Vorstellungen und Gedanken verbinden, wenn sie übereinstimmen, und nicht verknüpfen, wenn sie sich widersprechen, so daß also Wahrheit nichts weiter ist, als das Trennen und Verknüpfen der Vorstellungen, was auf gleiche Weise geschieht, wie die Uebereinstimmung oder Nichtübereinstimmung der Dinge, die durch die Vorstellungen bezeichnet werden. Alle Erkenntniß Gottes und der Welt soll nach Locke aus der Erfahrung durch Sensation und Reflexion entstehen. Auf gleiche Weise sollen alle ethischen und politischen Grundsätze und Begriffe daraus entspringen.

Locke verfährt in der Erkenntniß dieser Begriffe, wie in der Erkenntniß der Dinge überhaupt: die menschlichen Handlungen sind entweder gut oder böse, jenachdem sie mit einem Gesetze, nach welchem dem Menschen Gutes oder Böses geschehen soll, übereinstimmen oder nicht. Das Gesetz ist der Maßstab der Beurtheilung der menschlichen Handlungen, die Norm desselben ist das Wohl oder Uebel, welches dem Menschen nach seinen Handlungen durch das Gesetz zu Theil wird. Die Menschen urtheilen über rechtliche oder unrechtliche Handlungen nach Gesetzen oder Regeln, auf welche sie dieselben beziehen: das göttliche Gesetz, das bürgerliche Gesetz und die öffentliche Meinung sind solche Gesetze. Das göttliche Gesetz ist dem Menschen durch die Schöpfung und Offenbarung bekannt gemacht worden; das bürgerliche Gesetz bestimmt die erlaubten Handlungen und die Bestrafung der unerlaubten Handlungen; das Gesetz der öffentlichen Meinung ist das freie Urtheil über Tugend und Laster.[1])

Locke tritt in der Abhandlung „über die Regierung" auf's Entschiedenste den Lobrednern und Vertheidigern der absoluten Gewalt der Fürsten und deshalb besonders Hobbes entgegen. Aber er geht direct auf Hobbes nicht ein, sondern begnügt sich laut einer Bemerkung in der Vorrede, die Observationen Filmers zu demselben und zu Andern, Milton, Aristoteles u. s. w. zu kritisiren. Locke hält sich vorzugsweise an diese Observationen und an den Patriarchen Filmers, aber kämpft in der Abhandlung „über die bürgerliche Regierung" am Ende derselben auch gegen Bercley und den englischen Bischof Bilson, die gleichfalls die absolute Macht und Prärogative der Fürsten vertheidigt hatten. Er hebt besonders gegen sie hervor, daß das Volk solchen Fürsten, die gegen Recht und Gesetz Gewalt üben, gesetzlichen Widerstand leisten dürfe.

Locke sagt in der Vorrede: der Leser empfängt hiermit den Anfang und das Ende einer Abhandlung über den Staat; welches Schicksal über dem Theile gewaltet hat, der die Mitte ausmachen sollte und stärker war, als die übrigen, verlohnt nicht der Mühe, weiter zu erörtern. Was noch vorhanden ist, wird hoffentlich ausreichen, den Thron König Wilhelms, des großen Wiederherstellers, zu befestigen, seine Würde vor dem Volke gut zu heißen, da er die allein gesetzmäßige Verfassung Englands in größerer Ausdehnung und Entschiedenheit behauptet, als irgend ein Fürst in der ganzen

---

[1]) Siehe überhaupt den Essay concerning human understanding.

Christenheit, — und vor der Welt die englische Nation zu rechtfertigen, deren Liebe zu ihren gesetzmäßigen und natürlichen Rechten, und deren Entschluß, diese Rechte zu wahren, die Nation gerettet hat, als sie eben am Rande der Sclaverei und des Verderbens war. Wenn diese Abhandlung so abgefaßt ist, als er sich schmeichle, daß sie es sei, so wird man die verloren gegangenen Blätter nicht vermissen. Seitdem hat die ganze Nation die Hypothesen des wunderlichen Systems Sir Robert Filmers dermaßen verworfen, daß es überflüssig ist, allen Dunkelheiten und Windungen desselben abermals nachzugehen. Es wird auch Keiner mehr den Muth haben, der Sclaverei das Wort zu reden und gegen die allgemeine Sicherheit aufzutreten. Er, Locke, würde sich nicht so weitläufig über Sir Robert ausgelassen haben, wenn nicht die Kanzel der letzten Jahre seine Lehre öffentlich angenommen und sie zum Gott der Zeiten gemacht haben möchte. Diejenigen, welche jene Lehre überall predigten und die Menschen mißleiteten, hätten der Welt keinen bessern Autor anpreisen können, als einen englischen Höfling. Er, Locke, habe darum gegen Sir Robert gar nicht auftreten und sich die Mühe geben sollen, dessen Fehler, Widersprüche und Mängel an Beweisen aufzudecken, wenn es nicht noch immer Leute gäbe, welche dessen Lehre vertheidigten und zeigten, daß er nicht gegen einen todten Feind geschrieben. Nichts sei nachtheiliger für den Fürsten und das Volk, als die Verbreitung falscher Begriffe über den Staat, welche bald Ursachen zu Klagen abgeben würden über den „ruhmredigen Geistlichen.“[1])

Die Abhandlung „über die Regierung“ ist speciell gegen Filmers Patriarchen gerichtet und enthält eine Widerlegung des Patrimonialstaates und der absoluten Monarchie überhaupt. Filmers Hauptgrundsatz ist: alle Regierung ist absolut monarchisch; kein Mensch ist frei geboren; der Fürst hat die absolute Herrschaft nach göttlichem Recht, alle Uebrigen sind Sclaven von Adams Zeiten her; Adam war absoluter Monarch, nach ihm sind alle Fürsten solche Monarchen; jeder Mensch wird zum Gehorsam gegen die Eltern geboren; die elterliche Autorität ist fürstliche Autorität. Das Recht der väterlichen Autorität fing mit Adam an, setzte sich weiter

[1]) The works of John Locke. The eleventh edition. London 1812. Volume the fifth. p. 209—11.

fort und hielt die Welt in Ordnung durch Patriarchen. Die Souveränetät Adams ist die Basis aller andern Souveränetät. Adam war der erste Mensch und Vater. Der Dekalog lehrt: ehre Vater und Mutter; darum ist alle Gewalt ursprünglich vom Vater; Gott schuf Adam und gab ihm die Herrschaft über Eva; Adam hatte als Vater die Gewalt über die Kinder; hatte die absolute Gewalt über Leben und Tod; so lange Adam lebte, durften die Kinder nichts ohne seine Erlaubniß thun. Das ist die Summe der Argumente von Adams Souveränetät.

Nach Filmer schließt die Schöpfung Adams alle natürliche Freiheit der Menschen aus. Dem Adam gehört die ganze Welt. Er hat von Natur das Recht auf Alles, und deshalb das Recht, seine Nachkommen zu beherrschen. Locke streitet dagegen. Die Schöpfung hat dem Adam nicht unmittelbar die Herrschaft geben können. Adam ist unmittelbar, ohne Dazwischenkunst von Eltern geschaffen worden. Zu seiner Zeit war noch gar keine Regierung, denn es waren keine Unterthanen vorhanden, die regiert werden konnten. Adam hatte eher kein Recht zu regieren, als er Vater wurde. Filmer mache den Adam eher zum Vater, als er Vater war. Adam konnte unmöglich gleich einen Rechtstitel haben, nachdem er geschaffen worden. Locke untersucht ferner Adams Titel der Souveränetät durch göttliche Schenkung bei Filmer, durch Unterwerfung Eva's, durch Adams Vaterschaft, er bekämpft ihn überall in dieser Beziehung und faßt seine Erörterungen in folgenden Sätzen zusammen: Adam hat weder durch das natürliche Gesetz der Vaterschaft noch durch eine positive Schenkung von Gott irgend eine solche Autorität über seine Kinder und über die Welt empfangen, als Filmer behauptet; und gesetzt den Fall, er habe wirklich das Recht gehabt, so folgt daraus noch nicht, daß seine Erben dasselbe Recht hatten; es kann mit Gewißheit nicht behauptet werden, ob diese das Recht der Succession und deshalb das Recht der Gesetzgebung hatten, weil es kein Gesetz der Natur und auch kein positives Gesetz giebt, welches bestimmt, wer in allen vorkommenden Fällen der rechte Erbe ist; und angenommen, dies sei wirklich bestimmt worden, so weiß man längst nicht mehr, welche Linie die älteste von Adams Nachkommenschaft ist; keiner unter den Racen und Familien der Menschen steht es zu, auf ein ältestes Haus oder angeerbtes Recht Anspruch machen zu können.

Nach diesen Prämissen, sagt Locke, ist es unmöglich, daß die jetzigen Herrscher der Erde irgend einen Vortheil oder auch nur das geringste Ansehen von Adams Herrschaft und väterlicher Jurisdiction ableiten können. Wer nicht geradezu Veranlassung geben will, zu glauben, daß alle Herrschaft in der Welt das Product der Macht und Gewalt ist, daß die Menschen zusammenleben wie die Thiere, unter welchen das stärkste den Vorrang hat, wer nicht den Grund zu einer beständigen Unordnung, zu Unglück, Tumult, Aufstand, Rebellion und dergleichen legen will, der muß einen andern Anfang der Herrschaft, einen andern Ursprung der politischen Macht und einen andern Weg suchen, als den, den Filmer eingeschlagen hat, um die Personen ausfindig zu machen, die die Herrschaft haben sollen. Deswegen habe er geglaubt, daß es nicht unpassend sein möchte, auseinanderzusetzen, wie die politische Macht anfangen müsse, damit die Gewalt der Obrigkeit über einen Unterthan von der Gewalt des Vaters über die Kinder, des Hausherrn über die Knechte, des Mannes über die Frau, des Herrn über die Sclaven unterschieden werde. Alle diese verschiedene Macht, die bisweilen in einem Manne zusammentreffen kann, wenn man sich denselben nach diesen verschiedenen Beziehungen denkt, soll dazu dienen, die eine Macht von der andern zu unterscheiden, die Verschiedenheit zwischen einem Vertreter des Gemeinwohls, einem Familienvater und einem Capitän einer Galeere darzuthun. Politische Macht, sagt er, ist das Recht, Gesetze zu geben, die Strafen für die Ordnung und Verwahrung des Eigenthums, die Todesstrafe festzusetzen, und ist ferner das Recht, über den Gebrauch der Kräfte des Volkes in der Ausführung solcher Gesetze und in der Vertheidigung des Gemeinwohls gegen fremde Verletzung zum allgemeinen Wohl zu entscheiden.[1])

Locke fängt in der Abhandlung „über die bürgerliche Regierung" seine Betrachtung mit dem Naturzustande an, um zu erforschen, worin die politische Gewalt und deren Ursprung bestehe. Er sagt: der Naturzustand ist ein Zustand vollkommener Freiheit, in welchem Jeder thun kann, was er will. In diesem Zustande kann der Mensch über seine Person und über sein Eigenthum frei bestimmen, vorausgesetzt, daß er sich dabei innerhalb des Gesetzes der

[1]) The works of John Locke. Vol. V. book 1. chap. 1—11. p. 213—337.

Natur hält.[1]) In einem solchen Zustande hat kein Mensch mehr Recht und Macht, als der andere, Alle sind gleich. Der Naturzustand ist ein Zustand der Freiheit und Gleichheit, aber darum kein Zustand der Willkür. Wenn der Mensch über seine Person und sein Eigenthum auch verfügen kann, so hat er aber nicht das Recht und die Freiheit, sich selbst und Andern zu schaden, sondern er hat vielmehr die Pflicht, von seiner Freiheit den besten und edelsten Gebrauch zu machen, wie seine eigene Bewahrung dies fordert. Er thut das auch, er unterwirft sich dem Gesetze der Natur und Vernunft, welches lehrt, daß Keiner dem Andern an seinem Leben, an seiner Person und seinem Gute schaden soll. Erstens ist der Mensch ein Geschöpf Gottes, er gehört seinem Schöpfer an; zweitens nehmen alle Menschen Theil an der Natur; darum soll der Mensch nicht blos sich selbst, sondern auch seine Mitmenschen bewahren. Verletzt Jemand das Gesetz der Natur, so stellt er damit eine andere Regel auf, als die Regel der Vernunft und Gleichheit ist. Jede Verletzung der Gesetze der Natur weicht ab von den Regeln der Vernunft, widerspricht also der menschlichen Natur. Darum hat Jeder im Naturzustande das Recht, eine geschehene Verletzung zu bestrafen. Die Gesetze der Natur verpflichten den Menschen absolut, weil er Mensch ist, und es ist gleich, ob er deshalb mit andern Menschen eine Uebereinkunft getroffen hat oder nicht.[2])

Das Fundamentalgesetz der Natur ist: Mensch, bewahre dich selbst und deine Mitmenschen. Keiner thue dem Andern Gewalt an, sonst ist das Leben der Gefahr ausgesetzt und der Krieg da. Wegen der Bewahrung des Menschen ist der Naturzustand ein Zustand gegenseitiger Hülfe, gegenseitigen Wohlwollens, des Friedens. Ein anderer Zustand ist der Kriegszustand, ein Zustand der Feindschaft, der Gewalt, des gegenseitigen Verderbens. Der Naturzustand und Kriegszustand sind deshalb nicht zu confundiren,[3]) wie Hobbes und Spinoza thun, sondern bestimmt zu unterscheiden.

---

[1]) Locke works. Vol. V. book 2. chap. 2. §. 4. p. 339: a state of perfect freedom to order their actions and dispose of their possessions and persons, as they think fit, within the bounds of the law of nature.

[2]) Ibid. §. 5—15. p. 340—47.

[3]) Ibid. chap. 3. §. 19. p. 348: and here we have the plain „difference between the state of nature and the state of war“ which however some

Das Gesetz der Bewahrung des Menschen ist so alt, als die Welt ist. Alle Eltern sind nach dem Vorgange Adams und Eva's durch das Gesetz der Natur verpflichtet, ihre Kinder zu bewahren. Das Gesetz der Vernunft regelte Adams Leben. Aber die Kinder sind nicht gleich vernünftig, sondern müssen zur Vernunft und Freiheit erzogen werden. Sie können ihre Vernunft erst gebrauchen, wenn sie herangewachsen sind. Die Vernunft macht sie fähig, die Gesetze zu erkennen, nach welchen sie handeln sollen, und die Ausdehnung der Freiheit zu würdigen, welche die Gesetze ihnen geben. Die Kinder gehorchen ihren Eltern, weil sie nicht gleich frei sind, aber sie werden frei, wenn sie zur Vernunft kommen. Die elterliche Autorität hört alsdann auf. Die Eltern haben keine andere Eigenschaft, als ihre Kinder zu bewahren und zu erziehen. Sind sie erzogen, so steht ihnen keine weitere Macht über die Freiheit ihrer Kinder zu. Die Macht der Eltern über die Kinder ist keine willkürliche, absolute, despotische Gewalt. Ein Anderes ist, gehorsam, ehrerbietig sein; ein Anderes, absolut unterworfen sein. Deshalb kann die väterliche Gewalt nicht, wie man geglaubt hat, Ursprung und Quelle der Monarchie sein. Ein Monarch ist seinen Eltern Gehorsam schuldig, das verringert sein Ansehen nicht; die Eltern behalten im Staate die Macht über ihre Kinder, von welchem sie Unterthanen sind. Die Eltern haben das Recht des Gehorsams, was nicht möglich wäre, wenn alle politische Macht eine natürliche, wenn die politische und väterliche Gewalt eine und dieselbe Gewalt sein würde. Der Fürst steht unter väterlicher Gewalt, ohne daß die Unterthanen daran Theil nehmen. Politische und väterliche Gewalt haben einen ganz verschiedenen Grund und einen ganz verschiedenen Zweck.[1])

Die erste menschliche Gesellschaft, die Gemeinschaft von Mann und Weib, hat zu der weitern Gesellschaft zwischen Eltern und Kindern geführt. Dazu ist noch eine dritte Gesellschaft: zwischen Herren und Knechten, gekommen. Diese drei Arten der Gesellschaft begegneten sich in einer Familie, so daß der Herr oder die Herrin die Herrschaft hatte und für die Familie Gesetze gab. Diese Gesellschaf-

---

men have confounded, are as far distant, as a state of peace, good-will, mutual assistance and preservation, and a state of enmity, malice, violence and mutual destruction, are one from another.

[1]) Locke works. Vol. V. book 2. chap. 6. §. 52—76. p. 367—82.

ten sind von denjenigen verschieden, welche man politische Gesellschaften nennt. Es ist keine politische Gesellschaft möglich, wenn sie nicht die Macht hat, sich und das Ihrige zu bewahren und alle Die zu strafen, welche dagegen fehlen. Jeder muß zur Bildung einer politischen Gesellschaft seine ihm von Natur zukommende Macht an die Gesellschaft überlassen, wodurch erst die bürgerliche oder politische Gesellschaft entsteht. Wenn die Menschen eine Gesellschaft bilden, verlassen sie den Naturzustand, ernennen einen Richter und Souverän und geben diesem die Autorität, um vorkommenden Differenzen ein Ziel zu setzen und alle Ungerechtigkeiten zu bestrafen. Wo kein solcher Zustand unter den Menschen ist, da ist der Naturzustand. Der Zweck der politischen Gesellschaft ist, den Inconvenienzen des Naturzustandes zu steuern, und dies ist der Grund, warum die absolute Monarchie mit der bürgerlichen Gesellschaft unverträglich ist. Ein absoluter Monarch befindet sich in Verhältniß zu seinen Unterthanen im Naturzustande, denn er ist nicht selbst unter Denen, über welche er die Macht hat, sondern ist, wie Jeder im Naturzustande, Richter in eigener Sache. Ein absoluter Monarch maßt sich die gesetzgebende und executive Gewalt zugleich an. Deswegen giebt es für ihn und seine Unterthanen keine festen Gesetze und keine gemeinschaftlichen Richter über mögliche Differenzen. Nichts, weder Person noch Eigenthum, ist sicher gegen einen solchen Herrscher. Die Vertheidiger der absoluten Monarchie glauben, daß die Menschen den Naturzustand verlassen und Einem alle Freiheit dieses Zustandes gegeben haben, damit er thun könne, was er wolle. Solche nennen gleich Faction und Rebellion, wenn die Unterthanen gegen Ungerechtigkeiten desselben Schutz suchen. Die Schmeichler der absoluten Gewalt sagen, daß diese Gewalt zur Bewahrung des Menschen nothwendig sei. Aber man lebt in der bürgerlichen Gesellschaft nicht eher sicher, bis die gesetzgebende Gewalt in der Gesellschaft einen gemeinsamen Körper, einen Senat, ein Parlament gebildet hat. Dadurch wird Jeder ohne Ausnahme Unterthan des Gesetzes, auch der Erste, welcher das Gesetz mit gegeben hat. Keiner darf in der bürgerlichen Gesellschaft von der Beobachtung der Gesetze ausgenommen werden. Aus allem dem folgt, daß ein absoluter Monarch, der thun kann, was er will, gegen den es keine Hülfe giebt, wenn er ungerecht handelt, sich im Naturzustande befindet und deshalb unfähig ist, ein Glied der bürgerlichen Gesellschaft sein zu können. Der Naturzustand und die bürgerliche Gesellschaft ist eine und dieselbe Sache.[1])

Die Menschen sind von Natur gleich, unabhängig und frei, weshalb Keiner der politischen Macht eines Andern unterworfen werden darf, wenn er nicht darein gewilligt hat. Bilden eine gewisse Anzahl Menschen eine bürgerliche Gemeinschaft oder Gesellschaft, so sind sie incorporirt und machen einen einzigen politischen Körper aus, in dem die Mehrzahl das Recht hat, zu handeln und zu beschließen. Jeder muß sich dem Beschlusse der Mehrzahl fügen und thun, was sie will, weil sie die größere Kraft ist. Sonst kann der politische Körper unmöglich handeln und hört als Gesellschaft auf. Der ursprüngliche Vertrag gilt so viel als nichts, wenn die Mitglieder nicht genöthigt sind, in den Beschluß der Mehrheit einstimmen und sich demselben unterwerfen zu müssen; es ist dann keine Gesellschaft und Gemeinschaft, sondern der Naturzustand. Es ist kein anderes Zeichen der Vereinigung und des Vertrages, keine andere Bürgschaft, als daß die Mitglieder der Gesellschaft an die Beschlüsse derselben gebunden sind. Geht man eine Gesellschaft nicht unter dieser Bedingung ein, so geht man dieselbe ein, um gleich wieder herauszugehen. Jeder, welcher den Naturzustand verläßt und sich in eine Gesellschaft begiebt, überliefert sich den Händen der Mehrzahl der Mitglieder der Gesellschaft. Eine politische Gesellschaft entsteht durch Uebereinstimmung einer gewissen Anzahl freier Menschen, welche fähig sind, von einer Mehrzahl repräsentirt zu werden. Alle gesetzliche Herrschaft in der Welt ist auf diese Weise entstanden.[2]) Sagt man dagegen, es giebt in der Geschichte kein Beispiel einer Gesellschaft unabhängiger, gleicher Menschen, welche auf diesem Wege angefangen hatten, eine bürgerliche Gesellschaft

---

[1]) Locke works. Vol. V. book 2. chap. 7. §. 77 — 94. p. 383 — 94: no man in civil society can be exempted from the laws of it—; I ask, whether he be not perfectly stile in the state of nature, and so can be no part or member of that civil society: unless any one will say, the state of nature and civil society are one and the some thing, which I have never yet found any one so great a patron of anarchy as to affirm.

[2]) Ibid. chap. 8. §. 99. p. 396: and this is that, and that only, which did, or could give beginning to any lawful government in the world.

zu bilden, so darf man sich nicht darüber verwundern, daß die Geschichte wenig oder nichts von solchen Anfängen aufbewahrt hat. Die Inconvenienzen des Naturzustandes und das daraus hervorgehende Verlangen nach Gemeinschaft bildeten sogleich politische Körper, aber die Gründer der politischen Gesellschaften schwanden aus dem Gedächtniß. Die politischen Gesellschaften haben überhaupt mit den Menschen gemein, daß sie über ihre Geburt und nächste Kindheit im Dunkel sind. Alle politischen Gesellschaften fingen durch stillen Vertrag von Personen, welche von Natur frei waren, durch freie Einstimmung an. Die von Natur freien Menschen haben geschichtlich angefangen, durch Einstimmung der Völker Gemeinschaften zu bilden, aber nicht durch väterliche Herrschaft. Der Gehorsam, welchen das Kind dem Vater schuldig ist, zerstört die Freiheit nicht, sich zu einer politischen Gesellschaft zu vereinigen. Zu einer Zeit, wo es viel Land und wenig Leute giebt, wo eine zahlreiche Familie, die von andern getrennt ist, eine compacte Einheit bildet, kann wohl Einer patriarchalisch regieren; aber wenn der Vater stirbt, oder der nächste Erbe zur Regierung unfähig ist, oder wenn mehrere Familien sich zu einer Gemeinschaft verbinden, so darf man wohl annehmen, daß Diejenigen, welche jene Familie ausmachten, ihre natürliche Freiheit brauchten und Einen wählten, der sie regieren möchte. Dies gab zu dem Irrthume Anlaß, daß die Regierung von Natur monarchisch und väterlich sei. Zu Anfang der Dinge waren die Kinder, wegen des Schutzes und der Sorge, der väterlichen Herrschaft gewohnt; die Monarchie war noch eine einfache Sache und empfahl sich dem menschlichen Verstande; die Erfahrung hatte noch keine verschiedenen Regierungsformen an die Hand gegeben; man hatte von der Ehrsucht und Insolenz der Reichen noch keine Vorstellung; man kannte noch nicht die Uebel der höchsten Autorität, die Inconvenienz der absoluten Gewalt, welche in der Folge in Monarchien überhandnahm; man kannte noch keine Unterdrückung tyrannischer Gewalt; — die Form der Herrschaft war ihrem Zustande gemäß, da der Machthaber die Uebrigen beschützte. Erst herrschte das goldene Zeitalter, in diesem hatten die Fürsten noch keine von den Interessen der Völker verschiedene Interessen; später aber machten sich solche Interessen geltend, und da fing man an, über den Ursprung und das Recht der Regierung nachzudenken und Mittel gegen den Mißbrauch der Gewalt ausfindig zu machen.

Die von Natur freien Menschen unterwarfen sich der Herrschaft ihrer Väter und überließen die Regierung einem Einzigen, ohne seine Macht durch Bedingungen zu regeln und zu beschränken; sie glaubten, daß seine Einsicht und Klugheit das Ganze zusammenhalten werde. Man hatte den Menschen noch nicht gesagt, daß die Monarchie göttlichen Rechtes und ein großes Mysterium wäre; man betrachtete die väterliche Gewalt noch nicht als das Recht der Herrschaft, als das Fundament des Staates, sondern man glaubte noch, daß aller Anfang der Regierung durch Einstimmung der Völker zu Stande komme, und dieser Anfang ein friedlicher sei. Sagt man, es giebt keinen Anfang politischer Societäten, alle Menschen werden unter einer gewissen Herrschaft geboren, kein Mensch ist je frei gewesen, mit andern Menschen eine Gesellschaft bilden zu können, so fragt sich aber: wie haben Monarchien überhaupt in der Welt entstehen können? Macht man einen Mann aus früheren Jahrhunderten namhaft, der die Freiheit gehabt hat, eine gesetzliche Monarchie zu bilden, so kann man mit gleichem Recht annehmen, daß zu derselben Zeit viele Andere die Freiheit und die Macht gehabt haben, jede andere Form der Regierung zu constituiren. Und selbst Diejenigen, welche unter einer bestehenden Regierung geboren sind, haben noch heute das Recht und die Freiheit, als wenn sie jene Regierung nie gehabt hätten, als wenn sie in einer Wüste geboren wären, in welcher die Menschen von Gesetzen nichts wissen. Man hat behaupten wollen, daß Diejenigen, welche unter einer Herrschaft geboren sind, darum nicht natürliche Unterthanen derselben wären, und also kein Recht hätten, die Freiheit im Naturzustande beanspruchen zu können. Aber das sei nicht wahr. Unsere Väter haben zwar auf die natürliche Freiheit verzichtet, indem sie sich einer Herrschaft unterwarfen, aber ihre Verpflichtung ist nicht zugleich auf ihre Kinder und Nachkommen übergegangen. Sie kann sie daher nicht binden. Wenn die Kinder majorenn sind, so sind sie so frei, als ihre Väter je gewesen sind, sie können dann diejenige Regierung wählen, von welcher sie glauben, daß sie die beste sein werde, sie können sich zu einem politischen Körper vereinigen, zu welchem sie wollen. Jeder ist von Natur frei, nichts kann ihn zwingen, sich einer Gewalt zu unterwerfen, als seine Zustimmung, welche ausdrücklich oder stillschweigend ist. Wenn er aber seine Zustimmung, einer Gesellschaft oder Societät angehören zu wollen, einmal gegeben hat, so ist er auch verpflichtet, darin zu bleiben, so kann er in den Naturzustand nicht wieder zurückkehren.[1])

Der Mensch ist im Naturzustande absoluter Herr seiner selbst, seiner Person und seines Besitzes. Er ist Niemandem unterthan, sondern ist absolut frei. Er unterwirft sich aber einer Herrschaft, weil das Recht unsicher ist. So frei der Naturzustand ist, so ist derselbe doch voller Gefahren und Furcht; deshalb suchen die Menschen die Gesellschaft, um sich und das Ihrige zu bewahren. Im Naturzustande fehlt es an der Bewahrung an allem Dem, denn es mangelt an Gesetzen durch gegenseitige Einstimmung, als an den Standarten des Rechts und Unrechts, am gemeinschaftlichen Maß, die Differenzen des Lebens zu bestimmen. Im Naturzustande fehlt ein anerkannter Richter. Die Gesetze der Natur sind zwar klar und Allen verständlich, aber sie werden von den Menschen dessenungeachtet zu wenig gekannt. Es fehlt im Naturzustande ferner an einer Macht, die fähig ist, ein gegebenes Urtheil (Sentenz) zu unterstützen und auszuführen. Die Inconvenienzen im Naturzustande treiben die Menschen zu bestimmten Gesetzen für Bewahrung der Person und des Eigenthums, die die Gesellschaft für gut findet und autorisirt. Hierin ist das ursprüngliche Recht, die Quelle der gesetzgebenden und ausführenden Gewalt, das Recht und der Ursprung der Societäten und der Regierungen selbst zu suchen. Der Mensch verzichtet in dem Augenblicke, in welchem er eine Gesellschaft eingeht, auf sein Recht im Naturzustande, Alles thun zu dürfen, was er für seine Bewahrung für gut findet, und alle Die zu strafen, die die natürlichen Gesetze verlassen. Er begiebt sich des ersteren Rechtes, damit es durch die Gesellschaft, durch ihre Gesetze geordnet und verwaltet werde, welche die Freiheit mehr befestigen, als unmittelbar die Gesetze der Natur zu thun vermögen; er begiebt sich des letzteren, um die ausführende Gewalt zu kräftigen. Jeder Mensch, welcher sich der Hülfe Anderer erfreuen will, muß die natürliche Freiheit aufgeben, und dies fordert das Gedeihen, das Wohl, die Sicherheit der Gesellschaft. Die gesetzgebende Gewalt, gegen die die Menschen ihre Freiheit und Gleichheit aufgeben, um ihre Person und ihr Eigenthum zu bewahren, darf sich nicht weiter ausdehnen, als das öffentliche Wohl verlangt; jene Gewalt darf als der Souverän der

[1]) Locke works. Vol. V. book 2. chap. 8. §. 99—122. p. 396—411.

Gesellschaft nicht durch willkürliche Bestimmungen regieren, sondern durch gesetzliche, da der Zweck der Regierung öffentliche Sicherheit und der Frieden des Volkes ist.[1])

Eine Gemeinschaft, ein Staat ist keine bestimmte Form der Regierung, sondern jede unabhängige Societät ist solche Gemeinschaft. Die verschiedenen Staatsformen Monarchie, Oligarchie, Demokratie sind von einander unabhängige Societäten.[2]) Das erste positive Grundgesetz aller Staaten ist die Bewahrung der Gesellschaft. Die gesetzgebende Gewalt ist nicht blos die höchste Gewalt im Staate, sondern ist auch geheiligt. Alles ist durch sie gegeben, aber darum ist sie nicht absolut und willkürlich. Sie ist die Gewalt eines jeden Mitgliedes der Societät, ist also nicht größer, als die Gewalt der Personen im Naturzustande war, ehe diese ihre Macht der Gemeinschaft überließen. Keiner kann dem Andern mehr Macht geben, als er selbst hat; im Naturzustande hat Keiner die willkürliche Gewalt über das Leben und das Eigenthum seiner Mitmenschen; die Macht keines Menschen erstreckt sich weiter, als die Gesetze der Natur erlauben, geht nicht weiter, als die Bewahrung der Personen und des Geschlechtes fordert. Die gesetzgebende Gewalt hat kein anderes Recht, als das Recht der Bewahrung, nicht das Recht, zu zerstören und die Menschen zu Sclaven zu machen. Die Verpflichtung der Gesetze der Natur hört nicht auf in der Gesellschaft. Die Gesetze der Natur sind ewige Regeln für alle Menschen und Gesetzgeber. Wenn die Gesetze der Natur die Handlungen im Staate ordnen sollen, so müssen die positiven Gesetze denselben gemäß sein, d. h. dem Willen Gottes, von dem sie die Erklärung sind. Die gesetzgebende Gewalt hat die Pflicht, den Unterthanen diejenigen Rechte zu geben, welche die Gesetze der Natur verlangen. Die Menschen geben die Freiheit im Naturzustande nicht auf, übertragen Keinem die absolute Gewalt, um willkürlich über ihre Person und über ihr Eigenthum zu gebieten. Das wäre noch schlimmer als der Naturzustand selbst, in welchem Jeder die Freiheit hat, gegen Alle sein Recht zu vertheidigen. Darin bestehen die Grenzen der Sicherheit des Staates, die die Ge-

---

[1]) Locke works. Vol. V. book 2. chap. 9. §. 123—31. p. 411—15: and all this to bi directed to no other end, but the peace, sofety, and public good of the people.

[2]) Ibid. chap. 10. §. 132—34. p. 415—17.

setze Gottes und der Natur der gesetzgebenden Gewalt vorschreiben, mag der Staat eine Form haben, welche er will.[1])

Die gesetzgebende Gewalt hat das Recht, die Anwendung der Kräfte eines Staates zur Bewahrung der Gemeinschaft und der Glieder derselben zu bestimmen. Die Gesetze selbst sind einmal und in wenig Zeit gegeben worden, aber sie haben eine constante Kraft, weshalb eine Macht gefordert wird, die sie ausführe. Die Kraft der Bewahrung der Gesetze und ihrer Ausführung ist die executive Gewalt. Oft finden sich darum gesetzgebende und ausführende Gewalt getrennt. Es giebt ferner eine natürliche Gewalt in jeder Societät. Jede Gesellschaft ist ein Körper, welcher sich im Verhältniß zu andern Staaten und Personen im Naturzustande befindet. Darauf beruht das Recht des Krieges und des Friedens, der Allianzen und Bündnisse, das Recht der Verträge mit andern Staaten. Dies Recht kann die föderative Gewalt heißen. Die föderative Gewalt unterscheidet sich von der ausführenden Gewalt dadurch, daß sie das Interesse des Staates im Verhältniß zu andern Staaten befaßt, während diese die Ausführung der positiven Gesetze nach Innen handhabt.[2])

Alle andern Gewalten sind der gesetzgebenden Gewalt untergeordnet. Jede Gewalt, zu einem Zweck gegeben, wird durch denselben beschränkt, das Vertrauen hört auf, wenn der Zweck vernachlässigt wird, dann kehrt die Gewalt zum Volke wieder zurück, das auf's Neue für seine Sicherheit sorgen mag. Wenn die Person, die Freiheit, das Eigenthum nicht geschützt wird, so bewahrt das Volk seine souveräne Gewalt selbst gegen den Gesetzgeber. Das Volk hat diese Gewalt immer. Es übt sie nur nicht immer aus. Die gesetzgebende Gewalt ist sonst in allen Stücken, in allen Fällen souveräne Macht. Die gesetzgebende Gewalt ist durch das Recht, für alle Glieder der Gesellschaft Gesetze zu geben, nothwendig souverän. Alle andern Staatsgewalten sind derselben untergeordnet. Ist im Staate eine Person mit der ausführenden Gewalt bekleidet, so kann sie für souverän gelten. Sie hat zwar nicht die Gewalt als höchster Gesetzgeber, aber hat sie als die souveräne Macht, die Gesetze auszuführen. Ist die ausführende Gewalt einer Person überlassen, so ist sie der gesetzgebenden Gewalt untergeordnet. Die gesetzgebende Ge-

---

[1]) **Locke works. Vol. V. book 2. chap. 11. §. 134—42. p. 416—24.**

[2]) **Ibid. chap. 12. §. 143—48. p. 424—26.**

walt braucht nicht immer zur Stelle zu sein, wie die ausführende Gewalt, weil nicht immer der Zeitpunkt da ist, Gesetze zu geben, aber sie auszuführen. Wer die ausführende Gewalt hat, der ruft auch die gesetzgebende Gewalt zusammen, aber daraus folgt keine Superiorität über die gesetzgebende Gewalt, welche, als der ursprüngliche Act der Gesellschaft, allen positiven Gesetzen vorhergeht und vom Volke abhängt. Ist die gesetzgebende Gewalt einmal gegründet, so hat das Volk nicht mehr die Gewalt, d. h. in der Art. Aber das Wohl des Volkes bleibt immer das höchste Gesetz. Wenn man diese Fundamentalmaxime befolgt, so wird man nicht leicht in Gefahr kommen, zu irren.[1])

Eine Menge Dinge können füglich der ausführenden Gewalt überlassen werden, denn die Gesetzgeber können nicht Alles vorhersehen. Wer die ausführende Gewalt besitzt, der hat das Recht, seine Macht für das Wohl der Gesellschaft auch in den Fällen zu bethätigen, wo das Gesetz nicht vorhergesehen hat. In gewissen Fällen müssen die Gesetze jener Macht weichen, am meisten den Gesetzen der Natur, nach welchen alle Mitglieder der Gesellschaft sich zu bewahren verpflichtet sind. Wer die Zügel der Regierung hat, der muß auch die Macht haben, die Strenge des Gesetzes zu mildern, und wenn die Gesetze in vorkommenden Fällen nichts vorschreiben, für das öffentliche Wohl zu handeln. Diese Macht ist eine Prärogative. In der Kindheit der Staaten hat die Regierung jene Macht, wie der Vater in der Familie. Den Grund der Prärogative, die Erlaubniß, hat das Volk Denjenigen gegeben, welchen es die Regierung übertragen hat; sie ist nichts Anderes, als die Macht, für das öffentliche Wohl ohne Gesetze und Reglement zu sorgen.[2])

Locke parallelisirt die väterliche, politische und despotische Gewalt. Er nennt die väterliche Gewalt die natürliche Macht und Herrschaft, eine Gewalt, die sich nicht über das Recht, den Zweck und die Jurisdiction der politischen Macht erstreckt. Jeder hat sie im Naturzustande, so lange sie nicht in den Händen einer Societät und zum Zweck der Bewahrung der Mitglieder derselben vereinigt ist. Die despotische Gewalt, die Macht des einen Menschen über den andern, giebt nicht die Natur, denn diese macht keinen Unter-

[1]) Locke works. Vol. V. book 2. chap. 13. §. 149—58. p. 426—34.
[2]) Ibid. chap. 14. §. 159—68. p. 434—39.

schied der Person, sie entsteht auch nicht durch Einwilligung, wenn dieselbe so weit geht, daß Einer dem Andern das Leben nehmen kann. Keine Person hat eine solche Macht über ihr Leben und kann sie darum auch keinem Andern geben. In einem gerechten, gesetzlichen Kriege sind allein Gefangene der despotischen Gewalt unterworfen. Also giebt die Natur die väterliche Gewalt, der Vertrag die politische Gewalt, der Krieg die despotische Gewalt. Betrachtet man den verschiedenen Ursprung, die verschiedene Ausdehnung und den verschiedenen Zweck dieser Gewalten, so wird man finden, daß die natürliche Gewalt über die politische des Herrschers und der Obrigkeit geht, die despotische die politische überschreitet und die absolute Herrschaft deshalb kein Act der bürgerlichen Gesellschaft sein kann. Die väterliche Gewalt existirt so lange, als die Kinder sich selbst zu regieren und ihr Eigenthum zu verwalten unfähig sind. Die politische Gewalt ist vorhanden, wenn die Menschen über ihr Eigenthum disponiren können, und die despotische Gewalt, wenn sie keine eigenen Güter haben.[1])

Alle Regierungen entspringen aus der Einstimmung des Volkes. Viele halten die Gewalt der Waffen für die Einstimmung desselben und sehen die Eroberung als den Ursprung und die Quelle der Regierung an. Aber die Eroberung kann so wenig Grund und Basis des Staates sein, als die Demolirung eines Hauses Ursache der Erbauung eines andern Hauses an derselben Stelle ist. Die Zerstörung der Form eines Staates bereitet oft den Weg zu einer neuen vor, aber ohne Zustimmung des Volkes kann keine neue Form errichtet werden. Die Macht eines Eroberers in einem gerechten Kriege ist despotisch, denn sie unterwirft die Menschen. Der Eroberer hat die Macht über das Leben und das Eigenthum der Besiegten, d. h. Derer, die persönlich gestritten haben, das Recht, sich durch die Arbeit und Güter derselben die Unkosten zu ersetzen, aber das Recht des Eroberers erstreckt sich nicht auf Die, welche gegen ihn nicht gestritten haben, z. B. Kinder.[2]) Die Eroberung ist eine fremde Usurpation von Außen. Der Usurpator hat nie das Recht auf seiner Seite, aber der Eroberer kann es haben, wenn er sich innerhalb der Grenzen der Gerechtigkeit hält, wenn er nicht die Güter

---

[1]) Locke works. Vol. V. book 2. chap. 18. §. 169—74. p. 440—43.
[2]) Ibid. chap. 16. §. 175—96. p. 443—55.

Anderer angreift. Die Usurpation ist Tyrannei[1]) oder Uebertreibung der Macht, wozu sie kein Recht hat: wenn die Macht des Usurpators sich über Recht und Gerechtigkeit erstreckt, nicht blos auf den Wechsel der Personen und Führer. Tyrannei ist die Macht nicht zum Wohle der Untergebenen, sondern zum Besten des Herrschers, der nicht die Gesetze, sondern den Eigenwillen zur Regel macht; wo die Gesetze verletzt werden, wo die Gesetze aufhören, da fängt die Tyrannei an.[2])

Ein Staat, eine Regierung kann sich auflösen. Aber zwischen Auflösung der Gesellschaft und der Regierung ist ein Unterschied. Die Regierung kann sich auflösen, wenn die gesetzgebende Gewalt geändert wird, welche die Seele des politischen Körpers ist. Die gesetzgebende Gewalt wird alterirt, wenn ein Fürst ohne Zustimmung des Volkes und gegen das Interesse des Staates Mitglieder der gesetzgebenden Gewalt willkürlich wechselt, und wenn er andere wählt, als die, welche die Gesellschaft autorisirt hat. Wenn das Volk durch den Fürsten oder die gesetzgebende Versammlung einer fremden Macht unterworfen wird, so ist die gesetzgebende Gewalt ebenfalls gewechselt und die Regierung aufgelöst. Denn der Zweck der Gesellschaft ist, unabhängig und frei zu sein und durch eigene Gesetze regiert zu werden. Die Regierung wird aufgelöst, wenn die ausführende Gewalt nicht die Gesetze anwendet. Die Gesetze sind nicht um ihrer selbst willen gegeben worden, sondern damit sie angewendet werden und die Gesellschaft zusammengehalten werde. Wenn die Gesetze nicht ausgeführt werden können, so ist es so gut, als wären sie nicht gegeben worden. Ist die Regierung aufgelöst, so hat das Volk die Freiheit wieder, und das Recht wieder erlangt, eine neue gesetzgebende Gewalt anzuordnen. Ferner kann der Staat sich auflösen, wenn die gesetzgebende Gewalt oder der Fürst gegen das Vertrauen handelt, welches man in ihn gesetzt hat, wenn er sich zum Herrn macht über das Leben, die Freiheit und die Güter der Unterthanen. Dann tritt der Kriegszustand, die Aufhebung und Verletzung des Fundamentes der Gesellschaft ein. Die gesetzgebende Gewalt kann nicht zum Volke zurückkehren, so lange die Regierung existirt, es sei denn, daß eine gewisse Dauer derselben festgesetzt und

---

[1]) Locke works. Vol. V. book 2. chap. 17. §. 197—99. p. 455—57.

[2]) Ibid. chap. 18. §. 199—211. p. 457—64.

vorgeschrieben wurde. Dann geht die höchste Gewalt wieder an die Societät zurück, das Volk hat wieder das Recht, souverän zu handeln, die gesetzgebende Gewalt auszuüben und eine neue Staatsform zu bilden.[1])

Locke bezieht die sittlichen Begriffe auf die öffentliche Meinung, auf das bürgerliche und göttliche Gesetz. Der Mensch soll nach dem göttlichen Gesetze handeln. Er soll dadurch erkennen, ob er recht gethan habe oder nicht. Gott hat dem Menschen zu diesem Zwecke das Gesetz durch die Natur oder Offenbarung kund gegeben. Es ist oben schon erwähnt worden, daß Locke die angebornen Ideen bestreitet, indem er will, daß sie abgeleitet werden sollen. Freilich erkennt er nicht, woher sie ihren Ursprung in der Welt nehmen, aber er leugnet sie nicht. Sein Erkennen durch bloße Sensation und Reflexion genügt zwar nicht, Gott die Wahrheit wirklich zu wissen, aber er nimmt doch eine Erkenntniß Gottes an. Der Mensch weiß nach ihm vön sich selbst, er weiß auch, daß aus Nichts Nichts werden kann; daraus folgert Locke, daß von Ewigkeit her ein allmächtiges, allweises Wesen sein muß, welches Alles geschaffen hat. Der Mensch, sagt er, weiß sich von diesem Wesen abhängig und ist verpflichtet, demselben zu gehorchen. Aber solches Wissen durch Sensation und Reflexion, durch sinnliche und verständige Ableitung kann den Glauben nicht betreffen, weshalb derselbe durch außerordentliche Mittheilung oder Offenbarung Gottes geschehen soll.

Locke unterscheidet zwischen unmittelbarer und durch Andere vermittelter oder überlieferter Offenbarung. Die unmittelbare Offenbarung rührt von Gott selbst her und soll Andern nicht durch Zeichen und Worte mitgetheilt werden können; die überlieferte Offenbarung wird auf die gewöhnliche Art mitgetheilt, geschieht durch Worte. Auch können durch Offenbarung Wahrheiten mitgetheilt werden, die die gewöhnliche Erkenntniß einzusehen vermag. Aber solche Offenbarung ist nicht blos überflüssig, sondern auch nicht einmal so gewiß, als die Erkenntniß, welche durch Uebereinstimmung oder Nichtübereinstimmung der Vorstellungen gewonnen wird. Was der menschlichen Vernunft und Einsicht widerspricht, soll darum für unmittelbare Offenbarung Gottes nicht gelten können, der Mensch soll seine Vernunft besonders dann gebrauchen, wenn es

[1]) Locke works. Vol. V. chap. 19. §. 211—43. p. 464—85.

sich um die überlieferte Offenbarung, oder um Wahrheiten und praktische Gehorsamsregeln handelt, welche Andern geoffenbart und von diesen überliefert worden sind. Locke sagt: Vernunft ist auch Offenbarung, aber sie ist natürliche Offenbarung, durch welche Gott dem Menschen diejenige Erkenntniß gewährt, welcher er fähig ist; Offenbarung ist auch Vernunft, aber diese geht über die Vernunft wegen der unmittelbaren Wahrheiten, die von Gott mitgetheilt werden, hinaus, die Vernunft beweist, daß sie von Gott kommen.

Dies sind die Grundgedanken über den Unterschied von Offenbarung und Vernunft, die Locke seiner Betrachtung der christlichen Religion in der Schrift über die Vernünftigkeit des Christenthums, wie dasselbe in der Schrift überliefert ist,[1]) zu Grunde legt. Der Inhalt derselben ist im Allgemeinen der: die Menschen sind durch den Sündenfall sterbliche Menschen geworden und ermangeln der Ruhe und des Friedens, dessen sie sich im Paradiese, im Stande der Unschuld erfreuten. Die Menschen hatten auf diesen Stand kein Recht und darum auch kein Recht auf ein unsterbliches Leben. Daß sie sterbliche Menschen geworden sind, ist zwar keine Strafe, die sie für die geschehene That im Paradiese zu erleiden hätten, aber die Sterblichkeit ist doch eine Folge der Sünden, nicht eines, sondern aller Menschen, die das göttliche Gesetz nicht erfüllt haben. Erst Christus hat Leben, Unsterblichkeit in die Welt gebracht, daran glauben die Menschen, sie glauben, daß Christus der Messias ist,[2]) und dieser Glaube ist die Wahrheit selbst.

Das Christenthum hat vor den andern Religionen voraus, daß es auf den göttlichen Gesetzgeber hinweist, welcher dem Moses das Gesetz der Vernunft geoffenbart hat. Das Evangelium hat dies Gesetz der Vernunft als die ewige Regel des Rechtes sanctionirt und aufgenommen. Aber da kein Mensch das Gesetz erfüllt hat, und deshalb keiner gerecht ist, so muß der Glaube die Gerechtigkeit vertreten. Wer glaubt, gewinnt das unsterbliche Leben und wird gerecht, d. h. wer glaubt, daß Jesus der Messias ist. Der Glaube an Jesus Christus ist die Erfüllung des Gesetzes, die Gerechtigkeit selbst. Christus hat die Welt zur Erkenntniß des wahren Gottes geführt, hat die Men-

---

[1]) Locke works. Vol. VII.: the Reasonableness of Christianity, as delivered in the scriptures.

[2]) Ibid. p. 41, 62, 75, 82, 90, 99, 103, 142.

schen ihre Pflichten kennen gelehrt und denselben die Aussicht auf ein unsterbliches Leben und eine Vergeltung nach dem Tode eröffnet. Wenn dieser Glaube zwar nicht auf dem natürlichen Wege der Vernunft zu uns gekommen ist, so können wir denselben doch vernünftig einsehen.

Die Briefe Locke's über die Toleranz zeigen, daß er überall für die religiöse Freiheit ist. Aber dies folgt schon aus seiner Betrachtung des Verhältnisses zwischen Offenbarung und Vernunft. Soll die Offenbarung die Vernunft nicht beeinträchtigen, so darf sie auch die Freiheit des Menschen nicht unterdrücken, welche von der Vernunft unzertrennlich ist.[1]) Darum verlangt Locke nicht blos Toleranz, Duldung für jede kirchliche Gemeinschaft, sondern fordert auch, daß Religion kein Vorwand sein soll, Andersgläubige politisch einschränken, sie in der Ausübung ihrer staatsbürgerlichen Rechte hindern zu dürfen. Die christliche Kirche soll alle andern Culte und Bekenntnisse mit Liebe umfassen, soll Niemanden zum Glauben zwingen, weil Glaube etwas Innerliches, Freies ist, welches jeden äußerlichen Zwang ausschließt. Noch weniger soll der Staat solchen Zwang üben, weil der Staat kein Verein zur Verehrung Gottes ist, sondern mehr das äußerliche Leben der Menschen betrifft. Der Staat soll alle religiösen Vereine dulden, soll keinen Cultus, selbst nicht den Götzendienst, hindern. Locke sagt: Kirche und Staat sind durchaus verschiedene Dinge und von einander zu trennen.[2]) Der Staat betrifft das zeitliche Leben, die Kirche das unsterbliche Leben des Menschen, das Seelenheil. Christus hat keinen Staat gegründet, sondern hat den Glauben in die Welt gebracht, damit der Mensch durch den Glauben gerecht werde und das unsterbliche Leben habe.

Bei Hobbes fielen Staat und Kirche noch in Eins zusammen. Locke sprach schon die Trennung in der von ihm entworfenen Fundamental-Constitution für Carolina aus. Seitdem hat sich die Trennung von Staat und Kirche besonders in Nordamerika geltend ge-

[1]) Locke works. Vol. VI.: Letter concerning toleration. To the Reader p. 4: Absolute liberty, juste and true liberty, equal and impartial liberty, is the thing that we stand in need of.

[2]) Letter for toleration: The church is a thing absolutely seperate and distinct from the commonwealth. — These societies, which are perfectly distinct and infinitely different from each other.

macht und ist daselbst völlig ins Leben eingegangen. Locke wurde wegen dieser Trennung sowohl, als wegen seiner religiösen Ansicht überhaupt vielfach angefeindet und in allerlei Streitigkeiten verwickelt. Man nannte ihn in erster Beziehung einen Socinianer und Atheisten, in letzterer traten Herbert, Toland und besonders Stillingfleet gegen ihn auf. Locke suchte seine Uebereinstimmung mit der christlichen Religion gegen den letzten ausdrücklich darzuthun. Die Erkenntniß blieb bei ihm zwar auf bloße Sensation und Reflexion beschränkt, aber der Mensch soll doch von Gott wissen können, soweit dies für sein Wohl erforderlich ist. Locke spricht auch von dem Verhältniß des Menschen zu Gott, im Sinne des Endlichen und Unendlichen, aber entwickelt das Verhältniß nicht, sondern nimmt statt dessen an, daß die Welt und Offenbarung den Menschen zur Anerkennung Gottes führe, setzt das also für die Erkenntniß Gottes voraus. Indem Locke ferner den Naturzustand von dem Kriegszustande gegen Hobbes und Spinoza unterscheidet, so daß der Naturzustand kein Zustand des Krieges, sondern des Friedens, des gegenseitigen Bewährens der Menschen und des daraus fließenden gegenseitigen Wohlwollens ist, so ist zwar damit die Consequenz des Naturzustandes bei Hobbes beseitigt, daß der Mensch in demselben nicht nöthig habe, sittlich zu handeln, aber die menschliche Natur als gegenseitige Zuneigung, als gegenseitiges Wohlwollen im Verhältniß zu Gott und der Welt nicht aufgezeigt. Die Welt und Offenbarung bleibt im Verhältniß zur menschlichen Natur bei Locke ebenso äußerlich, als bei H. Grotius, Hobbes und Spinoza.

Diese halten in der Gemeinschaft des geselligen Lebens an dem Selbst des Menschen, an dessen Nutzen und Wohle fest, so daß die Gesellschaft blos um deswillen eingerichtet ist. Gott ist in der Spinozistischen Erkenntniß und Liebe nur die theoretische Consequenz des Triebes der Geselligkeit bei H. Grotius und Hobbes. Er bezieht sich rein auf sich selbst, ist Ursache seiner selbst, keines Andern, so daß Gott nicht Schöpfer der Welt ist und darum zur Welt kein Verhältniß hat. Schon deshalb konnte die menschliche Natur als Trieb und Neigung zur Geselligkeit im Verhältniß zu Gott nicht erkannt werden. H. Grotius und Hobbes wollten das Recht aus der menschlichen Natur erkennen, aber sie gingen für die Erkenntniß Gottes auf die Offenbarung zurück. Locke meint zwar, daß der Mensch von seinem Dasein, von sich selbst eine klare Vorstellung habe, auch von dem Satze, daß aus Nichts Nichts werde, daß er deshalb ein höchstes Wesen annehmen könne, von dem Alles herrühre, aber er zeigt nicht, wie Gott Schöpfer der Welt ist, weshalb er auf die Offenbarung weniger zurückgeht, als von derselben unmittelbar ausgeht. Der Mensch soll unmittelbar, von Natur, durch seine Vernunft, oder durch Offenbarung wissen, was Recht ist; in beiden Fällen ist es göttliches Gesetz, so daß die Kenntniß desselben dem Menschen von Gott kommt, aber Locke erkennt auch hier das Wie nicht. Spinoza trennte die Erkenntniß des Gesetzes von der Offenbarung desselben, aber nahm die Offenbarung für das Verhältniß Gottes zur Welt an und betrachtete das Gesetz in diesem Sinne. Soll das Recht aus der menschlichen Natur im Verhältniß zu Gott wirklich erkannt werden, so muß das Verhältniß unmittelbar durch den Glauben und die Offenbarung wegfallen. Sonst bleibt nichts übrig, als das Recht aus dem Wesen und dem Willen Gottes durch den Glauben offenbart anzunehmen, statt das Recht dem Princip der Socialität gemäß aus der menschlichen Natur selbst zu erkennen. Mit der Erkenntniß des Rechts muß dann auf das Princip der essentiellen Gerechtigkeit Gottes zurückgegangen werden. Solche Rückkehr ist nicht blos möglich, sondern nothwendig, so lange das Verhältniß Gottes und der Welt in Betreff der menschlichen Natur, als des Principes der Socialität, nicht im Unterschiede von dem der essentiellen Gerechtigkeit Gottes erkannt wird. Es hat sich dies auch bei H. Grotius und Andern ergeben. Indem sie das Recht aus der menschlichen Natur ableiten und in dem neuen Princip der Socialität ein dem alten Princip der essentiellen Gerechtigkeit Gottes entgegengesetztes Princip aufstellen, hätten sie ebenfalls eine andere Erkenntniß Gottes, als unmittelbar durch den Glauben und die Offenbarung versuchen sollen. Das Princip der Socialität kann im Glauben nicht unmittelbar vorausgesetzt werden, sondern ist aus der Erkenntniß Gottes und der Welt durch den Gedanken vermittelt zu begreifen, was ohne Erkenntniß des Verhältnisses Gottes und der Welt nicht möglich ist. Soll die menschliche Natur als Neigung, in Gesellschaft mit Andern zu leben, nicht des letzten Grundes entbehren, so muß sie als Princip des Rechts im Verhältniß zu Gott und der Welt erkannt werden. Wo nicht, so erscheint das Princip der Socialität dem Princip der essentiellen Gerechtigkeit gegenüber als nicht berechtigt, als bloße Versicherung, unmittelbare Annahme und Behauptung, als Problem, als kein wirkliches Princip, das wissenschaftlich gerechtfertigt sein muß. H. Grotius und Hobbes stellten das Princip der Socialität zwar auf, aber behaupteten daneben die Unmittelbarkeit des Glaubens, der Offenbarung. Die Socialität ist jedoch ein anderes Princip, fordert also ein anderes Verhältniß zu Gott. Das Princip der Socialität ist so lange unselbstständig, als dies Verhältniß nicht aufgezeigt ist. Es muß deshalb für die Erkenntniß unmittelbar auf den Glauben zurückweisen und bleibt in dieser Beziehung von dem Princip der essentiellen Gerechtigkeit abhängig. Aber mit der Erkenntniß des Verhältnisses tritt an die Stelle des alten Principes die Erkenntniß der menschlichen Natur als des Triebes und der Neigung zur Geselligkeit, nicht in der Form des Triebes der Selbsterhaltung und der Neigung der Selbstliebe, sondern der Liebe zum Ganzen. Die menschliche Natur wird im Verhältniß zu Gott und der Welt als Neigung zum allgemeinen Wohl erkannt. Sie wird als solche Neigung im Verhältniß zu Gott, dem Schöpfer und Erhalter der Welt, betrachtet und dabei vom Glauben, der Offenbarung abstrahirt. Wird die Liebe des Menschen zur Geselligkeit als Neigung zum allgemeinen Wohl aus der Erkenntniß Gottes aufgezeigt und bewiesen, daß Gott dasselbe will, so folgt aus der menschlichen Natur und der Welt, daß daraus das allgemeine Wohl als der allgemeine Wille Gottes selbst erkennbar ist. Die menschliche Natur darf nicht blos in ihrem Triebe der Selbsterhaltung und der bloßen Neigung der Selbstliebe zu Gott, dem Schöpfer und Erhalter der Welt, und andern Menschen in Verhältniß betrachtet, sondern muß in ihrer Liebe zum Wohle des Ganzen erkannt, muß auf diese Weise auf Gott, die Welt und andere Menschen bezogen werden. Aus der Schöpfung und Einrichtung der Welt und dem Willen Gottes muß erörtert werden, daß das allgemeine Wohl der Menschen und die Liebe zu demselben der Wille Gottes ist. Gott ist als Schöpfer der Welt und zugleich als ein Wesen erkannt worden, welches für das Wohl der Menschen sorgt, es muß als der Wille Gottes angesehen werden, daß die Menschen gesellig leben und nicht blos ihr eigenes Wohl, sondern das Wohl des Ganzen lieben sollen. Es muß erörtert werden, daß die Selbsterhaltung eine gemeinsame Neigung werden muß, damit das Ganze, und durch das Ganze der Einzelne erhalten werde, daß das gemeinsame Wohl nur möglich ist, wenn der Trieb der Selbsterhaltung und die Selbstliebe nicht aufgehoben und vernichtet, sondern zum allgemeinen Wohl gemildert, temperirt wird. Erst wenn dies gezeigt wird, kann das Princip der Socialität im Unterschiede von dem Princip der essentiellen Gerechtigkeit Gottes auch gerechtfertigt werden: Der Standpunkt Cumberlands und Pufendorfs.

Richard Cumberland, im Jahre 1632 zu London geboren, empfing seine erste Jugendbildung in der Schule zum heiligen Paulus und kam darnach in das Magdalenenkloster zu Cambridge, wo er Theologie studirte. Nachher wurde er Prediger, erst zu Brampton, dann zu Stamford, und wurde unter Karl II. Caplan des Siegelbewahrers. Cumberland war ein eifriger Prediger gegen die katholische Kirche und wurde aus Besorgniß sogar krank, als Jakob II. König wurde. Wilhelm III. zeichnete ihn für seinen protestantischen Eifer dadurch aus, daß er ihn zum Bischof von Peterborough ernannte. Er starb im Jahre 1709.

Cumberland schrieb Abhandlungen über Maß, Gewicht und Münzen der Hebräer im Vergleich zu den englischen Münzen, über den Ursprung der ältesten Völker, übersetzte Sanchoniathans Geschichte der Phönizier aus dem ersten Buche des Eusebius und war auch Dichter, denn er verfaßte Lust- und Trauerspiele, von welchen „der Westindier" am meisten geschätzt wird. Aber sein Hauptwerk ist die philosophische Untersuchung über die Gesetze der Natur,[1]) welches eine große Wirkung auf die Moralphilosophie in England hatte, denn die meisten Moralisten, wie Shaftsbury, Walloston, Hutcheson, Hom, Hume, Price, Beattie, Ferguson bis zu Adam Smith herunter schlossen sich an dasselbe an.

Cumberland sucht das Princip der Socialität von seiner einseitigen Auffassung zu befreien, welche sich besonders bei Hobbes herausgestellt hatte. Wollte er den Trieb der Geselligkeit als Neigung zum Wohle des Ganzen und diese Neigung als das Wesen

[1]) De legibus naturae, disquisitio philosophica, in qua earum forma, summa capita, ordo, promulgatio et obligatio e rerum natura investigantur; quin etiam elementa philosophiae Hobbianae, cum moralis tum civilis, considerantur et refutantur. Authore Ricardo Cumberland, S. T. B. apud Cantabrigienses. Editio tertia. Lubecae et Francofurti, prostat apud Samuelem Ottonem et Joannem Wildemeyerum. Anno MDCXCIV.

der menschlichen Natur aufzeigen, so mußte er die einseitige Auffassung des Princips der Socialität in ihrer Consequenz bestreiten und gewissermaßen zu H. Grotius zurückkehren. Das Princip war bei H. Grotius zwar dasselbe, aber es war in seiner Einseitigkeit von diesem nicht so scharf herausgekehrt worden, als von Hobbes. H. Grotius wollte die Socialität ohne den Trieb der Selbsterhaltung und die Neigung der Selbstliebe unmittelbar geltend machen. Diese Täuschung kam bei Hobbes an den Tag. Es zeigte sich, daß jener Trieb und diese Neigung die Wurzel der Socialität bei Beiden war. Sie hielten daran fest. Aber der Trieb der Socialität ist erst dann wirklicher Trieb, wenn der Trieb der Selbsterhaltung und die Selbstliebe ihre Richtung verlieren. Beide sind zwar natürlich, aber die menschliche Natur ist auf sie nicht beschränkt. Sie reichen für dieselbe nicht aus, darum können sie mit der Socialität nicht unmittelbar gelten und angenommen werden. Die Socialität ist von denselben zu reinigen. Cumberland kehrt zu H. Grotius zwar zurück, aber nimmt die Socialität nicht, wie dieser, unmittelbar an. Er täuscht sich nicht in dem Triebe der Selbsterhaltung und der Neigung der Selbstliebe. Er geht von denselben aus und zeigt, daß der Trieb der Geselligkeit erst entsteht, wenn von dem Triebe der Selbsterhaltung zwar nicht abstrahirt, aber dargethan wird, daß derselbe seine Richtung verlieren muß. H. Grotius meinte dasselbe, der Trieb der Selbsterhaltung und die Selbstliebe sollten in der Socialität aufgehoben sein; da er das aber voraussetzte, wurden beide nicht aufgehoben, sondern traten als die Wurzel alles Triebes und jeder Neigung hervor. Soll der Trieb der Socialität allgemeine Neigung sein, so muß mit demselben nicht unmittelbar angefangen, sondern es muß von dem Triebe der Selbsterhaltung und der Selbstliebe als der Wurzel desselben ausgegangen und gezeigt werden, daß Trieb und Neigung nicht blos auf das Selbst des Menschen gerichtet bleiben, sondern auch die Richtung auf Anderes nehmen können.

Cumberland hält nicht an dem Triebe der Selbsterhaltung und der Selbstliebe fest, wie H. Grotius, Hobbes und Spinoza. Darum faßt er die menschliche Natur als Trieb und Neigung auch anders im Verhältniß zu Gott und der Welt. Jene gingen für dies Verhältniß auf die Offenbarung zurück, welche mit dem Princip der essentiellen Gerechtigkeit Gottes zusammenfiel. Soll das Princip der Socialität ein selbstständiges Princip sein, so muß das Verhältniß desselben zu Gott auch selbstständig gefaßt werden, so darf dies Verhältniß auf kein anderes Princip bezogen werden. Cumberland hat darüber das klarste Bewußtsein. Er erkennt, daß das Princip der Socialität nur dann als ein selbstständiges Princip gelten und gerechtfertigt werden kann, wenn es vom Glauben und der Offenbarung losgelöst wird, und erklärt deshalb für das wesentliche Element der Erkenntniß der Socialität ausdrücklich die Philosophie im Unterschiede von allem Glauben, von aller Offenbarung. Er leugnet die Offenbarung nicht, sondern glaubt vielmehr, daß die heilige Schrift von Gott komme, weil sie überall die natürlichen Gesetze erläutere und befestige.[1]) Dessenungeachtet erklärt er, sich in seinem Werke innerhalb der Grenzen der Philosophie halten und darin von allen theologischen Fragen abstrahiren zu wollen. Er will das natürliche Gesetz allein aus der Vernunft und Erfahrung aufzeigen, wenn er gleich dafür halte, daß Gott der menschlichen Vernunft entgegen nichts offenbaren könne.

Cumberland polemisirt in dieser Hinsicht vorzugsweise gegen Selden und dann gegen Hobbes, gegen dessen einseitige Auffassung des Princips der Socialität. Die Polemik Cumberlands gegen Selden und Hobbes, welche sich durch sein ganzes Werk hindurchzieht, ist die Folie seiner Lehre, denn sie dient besonders dazu, diese zu heben, weshalb sie im Zusammenhange mit demselben kurz zu verfolgen ist. Cumberland sagt: Selden interpretirt die Gesetze aus gewissen offenbaren Wirkungen, wie H. Grotius. Beide erörtern die Gesetze durch angenommene Sentenzen von Autoren, Völkern, Jahrhunderten, beide forschen nach der Uebereinstimmung derselben in Sitten und Gesetzen, aber nicht nach Beweisen aus Erkenntniß der Ursachen.[2]) Selden sieht, wie Hobbes, in der Forderung der rechten Vernunft, in den natürlichen Gesetzen einen solchen Mangel an Autorität, daß sie vor der Constituirung des Staates nicht verpflichten, sondern zu der gesetzgebenden Macht Gottes zurückkehren. Die Forderung der Vernunft hat nach Selden nur dann die Kraft des Gesetzes, wenn die Erkenntniß derselben im Sinne der Offenbarung von Gott abgeleitet wird, in welchem sie als Gesetze von Gott bekannt gemacht und promulgirt worden sind. Selden hat Recht gegen solche Mo-

[1]) Cumberland, de legibus naturae caet.: Prolegomena §. 28.
[2]) Ibid. §. 2: ex indagatione causarum.

ralphilosophen, die ihre Vernunft und die Bestimmungen derselben unmittelbar für Gesetze halten, mögen sie die Form von Gesetzen haben, oder von Gott gegeben sein. Nach Selden hat Gott sich dem Menschengeschlechte auf zweifache Art geoffenbart: Gott hat dem Adam und Noah Gesetze gegeben, welche durch Tradition auf die Nachkommen übergegangen sind; Gott hat der menschlichen Seele das Vermögen eingepflanzt, sich diese Gebote aneignen und dieselben von allen positiven Gesetzen unterscheiden zu können. Selden giebt die letztere Art nur im Allgemeinen zu, fordert Erörterung und Beweis, weshalb er im Grunde der ersteren Art zugethan ist. Zum Gesetze sollen alle Völker verpflichtet sein. Dies gilt jedoch nur, wenn bewiesen wird, daß sie dem ganzen Menschengeschlechte gegeben worden sind. Aber die Traditionen der Juden sind nicht dem ganzen Menschengeschlechte verkündet worden. Die Tradition eines besonderen Volkes reicht zur Promulgation des natürlichen Gesetzes, dem alle Völker gehorchen sollen, nicht hin.[1]) Will man der Forderung der Vernunft genügen, so ist es nothwendig und philosophisch, zuvor die inneren und äußeren, näheren und entfernteren Ursachen der Gesetze zu erforschen und dann die erste wirkende Ursache zu erkennen. Es muß gezeigt werden, daß die Autorität der Gesetze aus der inneren Vollkommenheit der ersten Ursache entspringt,[2]) damit die äußere Autorität für die Kenntniß der natürlichen Gesetze wegfällt, die Erkenntniß derselben durch die Erkenntniß Gottes bewerkstelligt wird.

Cumberland hebt bei Hobbes die vielen Widersprüche hervor, in welche dieser sich überall verwickeln soll. Er sagt in seiner an Orlando Bridgeman gerichteten Dedicationsepistel: Hobbes bekämpft die Principien der Gerechtigkeit, der bürgerlichen Gesellschaft, der Religion, er gesteht zwar, daß Jedem die Forderungen der Vernunft als Regeln seiner Handlungen von Gott ertheilt wurden, aber er nimmt zugleich an, daß sie Niemanden zu solchen Handlungen verpflichten, die denselben gemäß sind, und nicht Gesetze sind, wenn sie keinen Theil des bürgerlichen Gesetzes ausmachen, wenn sie nicht durch Strafe von der bürgerlichen Obrigkeit festgesetzt sind, und die Menschen, welche darnach handeln, nicht unter bür-

---

[1]) Cumberland, de legibus naturae caet.: Prolegomena §. 3.

[2]) Ibid. §. 4.

gerlicher Herrschaft stehen. Alle übrigen Lehren des Hobbes folgen aus dieser Ansicht. Was Staaten zu thun erlaubt ist, wenn sie in ewigen Kriegen sich befinden, das sollen die einzelnen Menschen thun dürfen, wenn sie im Naturzustande vorgestellt werden, in welchem sie keinem Civilgesetzgeber unterworfen sind. Hobbes reißt nicht blos die Fundamente der Staaten und Gesetze nieder, sondern bildet nach der Willkür seines Leviathan alle geschriebenen Gesetze zu Gunsten jeder Schandthat um, führt einen bewaffneten Interpreten ein, welcher alle Gesetze mit dem Schwerte löst, und lehrt offen, daß die Richter der Gesetze Englands nicht Richter, sondern Rechtsgelehrte sind. Es widerstreitet alles Das Gott in Hinsicht der äußerlichen Handlungen der Menschen, darnach ist Niemand durch Gott verpflichtet, Jedem sein Recht zu geben und sein gegebenes Versprechen zu halten. Ohne das kann weder eine bürgerliche Gesellschaft, noch können Staaten im Verhältniß zu einander bestehen. Hobbes hebt die Kraft der Verpflichtung auf, welche Gott der Vernunft auferlegt, man darf sich deshalb nicht wundern, daß er keine andere Ursache der Verbindlichkeit vorbringt. Aber jede bürgerliche Autorität ist geringer, als die göttliche der natürlichen Gesetze, weil sie der verpflichtenden Autorität der Gesetze der Natur zu den äußerlichen Handlungen bedarf, damit sie begründet und bewahrt werden könne.[1])

Hobbes hält die Befehle der bürgerlichen Obrigkeit für verbindliche Forderungen, für Bestimmungen der Vernunft selbst, die zwar Gesetze heißen, aber vor hinreichender Autorität nicht promulgirt werden und nicht gelten sollen, obgleich sie aus den Dingen der Natur von den Philosophen erkannt werden. Dagegen sagt Cumberland: wenn sie wahre Gesetze sind, von dem Schöpfer der Natur selbst gegeben sind, so bedürfen sie keiner Autorität.[2]) Hobbes verliert sich in Atheismus. Er leugnet, daß göttliche Gesetze aus der Natur der Dinge und aus der heiligen Schrift entnommen werden können, wenn nicht Jedem besonders die Offenbarung zu Theil wurde. Seine Schriften enthalten Vieles, was mit der Existenz Gottes und mit der Autorität der natürlichen Gesetze streitet, nirgends ist bei ihm erkennbar, was er von der Auflösung der nothwendigen

---

[1]) Cumberland, de legibus naturae caet.: Epistola dedicatoria.

[2]) Ibid.: Prolegomena §. 3.

Wirkungen in Gott als der ersten Ursache und von der daraus sich ergebenden Kraft der Gesetze denken mag. Was nicht Körper oder Accidens des Körpers ist, das ist für ihn nicht da. Er sagt im Appendix zum Leviathan geradezu, daß Gott Körper ist, und vergißt wieder, was er im ersten Capitel erklärte, daß er gegen keinen Artikel der englischen Kirche etwas sagen wolle. Die Kirche lehrt aber, daß Gott körperlos ist. Dann giebt er wieder die Existenz Gottes zu und erkennt die Kraft der Beweise dieser Existenz, nimmt eine erste Ursache aller Dinge an, aber kennt nicht die Autorität der Forderungen der Vernunft, welche aus derselben unmittelbar und durch natürliche Nothwendigkeit entstehen, wenn sie gleich durch den Schöpfer der Welt bestimmt sind. Die Gesetze der Natur sind nach ihm keine Gesetze, sondern Qualitäten, die die Menschen zum Frieden und Gehorsam disponiren; natürliche Gesetze giebt es nach ihm nicht; auch darf man nicht annehmen, daß sie nach der heiligen Schrift offenbart sind, weil man ihrer nicht gewiß sein kann. Er negirt die natürlichen Gesetze und erkennt sie dann wieder in der Schrift an. Es ist nicht einzusehen, warum er den bürgerlichen Gesetzen die Kraft der Verbindlichkeit zuschreibt, weshalb er auch den Gesetzen der Natur keine Verpflichtung zuerkennen will, entweder durch Strafe von Gott, oder durch Strafe, die Jeder im Naturzustande an den Uebertretern der natürlichen Gesetze mit Recht nehmen kann. Er schickt alle ins Treffen, erkennt zwar das Recht der Strafe an, aber sieht nicht die Wirkung der Strafe, nicht die daraus erwachsende Verbindlichkeit. Er weiß zwar, daß zur gegenseitigen Vertheidigung, zum Frieden alle Tugenden nothwendig sind, daß der Zustand des Friedens gut ist und der Krieg mit dem Recht Vergehen zu strafen die moralischen Tugenden hintansetzt, aber sieht nicht, daß die Menschen aus Furcht vor dem Kriege zu äußerlichen Handlungen verpflichtet werden, und Tugenden nicht zu folgen ist, deren innere Handlungen den Frieden und die gegenseitige Vertheidigung nicht bewahren können.[1])

Nach Hobbes hat Jeder im Naturzustande das Recht auf Alles. Jeder soll thun dürfen was er will, und haben was er kann. Es ist nicht einzusehen, warum Jedem nothwendig sein soll, was er thun mag. Hobbes definirt das Recht als die Freiheit, die natürlichen

[1]) Cumberland, de legibus naturae caet. cap. 1. §. 26.

Vermögen nach der rechten Vernunft zu brauchen. Aber die Vernunft besteht nicht in dem Rechte, die Gleichheit der natürlichen Kräfte zu stören, sondern dieselben zu limitiren. Zeigt man, daß der Gebrauch der Dinge und die Arbeit der Menschen nothwendig vertheilt sein muß, wenn sie überhaupt wirken, dem Oeffentlichen dienen sollen, so deckt man den Grundirrthum des Hobbes auf; und ferner dann, wenn man beweist, daß das Fundament aller natürlichen Gesetze in der Gesellschaft die geforderte Limitation des Rechtes ist, das Leben zu bewahren.[1]) Jeder soll nach Hobbes Richter über die Nothwendigkeit seiner Bewahrung sein, d. h. nothwendig ist, was Jeder als nothwendig einsieht; aber dies ist falsch. Man muß das Leben um höherer Güter willen dahingeben können: für die Ehre Gottes, für das Heil der Seelen, für gemeinschaftliches Wohl. Der Mensch kann als Richter im Naturzustande falsch urtheilen, kann für nothwendig halten, was in der That nicht nothwendig ist. Die Norm des Urtheiles in diesem Zustande sind die Gesetze der Natur und der natürlichen Dinge, aus welchen jene geschöpft werden.[2]) Hobbes trägt das Recht und den Willen der Obrigkeit auf den Naturzustand über. Im Staate wird oft anders befohlen, als die Natur der Sache fordert, aber nur, um den Streit zu schlichten. Die Obrigkeit kann nicht Dinge, welche ihrer Natur nach unmöglich oder zur Erhaltung des Lebens nicht nothwendig sind, zu diesem Zwecke nothwendig machen. Der Nutzen der Dinge zur Bewahrung der Menschen und die Nothwendigkeit zu solcher Bewahrung hängt von den natürlichen Kräften der Dinge ab, können von der Willkür der Menschen nicht geändert werden. Wer wenig Aconitum nimmt, dem kann es nützen, wer viel ißt, den kann es tödten. Im Naturzustande soll es nach Hobbes keine Beleidigungen geben können, Beleidigungen sollen nothwendig menschliche Gesetze voraussetzen; auch das ist falsch. Nach den natürlichen Gesetzen kommt dem Menschen das Recht auf Alles zu, was Gott ihm gegeben hat, das Recht auf sein Leben, die Unverletzbarkeit seiner Glieder, die nothwendigen Alimente, weil er sonst für das Gemeinwesen nicht thätig sein kann. Wird er angegriffen, verstümmelt, so wird er beleidigt. Hobbes giebt dies nicht zu, die Beleidigungen werden nach ihm erst durch Vertrag möglich. Er leitet

[1]) Cumberland, de legibus naturae caet. cap. 1 §. 22 - 27.
[2]) Ibid. §. 28.

den Krieg Aller gegen Alle einseitig von dem Rechte auf Alles ab, dieses soll die Ursache von jenem sein; dann behauptet er wieder, daß der Zustand des Krieges erst sei, und deducirt den Krieg aus dreierlei Ursachen: aus der Begierde zu besitzen, der Nothwendigkeit der Selbstvertheidigung, der Neigung der Ehrbegierde, aus der Hoffnung zu gewinnen, aus der Furcht vor dem Tode und der Begierde nach Ruhm; aber dann gesteht er wieder ein, daß der Mensch Neigungen zum Frieden und das Verlangen habe, die zum Leben nothwendigen Dinge zu besitzen, und die Hoffnung habe, sie durch Fleiß zu erhalten, und die Liebe zum Leben habe. Diese Neigungen sind dieselben, von welchen er kurz vorher sagt, daß sie den Menschen zum Kriege antreiben. Also dieselben Ursachen bewirken nach ihm Krieg und Frieden, er zeigt nicht, ob jene Neigungen den Menschen mehr zum Kriege führen oder zum Frieden.[1]) Der Mensch braucht sich nicht nothwendig von solchen Neigungen treiben zu lassen, er kann sich beherrschen, mäßigen. Die natürlichen Bewegungen der Menschen neigen auch mehr durch den Impuls der äußerlichen Dinge und durch die körperliche Constitution zum Frieden und allgemeinen Wohlwollen, als zum Kriege. Die Neigungen sind keine Fehler und Vergehen nach Hobbes, und darum auch die Handlungen nicht, die daraus entstehen, so lange sie von keiner Macht gehindert werden. Aber Handlungen, welche die rechte Vernunft und das göttliche Gesetz verbieten, sind immer Fehler und Vergehen. Wenn auch die Menschen diesen Gesetzgeber nicht sehen und in die Herrschaft desselben nicht einstimmen, so hat er aber das Recht der Herrschaft, und damit das Recht Gesetze zu geben, was Hobbes selbst häufig anerkennt. Der Krieg Aller gegen Alle stimmt nicht mit der Definition des Rechtes überein, wonach die Freiheit eines Jeden die Bewahrung seiner Natur sein soll, sie nach seinem Willen zu gebrauchen. Dies ist kein Gesetz der Natur, sondern Willkür. Die rechte Vernunft ist nach ihm die eigene Neigung eines Jeden, der eigene Wille des Menschen, darum ist es ein Widerspruch, wenn er lehrt, daß die Menschen übereinkommen, zum gemeinschaftlichen Wohle ihre Rechte auf einen Andern zu übertragen, aber dann wieder sagt, daß kein Wohl als das des Einzelnen berücksichtigt werden soll. Der Mensch soll nichts begehren können, was nicht zugleich sein

[1]) Cumberland, de legibus naturae caet. cap. 1. §. 29—33.

Nutzen und seine Ehre verlangt, und dann soll wieder das Wohl Mehrerer für größer gehalten werden, als das Wohl Weniger. Er will alle natürlichen Neigungen des Menschen in der Bewahrung seiner selbst auflösen, aber Keiner wird glauben, daß zu seiner Bewahrung Alles nothwendig sei. Die rechte Vernunft ist nach Hobbes die Regel der Handlungen vor den bürgerlichen Gesetzen, Niemand als der Staat soll sie von der falschen unterscheiden können, der einzelne Mensch soll sie nur dann unterscheiden können, wenn er sie mit seiner Vernunft vergleicht. Hobbes erkennt nicht, ob die Vernunft recht ist oder nicht, er sagt: die Menschen sind wilder als Bären, Wölfe, Schlangen; Ameisen und Bienen leben in Frieden, was hindert die Menschen, dasselbe zu thun? Die Ehren! Die Menschen streiten um Ehre und Ansehen, nicht die Thiere. Er bedenkt nicht, daß im Naturzustande bürgerliche Ehren keinen Platz haben, nimmt außer der bürgerlichen Herrschaft ein gewisses, gemeinsames Gut an, und dann wieder nicht an. Der Vertrag soll bewirken, daß die Menschen in Frieden leben, übereinstimmen. Dies ist im Naturzustande nicht der Fall, darum soll der Frieden künstlich sein. Das, sagt Cumberland, ist Täuschung. Gesetzt, die Menschen hätten nie einen Vertrag geschlossen und keine Vernunft gebraucht, so würden sie doch zum gegenseitigen Wohlwollen übereinstimmen. Es findet sich solch gemeinsames Natürliches sogar bei Thieren derselben Gattung. Bei dem Menschen kommt noch Vernunft und Sprache hinzu. Die Vernunft hebt die natürliche Neigung zur Eintracht nicht auf. Die Uebereinstimmung durch Verträge ist darum nicht künstlich, und wenn sie künstlich genannt wird, so stimmt sie doch mit der natürlichen überein, ist derselben nicht entgegengesetzt, wie Hobbes meint. Nach Hobbes ist unmittelbar gut, was der Mensch begehrt, und übel, was er flieht. Erst muß man urtheilen, ob die Dinge gut sind, und dann, ob sie als gut zu begehren sind. Hobbes definirt das Wohlwollen, Andern Gutes zu thun, als das Wohl Anderer zu begehren. Er würde diese Erklärung nicht gemacht haben, wenn er sie nicht für möglich gehalten hätte. Er erkennt in der englischen Ausgabe des Leviathan diese Neigung, die sich auf alle Menschen erstrecken soll, an, und nennt sie die gute Anlage, aber in der lateinischen Ausgabe hat er das weggelassen. Man soll in allen Fällen, wo die geschriebenen Gesetze keine Auskunft geben, der Billigkeit folgen, damit giebt er zu, daß die Gesetze der Billigkeit ohne Hülfe der bürgerlichen Gesetze erkannt werden können.

Hobbes sagt: es ist wegen des Uebels des Krieges und anderer Feindschaft zur Bewahrung des Einzelnen nothwendig, Frieden zu suchen: die nothwendigen Mittel des Friedens sind, Andern zu erlauben, was jedem Einzelnen nothwendig ist, die Verträge zu halten und die Tugenden zu ehren, welche das gemeinschaftliche Wohl angehen. Hobbes deducirt das Alles aus der Sorge, sich zu bewahren, er weiß vor dem Staate von keinem gemeinsamen Wohl, und setzt sich daher in seinem Naturzustande ein zu enges Ziel. Sein Naturzustand betrifft nur die Bewahrung des Leibes und Lebens. Von der Vervollkommnung des Verstandes, von der Hoffnung auf ein ewiges Leben und der Kraft der vernünftigen Ursachen, Gottes und der Menschen wird abstrahirt. Das Erste im Naturzustande ist nach ihm, Frieden zu suchen; in diesem Zustande soll dem Menschen nicht das Recht zukommen, gegen die Gesetze der Natur zu handeln und sich in den Krieg zu stürzen, da noch nicht ausgemacht ist, ob er Frieden haben könne. In der göttlichen und menschlichen Natur ist Ursache genug, wenn der Mensch eher allgemeines Wohlwollen, Frieden, als Krieg will. Ursache und Anfang des Krieges setzt immer Unschuldige voraus, welche nicht zu den Waffen greifen, wenn sie nicht dazu genöthigt werden. Wo kein Grund zur Furcht ist, wird die Kühnheit nicht dadurch erkämpft, daß man das Leben in Gefahr bringt. Hobbes nimmt im Naturzustande mehrere erwachsene Menschen zugleich an, was nicht richtig ist. Giebt es im Naturzustande noch keine sogenannten Gesetze, so giebt es auch keine Rechte. Das Recht auf Alles und der Krieg Aller gegen Alle sind uneigentlich Rechte und Fundamente der moralischen und politischen Doctrin. In jenem Zustande sind keine anderen Gesetze als die natürlichen. Wenn daher die Gesetze der Natur nicht eigentlich Gesetze und die Rechte nicht eigentlich Rechte sind, so ist Hobbes in dieser Beziehung ein uneigentlicher Philosoph und ein uneigentlicher Politiker. Es widerspricht sich, wenn er sagt: die Rechte der Natur sind in Hinsicht der natürlichen Handlungen schwach, und die Gesetze verpflichten aus Mangel an Sicherheit in diesem Zustande nicht zu äußerlichen Handlungen. Eine absolute Sicherheit gegen alle Furcht wird auch nicht verlangt, absolute Sicherheit giebt es selbst im Staate nicht. Aber selbst im Naturzustande ist eine comparative

Sicherheit, die größer ist als die, welche aus dem Kriege Aller gegen Alle entspringt. Wenn der Mensch durch seine Handlungen die Gesetze der Natur constant beobachtet, so ist er ohne bürgerliche Herrschaft sicherer, als wenn er Sicherheit durch Gewalt sucht. Gott hat diese Sicherheit im Naturzustande Allen gegeben. Aber nach dem Kriege Aller gegen Alle ist im Leben keine Sicherheit und keine Hoffnung auf Sicherheit. Die Menschen werden so lange durch Gewalt und List unterworfen werden müssen, als sie existiren. In diesem Kampfe bleibt consequent zuletzt blos Einer übrig, die Erde wird zum gemeinsamen Grabe aller Andern. Keiner kann dem Andern in einem solchen Zustande helfen, Verträge gegenseitigen Vertrauens, wodurch die Menschen eine Gesellschaft bilden können, finden nicht statt. Hobbes betrachtet das Verbrechen der beleidigten Majestät als ein Vergehen gegen das Naturgesetz, aber nicht gegen das Staatsgesetz, er giebt daher Jedem das Recht, ein solches Verbrechen zu begehen. Dies hebt alle Verbindlichkeit, jedes Bündniß unter den Staaten auf. Ein Staat kann unmöglich von Menschen constituirt und bewahrt werden, die reißenden Thieren ähnlich sind. Die Forderung, daß die Einzelnen das Recht des Widerstandes durch Verträge auf Eine öffentliche Person übertragen und die dem Fürsten gegebene Macht nicht sollen zurücknehmen können, genügt nicht. Will der größere Theil die Verträge, durch welche der Fürst erhoben worden, nicht halten, so verschwindet die Kraft, die Verletzung der Treue zu strafen; Hobbes will deshalb, daß die Verträge, welche im Naturzustande zu äußerlichen Handlungen nicht verpflichten, allein im bürgerlichen Leben stark sein sollen. Sind die Menschen so treulos, so können sie dem Fürsten keine Kraft geben, die Rebellen zu strafen, so löst der Staat sich aus Mangel an Sicherheit auf und geht Alles zurück in den fingirten Naturzustand. Daher muß die Kraft der Verträge, wodurch der Staat constituirt wird, in Etwas aufgelöst werden, was der Natur nach früher und älter ist. Hobbes untergräbt die Fundamente aller Reiche, er spricht allen Menschen, also auch den Fürsten, die rechte Vernunft ab und nimmt unmittelbar an, daß es keine von der Natur constituirte, rechte Vernunft gebe. Die rechte Vernunft soll allein die Vernunft des Staates sein, nur diese soll als die rechte Vernunft anerkannt werden. Nichts ist verderblicher und für die Mächtigen schimpflicher, als die Annahme, daß ihre Gesetze keine Dictate der rechten

Vernunft sind, nichts kann die Menschen mehr zum Aufruhr bewegen, um sich an deren Stelle zu setzen. Hobbes leitet den Krieg Aller gegen Alle im Naturzustande von dem Rechte ab, sich zu bewahren, und sagt, daß dies Recht übertragen werden kann, aber hält dasselbe gegen den Staat zurück, weshalb es vielmehr nicht übertragen wird, sondern Jeder hält es zurück und führt deshalb mit Recht Krieg gegen den Staat, wenn dieser dem Einzelnen nicht das Recht auf Alles giebt, was kein Staat thun kann.

Die Lehre von den Verträgen des Hobbes ist ebenfalls dem Staate gefährlich. Die Verbindlichkeit entsteht nach ihm aus dem Vertrage, aber der Vertrag ist nichts ohne die Treue. Die Verträge sollen nicht verpflichten, wenn der eine Theil nicht gleich leistet, was der andere verspricht. Verträge, wodurch Staaten constituirt werden, entstehen im Naturzustande. Beide Theile, der, welcher die Herrschaft übernimmt und Schutz verspricht, und der, der Gehorsam gelobt, kann nicht leisten, was er verspricht. Die Paciscenten fürchten, daß die Treue nicht gehalten werde, und finden deshalb die Furcht gerecht, weil sie selbst die Richter sind und Niemand beide Theile zwingen kann. Die Verträge sind daher schwach und der auf denselben errichtete Staat ein Gebäude, welches nicht auf festem Grunde steht. Auch die Lehre vom Eide bei Hobbes ist der Herrschaft gefährlich. Der Eid soll der Verpflichtung aus dem Vertrage nichts weiter hinzufügen; aber er fügt die Verbindlichkeit hinzu, daß Gott den Schwörenden strafen werde, wenn er die Treue breche. Es kommt also das natürliche Gesetz hinzu, welches übertreten wird, wenn die Treue gebrochen wird. Ferner enthält die Lehre des Hobbes von dem Ursprunge der bürgerlichen Gewalt Manches, was der Stabilität des Staates widerspricht. Der Staat soll durch Uebertragung des Rechtes eines Jeden auf Einen oder Mehrere unter der Bedingung entstehen, daß alle Andern ihr Recht gleichfalls übertragen; dabei wird vorausgesetzt, daß Der, auf welchen das Recht übergehen soll, das Recht schon hat. Er kann das Recht gar nicht gebrauchen, weil Andere das Recht haben, ihm zu widerstehen. Hobbes giebt den Fürsten ein großes Privilegium. Sie können nicht sündigen, überhaupt nicht schuldig werden, nicht fehlen, denn sie sind der bürgerlichen Gesellschaft nicht unterworfen, da Niemand sich selbst verpflichtet ist; sie können sich nichts Fremdes aneignen, denn Alles gehört ihnen; ihr Wille ist Gesetz, ja sie stehen über dem

Gesetz. Sie werden selbst nicht von den natürlichen und von Gott geoffenbarten Gesetzen verpflichtet. Die natürlichen Gesetze sind eigentlich nicht Gesetze, sie verpflichten nicht, wenn sie nicht einen Theil der bürgerlichen Gesellschaft ausmachen, wenn die bürgerlichen Gesetze denselben nicht widersprechen. Hobbes nimmt den Fürsten alle Weisheit und Gerechtigkeit, giebt ihnen das Recht, zu bürgerlichen Gesetzen zu machen, was ihnen beliebt, er spricht sie von aller Verbindlichkeit der Verträge los. Nichts ist geeigneter, die Fürsten verhaßt zu machen, und nichts weniger geeignet, sie zu schützen. Nur das Wohlwollen Aller kann sie schützen. Ist jede Handlung des Fürsten gerecht, weise, gut, weil er sie gewollt hat, so ist kein Unterschied zwischen einem Nero und einem Titus, einem Caligula und Antoninus. Aber die Fürsten werden selbst so klug sein, zu verwerfen, was Hobbes ihnen zuspricht. Das Enormste von Allem ist, daß der Herrscher durch Verträge nicht verpflichtet sein soll, keinen Bürger soll beleidigen können; ein Paradoxon, was sich darauf stützt, daß das Volk keinem Bürger verpflichtet sei. Nach Hobbes empfangen alle Arten der höchsten Gewalt ihre Rechte vom Volke und sind von der Verpflichtung der Verträge ebenso frei, als das Volk selbst. Es ist unmöglich, beweisen zu können, daß auch dem Volke gegeben wurde, worin die künftigen Bürger bei Constituirung des Staates einstimmten, sich von aller Verpflichtung der Verträge frei machten. Das ist zur Constituirung der bürgerlichen Gesellschaft auch nicht nöthig und dem Zwecke zuwider, warum der Staat constituirt wird. Dieser Zweck ist das allgemeine Wohl. Es ist vielmehr nothwendig, daß Die, welche die höchste Gewalt haben, auf jedes Recht des Zwangs verzichten müssen. Die Verpflichtung des Volkes, mit den Bürgern eingegangene Verträge zu bewahren, bleibt dieselbe. Die Verpflichtung der natürlichen Gesetze fließt aus der göttlichen Autorität und Sanction. Die Bürger können sich die Wohlthat derselben bewahren, und man muß annehmen, daß sie wegen des gemeinschaftlichen Wohls das auch wollen. Beide Theile, Herrscher und Bürger, sind des gemeinsamen Wohls halber nach den natürlichen Gesetzen von der göttlichen Autorität gehalten, die Verträge zu bewahren. Hobbes hebt die Verpflichtung solcher Verträge auf, und hebt deshalb allen Grund auf, warum die Unterthanen hoffen, daß die Herrscher die Verträge halten werden. Auch sind sie anderen Staaten nicht verpflichtet, denn der Zustand der Staaten ist nach ihm ein natürlicher, feindlicher Zustand. Das nimmt den Fürsten alle Sicherheit von Außen, denn kein Staat ist sich selbst genug, keiner kann sich gegen den Angriff aller schützen, wenn er sich nicht durch gegenseitige Hülfe mit andern verbunden hat. Die Fürsten können, wenn sie aus einem Lande vertrieben werden, ohne Weiteres in andern Ländern getödtet werden. Wenn der Zustand der Staaten ein kriegerischer Zustand ist, wenn List und Gewalt darin die Cardinaltugenden sind, so ist kein Verkehr zwischen denselben möglich. Die meisten würden selbst der Vortheile entbehren, die sie jetzt genießen. Was Gott übernatürlich in der Schrift offenbarte, hat nach Hobbes ebenfalls nur verbindliche Kraft, wenn die höchste Gewalt im Staate es annimmt. Das natürliche Gesetz ist, auch wenn es in der Schrift enthalten ist, Gesetz nur durch bürgerliche Autorität. Aber Hobbes erkennt auch wieder an, daß es Gesetz Gottes ist und Autorität hat. Er giebt den Fürsten Alles mit der einen Hand, aber stößt ihnen mit der andern Hand den Degen in die Brust.[1])

Auf diese Weise polemisirt Cumberland gegen die bisherige Rechtserkenntniß der beiden verschiedenen Principien der essentiellen Gerechtigkeit Gottes und der Socialität, speciell auch gegen die Aussprüche des Hobbes über die Ursache, und anderer Aussprüche über die Mäßigung des Triebes zum Wohle des Ganzen, welche wissenschaftlich nicht weiter begründet wurden. Seine Polemik gegen Selden und Hobbes ist sowohl gegen die äußere Autorität der Offenbarung bei jenem gerichtet, als gegen die mangelhafte Auffassung Gottes als Ursache der Welt bei diesem, sofern keine Erkenntniß der Gesetze aus der Natur der Dinge daraus folge. Cumberland läßt die Erkenntniß der natürlichen Dinge nicht unmittelbar gelten, man soll nicht voraussetzen dürfen, daß sie von Ewigkeit her im göttlichen Verstande sind, sie sollen ohne Beweis nicht unmittelbar angenommen werden dürfen. Er will in der Erkenntniß derselben von der sinnlichen Erfahrung ausgehen, wie schon Baco die Erkenntniß betrachtet habe.[2]) Er sagt: Mehrere haben versucht, die Forderungen der Vernunft, welche die Natur lehrt, im Allgemeinen zu erkennen, aber nicht, wie die Kraft der Dinge

---

[1]) Cumberland, de legibus naturae caet. cap. 9. §. 7—23.

[2]) Baco, de augment. scient. lib. 8. cap. 3.

außer uns hiezu concurrirt.[1]) Die Erkenntniß der Gesetze wird nicht unmittelbar durch eingeborne Ideen gewonnen, so leicht geht die Erkenntniß nicht von statten, sie wird nur durch Beobachtung erworben, ohne die unser menschlicher Verstand nicht sein kann.[2]) Cumberland stimmt hierin mit Locke überein. Gott soll nicht durch unmittelbare Anschauung seiner Vollkommenheiten erkannt werden können, sondern nur aus seinen Wirkungen, welche von uns zuvor durch Sinn und Erfahrung zum Bewußtsein gebracht werden. Erst sollen die Gesetze und die Gerechtigkeit erkannt werden müssen, ehe man die Gerechtigkeit Gottes wissen könne, ehe man diese als Muster aller Gerechtigkeit einsehen und fassen könne. Gewisse praktische Propositionen oder Vorstellungen des Guten, des Wohls sollen unserer Seele von der Natur der Dinge eingedrückt werden, aber diese Dinge sollen von der ersten Ursache nothwendig bestimmt werden. Dies müsse gezeigt werden, und ferner, daß jene Vorstellungen und Propositionen als Gesetze praktische Neigungen[3]) sind, welche Belohnung und Strafe in sich schließen.

Cumberland geht in der Betrachtung der natürlichen Gesetze von der Erkenntniß der Dinge aus und stützt sich dabei auf die nothwendigen Principien, wie die „Physiologen" d. h. die Naturforscher thun. Er setzt deshalb alle Wirkungen körperlicher Bewegungen voraus, die natürlich nothwendig sind; diese sollen ohne Dazwischenkunft des Menschen aus dem Willen der ersten Ursache entstehen.[4]) Er sagt: die Bewegung aller Körper kommt von der Gewalt des ersten Bewegers und wird nach den Gesetzen der Bewegung continuirlich bestimmt. Wer Gott als die Ursache der natürlichen Wirkungen betrachtet, wird nicht leugnen, daß alle Wirkungen von dem Willen Gottes bestimmt werden. Und wer Gott als die Ursache aller Wirkungen erkennt, wird Gott auch freiwillig handeln lassen müssen. Cumberland setzt das Alles voraus, weil es von den Physikern bewiesen werde und dasselbe nochmals zu beweisen überflüssig sein würde. Er will deswegen von allen physikalischen Hypothesen des Weltsystems abstrahiren, aber berücksichtigt doch die Hypothese des Cartesius, darum, weil sie auf dem kürzesten Wege

[1]) Cumberland, de legibus naturae caet.: Prolegomena § 4.
[2]) Ibid. §. 5.
[3]) Ibid. §. 6: propensiones practicae.
[4]) Ibid. §. 7.

zu dem ersten Beweger führe,[1]) er betrachtet, wie dieser, die sichtbare Welt mechanisch, und verweist dabei auf Galilei und Andere.

Cumberland erörtert die Erkenntniß selbst näher so: jede natürliche Bewegung wird den Sinnen eingedrückt, der Verstand wird dadurch angetrieben, die Dinge zu erfassen und über sie zu urtheilen. Dies ist eine ganz natürliche Wirkung und nimmt seinen Ursprung von der ersten Ursache durch die andern Ursachen. Die erste Ursache, Gott, zeichnet dadurch Vorstellungen und Bilder in die menschliche Seele[2]) ein, und regt sie an, die daraus entstehenden Begriffe zu vergleichen, zu verknüpfen, und sie zu einer Erkenntnißform auszubilden. Betrachtet die Seele die Sache nach allen ihren Theilen, bezieht sie die Begriffe des Ganzen und der Theile auf einander, so wird sie getrieben, aus der Einheit des Ganzen und der Theile einen Satz zu bilden, darüber ein Urtheil zu fällen, sie bejaht: die Ursache, die das Ganze bewahrt, erhält auch die Theile,[3]) darum sind unsere Begriffe und Gedanken einfache Bilder der Dinge, die Richtigkeit und Wahrheit derselben hängt von der Conformität derselben ab. Urtheilen wir anders über die Dinge, als sie sind, so urtheilen wir nicht nach der rechten Vernunft; urtheilen wir aber, wie die Sache wirklich sich verhält, d. h. bejahen oder verneinen wir sie in diesem Sinne, so sprechen wir sie nach der rechten Vernunft aus. Die Erkenntniß der natürlichen Dinge ist dunkler oder deutlicher: dunkler durch vielfache Beobachtung und Erfahrung, deutlicher durch philosophirende Vernunft.[4])

Gott und der Mensch müssen wegen der Aehnlichkeit der Vernunft nach dem Begriffe des Ganzen betrachtet werden, aber nur der Mensch, nicht das Thier kann einen solchen Begriff fassen. Bei dem Menschen halten Phantasie und Gedächtniß länger als bei dem Thiere an, auch nimmt sein Verstand mit den Jahren zu. Er kann im Besitze des Begriffs des Ganzen das allgemeine Wohl bezwecken, während das Thier in Ermangelung eines solchen Begriffs weder der Tugend noch der Gesellschaft fähig ist. Der Mensch kann sich selbst und Andere erkennen, das Gute wollen, kann sich und Andern wohlwollen und Freude darüber empfinden. Mit dieser Einsicht

[1]) Cumberland, de legibus naturae caet. cap. 1. §. 25.
[2]) Ibid.: Prolegomena §. 7.
[3]) Ibid. §. 8.
[4]) Ibid.: de legibus naturae caet. cap. 1. §. 13.

muß er zu den natürlichen Gesetzen hinzutreten und den Zweck derselben erkennen. Deshalb braucht nicht vorausgesetzt zu werden, daß der Mensch im natürlichen oder bürgerlichen Zustande geboren ist, auch nicht, daß alle Menschen, wie die Schrift lehrt, wegen ihrer Abstammung von Adam natürlich verwandt sind. Die Menschheit darf sich in Betreff der natürlichen Gesetze weder von Hierarchen noch von Politikern täuschen und zum Besten haben lassen.[1]) Cumberland sagt: die Erkenntniß, die er lehre, und Alles, was er von derselben ableite, werde auch von solchen Völkern leicht verstanden werden, die von den ersten Eltern nichts gehört haben. Jede Erkenntniß werde das Mittel zur Verfolgung eines bekannten Zwecks. Alles komme darauf an, daß das Mittel zum Zwecke auf das Theorem über die Kraft der menschlichen Handlungen reducirt werde.

Der Zweck der Erkenntniß der natürlichen Gesetze ist die Ehre Gottes, das menschliche Wohl, das Glück des Menschengeschlechts. Die Erkenntniß Gottes und der Menschen wird nicht des Glaubens wegen begehrt, sondern des gemeinsamen Wohls halber. In der göttlichen und menschlichen Natur ist etwas, das zu guten Handlungen treibt, welches Trost und Freude gewährt und auf eine Zukunft schließen läßt. Aber es giebt auch natürliche Ursachen, welche die bittersten Schmerzen zur Folge haben, die die Menschen die größte Furcht empfinden lassen nach begangenen Uebelthaten. Sind wir Gott und den Menschen angenehm, handeln wir denselben zu Liebe, so werden wir unserer Abhängigkeit von Gott und der gegenseitigen Hülfe der Menschen wegen empfinden, daß wir alle Tugenden aus dem Wesen, aus der Vollkommenheit und Bewahrung der menschlichen Natur zu schöpfen haben. Die Conformität unserer menschlichen Natur mit der göttlichen besteht in der Nachahmung des Guten, welches in der göttlichen Vorsehung und Vorsorge gegen alle Menschen erkennbar ist.[2]) Die Unkenntniß der natürlichen Gesetze und ihre wenige Beachtung rührt daher, daß die meisten Menschen ihr eigenes und fremdes Glück außer Acht lassen. Die natürlichen Gesetze verlangen, daß Jeder auf sein Wohl be-

---

[1]) Cumberland, de legibus naturae caet.: Prolegomena §. 4: ut pateat humanum genus in moralibus nec ab ecclesiasticis nec a politicis deludi.

[2]) Ibid. cap. 5. §. 35.

dacht sein muß, aber zugleich das allgemeine Wohl fördern soll. Die menschlichen Handlungen stehen mit dem allgemeinen Wohle in Zusammenhang, in Verbindung. Daraus entsteht Frömmigkeit, Ehrlichkeit und jede Tugend. Die natürlichen Gesetze sind das Fundament der Billigkeit, aber es handelt sich nicht blos um Billigkeit, sondern auch um Gerechtigkeit, bürgerliche Gesellschaft, Religion. Zum Gesetz, d. h. zur Erhaltung und Kraft des Gesetzes, ist zweierlei erforderlich: ein geschickter Urheber des Gesetzes und die Sicherheit, daß das Gesetz heilig gehalten werde, was nur durch Belohnung und Strafe möglich ist. Darin besteht die praktische Wahrheit des allgemeinen Gesetzes, welches alle Fundamentalgesetze der Natur in sich schließt. Urheber des Gesetzes ist Gott, denn Gott ist Urheber aller Dinge. Wenn man das allgemeine Gesetz in ein Urtheil faßt, so ist das Subject der Eifer des Menschen für das allgemeine Wohl, welches ohne Liebe zu Gott und andern Menschen nicht möglich ist; diese sind Theile des vernünftigen Ganzen: Gott ist der vorzüglichste Theil, die Menschen sind der untergeordnete Theil; das Wohlwollen gegen beide umfaßt Frömmigkeit und Menschlichkeit, welche man als die beiden Tafeln des Gesetzes der Natur betrachten kann. Das Prädicat jenes Urtheils ist: das allgemeine Gesetz führt zum Wohle der einzelnen Theile dessen, worin das Wohl des Einzelnen enthalten ist, d. h. zum allgemeinen Wohle. Die Verbindung des Subjects und Prädicats, die Copula, ist die Belohnung und die Strafe, der eigentliche Grund des Gesetzes. Die Copula ist das nothwendige Mittel, damit die Handlungen der Menschen mit dem göttlichen Willen übereinstimmen. Gott belohnt und straft, wenn nicht in diesem, doch im künftigen Leben.[1]) Belohnung und Strafe sind mit unsern Handlungen dermaßen verflochten, daß alles darin Enthaltene die Würde des Gesetzes empfängt.[2]) Gott hat in der Weltregierung die Kräfte der Dinge so bestimmt, daß er die Handlungen der Menschen, die auf das allgemeine Wohl gerichtet sind und ohne List, Betrug, Gewalt sind, belohnt und die entgegengesetzten Handlungen bestraft. Das allgemeine Gesetz, die praktische Wahrheit verpflichtet alle Menschen. Der Grund

---

[1]) Cumberland, de legibus naturae caet. cap. 5. §. 12—20.

[2]) Ibid. Proleg. §. 15.

der Verpflichtung ist leicht erkennbar, wenn man dieses Gesetz mit Anderem vergleicht, was dem Menschen von Gott und der Natur eingeprägt ist. Die praktische Wahrheit der Geometrie verpflichtet den Menschen nicht, weil die Wirkungen derselben ohne Schaden entbehrt werden können. Aber die Wirkungen des Gemeinwohls können nicht entbehrt werden, weil sie uns Alle treffen, weil wir Theile desselben sind. Das Wohl jedes Einzelnen hängt gewissermaßen von dem allgemeinen Willen des Ganzen ab. Deshalb ist letzteres aus dem erstern abzuleiten. In den Wirkungen des Gemeinwohls liegt Alles, was Gott lieb und den Menschen heilsam ist. Die Hauptaufgabe des Gesetzgebers muß das Wohl jedes Einzelnen sein. Solche menschliche Handlungen sind gut, die zum allgemeinen Besten dienen, sie sind besser, als die Handlungen aus Privatnutzen, um soviel, als das Gemeinwohl größer ist, als das Privatwohl. Die rechten Handlungen sind diejenigen, welche am kürzesten zu diesem Zwecke führen, wie die gerade Linie die kürzeste zwischen zwei Punkten ist. Der Mensch soll die Ursachen seiner Handlungen, seinen Geist und seinen Körper um Gottes und seiner Mitmenschen willen gebrauchen und üben. Das Glück, das Wohl folgt aus den guten Handlungen. Das gemeinsame Wohl Aller kann nur durch Belohnung und Strafe gesichert werden. Will man keine Belohnung, will man alle Tugenden aus der Dankbarkeit ableiten, so muß man doch bekennen, daß Dankbarkeit aus Erinnerung empfangener Wohlthaten fließt. Das gemeinschaftliche Wohl ist größer, als das Wohl des Einzelnen, man thut deshalb am besten, für sein eigenes und zugleich für fremdes Wohl zu sorgen. Das Wohlwollen des Einen gegen den Andern erzeugt den Zustand aller Wohlwollenden gegen einander, den glücklichsten Zustand. Das gemeinschaftliche Wohl Aller ist das höchste Gesetz. Der Weg des Einzelnen zu seinem Wohle ist der Weg Aller zum gemeinsamen Wohle. Das größte Wohlwollen ist die allgemeine Liebe,[1]) welche alle natürlichen Gesetze umfaßt.

Da Cumberland Gott als die Ursache der Natur faßt, so fragt sich, was Gott als solche Ursache ist? Wie ist Gott als dieselbe zu

[1]) Cumberland, de legibus naturae caet. cap. 1. §. 9: amor universalis. — Prolegomena §. 14.

nehmen? Die Ursache der Natur ist nicht die Natur selbst und findet sich nicht in der Natur, sondern ist außer, jenseits der Natur. Die Ursache der Natur kann nicht vorgestellt, geglaubt, erfahren, sondern nur gedacht werden. Eine Ursache, deren Wirkung erfahren werden kann, wird gleichfalls erfahren, wenn sie eine bewirkte Ursache ist. Aber die Ursache der Natur ist die Ursache aller Wirkung, sie negirt zugleich, daß sie selbst bewirkt sei; deshalb ist sie nicht Gegenstand des Glaubens, der Erfahrung, sondern allein des Gedankens. Die Ursache der Natur wird als der Grund alles Seins und Werdens, Lebens und Bewußtseins gedacht, nicht die Natur, sondern der Schöpfer der Natur ist der Grund. Die Ursache der Natur wird als die wissende und wollende, weil als die wirkende gedacht, als Gott gedacht. Und weil Gott Ursache der Natur, der Welt ist, so sind auch die Gesetze, wodurch Alles besteht, von Gott. Kurz, Gott wird als das gesetzgebende Princip der Natur und Menschheit gedacht.

Der vernünftige Mensch wird von der Natur der Dinge getrieben, vernünftig zu denken. Der vernünftige Mensch ist Gott ähnlich, denn Gott ist vernünftig. Gott will das Gute, und das Gute ist der göttlichen Vernunft und Natur gemäß. Aber Gott ist nicht vernünftig und gut in demselben Sinne, wie der Mensch. In Gott ist keine Unvollkommenheit, sondern die höchste Weisheit und Allwissenheit. Vergleicht man zwei vernünftige Wesen mit einander, so erkennt man leicht eine größere Uebereinstimmung derselben, wenn sie gemeinschaftlich operiren, als wenn sie dissentiren. So muß man sich auch das Verhältniß zwischen Gott und Menschen denken. Es ist jedem Menschen angenehmer, geliebt und geehrt, als gehaßt und verachtet zu werden. Man muß dasselbe von Gott annehmen. Gott beachtet die Liebe zu ihm, Gott würde das nicht thun, wenn er nicht geliebt sein wollte. Der Mensch ist von allen übrigen Geschöpfen Gott am ähnlichsten und darum auch am liebsten. Es giebt nichts Göttlicheres im Menschen, als die Liebe. Der Mensch gefällt durch die Liebe Gott am meisten. Die Liebe umfaßt Gott selbst als das Haupt der Vernünftigen, als den Vater aller Menschen und diese als dessen Kinder.

Denken die Menschen vernünftig, so werden sie sich gegenseitig helfen. Die Menschen begehren das höchste Glück, darum werden sie nicht blos sich selbst, sondern auch Gott und ihre Nebenmenschen lieben, die gleich wie sie vernünftig sind.[1]) Aber das Gemeinwohl, das allgemeine Glück, worin besteht es? Die Beantwortung dieser Frage setzt die Kenntniß der natürlichen Ursache voraus. Die bestimmte Kenntniß der Güter, die sowohl nützen als schaden, wird aus derselben geschöpft. Aus der Endlichkeit der Geschöpfe folgt die Nothwendigkeit, den Gebrauch der Dinge und die menschliche Arbeit auf gewisse Personen zum Nutzen derselben räumlich und zeitlich zu beschränken. Der Nutzen ist als ein allgemeiner unter Alle zu vertheilen. Die Theilung verträgt sich leicht mit einer gewissen Gemeinschaftlichkeit, aber widerstrebt dem sogenannten Rechte auf Alles. Jeder muß bereit sein, wenn das allgemeine Wohl es fordert, für dasselbe sein Leben zu lassen. Jenes Recht muß darum auf seine Grenze eingeschränkt werden. Wir dürfen Niemanden unsers Nutzens willen verletzen, es ist nicht nöthig, daß die Menschen sich gegenseitig bekriegen, sondern in ihrer Natur liegt, daß sie sich wohlwollen. Die Menschen empfinden nach der rechten Vernunft gegenseitiges Wohlwollen zu einander, lieben den Frieden. Die rechte Vernunft fordert, daß derselbe bewahrt werde. Wenn die Menschen auf ihr Glück wirklich bedacht sind, so entsteht Wohlwollen, bürgerliche Gesellschaft, religiöse Gemeinschaft. Das Glück der Menschen fließt aus ihren Handlungen, was die natürliche Anzeige ist, daß die erste Ursache sie zu solchen Handlungen verpflichtet. Diese negirt in einer gewissen Ordnung alle andern Ursachen. Sonst bleibt es ungewiß, was für Wirkungen aus dem Concurse mehrerer Ursachen entstehen. Die Erkenntniß der ersten Ursache, durch welche die andern bestimmt sind, fordert und räth, daß die Menschen sich einander unterordnen, sich in die umfassendste Gesellschaft begeben, worin sie als in einem Staate Gottes enthalten sind.[2]) Es ist ein Privilegium der Menschen, Gesellschaften zu stiften und sie zu bewahren.

Der Mensch ist nach seiner ganzen Anlage und Conformation zur Gesellschaft wie gemacht, sein Gesicht, seine Hände weisen ihn auf die Gesellschaft hin. Seine Natur ist nicht blos Seele und Körper, sondern ist die Einheit und Gemeinschaft beider. Er kann des-

---

[1]) Cumberland, de legibus naturae caet. cap. 1. §. 12—15.

[2]) Ibid. cap. 2. §. 4: in civitate dei.

halb mit Anderen zur Gesellschaft und Herrschaft erzogen werden. Er kann über sich nachdenken, auf sich reflectiren, seine Handlungen vergleichen und urtheilen, wozu er Neigung hat. Er kann die vollbrachten Handlungen prüfen, die künftigen bestimmen, er hat den Verstand und die Kraft, seine Tugenden zu stärken und zu vermehren, Gesellschaften zu gründen und zu bewahren, die Kraft seines Geistes geltend zu machen, kann sich von Gegenständen erregen lassen, gewisse praktische Vorstellungen gewinnen, die ihm ein mögliches Glück versprechen. Er kann und soll das Gemeinwohl bezwecken, er soll demselben das seinige unterordnen. Das gemeinsame Wohl und die Bewahrung des Gesetzes ist nicht blos möglich, sondern hängt von vielen Ursachen ab, wodurch dieselbe nothwendig wird. Die menschliche Gesellschaft gestaltet sich ähnlich, wie das System der himmlischen Körper. Wie jeder einzelne Körper dem Ganzen untergeordnet ist, und die Bewegung aller himmlischen Körper von der ersten Ursache, dem ersten Beweger abhängt, so ist auch der Mensch körperlich ein Theil des Ganzen und hängt davon ab. Wie in jener Bewegung kein Körper den andern hindert, aber jeder zur Bewahrung des Ganzen nöthig ist, so soll auch der Mensch frei sich bewegen, soll seine Kräfte frei haben, damit er sich gegen Andere schützen kann, damit Keiner zum Schaden des Ganzen aufgerieben werde.[1]) Aber die Bewegung und Bewahrung der einzelnen Menschen soll denjenigen Handlungen untergeordnet werden, welche zur Bewahrung des Ganzen nothwendig sind. Die Menschen sollen sich gegenseitig helfen, ohne sich zu verletzen. Dadurch entsteht das natürliche Wohl, das natürlich Gute. Gut ist, was die Kräfte der Seele und des Körpers ohne Schaden des Andern bewahrt. Das Gute kommt entweder einem Einzelnen oder Mehreren gemeinschaftlich zu. Der Mensch kann zum Gemeinwohle ohne Gott und andere Menschen nichts thun. Die Definition des Gesetzes der Natur ist: das Gesetz der Natur ist die dem menschlichen Verstande von der Natur der Dinge durch den Willen der ersten Ursache eingeprägte Vorstellung, welche die zum Gemeinwohl am meisten dienliche Handlung des vernünftigen Menschen anzeigt, wodurch das

---

[1]) Cumberland, de legibus naturae caet. cap. 2. §. 13—15.

ungetrübte Glück jedes Einzelnen allein behauptet werden kann.[1]) Cumberland sagt: diese Erklärung drückt nicht blos den Urheber des Gesetzes, sondern auch des Gesetzes der Natur aus. Er macht diese Bemerkung wohl deswegen, um das Gesetz durch Erkenntniß Gottes von dem Gesetze durch Offenbarung zu unterscheiden. Die Natur begehrt nicht blos das Niedrige der Welt, von welcher der Mensch blos ein Theil ist, sondern auch das Höchste, den Schöpfer der Welt. Die Welt außer uns concurrirt nicht blos zu dem Urtheile über die zum öffentlichen Wohle nothwendigen Handlungen, die Menschen, als Theile der Menschheit und freie Ursache der Handlungen, concurriren ebenfalls nicht allein, sondern auch Gott, die Ursache von Allem, concurrirt. Das Gesetz der Natur der Dinge ist unserer Seele theoretisch und praktisch eingedrückt, wir empfangen schon durch Beobachtung der Natur einen gewissen Begriff von Ordnung und Abhängigkeit, wodurch das Ganze besteht. Das Gute kann nicht nach der Beziehung auf uns, sondern nach der Kraft beurtheilt werden, Andere zu bewahren und zu vervollkommnen.[2])

Das Gesetz der Natur fordert, daß jede Handlung zum Wohle der Menschen beitrage, denn die Gesetze der Natur sind nichts Anderes als Handlungen, die das öffentliche Wohl betreffen. Sie verpflichten auch im Naturzustande zu Handlungen, die der rechten Vernunft gemäß sind. Der Mensch soll dieser Vernunft in Allem, selbst im Affect, Folge leisten. Die Gesetze der Natur haben die Kraft zu verpflichten aus der Betrachtung der Welt, die die erste Ursache aller Dinge erforscht. Die Verbindlichkeit entsteht durch das Zeugniß der Sinne und die erste Ursache der natürlichen Dinge. Sie ist wesentlich und immer, was schon aus den Belohnungen, dem vermehrten Glück zu entnehmen ist, welches die Wohlwollenden begleitet. Da die kluge Sorge für unser Wohl von der Sorge für fremdes Wohl nicht getrennt werden kann, so macht das positiv Gute die

---

[1]) Cumberland, de legibus naturae caet. cap. 5. §. 1: lex naturae est propositio a natura rerum ex voluntate primae causae menti satis aperte oblata vel impressa, quae actionem agentis rationalis possibilem communi bono maxime deservientem indicat, et integram singulorum felicitatem exinde solum obtineri posse.

[2]) Ibid. §. 45.

Belohnung aus, welche aus dem Eifer für das öffentliche Beste folgt. Solche Belohnungen sind Vollkommenheiten des Verstandes und Willens, moralische Tugenden, Gemüthsruhe, Gleichheit des Lebens und Freude, die aus allem Dem entspringt. Gott selbst verpflichtet die Menschen zu Handlungen für das öffentliche Wohl. Die Verbindlichkeit der natürlichen Gesetze fängt an von dem erkannten Willen Gottes, des vollkommensten Wesens, von welchem, der Ursache von Allem, alles Glück abhängt. Die Vollkommenheit des Guten ist größer in der Menschheit, als in jedem Einzelnen, aber sie ist am größten in Gott, welcher deswegen am meisten zu lieben ist.

Die natürlichen Gesetze sind die Fundamente aller Moral- und Civildisciplin,[1]) denn sie gebieten, was aus den Principien der Handlungen, welche uns angeboren sind, hervorgehen kann. Die Kenntniß derselben ist dem Menschen durch die Kraft der Ursache eingeboren.[2]) Sein Glück hängt von Gott und andern Menschen ab. Betrachten wir sie als die Ursache unseres Wohls, so erkennen wir in ihnen die Vollkommenheit des Guten und die Fähigkeit, das Ganze zu verbessern und zu bewahren. Das Fundamentalgesetz der Natur ist: suche das gemeinschaftliche Wohl vernünftiger Menschen.[3]) Alles ist in dem allgemeinen Gesetze der Natur enthalten. Im Gemeinwohl ist die ganze Menschheit inbegriffen. Die Menschheit zerfällt in größere, kleinere und kleinste Theile, in Völker, Familien und einzelne Menschen. Was dem einzelnen Menschen zum Wohle gereicht, ist auch für die einzelnen Völker von Nutzen. Alle Völker und Familien stammen wahrscheinlich von einem Menschenpaare ab. Insofern, scheint es, ist alle Autorität von der väterlichen Gewalt ausgegangen.

Aus dem Gesetz der Natur folgt auch das Eigenthum auf Sachen und Personen. Das Eigenthum ist zum gemeinschaftlichen Wohle Aller von Gott, der ersten Ursache, eingerichtet und bewahrt

---

[1]) Cumberland, de legibus naturae caet.: Prolegomena §. 1: totius moralis et civilis disciplinae.

[2]) Ibid. §. 2: quarum (causarum) vi legum naturalium notitia mentibus humanis ingeneretur.

[3]) Ibid. cap. 5. §. 57: quaerendum esse commune rationalium bonum.

worden. Gott will, daß die zur Constituirung und Bewahrung des Eigenthums erforderlichen Handlungen zum gemeinschaftlichen Wohle gehören sollen, weshalb alle Menschen zu solcher Constituirung und Bewahrung und zum öffentlichen Wohle verpflichtet sind. Mit dem Gesetz der Bewahrung des Wohles Aller ist zugleich das Gesetz der Constituirung und Bewahrung der Rechte des Einzelnen gegeben, als zur Bewahrung dessen, was zum Wohle jedes Einzelnen, als zu gegenseitiger Hülfe nothwendig ist. Das Recht auf Sachen und Personen ist keine Einbildung, sondern ein wirkliches Recht. Das Gesetz hat zwei Theile: Gott geben, was Gottes ist, und dem Menschen, was des Menschen ist. Die Theilung des Eigenthums braucht von keinem andern Gesetze, z. B. der bürgerlichen Obrigkeit, abgeleitet werden, sondern ist von dem abzuleiten, was kein anderes Gesetz voraussetzt. Zum Gemeinwohl ist der Wille Aller nothwendig. Der Gebrauch der Dinge und der gegenseitigen Arbeit muß getheilt werden, und dies muß als Eigenthum betrachtet werden. Die dies thun, müssen belohnt, welche nicht, bestraft werden. Aber das ist den menschlichen Gemüthern nothwendig eingepflanzt: Gott, die Ursache aller natürlichen Wirkungen, ist von allem Dem der Urheber und Rächer. Darin ist die ganze Kraft des Gesetzes enthalten, es ist das Fundament der Gerechtigkeit und jeder Tugend. Das allgemeine Gesetz ist: gieb Andern und bewahre dich selbst. Daraus folgen die Pflichten und die Tugenden. Die erste Pflicht ist die Freigebigkeit. Das gemeinschaftliche Wohl muß vorzugsweise berücksichtigt werden. Die zweite Pflicht ist die Mäßigkeit und Bescheidenheit. Jeder muß beim Gebrauche des Eigenthums so zu Werke gehen, daß er dem Ganzen nichts entzieht, sondern demselben dient. Darin besteht die limitirte Liebe zu uns selbst. Solche Liebe hält sich innerhalb derjenigen Grenzen, welche Gott dem Menschen vorgeschrieben hat, Jedem sein Recht zu geben.

Aus dem Gesetze der Natur folgt auch die bürgerliche Gesellschaft. Jede bürgerliche Gesellschaft muß die Sorge für das Gemeinwohl zum Fundamente haben. Gesellschaften, Societäten müssen unter einem bürgerlichen Regimente, einer Herrschaft bewahrt werden. Das ist zum gemeinschaftlichen Wohle nothwendig. Eine Gesellschaft fordert Herrschaft durch zwingende Gewalt, was der Vernunft gemäß ist. Geht der Begriff der Ordnung und Abhängigkeit, den wir durch Beobachtung der Natur empfangen, von uns selbst aus, so entsteht das, was man Herrschaft, Regierung nennt. Wir empfangen die Idee der Herrschaft überhaupt von der Natur der Ordnung. Gesellschaften, Societäten sind nothwendig, die Gesetze zur Ehre Gottes und zum Wohle der Menschen können dadurch besser beobachtet werden. Es giebt ein natürliches Gesetz, welches die Verfolgung dieses Zweckes fordert, es giebt ferner ein Gesetz, das die Einrichtung einer solchen Gesellschaft vorschreibt. Die Nothwendigkeit der Mittel zum Zwecke wird leicht aus der gemeinschaftlichen Erfahrung Aller erkannt, besonders von Solchen, die für eine Familie zu sorgen haben, ein Haus bauen wollen, wozu die Arbeit verschiedener Menschen gefordert wird. Aber diese Arbeit ist umsonst, wenn Einige nicht regieren, Andere nicht gehorchen. Die Sorge für das Gemeinwesen ist nur durch gegenseitige Hülfe möglich, und diese ist wieder nur möglich, wenn die Menschen als vernünftige Wesen einander untergeordnet sind und alle dem höchsten, vollkommensten und vernünftigsten Wesen gehorchen. Der Anfang der Herrschaft ist die Familie. Die Macht des Mannes über die Frau, der Eltern über die Kinder ist natürlich, oder folgt unmittelbar von selbst, weil sie die stärkeren sind. Die Familie ist die erste geordnete Gesellschaft, der erste Staat, die erste Kirche, oder der wahre Ursprung des bürgerlichen Staates und der kirchlichen Macht gewesen. Mit der Vermehrung der Familien haben auch die Staaten und die Kirchen zugenommen. Alles zur Constituirung der Herrschaft, der Staatsmacht Gehörige muß begrenzt werden, in der Errichtung eines Staates müssen die Kräfte aller Theile der höchsten Gewalt unterworfen werden, damit sie sich gegenseitig unterstützen. Die Ordnung fordert ein gewisses Erstes. Zwischen Menschen desselben Stammes muß ein gewisses Subject die zwingende Macht sein, die Uebrigen empfangen sie von jenem Subjecte und haben deshalb nicht die Macht, dasselbe zu strafen. Die Unterthanen können die höchste Herrschaft nicht strafen, aber dies hindert nicht, daß sie, wenn sie gegen das Gesetz der Natur handelt, von Gott gestraft werden kann. Die Gewalt der höchsten Herrschaft innerhalb der Grenzen der natürlichen Gesetze verbreitet sich über die göttlichen und menschlichen Dinge. Sie hat das Recht des Krieges und des

Friedens, das Recht, öffentliche Aemter und Ehren zu ertheilen, zu richten und zu strafen.[1])

Die Kraft der Verträge, wodurch ein Staat constituirt wird, muß in Etwas aufgelöst werden, welches der Natur nach früher und älter ist. Es kann nichts besser gedacht und erfunden werden, als die Natur des Menschen und der ersten Ursache. Wenn dies nicht zur Kenntniß der natürlichen Gesetze genügen soll, zur Ehrfurcht und Befestigung der Sitten, Treue, Dankbarkeit, Unschuld, so hofft man vergebens, daß ein böser Mensch je ein guter Bürger werden kann. Was das Naturgesetz befestigt, in Hinsicht des Wohls Anderer, gilt auch von der Constituirung der Staaten, wonach es Keinem erlaubt ist, sich durch Verletzung derselben zu bewahren. Das Gebot der Vernunft fordert die Errichtung und Bewahrung der Herrschaft. Dies ist ein natürliches Gesetz, welches seinen Ursprung allein von Gott hat und von Gott ebenfalls seine Grenzen angewiesen erhält.[2]) Staat, Religion, Frieden, gegenseitige Hülfe der Völker und selbst die einzelnen Menschen bewahren das Ganze. Dieses ist der Inhalt von jenem. Keinem Theile darf mehr oder weniger gegeben werden, als das Ganze fordert. In der Familie soll nichts gegen den Staat, im Staate nichts gegen die Völker unternommen werden, und die Völker sollen nichts gegen Gott, die höchste Macht, thun, die alle Geschöpfe regiert. Staaten, Völker und Menschen, Eigenthum und Tugenden, das Alles muß auf Gott bezogen werden, denn das Alles zusammen ist der Staat Gottes.

Spätere Naturrechtslehrer haben über Cumberland von ihren Standpunkten verschieden geurtheilt. Pufendorf lobt ihn gegen Hobbes in seinen Streitschriften[3]) und in seinem Natur- und Völkerrechte, wegen der Erklärung des natürlichen Gesetzes im Unterschiede von H. Grotius.[4]) Thomasius sagt von ihm: erst Cumberland abstrahirte in der Erkenntniß des Naturrechtes von aller göttlichen und menschlichen Autorität.[5]) Samuel Cocceji urtheilt:

---

[1]) Cumberland, de legibus naturae caet. cap. 9. §. 5—9.

[2]) Ibid. §. 6: a deo originem suam trahere, atque ab eo solo assignari limites.

[3]) Pufendorfii Epistola ad Scherzerum.

[4]) Pufendorfii de jure naturae et gentium Lib. II. cap. 3. §. 4.

[5]) Thomasii Fundamenta juris naturae et gentium caput prooemiale. §. 17.

Hobbes und Cumberland scheinen, obgleich sie ganz verschiedene Wege eingeschlagen haben, der Sache nach weder von H. Grotius abzugehen, noch selbst von einander viel abzuweichen. Ihr Höchstes ist die Bewahrung der Gesellschaft, H. Grotius nennt in dieser Beziehung die Gesellschaft selbst, Hobbes die gegenseitige Furcht und Cumberland das gegenseitige Wohlwollen. Letztere stimmen mit dem ersteren in Betreff des Rechtes vollkommen überein. Aber die Socialität, die menschliche Gesellschaft kann nicht das erste, adäquate Princip und Quelle des Rechtes sein, das alle Menschen verbindet. Dies soll allein der göttliche Wille sein können.[1])

Cumberland entnimmt die Regel und Norm von der Natur des besten Zwecks, mit Rücksicht auf alle Theile des ganzen Systems des vernünftigen Staates, dessen Haupt Gott ist, welchem die Glieder untergeben sind. Daraus leitet er die Ordnung des Lebens unter den speciellen Gesetzen der Natur ab. Deswegen hätte man glauben sollen, daß er das Gesetz durch Offenbarung würde ganz unbeachtet gelassen haben, um so mehr, als er fordert, daß, wenn Gott durch Offenbarung etwas befehlen wolle, zuerst offenbart werden müsse, daß der göttliche Befehl mit den unveränderlichen Gesetzen der Natur harmonire. Dennoch vergleicht er den Dekalog mit seinem Systeme, das Gesetz durch Offenbarung mit der Erkenntniß des Gesetzes durch den Gedanken. Er findet im Dekalog das Gebot des allgemeinen Wohlwollens, wegen der Gebote gegen Gott und unsern Nächsten, aber geoffenbart, kund gegeben, während er jenes Gebot aus der Natur ableitet, und erläutert sogar den Dekalog im Sinne seines Systemes. Der Dekalog soll Alles enthalten, was zu unserem eigenen Wohle und zum gemeinschaftlichen Wohle nothwendig ist. Nach der ersten Tafel hat Gott, die erste Ursache, die Herrschaft und das Eigenthum über Alles; nach dem zweiten Gebote wird zum Gemeinwohle gefordert, daß die Herrschaft auf Personen und Sachen bewahrt werden und das allgemeine Wohl in dem Wohle des Einzelnen bestehen soll. Daraus sollen die Gebote der Integrität des Körpers, der limitirten Selbstliebe und des Haltens der Verträge folgen.

---

[1]) Tractatus juris gentium, de principio juris naturalis unico, vero et adaequato. Autore Sam. Coccejo. Pars I. Quaest. 2. §. 2.

Nach Cumberland hängt das Wohl des Menschen von Gott und andern Menschen ab, diese sind die Ursache seines Wohls, sie haben alle die Vollkommenheiten und Fähigkeiten, die dem einzelnen Menschen abgehen, das Ganze zu bewahren. Darum soll es dem letztern nur in Einheit und Uebereinstimmung mit den ersteren wohlgehen können. Gott ist nach Cumberland als Schöpfer der Welt nicht mehr das verschlossene Wesen, blos Ursache seiner selbst, wie bei Spinoza, Gott ist nicht allein sich selbst, sondern wegen seiner allgemein vernünftigen Natur der Welt und den Menschen zugeneigt. Gott sorgt für das Wohl des Menschen. Der Zweck Gottes mit der Schöpfung der Welt ist das menschliche Wohl. Die Liebe Gottes und der Zweck des Menschen ist in einem höheren Sinne zu nehmen, als bei Spinoza. Der Mensch soll Gott und seinen Nächsten lieben, soll seine Selbstliebe mäßigen. Wenn Aehnliches auch bei Spinoza, Locke vorkommt, wenn der Mensch sein Begehren, seine Selbstliebe temperiren soll, so leiten sie das aber nicht systematisch aus der Schöpfung der Welt durch Gott und aus dem Verhältniß des Menschen zu Gott und andern Menschen ab. Nach Cumberland ist Gott nicht mehr die Selbstliebe, die Welt und den Menschen von sich ausschließend; darum soll auch der Mensch nicht blos sich selbst lieben, nicht blos für sein Wohl, sondern für das Wohl Aller, für das Gemeinwohl besorgt sein. Das Object der Liebe und Vorsorge Gottes ist das menschliche Wohl.

So ist Gott der Wohlwollende, der Wohlthäter, aber nur des Menschen, der für sein Wohl und das Wohl Aller sorgt, welcher den Willen Gottes thut. Der Wille Gottes besteht in der Sorge des Menschen für sich selbst und andere Menschen. Der Gegenstand der Neigung und des Wohlwollens Gottes ist daher nicht der Mensch als solcher, sondern der für sich und andere Menschen sorgende Mensch, d. h. der Mensch, der für sein eigenes Wohl und für das Wohl Aller besorgt ist. Der Mensch soll dafür sorgen, daß es ihm und Andern wohlgehe. Wenn er das thut, ist er Gott wohlgefällig und wird von ihm belohnt, wo nicht, so ist er Gott mißfällig und wird von ihm bestraft. Im ersten Falle ist Gott dem Menschen zugeneigt, im letzteren Falle abgeneigt. Der Mensch liebt Gott deswegen, weil Gott der Inbegriff alles Wohls ist, und Gott liebt vorzugsweise den Menschen, welcher für sein und Anderer Wohl sorgt. Gott thut genug für den Menschen, indem er für dessen Wohl Sorge trägt. Der Mensch thut genug, wenn er für sein Wohl und das Wohl Anderer besorgt ist. Damit muß Gott zufrieden sein, denn der Mensch thut den Willen Gottes und wird dadurch Gegenstand des göttlichen Wohlwollens, göttlicher Neigung. Gott und der Mensch sind einander zugeneigt wegen des Wohls, was der eine gewährt und der andere bethätigt. Gott wird als der Inbegriff alles Wohls von dem Menschen geliebt und der für sein und Aller Wohl sorgende Mensch ist wieder Gegenstand der Liebe Gottes. Gott und der Mensch lieben sich gegenseitig, aber wegen des Wohls. Das Wohl, nicht die Liebe als solche, ist Gegenstand der Neigung derselben. Der Mensch liebt Gott nicht deswegen, weil Gott ihn liebt, sondern weil Gott für sein Wohl sorgt; und Gott liebt den Menschen nicht darum, weil dieser Gott liebt, sondern für sein und Anderer Wohl sorgt, den Willen Gottes thut. Der Bund der Liebe und Neigung Gottes und des Menschen ist nicht die Liebe selbst, sondern das Wohlwollen, das Wohlergehen. Das Wohl ist das Band zwischen Gott und Menschen, ohne das Wohl wäre zwischen beiden kein Verhältniß. Gott begnügt sich damit, der Wohlthäter der Menschen zu sein. Der ganze Inhalt der Liebe Gottes ist das menschliche Wohl. Der Mensch ist befriedigt in seinem und Aller Wohlergehen, d. h. in der Liebe zu Gott, dem allgemeinen Wohlthäter und Versorger der Menschen, und in der Liebe zu sich selbst und Andern, als der Sorge für sich selbst und alle Menschen. Sorgt der Mensch für sein und Anderer Wohl, d. h. liebt er Gott, so wird er von Gott dafür belohnt, aber sonst bestraft. Also hofft der Mensch, indem er Gott liebt, auf Belohnung von Gott, und fürchtet Strafe von Gott, wenn er nicht für sein und Anderer Wohl sorgt. Die eigentlichen Motive der Liebe zu Gott sind deswegen Hoffnung und Furcht, nicht die Liebe selbst ist das Motiv. Der Mensch liebt Gott darum, weil Gott für sein Wohl sorgt, weil Gott will, daß es ihm wohlgehen soll; er liebt Gott nicht um der Liebe willen, um Gottes willen, sondern seines Wohls halber, d. h. seinetwegen. Der Wille Gottes ist, daß der Mensch nicht blos sich selbst, sondern auch Andere lieben, seine Selbstliebe mäßigen soll. Der Mensch soll nicht blos sein Wohl bezwecken, sondern das Wohl Aller, das Gemeinwohl. Aber der Mensch liebt seine Mitmenschen und deren Wohl aus demselben Grunde, aus welchem er Gott liebt, mäßigt seine Selbstliebe oder liebt das allgemeine Wohl darum, weil er dadurch sein eigenes Wohl zu begründen hofft, und fürchtet, daß es ihm nicht wohl gehen werde, wenn er das nicht thut. Deshalb ist die Liebe des Menschen zu Gott und andern Menschen nicht rein, der Mensch liebt Gott und andere Menschen wegen seines eigenen Wohls. Er liebt seine Mitmenschen, welche das allgemeine Wohl lieben, wie er selbst, und welche ihr eigenes Wohl lieben. Er liebt Gott und andere Menschen, denn sonst würde es ihm nicht wohlgehen, sie werden von ihm geliebt, nicht wegen ihrer Liebe zu ihm, sondern wegen des Wohls, welches ihm dadurch zu Theil werden kann, wegen der Güter und Vollkommenheiten, die sie gewähren können. Das Menschengeschlecht ist vollkommener, als der einzelne Mensch, Gott ist vollkommener, als die ganze Menschheit, weshalb Gott am meisten von den Menschen geliebt wird. Von Gott hängt das Wohl des Menschen am meisten ab, darum hat der Mensch Ursache, auch Gott am meisten zu lieben. Würde sein Wohl nicht von Gott und seinen Nebenmenschen abhangen, so würde er gegen sein und gegen das allgemeine Wohl sehr gleichgültig sein. Er würde nur sich selbst lieben, allein auf sein Wohl bedacht sein müssen, d. h. der Mensch liebt in dem allgemeinen Wohle den Inbegriff aller seiner Neigungen, Wünsche und Hoffnungen, die allgemeine Glückseligkeit. Cumberland erkennt nicht, ob die Liebe Gottes, welche sich auf das Wohl der Menschen beschränkt, auch wahre Liebe ist, ob Gott, als der Inbegriff aller Güter und Wohlthaten, auch der wahre Gott ist. Die wahre gegenseitige Liebe Gottes und des Menschen ist nämlich ganz rein, durch kein anderes Medium, durch Wohl, Glückseligkeit getrübt. Die wahre Liebe des Menschen zu Gott besteht darin, daß er Gott liebt, auch wenn es ihm nicht wohl geht. Die wahre Liebe Gottes zum Menschen geht der Vorsorge für denselben vorher. Sie geht nicht blos in der Sorge für das Wohl des Menschen auf. Die wahre Liebe duldet nichts neben sich, setzt kein Anderes als sich selbst, kein Wohl, keine Güter voraus. Sonst ist Anderes, nicht sie selbst, der Zweck und Gegenstand, ist sie nicht wirklich die Liebe. In der wahren Liebe Gottes und des Menschen liebt Gott den Menschen um seiner Liebe willen, und der Mensch Gott wegen der Liebe Gottes zu ihm, keines Andern wegen. Erst wenn Gott als Liebe Gegenstand der Liebe des Menschen ist, abgesehen von allem Andern, und der Mensch Gegenstand der Liebe Gottes, als der Liebe zu ihm ist, ist der Mensch, als solcher Gegenstand der Liebe Gottes, über die Schranken des Glücks und der Glückseligkeit, über alles Wohl und Wehe hinaus.

H. Grotius und Hobbes ließen das göttliche Recht durch Offenbarung neben dem Princip der Socialität noch gelten. Erst Spinoza unterschied die menschliche Natur und Vernunft als jenes Princip von dem der Offenbarung, unterschied das natürliche Gesetz im Naturzustande und das göttliche Gesetz durch Offenbarung und intellectuelle Erkenntniß, so daß in jenem die Begierde, in diesem die Imagination und Vernunft herrschte. Die Imagination bezog sich auf das Gesetz als äußerliches Gebot Gottes und auf den Gehorsam gegen dasselbe; die Erkenntniß auf das Gesetz als ewige Wahrheit und Nothwendigkeit, worin die Vernunft thätig war, welche in der Imagination fehlte. Die Erkenntniß war die Liebe Gottes selbst, aber Gott schloß, als das allgemeine Gesetz und das vollkommenste Wesen in dieser Liebe, alles Andere von sich aus. Gott war, als Ursache seiner selbst, pure Selbstliebe, war als Liebe blos Gegenstand der Erkenntniß des Menschen, aber der Mensch war nicht zugleich Gegenstand der Liebe Gottes; Gott war also nicht wirklich die Liebe. Nach Locke hatte Gott schon ein Verhältniß zum Menschen, aber er entwickelte dasselbe nicht, sondern setzte die Welt und Offenbarung für die Erkenntniß Gottes voraus, indem er zugleich alle Erkenntniß auf Sinn und Verstand, auf Sensation und Reflexion beschränkte. Er machte aber den Zustand des Friedens als den natürlichen Zustand des Menschen gegen Hobbes und Spinoza geltend, und folgerte daraus die gegenseitige Bewahrung des Menschen und das gegenseitige Wohlwollen, aber zeigte das Verhältniß nicht, was die menschliche Natur als Trieb und Neigung, als gegenseitiges Wohlwollen zu Gott und der Welt hat. Cumberland hebt diese Mängel Spinoza's und Locke's auf. Er erkennt gegen Spinoza Gott als Schöpfer und Erhalter der Welt, welcher mit der Welt einen Zweck hat, und leitet gegen Locke die Bewahrung des Menschen, die Neigung und das Wohlwollen desselben gegen Gott und andere Menschen aus dem schöpferischen Willen Gottes ab. Gott bezieht sich nach ihm als das vollkommenste Wesen auf die Welt, Gott macht die Welt zum Gegenstande seiner Neigung und Vorsorge. Die Erkenntniß und Liebe Gottes bleibt nicht mehr die Selbstbeziehung, sondern wird als Beziehung auf Anderes, auf die Natur und den Menschen gefaßt, und diese Beziehung als die Liebe Gottes vorgestellt. Gott ist zwar ebenfalls nichts weiter als das vollkommenste Wesen, wie bei Spinoza und Locke, aber er bezieht sich doch mit seiner Vollkommenheit auf die von ihm erschaffene Welt und auf den Menschen, als den Inbegriff alles Wohls und alles Glücks und als die Fürsorge für denselben. Wenn gleich diese Neigung und Fürsorge nicht schon die Liebe selbst ist, sondern noch Anderes, Wohl, Glückseligkeit, der Zweck und Inhalt ist, so hat doch Cumberland das Princip der Socialität von dem Princip der Offenbarung dadurch losgelöst und gezeigt, daß die Socialität aus der menschlichen Natur und Vernunft durch die Erkenntniß Gottes und der Welt in Verhältniß zu einander wissenschaftlich abgeleitet werden kann. Er hat wirklich bewiesen, daß das Recht nicht blos durch den Glauben offenbart, sondern auch durch den Gedanken vermittelt gewußt werden, daß das Recht aus der menschlichen Erkenntniß ohne alle Offenbarung entwickelt, zum Bewußtsein gebracht werden kann.

Cumberland hat das Princip der Socialität dem Princip der essentiellen Gerechtigkeit Gottes gegenüber wissenschaftlich gerechtfertigt, zu einem geschlossenen Systeme abgerundet. Das Princip der Socialität kann nun, durch wissenschaftliche Erkenntniß bewiesen, Anspruch machen, unabhängig von aller Offenbarung, für sich, selbstständig zu gelten. Das Recht braucht mit der Heiligkeit Gottes durch den Glauben nicht mehr unmittelbar vorausgesetzt zu werden, es braucht mit demselben nicht mehr auf den Glauben zurückgegangen zu werden. Wegen dieser Selbstständigkeit tritt das Princip der Socialität dem Princip der essentiellen Gerechtigkeit Gottes entgegen. Bei H. Grotius, Selden, Hobbes verhielten beide Principien sich blos neben einander. Aus dem Nebeneinander wird nun ein Gegeneinander, der Unterschied derselben wird zum Gegensatz und Widerspruch, woraus Kampf und Krieg entsteht. Das Princip der essentiellen Gerechtigkeit Gottes wird durch den Gegensatz gegen das Princip der Socialität zum Princip der Integrität: durch das Princip der Integrität wird das Recht, dem

Princip der Socialität als einem verdorbenen, späteren Zustande des Menschen gegenüber, auf den unverdorbenen, primitiven Zustand der ersten Menschen bezogen. Das Princip der Integrität bildet sich in dem Gegensatze gegen das Princip der Socialität dahin aus, daß der paradiesische, unverdorbene Zustand des Menschen zum Fundamente des verderbten Zustandes desselben gemacht und der Zustand der Corruption auf den der Integrität bezogen wird, daß das Naturrecht aus dieser Beziehung oder Verbindung für den jetzigen Zustand entwickelt wird, während früher das Naturrecht sowohl in dem Zustande der Integrität als dem der Corruption unmittelbar auf Gott bezogen wurde. Das Princip der Socialität, des Gedankens wird durch den Kampf mit dem neu erstarkten Glaubensprincip der Integrität ebenfalls geläutert, wird von dem Triebe und der Neigung oder der Natürlichkeit des Willens immer mehr gereinigt. Der natürliche Wille wird dadurch zur Selbstbestimmung und Freiheit erhoben. Der Kampf beider Principien fängt nach der weitern Entwickelung des Princips der Integrität sowohl, als der Socialität mit Pufendorf und seinen Gegnern an und setzt sich in dem Streite des erstern mit Alberti weiter fort. Die Entwickelung des Princips der Socialität, der Streit desselben mit dem Integritätsprincip, der Kampf der sogenannten orthodoxen und heterodoxen Rechts- und Staatslehre, das Resultat dieses Kampfes und die dadurch hervorgerufene Fortbildung der Rechtserkenntniß wird den Stoff der weiteren Betrachtung abgeben.

Druck von Breitkopf und Härtel in Leipzig.

Printed in Dunstable, United Kingdom

91220750R00167